Udo Sautter
Geschichte Kanadas

UDO SAUTTER

Geschichte Kanadas

Von der europäischen Entdeckung
bis zur Gegenwart

VERLAG C. H. BECK MÜNCHEN

Das vorliegende Buch ist eine durchgehend überarbeitete
und erweiterte Fassung des unter dem gleichen Titel im Jahre 1972
im Alfred Kröner Verlag, Stuttgart, erschienenen Bandes.

Die Deutsche Bibliothek – CIP-Einheitsaufnahme

Sautter, Udo:
Geschichte Kanadas : von der europäischen Entdeckung bis zur
Gegenwart / Udo Sautter. – Durchgehend überarb. und erw.
Fassung. – München : Beck, 1992
    ISBN 3 406 35927 2

ISBN 3 406 35927 2

© C. H. Beck'sche Verlagsbuchhandlung (Oscar Beck), München 1992
Satz: Hieronymus Mühlberger GmbH, Gersthofen
Gedruckt auf alterungsbeständigem (säurefreiem) Papier
gemäß der ANSI-Norm für Bibliotheken
Printed in Germany

Inhaltsverzeichnis

ANHANG

Vorwort

Kanada, dem zweitgrößten Land der Erde, wird in den letzten Jahrzehnten in der internationalen Öffentlichkeit wachsendes Interesse entgegengebracht. Die aktive Teilnahme an beiden Weltkriegen, die jeweils einen substantiellen Beitrag zu den alliierten Siegen darstellte, ließ in nicht zu übersehendem Maß die wirtschaftlichen und strategischen Möglichkeiten des Landes hervortreten. Die starke Einwanderung nach dem zweiten Weltkrieg kann als beredter Ausdruck dieser neuen Einschätzung gelten. War es im vorigen Jahrhundert noch die Landwirtschaft, welche die Siedlungswilligen aus der Alten Welt aufnahm, so boten jetzt vor allem der Abbau der ungeheuren Bodenschätze und die sich immer mehr entwickelnde Industrie reiche Arbeitsmöglichkeiten. Das Ansehen, das sich Kanada in den Nachkriegsjahren auch durch diplomatische Aktivität, meist als fördernde Kraft bei den Friedensaktionen der UN, und durch wirtschaftliche Hilfeleistungen erwarb, trug bei zur Stärkung des nationalen Selbstbewußtseins und internationaler Geltung.

Es ist auf den ersten Blick nicht leicht einzusehen, warum unter diesen Umständen der deutschsprachigen Öffentlichkeit lange keine Arbeit vorgelegt wurde, die es unternahm, Hintergründe und Details der historischen Entwicklung Kanadas aufzuzeigen. Die Ansicht mag mitgespielt haben, daß Kanada bis ins 20. Jahrhundert doch zu sehr Teil des britischen Kolonialreichs und dann des Commonwealth war, als daß sich eine gesonderte Betrachtung lohne. Oder man sah Kanada wohl auch als ein Anhängsel der Vereinigten Staaten, dem zehnmal bevölkerungsreicheren und wirtschaftlich stärkeren Nachbarn im Süden. Zweifellos haben beide Argumente einigen Grund für sich, und doch werden sie der kanadischen Geschichte letztlich nicht gerecht. Sie übersehen das spezifisch Kanadische, das sich gerade im Gegensatz zu den genannten Mächten herausgebildet hat. Sie übersehen auch, daß das französische Element, dessen stets spürbare und oft machtvolle Gegenwart die Nation entscheidend mitgeformt hat, der kanadischen Geschichte eine merkwürdige und unübersehbare Eigentümlichkeit verlieh.

Das Ziel der vorliegenden Arbeit ist, die Besiedelung der Flächen zu beobachten, die heute das kanadische Staatsgebiet bilden, und die Entwicklung der seßhaft gewordenen Bevölkerung in ihren wichtigeren Lebensbereichen zu beschreiben. Die Darstellung orientiert sich dabei am verfassungspolitischen Fortschritt, das heißt am Weg der vom Mutterland absolut regierten Kolonie zur staatlichen Selbständigkeit. Hiermit soll nicht unbedingt ein Primat des Politischen vertreten werden; wirtschaftlichen, sozialen und intellektuellen Entwicklungen wird vielmehr angemessene Aufmerksamkeit zuteil. Andererseits bietet die Verfassungsentwicklung die übersichtlichste Epocheneinteilung und kann deshalb wohl als Leitlinie genommen werden für die Darstellung eines historischen Werdens, für das sie freilich meist eher Symptom als Ursache war.

Dem vorliegenden Buch liegt ein unter dem gleichen Titel 1972 im Alfred Kröner Verlag, Stuttgart erschienener Text zu Grunde. Er wurde an vielen Stellen umgearbeitet und um zwei die jüngere Geschichte behandelnde Abschnitte erweitert. Der dort ausgesprochene Dank an Dieter Horn und besonders an meine Frau hat auch noch heute Gültigkeit.

Windsor, Ontario, im August 1991   *Udo Sautter*

Eine neue Welt tut sich auf

Weite Horizonte

Kanada ist ein weites Land. „A mari usque ad mare", von Meer zu Meer, wie es im Wappenspruch heißt, überspannt es den Kontinent in über 5000 Kilometern Breite. Kanada ist größer als die USA, ja als Europa. Fast zehn Millionen Quadratkilometer machen es der Fläche nach zum zweitgrößten Staat der Erde. Die Sommer sind heiß im südlichen Ontario, wo im „Garten Kanadas" auf der geographischen Breite von Neapel Pfirsiche und Weintrauben zu voller Süße reifen. Im hohen Norden ragt andererseits das Festland fast 1000 Kilometer in die Regionen ewigen Frosts, und von der Küste der Ellesmere-Insel sind es nur noch wenige hundert Kilometer zum Nordpol. Diese ungeheure Landmasse kennt Monotonie ebenso wie scharfe Gegensätze. Wenige Striche der Erde können die Weizenmeere der Prärie und die menschenleere Öde des Schildes oder der Nordwestterritorien an Gleichförmigkeit übertreffen. Doch die rauhbeinige Anmut der Küstenprovinzen im Osten, die Idylle des St. Lorenztales, die Großartigkeit des im Westen in steilen Fjorden zum Pazifik abfallenden Gebirges entschädigen den Kanadier mit ihrer reichen Vielfalt.

Freilich, große Ausdehnung an sich bedeutet nicht notwendig Reichtum. Sie ist vor allem möglichen Gewinn die Ursache vieler Probleme, von denen die Transportschwierigkeiten nur die zuerst ins Auge fallenden sind. Ein großes Land zerfällt nicht nur leichter als ein kleines in politischer Hinsicht, es ist auch schwieriger zusammenzufügen. Wenn der landschaftliche Zusammenhang fehlt, sind oft die wirtschaftlichen und politischen Partikularinteressen stärker als der Drang zur Gemeinsamkeit. Daß Kanada zur Nation zusammenwuchs, ist kaum eine Folge der topographischen Gegebenheiten des Landes. Es ist in vielem der Sieg politischen Wollens über den von der Natur vorgezeichneten Plan. Die Hauptlinien des Kontinents verlaufen in nordsüdlicher Richtung. Kanadas künstliche Grenze aber erstreckt sich von Osten nach Westen. Kanada ist ein Produkt seiner Geschichte. Es ist Erbe des französischen Kolonialreiches und Ergebnis britischen imperialen Strebens. Vor allem aber ist es entstanden aus dem Widerstand der Kanadier selbst, die sich dem mächtigen Sog des Nachbarn im Süden meist fest und oftmals erbittert entgegenstellten. Weder Sirenen- noch Trompetenklänge konnten jemals die übergroße Mehrheit der Kanadier schwankend machen. Kanadisch sein, das bedeutete vielfach: nicht amerikanisch sein. Und das mußte in den entscheidenden Phasen der Geschichte des Landes gleichbedeutend sein mit Loyalität zur britischen Krone, denn nur letztere war stark genug, die kanadische Besonderheit zu gewährleisten. Treue zum Mutterland und antiamerikanische Haltung verwoben sich zum spezifisch kanadischen Konzept. Eine Nation ist aus ihm erwachsen. Andere Züge mochten ebenfalls hervortreten, Pioniergeist, Unbekümmertheit, Zukunftserwartung. Aber was an ihnen spezifisch kanadisch war, war es zwischen den eben genannten zwei Polen.

Das bewohnte Land zerfällt in vier Hauptregionen, die im Süden jeweils durch die USA oder die großen Seen, im Norden durch rauhes Klima oder unfruchtbaren Boden abgegrenzt sind. Schwer überwindbare natürliche Hindernisse trennen diese Regionen voneinander in ostwestlicher Richtung, so daß die Bevölkerung in den verschiedenen Ballungsgebieten nur selten und dann nur mit Anstrengung zueinander findet. Kanadas Wiege ist das St. Lorenztal. Hier wurden die ersten Siedlungen gegründet, und von hier aus entwickelte sich die Nation. Im Unterlauf schroff und zerklüftet, wird das Ufer stromaufwärts von Quebec ab flacher und das Tal breiter. Hinter Montreal nimmt der St. Lorenz den Ottawa auf, der Siedlungsgebiet und Wasserweg weiter nach Westen hin bietet; der St. Lorenz selbst hat seinen Ursprung im Ontario-See. Die Landschaft weitet sich hier zu der zwischen den drei östlichen der Großen Seen liegenden Halbinsel des südlichen Ontario, „Oberkanada" (Upper Canada), wie sie eine Zeitlang hieß. Unterkanada (Lower Canada) und Oberkanada, St. Lorenztal und südliches Ontario bilden das Kerngebiet des Landes. Über 60 Prozent der Bevölkerung leben hier, die verarbeitende Industrie konzentriert sich entlang der Wasserwege, in Montreal und Toronto sitzt das Finanzkapital; die Hauptstadt Ottawa gehört beiden Landschaften gleicherweise an.

Der ungeheure Rest war Jahrhunderte hindurch Peripherie und ist es in mancher Beziehung auch heute noch. Nur langsam bevölkert sich der kanadische Schild, der von der Halbinsel Labrador ausgehend die Hudsonbai umfaßt und sich bis hinauf zur Tundra der Barrengrounds dehnt. Zögernde Ansätze von Fremdenverkehr, vor allem aber die intensivierte Ausbeutung der unermeßlichen Mineralschätze lassen hier allmählich menschliche Niederlassungen entstehen und wachsen.

Ein Leben fast für sich führten lange Zeit die Atlantikprovinzen. Neuschottland (Nova Scotia), Neubraunschweig (New Brunswick) und die Prinz-Eduard-Insel (Prince Edward Island), zu denen 1949 noch Neufundland (Newfoundland) kam, hatten und haben vielfach andere Probleme als

Zentralkanada, von dem sie durch die unwirtlichen Appalachen bzw. den St. Lorenzgolf getrennt sind. Geographisch eine Fortsetzung der südlichen Neuenglandstaaten, haben sie in Landschaft und Orientierung viel mit diesen und wenig mit dem übrigen Kanada gemeinsam. Schiffbau und Fischfang gaben ihnen einst Weltgeltung. Aber die Schiffe baut man heute nicht mehr aus dem Holz ihrer Wälder, und die Tiefkühltechnik hat den Vorteil, nahe einiger der ergiebigsten Fischgründe der Welt zu sitzen, unerheblich gemacht. Die Atlantikprovinzen sind heute das Armenhaus Kanadas. Reiche Kohlenlager in Neuschottland und angestrengte Bemühungen um Industrieförderung haben bestenfalls mäßige Aussicht auf Erfolg. Die Kohle Pennsylvaniens liegt der Schwerindustrie Ontarios und Quebecs unvergleichlich viel näher. Jedes Produkt der kanadischen Atlantikküste trägt die Kosten eines 1500 km langen Transportweges. Farmwirtschaft in den fruchtbaren Tälern der Küste und Flüsse, Holz- und Papierindustrie in den reichen Wäldern der Mittelgebirge prägen somit auch heute noch das Landschaftsbild der „Maritimes".

Trennen im Osten die Appalachen Zentralkanada von den Atlantikprovinzen, so ist für die Ausdehnung nach Westen der Schild ein ebenso schwer zu überwindendes Hindernis. Erst ab den 1880er Jahren schuf die Eisenbahn eine zuverlässige Verbindung zum Westen hin; die erste befestigte Straße wurde sogar erst nach dem zweiten Weltkrieg fertiggestellt. Hat man allerdings die rauhe Wegstrecke einmal hinter sich gebracht, so dehnt sich die Prärie in unermeßlicher Weite, um schließlich in das Tal des sich ins Nordpolarmeer ergießenden Mackenzie überzugehen. Dieses flache oder sanft hügelige, „rollende" Land ist ein Teil der riesigen Ebene des Mittelwestens, die sich vom Golf von Mexiko bis zur Arktis erstreckt. Im Norden freilich behindert das Klima den Ackerbau oder macht ihn ganz unmöglich. Aber ein 400–700 km breiter Streifen nördlich der amerikanischen Grenze, sacht ansteigend vom Winnipeg-See zu den Rocky Mountains hin, ist das größte zusammenhängende Landwirtschaftsgebiet Kanadas, eines der fruchtbarsten Weizengebiete der Erde.

Westlich der Prärien ragen die Rocky Mountains steil auf und hemmen den Durchgang zum Pazifik. Teilweise mehr als 600 km breit, bis zu 6000 m hoch, stellen sie eine schwerer zu überwindende Schranke dar als die Appalachen und der Schild. Das Gebirge läßt erst wieder nahe dem Pazifik nennenswerte menschliche Siedlung zu. Schauen die Atlantikprovinzen nach Osten, so ist der Blick Vancouvers nach Westen gerichtet, auf und über den Pazifik hin. Ein großer Teil der westlichen Mineralölförderung geht seit Jahrzehnten nach Japan, und die Pazifikküste ist das natürliche Einfallstor für die Erzeugnisse Ostasiens.

Somit lebt Kanadas Bevölkerung hauptsächlich in vier ziemlich klar voneinander abgegrenzten Regionen. Der Zusammenhang des Landes ist mehr ein künstliches Produkt historischer Entwicklung als das Resultat geographischer Notwendigkeit. Freilich ging manche Bewegung auch von selbst in ostwestlicher beziehungsweise westöstlicher Richtung. Der Handel mit Pelzen, später mit Holz und Getreide und der Gegenstrom von Kapital und Fertigprodukten verbanden Europa und die Atlantikhäfen mit dem Inneren. Aber der Sog des Südens war immer vorhanden, und es bedurfte starken politischen Willens, ihm zu widerstehen. Die atlantischen Provinzen sind in vieler Hinsicht ein Teil Neuenglands, und nicht selten wollte man hier in der Verbindung mit den Vereinigten Staaten das Natürlichere und Nützlichere sehen. Ebenso führen St. Lorenztal und Seenweg direkt in den amerikanischen Mittelwesten der Ohio- und Mississippiebenen, und jede Abzweigung des Verkehrs, die nördlich um den Oberen See herumführt, muß als künstlich und erzwungen erscheinen. Den Bewohnern des Westens vollends galt die Verbindung zu Ottawa durchaus nicht immer als endgültig, verbanden doch Klima, Bodenbeschaffenheit, Farminteressen und Verkehrsmöglichkeiten ihr Siedlungsgebiet weit natürlicher mit den gleichsprachigen Nachbarn im Süden. Und die kanadische Westküste schließlich hat billigen und leichten Transport in Nordsüdrichtung – und überaus kostspieligen nur zum Rest des eigenen Landes.

Kanada verdankt sein Dasein als Nation somit weit eher dem politischen Trotzdem als einem von den geographischen Gegebenheiten auferlegten Zwang. Die natürliche Entwicklung wäre wohl der Anschluß an die Vereinigten Staaten gewesen. Der bewußte Gegensatz zu diesen jedoch war seit über 200 Jahren Grund und Rechtfertigung der politischen Existenz Kanadas. Das bedeutete allerdings nicht, daß Kanada den Einfluß des mächtigen Anrainers nicht verspürt hätte. Dessen Druck war stets da und ist gegenwärtig wohl mächtiger denn je. Sprache und Lebensgewohnheiten unterscheiden die englischsprachigen Kanadier nicht von ihren südlichen Nachbarn. Amerikanisches Kapital spielt heute eine gewaltige, in manchen kanadischen Augen sogar eine zu starke Rolle im Wirtschaftsleben des Landes. Handel und Fremdenverkehr, Verteidigungspläne und das Erlebnis beider Weltkriege binden die zwei Nationen zu einer Gemeinsamkeit, an deren Auflösung für den Juniorpartner nicht zu denken ist.

Die Beziehungen waren nicht immer friedlich. Zwei Kriege wurden zwischen den beiden Nationen ausgefochten, und bis tief ins vorige Jahrhundert hinein blieb es unsicher, ob der Leviathan im Süden den zehnmal schwächeren Vetter im Norden nicht doch noch verschlingen würde. Daß er es nicht tat, war vor allem dem britischen Schutzherrn zu verdanken, jener anderen Macht, die entscheidenden Einfluß auf Leben und Entwicklung des Landes ausübte. Britische Ideen konnten amerikanischen entgegenwirken oder sie mindestens modifizieren, und aus Großbritannien kam der große Einwanderungsstrom, der es zuwege brachte, aus einer ehemals französischen Siedlung eine bewußt englandtreue Kolonie und später ein ebenso anhängliches Dominion zu formen. Heute sind knapp die Hälfte der Kanadier britischer Abstammung. Etwa 20 Prozent sind sonstiger, davon ein starkes Drittel deutscher, Herkunft und haben sich dem englischsprachigen Teil angeschlossen. Aber im 19. Jahrhundert war der britische Zuzug besonders stark, und damals wurden politische Traditionen geformt, die bis auf den heutigen Tag ihren Einfluß nicht verloren haben. Schließlich wirkte sich auch das sehr handgreifliche Interesse des britischen Mutterlandes selbst aus. Ohne dessen Seeherrschaft im späten 18. und frühen 19. Jahrhundert würden wohl heute die Vereinigten Staaten den gesamten nordamerikanischen Kontinent überspannen.

Ein solches Aufgehen Kanadas in den USA hätte einen Verlust bedeutet an Vielfalt und politischen Möglichkeiten in Nordamerika. Aber die übergroße Mehrzahl der Einwanderer aus Großbritannien und Kontinentaleuropa hätte dies vermutlich hingenommen. Für eine andere, fester gegründete ethnische Gruppe jedoch wäre die Trennung vom englischen Kolonialreich wohl nachhaltiger spürbar geworden. Es ist unwahrscheinlich, daß die Frankokanadier, jene Nachkommen der französischen Kolonisten, die im 17. Jahrhundert ins St. Lorenztal kamen, im größeren Verband der Vereinigten Staaten als Gruppe hätten überleben können. Sie hätten nicht über die Möglichkeiten zur politischen Pression verfügt, die ihnen trotz aller vordergründigen Schwäche in Kanada geboten waren; und die Übermacht des englischsprachigen Einflusses auf kulturellem und wirtschaftlichem Gebiet wäre wohl so stark gewesen, daß Quebec ein ähnliches Schicksal wie Louisiana erlitten hätte. So aber, innerhalb der englischen Kolonie, spielte das französischsprachige Element eine Hauptrolle. Sein bloßes Vorhandensein beeinflußte die Entwicklung Kanadas kaum weniger als die Nachbarschaft der Vereinigten Staaten oder die Vormundschaft Großbritanniens. Hier stand die Wiege der Nation, und das Nebeneinander der Kulturen hat in gutem und weniger gutem das Gesicht des Landes geprägt.

Physische Gegebenheiten, die Herkunft der Bevölkerung, die britische Schutzherrschaft und der mächtige Nachbar im Süden waren die bedeutendsten spezifischen Faktoren, unter deren Einfluß sich das kanadische Leben entwickelte. Die Richtung und das Tempo freilich bestimmten die Kanadier immer mehr selbst. Ihnen ist es letztlich zuzuschreiben, daß aus einer schwindsüchtigen Kolonie am St. Lorenz eine Nation erwuchs, die das zweitgrößte Land der Erde mit pulsierendem Leben erfüllt.

Indianer und Inuit

Nordamerika galt den ersten Europäern, die hier siedelten, als ein fast leerer Kontinent. In der Weite der Wälder und Prärien verlor sich die verschwindend geringe Anzahl der Ureinwohner. Etwa 220 000 waren es wohl im 16. Jahrhundert für den ganzen Bereich des heutigen Kanada – nicht zu wenige angesichts der Schwierigkeit oder gar Unmöglichkeit, größere Stämme durch Jagd und Fischfang auf die Dauer zu ernähren. Die nomadisierenden Urbewohner brauchten weite leere Räume, und auch als sie diese noch hatten, wurden ihnen Dürre oder ein besonders langer Winter oftmals bedrohlich. Trotzdem trugen Indianer und Inuit (so der heutige selbstgewählte Name, statt der traditionell gebrauchten Bezeichnung Eskimo) nicht Unerhebliches bei zur Kultur des sich europäisierenden Landes. Die Siedler übernahmen Kanu und Schneeschuh, Mais, Tabak und Naturheilmittel. Ihre Ziele und Lebensgewohnheiten in den zumeist rein weißen Niederlassungen blieben freilich die der Alten Welt. Umgekehrt übernahmen die Indianer Feuerwaffen und Branntwein, behielten aber weitgehend ihre Lebensweise, ihre Stammesorganisation, und somit ihre Verschiedenheit. Nicht wenige Franzosen bewunderten die freiheitliche, tolerante, auf dem Prinzip der Gleichheit basierende Harmonie des indianischen Stammeslebens, eine Erkenntnis, die dann in der Aufklärung im Klischee vom edlen Wilden einen ideologisch überhöhten Ausdruck fand.

Der Kontakt mit den Indianern hatte in indirekter Weise wesentlichen Einfluß auf die frühe Entwicklung Kanadas. Anders als in den Vereinigten Staaten, wo die aus ihren Jagdgründen vertriebenen Ureinwohner die erklärten Feinde der landnehmenden Farmer wurden, entwickelten sich die Indianer im pelzinteressierten Norden zum geschätzten und in vielem ebenbürtigen Handelspartner. Wohl kämpften auch die Siedler des St. Lorenztals eine Zeitlang hinter den Palisaden um Land und Leben. Aber die Niederlassung schritt langsam genug voran, so daß das Verhältnis zu den westlicher jagenden Stämmen freundlich gehalten werden konnte. Der Pelzhandel war lange Zeit die Quelle allen Reichtums der Kolonie. Ohne die Indianer als Jäger, Wegweiser und Transporteure hätte er nicht existiert und die Ansiedlung wohl nicht überlebt. Weniger direkten Kontakt pflegten die Weißen mit den Inuit. Gleichfalls mongolischer Abstammung wie die Indianer, beschränkten die Inuit sich in Jagd und Fischfang auf die Eisregionen des hohen Nordens. Da die Weißen sich von hier wenig materiellen Nutzen erhofften, blieben die Lebensgewohnheiten in dieser Region bis an die Schwelle des 20. Jahrhunderts im ganzen unverändert.

Aus dem Zusammentreffen zwischen Indianern und Weißen zogen, wie

gesagt, beide Seiten einigen Nutzen. Die kanadischen Indianer mit Ausnahme der Irokesen und der ihnen verwandten Huronen im Osten kannten keinen Ackerbau; und auch die Anstrengung der Irokesen hatte ihre
Grenzen im Mangel an passendem Werkzeug. Das Steinzeitalter reichte
auf dem amerikanischen Kontinent bis ins 16., ja 17. Jahrhundert.
Steinaxt und Feuer allein waren ungenügende Helfer beim Roden, und die Ernte an
Mais, Bohnen, Sonnenblumen, Tabak oder Kürbissen mag spärlich genug
gewesen sein. Westlich der Ontariohalbinsel vollends fehlten auch diese.
Die Berührung mit den europäischen Siedlern brachte den Indianern somit
die Möglichkeit besserer und sicherer Ernährung – ein nicht zu überschätzender Segen.

Die Schwierigkeit, genügend Nahrung zu finden, bedingte eine äußerst
lockere Form politischer Organisation. Der Zusammenhang auch nahe
verwandter Sippen war naturgemäß schwach in den ungeheuren Weiten,
in denen die einzelnen Stämme ihr Nomadenleben fristeten. Gewöhnlich
schlossen sich einige Familien zusammen und wählten ein gemeinsames
Oberhaupt. Seine Autorität war abhängig von seinem persönlichen Einfluß und Ansehen und oft gering genug. Vielleicht verband man sich
gelegentlich auch in größerer Anzahl zu einem zeitlich begrenzten Unternehmen, einem Kriegszug etwa. Nach vollbrachter Tat ging man dann
wieder seiner Pfade. Einige hundert oder gar tausend Menschen auf die
Dauer im Verband zu ernähren, war schlechthin nicht möglich.

Nur wenige Völker waren merklich fester zuammengeschlossen, wie
zum Beispiel die eben genannten Irokesen, denen die rudimentäre Landwirtschaft eine solidere Ernährungsgrundlage gab. Im späten 16. Jahrhundert vereinigten sich fünf ihrer Stämme zu gemeinsamer Aktion nach
außen; ein paar Jahrzehnte später kam ein sechster hinzu. Ihr Gebiet war
das weite Waldland südlich des St. Lorenz und der östlichen Großen Seen,
in etwa der nördliche Teil des Staates New York. Ein gemeinsamer Rat
schlichtete Streit, erklärte Krieg und schloß Frieden. Aber die Einigkeit
war mehr theoretisch, und entschlossene Führer der Einzelstämme oder
Sippen mißachteten oft genug die Beschlüsse des obersten Rates. In ruhigen Zeiten lebten die Irokesen in pfahlzaungeschützten Dörfern unter gro
ßen, rindenbedeckten Hütten. Sie waren nicht ungeschickte Töpfer, und
ein Zeichen ihrer vergleichsweise hohen Kulturstufe war die Verwendung
einer primitiven Geldsorte – Perlschnüre – als Zahlungsmittel in ihrem gut
entwickelten Handel. Ihr Wort für die Dorfgemeinschaft war Kanata, und
es wird allgemein angenommen, daß von daher der schon im 16. Jahrhundert übliche Name „Kanada" für das weiße Siedlungsgebiet abzuleiten ist.

Die Gebiete nördlich vom St. Lorenztal bis hin zum Atlantik im Osten
und nach Manitoba im Westen wurden von einem rivalisierenden Volk

bewohnt oder vielmehr durchzogen, den Algonkin-Indianern. Ruhelose Nomaden auf der steten Suche nach Jagdbeute, wohnten sie in leichten Borkenrindenwigwams und befuhren die Flüsse und Seen im aus dem gleichen papierleichten Material gefertigten Rindenkanu. Jagdwaffen waren Pfeil und Bogen oder auch Fallen, angefertigt aus den Materialien der Steinzeit: Holz, Bein oder Stein.

Irokesen und Algonkins waren die wichtigsten Kriegsgegner und Handelspartner der aus Europa Gekommenen. Weit weniger Berührung hatten die letzteren vorerst mit den anderen Indianervölkern, die über den Rest des heutigen Kanadas verstreut ihr Dasein führten. Die Prärieindianer westlich der Algonkins lebten ebenfalls von der Jagd. Aber da sie vor allem dem Büffel nachstellten, waren sie für die weißen Pelzhändler lange bedeutungslos. Auch ihr neu gezähmtes Transportmittel, das Pferd, war auf den Wasserstraßen und Waldpfaden des östlichen Kontinents ohne großen Nutzen. Erst das Eisenbahnzeitalter hat dann Sioux und Schwarzfußindianer aus ihren büffelhautbespannten Wigwams vertrieben.

Seßhafter als Algonkins und Graslandbewohner waren schließlich die Indianer in den Gebirgen nahe der Pazifikküste. Gelegentliche Fallensteller und Sammler, lebten sie vor allem vom Fischfang. Ihre aus Schnittholz gefertigten Hütten waren die solidesten Behausungen aller Indianer auf dem Kontinent, doch ähnelte ihre Organisation in vielem derjenigen ihrer Brudervölker.

Das Kommen der Europäer war, wie gesagt, nicht ohne Vorteile für die Indianer. Äxte und Messer, Nadeln und Töpfe, Hacken und Schaufeln wandelten die Steinzeit plötzlich zur Moderne. Kleider und Decken aus Wolle ersetzten die rohen Leder- und Fellbehänge. Das Gewehr brachte eine Revolution der Jagdgewohnheiten, doch machte es freilich auch die Kriegführung effektvoller. Andere Mitbringsel der Weißen waren unzweifelhaft von Übel: Branntwein, Pocken und Typhus schwächten die Widerstandskraft der Indianer. Und sie wurden abhängig von den europäischen Einwanderern. Statt nur für den eigenen Lebensunterhalt, jagten sie jetzt teilweise für den Tauschhandel. Die kleineren Pelztiere, besonders der Biber, gewannen neue Bedeutung. Die Indianer erlernten das Profitdenken. Ihrer Initiative waren keine Grenzen gesetzt. Die rücksichtslose Ausbeutung der Naturschätze Amerikas begann mit dem Pelzhandel. Die Fallensteller leerten ganze Waldregionen. Auf der Suche nach neuen Pelzgründen stieß man nach Westen vor. Meist war die Konkurrenz schon da; Streit, Krieg und die Ausrottung ganzer Stämme waren die unvermeidliche Folge.

Was der Pelzhandel einleitete, vollendete die nach Westen fortschreitende Siedlung. Den Waffen der Europäer konnten die Indianer bald mit

gleicher Ausrüstung begegnen. Der überlegenen Zahl und solideren Organisation der Weißen jedoch hatten sie nichts Gleichwertiges mehr entgegenzusetzen. Wenn weiße Siedlungen gegründet wurden, waren die Urbewohner der Region meist schon durch lange Kriege zermürbt, ihre Stammesorganisation geschwächt, ihre Sitten verfallen. Die weiße Woge überspülte sie
oder trieb sie vor sich her bis in die Jagdgründe des hohen Nordens, bis in
die Reservate, die in der Theorie die alten Lebensgewohnheiten sicherstellen sollten, in der Praxis jedoch meist schlechte Imitationen der Welt des
weißen Mannes geworden sind.

Wer waren diese Europäer? Was trieb sie, dem vielfach unwirtlichen
Land und dem oft rauhen kanadischen Klima auf die Dauer zu trotzen?
Einige versprengte kamen schon früh. Die Wikinger besiedelten von Island
aus die Südspitze Grönlands. Um das Jahr 1000 erreichte einer ihrer Führer,
Leif Erikson, das amerikanische Festland und schlug im sagenhaften „Vinland", dem Land der wilden Reben, ein Lager auf. Sich anschließende
Siedlungsversuche, vermutlich auf Neufundland und vielleicht in Neuschottland, blieben jedoch Episode. Europa war noch nicht willens oder in
der Lage, über den Ozean auszugreifen. Es verging noch geraume Zeit, bis
Mittel und Unternehmungsgeist des alten Kontinents kräftig genug waren,
daß auf Entdeckungsfahrten dauernde Siedlung folgen konnte.

Zaghafte Anfänge

Fünf Jahrhunderte nach den Zügen der Wikinger war man so weit. Nicht
nur, daß Navigationskunst und Abenteuergeist sich nun die Hand reichten. Die europäische Gesellschaft hatte sich Ende des 15. Jahrhunderts so
gefestigt, daß sie zum einen das Kapital für waghalsige Entdeckungsfahrten
und die Entwicklung der neuen Ländereien aufbringen konnte und zum
anderen einen genügend breiten Markt für die zu erwartenden Handels-
und Luxusgüter abzugeben versprach. Spanien und Portugal führten vorerst. Das Ziel war für längere Zeit der beste Seeweg nach Asien. Columbus'
Entdeckung der Neuen Welt modifizierte dieses Ziel, ohne daß es direkt
aufgegeben wurde; erst Magellans unendlich lange und gefahrvolle Fahrt
um Kap Hoorn und über den Pazifik ließ die Hoffnung auf einen billigeren
Weg als den um die Südspitze Afrikas schwinden. Aber neue Möglichkeiten
hatten sich inzwischen aufgetan. Die unerhörten Reichtümer, die Spanien
aus Mittelamerika abzutransportieren begann, waren vielleicht nicht die
einzigen auf dem neuen Kontinent, und am Ende ließ sich doch noch eine
kürzere Passage als die um Südamerika herum finden? Man setzte jedenfalls
die Suche nach Norden hin fort.

Schon gut zwei Jahrzehnte vor Magellans denkwürdiger Reise hatten sich
Engländer vom Entdeckungsfieber packen lassen. Ihr Monarch, Heinrich
VII., war freilich ein zu sparsamer Haushalter, um sich auf ein so risikorei-
ches Unternehmen einzulassen. Aber einige Kaufleute in Bristol erlagen der
südlichen Beredsamkeit eines Venezianers. John Cabot (Giovanni Caboto)
überzeugte sie von den Möglichkeiten einer Schatz- und Passagensuche
mehr im Norden, und eines Maitags im Jahre 1497 segelte sein Schiff mit 18
Mann Besatzung von Bristol aus nach Westen. Er entdeckte Land und
glaubte wie Columbus, es sei Asien. Vermutlich war es Neufundland oder
die Nordspitze Neuschottlands. Der sparsame Heinrich VII. belohnte ihn
mit 10 £ Gratifikation und 20 £ jährlicher Pension. Die Kaufleute in Bristol
aber statteten nunmehr gleich fünf Kauffahrteischiffe mit Handelsgütern
aus, die umgetauscht in Pfeffer und andere Orientalia ungeheuren Gewinn
erbringen mußten. Das Schicksal dieser Schiffe ist bis heute unbekannt, und
der Verlust dämpfte für einige Zeit den Wagemut der britischen Kaufmann-
schaft. Und doch war Cabots Reise nicht ohne Resultat. Vor der Küste des
anderen Kontinents war er in Gewässer geraten, wo man die Fische korbwei-
se an Deck ziehen konnte. Die Nachricht vom Fischreichtum der Neufund-
landbänke verbreitete sich in den Häfen der europäischen Atlantikküste, und
bald wurden die sommerlichen Fischzüge der Bretonen und Normannen wie
der Engländer und sogar der Spanier und Portugiesen dorthin die Regel.
Kabeljau war die gesuchte Beute. Er wurde entweder gesalzen nach Europa
gebracht, oder man trocknete ihn an der Küste, bevor er wieder im Schiffs-
bauch verschwand. Letzteres Vorgehen brachte die ersten Niederlassungen,
denn Trockengestelle waren zu errichten, Sommerbehausungen und Lager-
räume mußten gebaut werden. Engländer und Franzosen waren die aktivsten, und die Küste Neufundlands wie des Festlands war bald gesprenkelt mit
ihren sommerlichen Siedlungen.

Hier mag auch die erste Berührung mit Indianern stattgefunden haben.
Fischer und Indianer lernten bald, Handelsgüter wie Messer und Decken
gegen Pelze einzutauschen. Der Gewinn für die Europäer war beträchtlich,
und auch die Eingeborenen hatten ihren Vorteil. Es war nur eine Frage der
Zeit, bis vereinzelt einige unternehmende Atlantikfahrer auf die Idee kamen,
aus diesem Nebenbewerb eine Hauptbeschäftigung zu machen. Die Möglichkeit, Landwirtschaft zu treiben, war sowieso kaum reizvoll für britische
oder walisische Fischer. Der Profit aus dem Pelzgeschäft dagegen konnte
eher ein Grund sein, sich für eine Weile auf dem fernen Kontinent niederzulassen. Er wurde es vollends, als gegen Ende des 16. Jahrhunderts in Europa
die Pelztracht immer mehr in Mode kam. Der Biberpelz als Hutmaterial
stach hierbei alle anderen Fellsorten aus. Und Kanada lieferte Biber in fast
unbegrenzter Menge.

Doch in der Zwischenzeit hatte sich noch anderes getan. Was der geizige Heinrich VII. mit englischem Kapital nicht hatte wagen wollen, riskierte Frankreichs Renaissancekönig Franz I. frohen Sinnes. Sein Rivale auf dem europäischen Kontinent war Karl V., dessen Reichtum nicht zuletzt von Spaniens Besitzungen in Übersee kam. Wie, wenn es Frankreich gelänge, ähnliche Machtmittel zu erwerben?

Der erste Emissär Franz' I. war Giovanni da Verrazano, der 1524 die Küste in der Nähe des heutigen New York erforschte. Er fand die gesuchte Passage nach Asien nicht. Der Spanier Estevan Gomez, der im nächsten Jahr von Florida bis hinauf nach Neuschottland segelte, war nicht glücklicher. Es dauerte ein weiteres Jahrzehnt, bis Franz den nächsten Versuch wagte. Jacques Cartier aus St. Malo in der Bretagne erhielt den Auftrag, Goldländereien und wohl auch die Asienpassage zu finden. Cartiers Idee war, die große Wassermasse westlich Neufundlands – den heutigen St.-Lorenz-Golf – zu durchqueren und das dahinterliegende Land zu erforschen. Im Mai 1534 segelte er durch die schmale Straße zwischen Neufundland und Labrador. Die Nordküste des Golfs war öde und wenig einladend, aber Cartier drehte nach Süden ab und entdeckte die Prinz-Eduard-Insel und die Küste Neubraunschweigs. Der Küstenlinie folgend, traf er auf die Halbinsel Gaspé und die Trichtermündung des St. Lorenz. Als er an Land ging, um durch ein zehn Meter hohes Kreuz mit dem Wappen Frankreichs die umliegenden Ländereien für seinen König in Besitz zu nehmen, begegnete er den ersten Indianern. Es waren Irokesen. Man tauschte mancherlei, und als Cartier nach Frankreich zurücksegelte, nahm er zwei Häuptlingssöhne mit, um sie als Dolmetscher auszubilden.

Franz I. zeigte sich nicht unzufrieden. Die Erzählungen der Indianer schlossen die Möglichkeit eines landeinwärts liegenden Schatzlandes nicht aus, und der Bretone sah gute Aussichten für die christliche Mission. So erhielt er im nächsten Jahr die Mittel für eine weitere Expedition, nunmehr mit drei Schiffen. Diesmal untersuchte Cartier die Nordküste des Golfs sorgfältig, um die vielleicht vorhandene Nordwestpassage nicht zu übersehen, und segelte dann den St. Lorenz hinauf bis zu der Stelle, wo der Felsen des heutigen Quebec das Wasser kurzfristig die Richtung ändern läßt. Das Willkommen der Indianer war fast zu herzlich. Sie wollten Cartiers Begegnung mit anderen Stämmen möglichst verhindern, und der Franzose hatte Schwierigkeiten, wieder loszukommen. Schließlich konnte er sich doch mit einem Teil seiner Mannschaft in Booten und Kanus auf den Weg zum sagenhaften Hochelaga begeben, das weiter flußaufwärts als das mächtigste indianische Königreich weit und breit von sich reden machte. Auf der Insel des heutigen Montreal gelegen, entpuppte es sich als eine Ansammlung von 50 Irokesenhütten innerhalb einer Pfahlmauer, und

unmittelbar dahinter machten die Stromschnellen eine Fortsetzung der
Reise vorerst unmöglich. Erzählungen vollends von der Weite des Landes
und von einem anderen großen Fluß – dem Ottawa – ließen auch die
Hoffnung, bald von der Pazifikküste aus nach dem märchenhaften Japan
oder den Gewürzinseln blicken zu können, merklich geringer werden.
Man kehrte zum Landeplatz der Schiffe zurück, um dort den Winter zu
verbringen. Die Begeisterung und Entdeckerfreude hatte sich noch nicht
ganz verloren, ja wurde durch die farbenprächtigen Erzählungen der über
ihre dankbaren Zuhörer glücklichen Indianer neu angefacht und genährt.
Doch der Skorbut raffte ein Viertel der Mannschaft dahin und quälte die
übrigen; das Verhältnis zu den Eingeborenen wurde schlechter; der Frühling kam nur langsam. So entschloß man sich, nach Hause zurückzukehren und wiederum einen lebenden Zeugen mitzunehmen, einen Häuptling
namens Donnakona. Dessen feurige Beschreibungen der Schätze im Inneren seines Landes hielten Franz' I. Interesse wach. Im Jahre 1541 segelte
Cartier zum dritten Mal.

Siedlung war nunmehr die erklärte Absicht. Internationale Verwicklungen waren vorausgegangen. Spanien verfolgte damals argwöhnisch jede
mögliche Bedrohung seiner Besitzungen oder Silberflotten, und eine ständige Kolonie der Franzosen auf dem nordamerikanischen Kontinent konnte sich sehr wohl zu einer solchen Gefährdung entwickeln. Diplomatische
Proteste mit dem Hinweis auf die päpstliche Bulle von 1493, die die überseeische Welt zwischen Spaniern und Portugiesen aufgeteilt hatte, gingen
den Franzosen zu. Franz I. fragte im Gegenzug nach Adams Testament
und Weltverteilungsabsichten. Die Expedition fuhr schließlich mit fünf
Schiffen. Sträflinge und 300 Soldaten waren als die ersten Siedler aussersehen. Sie sollten die Ausgangsbasis schaffen, von der aus das Land gründlicher auf seine Reichtümer hin erforscht werden konnte. Cartier landete
wieder beim heutigen Quebec und überwinterte. Doch das Frühjahr sah
ihn entmutigt. Querelen und die ständige indianische Bedrohung hatten
seine Nerven zermürbt, und er segelte zurück nach Frankreich, sobald das
Eis den Strom freigab. Bei Neufundland traf er auf eine Nachschubflotille
unter dem Sieur de Roberval, der das Kommando über die Kolonie übernehmen sollte. Man einigte sich nicht, und beide fuhren ihres Wegs. Roberval überwinterte seinerseits an Cartiers Siedlungsplatz, nur um im
Frühsommer 1543 ebenfalls unverrichteter Dinge in die Heimat zurückzukehren.

Cartier hat auf seinen Fahrten somit weder das Goldland noch die
Nordwestpassage entdeckt. Seiner Besitznahme des neuen Kontinents war
keine Dauer beschieden. Und doch waren seine Reisen von großer Bedeutung für die Entwicklung im kommenden Jahrhundert. Die Mündung des

Mississippi war wohl seit 1519 entdeckt, wurde aber nicht genutzt. Von der Hudsonbai wußte kein Europäer etwas. So stellte Cartiers Erforschung des St. Lorenzstromes eine Pioniertat dar, die als erste den Weg ins Innere des nordamerikanischen Kontinents öffnete. Sein Anspruch auf die Landmasse als solche wurde vorerst freilich von der Mitwelt ignoriert. Neben den Spaniern in Florida waren es besonders die Engländer, die sich immer mehr für die nördliche neue Welt interessierten. 1583 nahm Sir Humphrey Gilbert feierlich den Ostteil von Neufundland in Besitz für seine Königin; 1610 wurde dort auch die erste ständige Kolonie gegründet. Sein Halbbruder, Sir Walter Raleigh, errichtete 1584–1587 eine kurzlebige Ansiedlung in Virginia. Nach 1600 mehrten sich die englischen Anstrengungen. 1607 wurde Jamestown in Virginia gegründet, 1620 landeten die Pilgerväter in Massachusetts. Die Holländer ihrerseits ließen sich an der Mündung des Hudson nieder und gründeten Neuamsterdam, das spätere New York. Aber Spanier, Engländer und Holländer verschmähten das nördlicher gelegene Festland, galt es doch als zu unwirtlich in Bodenbeschaffenheit und Klima. In Frankreich andererseits blieb die Erinnerung an Cartiers Forschungsreisen lebendig. Wohl zehrten im restlichen 16. Jahrhundert politischer Zwist und religiöser Krieg alle Energien des Landes auf. Aber als mit Heinrich IV. Ruhe und wirtschaftliche Stärke wiederkehrten, besann man sich auf die Ziele der frühen Unternehmungen und machte sie zu den seinen.

Champlain in Nordamerika

In der Zwischenzeit war der Pelzhandel zwischen dem neuen und dem alten Kontinent beträchtlich gewachsen. Aus dem Gelegenheitsunternehmen der Neufundlandfischer hatte sich ein lebhaftes Geschäft entwickelt, das den Kürschnern Frankreichs und letztlich dem enorm gewachsenen Bedarf der neuen Mode an Biberpelzen seinen Auftrieb verdankte. Die französischen Rauchwarenhändler gingen so weit, die Krone um ein Monopol zur Sicherung ihrer Handelsinteressen anzugehen. Das Ansinnen kam Heinrich IV. trotz der grundsätzlichen Opposition seines Ministers, des Herzogs von Sully, nicht ungelegen. Wenn privates Kapital das Risiko trug, so konnte die Krone nicht viel verlieren, andererseits durch die Vergabe von Privilegien aber Hoheitsrechte gewinnen, die Macht und Ansehen des Reiches zugute kommen mußten. Der König gab die Einwilligung, und im Jahre 1602 gründeten Kaufleute im normannischen Rouen eine Handelsgesellschaft mit dem exklusiven Recht, Pelze aus dem St. Lorenzgebiet nach Frankreich zu bringen. Eine Expedition wurde vorbereitet, die im Jahre 1603 in See stechen sollte.

Unter den angeworbenen Teilnehmern ragte besonders ein Mann hervor, der bereits Erfahrungen in der neuen Welt gesammelt hatte. Samuel de Champlain, Sohn eines Seemannes aus der Gegend von La Rochelle, hatte zuerst auf katholischer Seite in den Religionskriegen gekämpft, war dann aber 1599 mit den Spaniern nach Amerika gefahren. Bei seiner Rückkehr schrieb er nieder, was er dort gesehen hatte, und beeindruckte damit Heinrich IV. derart, daß er den Titel eines königlichen Geographen samt einer jährlichen Pension verliehen bekam. Seine Sehnsucht trieb ihn zurück nach Amerika. Außer der Lust, das Unbekannte zu erforschen, bewegten ihn glühender Patriotismus und ein fast missionarischer Bekehrergeist. Es sollte dem Unternehmen zu großem Vorteil gereichen, daß er sich an Ort und Stelle auch noch als begabter Organisator und Verwalter zeigte. Wagemut und Geduld vereinten sich in ihm in glücklicher Mischung, und seinem Werk war längere Dauer beschieden als Cartiers Unternehmung.

Als im Frühjahr 1603 die Expedition den Atlantik überquerte, war der St. Lorenzstrom bereits eine häufig befahrene Straße. An der Einmündung des Saguenay, 200 km vor dem heutigen Quebec, trat Champlain zuerst in Verbindung mit Indianern – wie vor ihm schon manche Walfischer und Pelzhändler, denen der Ort als Handelsplatz diente. Von hier aus suchte er eine Vorstellung von der Topographie des Landes zu gewinnen, teils durch persönliche Erkundungsfahrten – er kam bis zu den Stromschnellen hinter Hochelaga –, teils durch Befragen der eingeborenen Bewohner. Manches erfuhr er ganz korrekt, so Lage und Entfernung der Hudsonbai oder den Weg zum Hudson, der zur Stelle des heutigen New York führt. Aber in einem entscheidenden Punkt irrte auch er. Der Huronsee, so glaubte er zu verstehen, sei salzig. Das bedeutete den Zugang zum Pazifik, nach Ostindien, möglicherweise zu Reichtum und Glorie. Champlain täuschte sich nicht über die Schwierigkeiten, die eine Öffnung dieser Route mit sich bringen mußte. Aber er entschloß sich doch, die Erforschung und Besiedlung des Landes voranzutreiben und Frankreich ständig auf dem Kontinent zu etablieren.

Der erste Versuch sollte indessen nicht am St. Lorenz gewagt werden. Bei seiner Rückkehr nach Frankreich erfuhr Champlain, das das Monopolprivileg inzwischen den Besitzer gewechselt hatte. Der neue Inhaber fand die Fundy-Bucht zwischen der neuschottischen Halbinsel und dem Festland günstiger, und so landete 1604 die neue Expedition dort auf einer zum Winterquartier auserkorenen Insel. Sie erwies sich als schlechte Wahl. Mangel an Feuerholz und Wasser wurden fast zur Katastrophe, und dazu raffte der Skorbut nahezu die Hälfte der Teilnehmer vor dem Frühling dahin. Man entschloß sich, aufs Festland überzusiedeln, und gründete auf der Ostseite der Bucht, also auf neuschottischem Boden, eine neue Siedlung. Für Port Royal, das spätere Annapolis, wurde eine Flußmündung gefunden, die sich als geeigneter Platz erwies.

Hier wurden die ersten Früchte von Pflanzen, die Weiße gesät hatten, in Kanada geerntet, und bald mehrten sich die Felder in dem fruchtbaren Tal. Zwei aufeinanderfolgende milde Winter ließen sich in den Blockhütten erträglich an, und Champlains Idee, einen „Ordre du bon temps", einen Orden vom guten Leben zu gründen, konnte wohl als ein Zeichen der gewachsenen Zuversicht gelten. Und doch fanden die Siedler hier nicht den gesuchten Erfolg. Champlain entdeckte den gewünschten Fluß nicht, der den Weg tief ins Innere geöffnet hätte, und der Pelzhandel ließ sich wider Erwarten nicht sonderlich an. Schwierigkeiten wegen des Handelsmonopols vollends riefen dessen Inhaber 1607 nach Frankreich zurück, und Champlain gewann mehr und mehr die Überzeugung, daß der wahre Umschlagplatz für das Pelzgeschäft und damit für eine aussichtsreiche Koloniegründung nur am St. Lorenz liegen könne. Im Jahre 1608 fuhr er zum drittenmal nach Amerika, nunmehr mit der Absicht, am St. Lorenz zu siedeln. Die Stelle, wo der Strom sich verengt und das Steilufer ins Wasser vortritt – Cartier hatte den Platz schon als günstige Lände erkannt – erschien ihm als der beste Ort für die Siedlung. Er legte seine zwei Schiffe vor Anker, errichtete am Ufer Winterquartiere und erwartete das nächste Frühjahr. Quebec war gegründet.

Das Jahr 1609 brachte eine bedeutungsschwere Entscheidung. Seit Cartiers Tagen hatten sich die Machtverhältnisse in der indianischen Welt verschoben. Um Quebec und Hochelaga saßen nicht mehr die alten Stämme. Die Algonkins hatten das gesamte Nordufer des St. Lorenz nun fest in der Hand, die Irokesen waren nach Süden abgetrieben. Ein erbitterter Krieg um die Herrschaft auf dem Strom und um die vorteilhafte Geschäftsverbindung mit den Franzosen war ausgebrochen. Champlain, der das Pelzhandelsmonopol errichten wollte und die Mission vorbereitete, kam um eine Stellungnahme nicht herum. Er entschied sich für die nördlichen Algonkins. Binnen kurzem wurde er zur Hilfeleistung auf dem Kriegspfad gerufen. Er zog mit seinen Bundesgenossen den heutigen Richelieufluß südlich Montreal hinauf nach Süden, entdeckte den nach ihm benannten Champlainsee und konnte dort die feindlichen Irokesen mit einigen Musketensalven verjagen. Der Sieg war kurzfristig. Die langjährige Feindschaft der Irokesen beeinträchtigte auf die Dauer nicht nur den Geschäftserfolg der Franzosen. Sie wurde lebensgefährlich und fast tödlich, als es den Irokesen gelang, von den auf dem Hudson vorstoßenden Holländern Feuerwaffen zu erhandeln. Die französische Kolonie überlebte diese Verbindung von holländischer Geschäftskonkurrenz und indianischer Streitbarkeit nur mühselig und wäre ihr auf die Dauer fast erlegen. In den nächsten Jahren setzte Champlain seine Kriegszüge mit den Algonkins fort. Sie boten ihm eine vortreffliche Gelegenheit, weiter ins Innere vorzudringen und sich ein Bild von der Beschaffenheit des Landes zu machen. 1615 fuhr er den Ottawa hinauf und erreichte nach einigen mühseligen Tragstrecken das Nordufer des Huronsees. Dessen Wasser war süß, und Champlain verlor den Rest der kaum mehr gehegten Hoffnung, einen Ausläufer des Pazifiks erreichen zu können. Vom Huronsee wandte er sich mit seinen Indianern nach Süden, dem Ontariosee zu. Beim Durchqueren der Halbinsel des südlichen Ontario trafen sie auf die Huronen. Den Irokesen verwandt, lebten erstere doch in erbitterter Feindschaft mit ihren östlichen Vettern. Dies war ein hinreichender Grund für eine nähere Verbindung mit den Franzosen, deren beste Pelzlieferanten sie eine Zeitlang wurden, bis die langsam nach Westen rückenden Irokesen die Huronenstämme zerstreuten und teilweise ausrotteten.

Champlain mußte den Winter über in Ontario bleiben. Seine Rückkehr nach Quebec im Frühjahr 1616 beendete seine Erkundungstätigkeit. Doch er hatte überaus wertvolle Erkenntnisse gesammelt, von denen sicherlich die wichtigste die Entdeckung der Großen Seen war. Noch konnte er deren Ausdehnung nicht genau abschätzen, und im Grunde kannte er nur einige Ufer des Huronsees und des Ontariosees. Aber der Anfang war gemacht, und seine Reiseroute den Ottawa hinauf wurde für viele Jahrzehnte eine der klassischen Straßen des Pelzgeschäfts.

Andere, jüngere Wildnisfahrer setzten die Erkundungen fort. Etienne Brûlé fand vom Ontariosee aus den Weg hinunter ins heutige Maryland. Jean Nicolet reiste über den Michigansee und zeigte den Weg zum Mississippi. Jean de Brébeuf und Pierre J. M. Chaumonot, zwei Jesuiten, erreichten 1640 den Eriesee. 1641 erforschte ihr Ordensbruder Isaac Joques den Oberen See. Diese ungebunden das Land durchziehenden Männer, teils Pelzjäger, teils Abenteurer, wurden so vertraut mit der Wildnis wie die Eingeborenen selbst. Hier entwickelte sich der Waldläufer, dem das Kanada der folgenden Jahrhunderte den Erfolg seines Pelzhandels und die Erschließung des Westens letztlich zu danken hatte.

Mittlerweile jedoch hatte Champlain in Quebec alle Hände voll zu tun, um der Kolonie Überleben und Gedeihen zu sichern. Die Siedlung war nur lebensfähig in Verbindung mit dem Mutterland. Aber nach dem Tode Heinrichs IV. erstarb das Interesse in Frankreich, und lediglich die Mission erschien einigen wenigen frommen Seelen während der Regentschaft der Königinmutter noch der Unterstützung wert. Andererseits verschlang die Kolonie in ihren ersten Jahren eine Menge Geld, und konnten diese Mittel auch mühselig durch persönliche Anstrengungen Champlains bei privaten Gebern aufgebracht werden, so war doch die Vertretung bei Hof lebensnotwendig und kostete wieder einen Gutteil des Zusammengebrachten an Salären und Gratifikationen. Überdies machte die Ansiedlung von Kolonisten nur mühsame Fortschritte. Wohl wurde die Siedlung in den königlichen Patenten stets als Aufgabe festgelegt, aber die pelzinteressierten Kaufleute fanden, daß Siedler ihrem Geschäft nur schaden könnten, und hintertrieben daher oftmals Champlains diesbezügliche Bemühungen. Man empfand nicht nur die Transportkosten als zu hoch, sondern glaubte auch, daß kein vernünftiger Mensch Ackerbau treiben würde, wenn er die Möglichkeit hätte, durch Pelzhandel leichter seinen Unterhalt zu finden. Siedler konnten somit nur Konkurrenz und Gefährdung des Monopols bedeuten. So war es ein bemerkenswert erfreuliches Ereignis, als sich im Jahre 1617 die erste Familie neben dem Palisadenzaun des Forts Quebec niederließ. Zu ihr gesellten sich bald eine Anzahl entlassener Angestellter und Arbeiter der Handelsgesellschaft, und 1627 waren es 65 Personen, die Französisch-Amerika zu ihrer endgültigen Heimat erwählt hatten.

Selbst diese geringe Zahl schien manchen noch zu groß. Der Krieg zwischen Frankreich und England, ein Teil des europäischen Dreißigjährigen Krieges, sandte seine Ausläufer bis nach Quebec. Eine englische Freibeuterflottille von drei Schiffen unter Sir David Kirke erschien 1628 auf dem St. Lorenz und kaperte den Nachschubtransport, der gerade Quebec anlaufen wollte. Im nächsten Jahr mußte sich die Kolonie selbst ergeben. Nur 30 Personen durften zurückbleiben, der Rest einschließlich Champlain wurde von Kirke nach Europa zurückgebracht. Aber der Angriff war zu spät gekommen. Drei Monate zuvor hatten England und Frankreich bereits Frieden geschlossen, und Champlain gelang es, Kardinal Richelieu zu veranlassen, im Vertrag von St. Germain-en-Laye 1632 die kanadische Kolonie zurückzuverlangen.

Richelieus Interesse war kurzlebig. Wohl kehrte Champlain zurück in der Gewißheit, die französische Regierung endgültig auf seiner Seite zu haben. Doch als er 1635 in seiner Kolonie starb, konnte er bereits fühlen, daß Richelieus Aufmerksamkeit anderem galt. Frankreich war im gleichen Jahr erneut in den Krieg eingetreten. Nach dem Tod des Kardinals wurde es vollends still um das amerikanische Unternehmen. Sein Nachfolger Mazarin zeigte keinerlei Interesse, und private Initiative versprach sich nicht mehr viel von weiteren kostspieligen und riskanten Investitionen.

Frühe Mission und Kirche

Doch die Kolonie war nicht ganz vergessen. Ein wesentlich nichtkommerzielles Interesse wuchs langsam und stärkte nicht nur die Verbindung mit dem Mutterland, sondern brachte vermehrte Daseinsberechtigung, neue Begeisterung – und zusätzliche Kräfte und Mittel. In Europa hatte im späten 16. Jahrhundert die Reformbewegung der katholischen Kirche immer mehr an Kraft zugenommen. Auch in Frankreich wurden weite Kreise vom Glaubenseifer ergriffen. Konnte es nicht gottgefällig sein, das Reich Christi auch in der Neuen Welt auszubreiten? Die Spanier hatten sich dieser Aufgabe in ihren Kolonien mit Beflissenheit gewidmet, die Portugiesen nicht weniger. So wuchs in Frankreich die Überzeugung, daß Champlains Unternehmen der kirchlichen Untermauerung bedurfte.

Als der Koloniegründer nach religiösen Helfern verlangte, verhallte sein Ruf somit nicht ungehört. Schon 1615 kamen vier Mönche vom franziskanischen Orden der Récollets. An Ort und Stelle erschien ihnen die Aufgabe zu gewaltig für die Kräfte ihrer Gemeinschaft, und sie baten die Gesellschaft Jesu um Unterstützung. 1625 trafen die ersten Jesuiten ein. Sie erkannten rasch die missionarischen Möglichkeiten, die sich unter den Indianern boten, und waren angetan von der einladenden Fruchtbarkeit des St. Lorenztales. In ihren „Relationen", den Berichten über ihre Tätigkeit und den Zustand des Landes, priesen sie die Vorzüge und Aussichten des Lebens in der Neuen Welt. Die Absicht war bewußtermaßen, das Interesse im Heimatland anzufachen und die Auswanderung zu ermutigen. Eine starke christliche Ansiedlung konnte dem Missionswerk in allen Teilen nur förderlich sein – besonders wenn die Kirche Einfluß erhalten und wahren konnte. In dieser Hinsicht war ihr Werk von Erfolg gekrönt. Die Kirche hat durch Jahrhunderte eine führende Rolle in Kanada zu spielen vermocht, und lange Zeit waren es die Jesuiten, deren Entscheidung das meiste Gewicht besaß.

Das Einwirken der Missionare auf die Indianer hatte deren Christianisierung und damit mehr oder weniger direkt die Europäisierung zum Ziel. Ob dies im säkularen Sinn segensreich für die Indianer war, ist Interpretationssache. Viel der Anstrengung prallte ohnehin am Widerstand der selbstbewußten Urbewohner ab, der auch vor Gewalt nicht zurückschreckte. Das utopische Gemeinschaftsexperiment von Sainte-Marie-aux-Hurons an der Georgian Bay etwa endete 1649, nach zehn Jahren Dauer, kläglich unter dem Ansturm der Irokesen. Andererseits spielte die Gesellschaft Jesu eine führende Rolle etwa bei der Bekämpfung des Branntweinverkaufs in der Kolonie.

Freilich gab der Machtanspruch der Jesuiten nicht selten Anlaß zu Reibereien mit dem weltlichen Klerus, mit den Kaufleuten der Kolonie und mit der staatlichen Autorität. Um den Anschuldigungen die Spitze zu nehmen, erwirkten sie 1659 in Paris und Rom die Errichtung eines Bischofssitzes in Quebec. Es gelang ihnen, 1659 mit François-Xavier de Laval-Montmorency einen fähigen Weltgeistlichen auf den Bischofsstuhl zu bringen. Mit Tatkraft und Organisationstalent ging er daran, unter den Siedlern die Strukturen des kirchlichen Lebens zu organisieren und zu festigen. Es galt ja nicht nur, Pfarreien zu gründen und das Spenden der Sakramente zu gewährleisten; Laval betrachtete es auch als tunlich, der Kirche politischen Einfluß zu sichern, und kämpfte mit Zähigkeit um die konstitutionelle und wirkliche Fixierung der Kirche als beherrschender Institution in der Kolonie. Und Laval stand den Jesuiten nahe. Im Zeitalter gallikanischer Bestrebungen bedeutete dies eine eindeutige Stellungnahme für Rom und gegen dominierenden Einfluß aus Frankreich selbst. Der Erzbischof von Rouen, aus dessen Sprengel viele Siedler kamen, zeigte bereits ein deutliches Interesse an der Ausdehnung seiner Jurisdiktion über die amerikanischen Gebiete. Lavals Hinneigung zum päpstlichen Stuhl sicherte auf die Dauer der Kolonie nicht nur ein unabhängigeres Leben – was auch seine Nachteile haben konnte –, sondern wurde von großer und kirchlich gesehen sehr positiver Bedeutung in dem Augenblick, in dem die französische Herrschaft endete und die Katholiken des St. Lorenztales den Pressionen einer anderen Konfession ausgesetzt wurden. Die Papsttreue war dann ein weit unverdächtigerer Zug der Eigenständigkeit, als es die Verbindung mit der französischen Kirche hätte sein können.

Récollets und Jesuiten waren nicht die einzigen, die durch Lehre und Vorbild das Reich des Herrn zu verbreiten suchten. Ein Beispiel für das Ineinandergreifen von religiöser Motivierung und Siedlungswillen bot die Gründung von Montreal. Schon Champlain hatte die Stelle, wo Cartier auf das alte Hochelaga gestoßen war, als einen zur Niederlassung hervorragend geeigneten Platz erkannt. Hier ragte der Mons regalis oder Montréal, der königliche Berg, hoch über die Ebene empor, ein Orientierungspunkt ohnegleichen weit und breit. Seine Lage allein auf einer Insel im sich hier in mehrere Seitenarme teilenden St. Lorenz ließ ihn verkehrsgünstig erscheinen und mochte die Verteidigung erleichtern. Aber daß überdies zwei weitere wichtige Wasserstraßen, Ottawa und Richelieu, ganz in der Nähe auf den St. Lorenz stießen, bestimmte den Ort zum naturgegebenen Handelsplatz.

Trotzdem waren es nicht in erster Linie kommerzielle Vorteile, die die Gründung veranlaßten, sondern eine andere Gegebenheit, die dem Handelsgeschäft weit eher schaden als nützen mußte. Hier stießen nämlich auch die Jagd- und Einflußgebiete der drei mächtigsten Indianervölker aufeinander. Irokesen, Huronen und Algonkins begegneten sich hier friedlich und im Streit. Eifrige Glaubensleute, vor allem wenn sie leibliche Gefahren mißachteten, konnten hier eine gottgegebene Möglichkeit für missionarische Tätigkeit sehen. Einige katholische Laien entschlossen sich, hier eine Mission zu errichten, „und wäre jeder Baum ein Irokese".

Unter Führung des Sieur de Maisonneuve, eines erprobten Soldaten, und der Krankenpflegerin Jeanne Mance kamen 54 dieser Visionäre 1642 auf die Insel und gründeten Ville-Marie, die Stadt Mariens. Eine Missionsstation und ein Hospital entfalteten bald eine weitum bemerkte und in Anspruch genommene Tätigkeit.

Letzten Endes war natürlich das Schicksal dieser und ähnlicher, zumeist von religiösen Orden getragener Bemühungen eng verknüpft mit dem Erfolg der säkularen Anstrengungen der Pelzhändler und Siedler. Die 1640er und 50er Jahre wurden zu einer Probezeit für die Kolonie, die sie nur unter erheblichem Verlust an Lebenskraft und Zukunftsglauben durchzustehen vermochte. Die Irokesen veranstalteten mit holländischer Unterstützung eine Art Generaloffensive gegen die Franzosen und ihre Bundesgenossen. Der erste Stoß ging dabei auf die Huronendörfer der Ontariohalbinsel. Brandpfeil und Streitaxt wüteten, nicht wenige Missionare starben am Marterpfahl. Bis auf kümmerliche Reste hörte das Huronenvolk auf zu bestehen.

Nach diesem Erfolg war das selbstverständliche Ziel des Irokesenangriffs die Ansiedlung der Weißen selbst. Vor 1640 hatten sich die Franzosen verhältnismäßig ungestört betätigen und ausbreiten können. Die Errichtung Montreals scheint der Wendepunkt geworden zu sein. Es mußte nicht nur als Ausgangsbasis für französisches Eindringen in irokesisches Gebiet betrachtet werden; den von Albany im heutigen Staat New York aus operierenden Holländern konnte hier auch ein potenter Handelskonkurrent entstehen. Die ständige Belästigung der französischen Siedler verstärkte sich, bis Anfang der 1650er Jahre ein Zustand erreicht war, der einer vollständigen Belagerung glich. Kein Kanu konnte mehr ungefährdet den St. Lorenz befahren, kein Farmer sich ohne schußbereites Gewehr vor den Palisadenzaun wagen. Der Pelzhandel kam fast völlig zum Erliegen. Hilferufe nach Frankreich um militärische Unterstützung verhallten so gut wie ungehört. Nach einer mit knapper Not abgewehrten Massenattacke auf Ville-Marie im Jahre 1660 schien es nur noch fraglich, ob das nahe Ende der Kolonie durch die Kriegsfurie der Irokesen oder den nervlichen Zusammenbruch der Franzosen kommen würde.

Doch das Schicksal nahm unversehens eine andere Richtung. Ohne diese Wende wären Champlains Siedlungsbemühungen auf dem amerikanischen Kontinent vermutlich ebenso Episode geblieben wie Cartiers weniger durchdachte und mit weniger Zähigkeit vorangetriebene Unternehmung. Beide hatten als Gegner nicht nur die Unbilden und Widrigkeiten des sich nicht freiwillig öffnenden Landes gehabt, sondern in ebensolchem Maße das mangelnde Interesse der europäischen Heimat. Es hatte sich nun endgültig gezeigt, daß das Schicksal der Kolonie auf Gedeih und Verderb von der Anteilnahme der französischen Regierung abhing. Ohne Unterstützung und Nachschub aus Frankreich war an ein Überleben nicht zu denken. Wohl konnte die Kolonie sich auf die Dauer bezahlt machen, vielleicht gar Gewinn bringen. Aber für private Initiative waren die Investitionen vielleicht zu hoch und sicherlich zu risikoreich und langfristig. Ging der Staat voran, so mochte man folgen, nicht umgekehrt.

Der Tod Heinrichs IV. im Jahre 1610 hatte eine Veränderung in der offiziellen Haltung der Kolonie gegenüber gebracht, wodurch das Wachstum verlangsamt worden und fast das Ende in Sicht gekommen war. Mehr als persönliche Neigungen und Interessen waren sicher die europäischen Entwicklungen die Ursache hierfür gewesen. Erst hatte der Dreißigjährige Krieg Frankreichs Anteilnahme und Energien beansprucht, dann hatten die Fronde und der andauernde Krieg mit Spanien der Staatsleitung andere Sorgen aufgegeben. Der Profit und das Wohlergehen von einigen hundert oder tausend Bauern und Händlern im mehrere Segelwochen entfernten Amerika hatte nicht das vordringlichste Problem Richelieus oder Mazarins sein können. Erst gegen Ende der 1650er Jahre, als die Regierung in Paris als gesichert gelten konnte und der pyrenäische Friede Gedanken und Mittel für anderes als Krieg und Feldzüge freigab, konnte sich nun die kanadische Kolonie wieder mehr Aufmerksamkeit erhoffen. Sie wurde ihr in genügendem und erfolgbringendem Maß zuteil.

Neufrankreich · 1663–1760

Königliches Regiment

Schon zu Lebzeiten Champlains war die juristisch-konstitutionelle Seite des Kolonisationsunternehmens ein steter Anlaß zu Ärger und Besorgnis gewesen. Das ursprünglich den Kaufleuten in Rouen gewährte Monopol wechselte bis Mitte der 1620er Jahre mehrmals den Besitzer, teils, weil das Interesse erlosch, oft, weil die Inhaber ihren Verpflichtungen nicht nachkamen. Insbesondere die Bedingung, eine bestimmte Anzahl von Kolonisten in die Neue Welt zu bringen und dort anzusiedeln, wurde so gut wie nie erfüllt. Die Hoffnung auf stabilere Verhältnisse wuchs, als 1627 Richelieu die Compagnie de la Nouvelle France ins Leben rief. Die hundert Gesellschafter erhielten gemeinsam das Handelsmonopol und übernahmen dafür die Aufgabe, in der kanadischen Niederlassung Verwaltung und Verteidigung zu organisieren und für geistliche Betreuung zu sorgen. Es waren ihre Schiffe, die Kirke 1628 vor Quebec überfiel. Von diesem Fehlschlag beim ersten hoffnungsfreudigen Unternehmen erholte sich die Gesellschaft nie wieder richtig. Die 4000 Siedler, die innerhalb von 15 Jahren nach Übersee hätten gebracht werden sollen, wurden nicht angeworben. 1645 war man dem Bankrott nahe. Als Notbehelf schloß sich in Kanada selbst eine Gruppe von Siedlern zusammen – „Habitants", Bewohner, kam jetzt als Bezeichnung für sie auf –, und an sie wurde das Handelsmonopol gegen eine jährliche Sportel weitergegeben. Das war praktisch das Ende der Compagnie de la Nouvelle France, und während der nächsten anderthalb Jahrzehnte war die Kolonie im Kampf um ihre Existenz mehr oder weniger auf sich allein angewiesen und auf das, was ihr an privater Unterstützung, meist von religiöser Seite, zufloß.

Das Ergebnis dieser Vernachlässigung war bitter genug, wie schon weiter oben gezeigt wurde. Die halbherzigen Anstrengungen hatten die weiße Bevölkerung in Kanada bis 1660 nur auf etwa 2000 Menschen wachsen lassen, zu wenig, um die Irokesengefahr zu bannen; und die Kriegsnot war nicht das einzige Übel. Dem Pelzhandel hatte bisher das Hauptinteresse gegolten, und man hatte wenig Landwirtschaft getrieben. Auch jetzt noch mußte der größere Teil des Bedarfs an Lebensmitteln und Kleidung vom Mutterland eingeführt werden. Dazu kam weiterhin, daß zwischen den neuen Landesbewohnern alles andere denn Eintracht herrschte. Hatte

Champlain auf die Dauer noch mehr oder weniger unangefochten regiert, so mehrten sich nach seinem Tod die Streitigkeiten. Im Grund lagen die Dinge einfach. Der König hatte anfangs in Frankreich einen der Monopolisten zum Generalstatthalter (lieutenant général) ernannt, und dieser hatte seine Macht weiter an einen Gouverneur in Kanada delegiert. Solcher Art war Champlains Stellung gewesen. Richelieus Compagnie kannte den Titel eines Generalstatthalters nicht mehr, sondern sie benannte einen Gouverneur, der dann vom König bestätigt wurde. Als freilich 1645 die Compagnie des Habitants den Pelzhandel übernahm, kam es zu Streitigkeiten, und der König fühlte sich veranlaßt, in einem Edikt eine Art erster kanadischer Verfassung zu verordnen. 1647 wurde demgemäß ein Rat von Quebec (Conseil de Québec) etabliert, der aus dem Gouverneur, dem Superior der Jesuiten – der später durch den Bischof ersetzt wurde – und dem Gouverneur von Montreal bestand. Die Zusammensetzung dieses Rats wechselte noch mehrmals im nächsten Jahrzehnt, besonders durch die Aufnahme von Vertretern der Siedler. Diese Veränderungen deuteten auf die Unruhe in der Kolonie hin. Über königliche Edikte hinaus waren offenbar tiefergreifende Maßnahmen nötig.

Zum Glück für Kanada fielen diese Entwicklungen in eine Zeit, in der das europäische Frankreich sich anschickte, kulturelle und machtpolitische Hegemonie zu erlangen. Die Gefahr fremder Invasion wurde dadurch für Kanada viel geringer, und es hatte darüber hinaus auf seine eigene bescheidene Weise teil an dem neuen Aufschwung. Die holländische Macht hatte ihren Höhepunkt überschritten. 1664 eroberten die Engländer Neuamsterdam und nannten es New York. England selbst erfreute sich in jenem Jahrzehnt unter dem Stuartkönig Karl II. guter Beziehungen zu Frankreich. Spanien schließlich war aus den europäischen Auseinandersetzungen geschwächt hervorgegangen und hatte vorerst weder Energie noch Neigung, Frankreich erneut entgegenzutreten. So strebte das letztere einem Höhepunkt seiner Geschichte entgegen. Als Ludwig XIV. im Jahre 1661 die Regierung übernahm, war es seine festgefaßte Absicht, das Ansehen seines Landes durch Ruhm und Machtzuwachs zu erhöhen. Der Ausbau der überseeischen Besitzungen konnte diesem Ziel in ausgezeichneter Weise dienen.

Bitten um Hilfe, die über den Atlantik drangen, fanden jetzt in Paris bereitwilliges Gehör. Freilich hatte man dort auch seine eigenen Vorstellungen von der Verwaltung der Kolonie. Man entschloß sich, die Leitung selbst zu übernehmen. Der von Jean-Baptiste Colbert, Ludwigs XIV. Wirtschafts- und Finanzminister, praktizierte Merkantilismus forderte dabei, daß Frankreich mehr verkaufen als importieren und möglichst auch den gesamten Warentransport an sich ziehen solle. Den Kolonien kam die

Rolle zu, billige Rohstofflieferanten zu sein, was die Abhängigkeit von fremden Importquellen merklich verringern mußte. Andererseits sollten sie auch Abnehmer der Fertigprodukte des Mutterlandes sein. Alles in allem sollte ein in sich geschlossenes Handelsimperium entstehen, bei dem das Mutterland an Reichtum und wirtschaftlicher Stärke gewinnen würde. Frankreich suchte somit nach auswärtigen Besitzungen, so besonders auch in Indien. Aber Amerika spielte in Colberts Überlegungen eine Hauptrolle. Einer der ersten Schritte war die Übernahme der Kolonialverwaltung. Die Neufrankreich-Gesellschaft gab nach ihrem Mißerfolg das Patent im Jahre 1663 zurück. Die französische Krone ergriff die Gelegenheit, um eine eigene Verwaltung absolutistischen Stils aufzubauen, und diese Regelung ist dann in ihren Grundzügen bis zum Ende der französischen Herrschaft im Jahre 1760 die gleiche geblieben. Das königliche Regiment in der Kolonie wurde von nun an durch einen obersten Rat geführt, der sich aus Gouverneur, Bischof und fünf ernannten Ratsmitgliedern zusammensetzte. Zu ihnen kam nach seiner Ankunft in Kanada noch ein Intendant, der ab 1675 sogar den Vorsitz im Rat führte. Auf die Dauer vermehrte sich die Zahl der ernannten Räte auf zwölf; alle wurden vom König berufen. Dieser oberste Rat war Gesetzgeber, Verwaltung und oberster Gerichtshof in einem. Freilich beschränkten sich seine Kompetenzen auf das Lokale. Geltendes Recht war dasjenige von Paris, und der König behielt sich jegliche Gesetzesinitiative vor. In der Praxis zeigte sich allerdings bald, daß eine solche Beschränkung nur papiernen Wert besaß. Den Machthabern in Quebec gelang es fast stets, unbequemen königlichen Erlassen durch Hinhalten und manchmal auch schiere Unterschlagung die Wirkung zu nehmen.

Zu den Obliegenheiten des Gouverneurs gehörten vor allem die Führung des Militärs und der auswärtigen Angelegenheiten. Er konnte daher großen Einfluß auf den Pelzhandel ausüben, und seine Stellung war im Kriege am stärksten. Des Bischofs Bedeutung war von Anfang an durch die dominierende Stellung der Kirche überaus stark gewesen, und die neue Regelung, die ihm im weltlichen Rat Sitz und Stimme gab, bestätigte nur den überkommenen Zustand. Die Neuerung bestand in der Institution des Intendanten. Er entsprach den Intendanten in Frankreich selbst und war im Grunde nichts anderes als das Aufsichtsorgan der Krone. In seinen Aufgabenbereich fielen Justiz sowie finanzielle und wirtschaftliche Angelegenheiten. Im Laufe der Zeit war es aber das Bestreben der Intendanten, die Kontrolle des gesamten Verwaltungsapparates an sich zu bringen und durch den Vorsitz im obersten Rat einen Druck auf die anderen Mitglieder auszuüben. Es ist wohl als ein Glück für Kanada anzusehen, daß viele

Inhaber dieser Position kraftvolle Persönlichkeiten waren, deren Regiment trotz mancherlei unliebsamer Nebenergebnisse dem Land nützte. So war nicht damit zu rechnen, daß das Verhältnis in der obersten Spitze immer ungetrübt sein würde. Besonders der Anteil des Bischofs an weltlichen Entscheidungen war ein häufiger Diskussionsgegenstand. Starke Charaktere wie etwa der erste Bischof von Quebec, Laval, konnten recht unverträgliche Standpunkte einnehmen, wenn Fragen wie die der Kontrolle über den Rat oder des Branntweinhandels mit den Indianern zur Debatte standen. Auch der Gouverneur meinte nicht selten, daß seine Rechte sehr viel größer seien, als ihm von seinen Mitverwaltern zugestanden wurde. Viele dieser Streitfälle waren in Quebec nicht zu lösen und wurden im 17. wie im 18. Jahrhundert nach Paris getragen, von wo man sich dann eine mehr oder minder salomonische Entscheidung erhoffte. Freilich war dieser Appell an die Autorität in Paris im Grunde nicht sehr weise. Sie stärkte den dort ohnehin vorhandenen Drang zu paternalistischer Bevormundung. Die Regierung wollte sich nicht darauf beschränken, allgemeine Richtlinien zu erlassen, sondern strebte danach, auch das kleine Detail vorzuschreiben und zu regulieren. Die umfänglichen und detaillierten Instruktionen an Gouverneure und Intendanten zeigen, welch schmalen Spielraum man den Statthaltern in der Ferne einzuräumen gesonnen war.

Aufs ganze gesehen aber arbeitete das neue System nicht unbefriedigend. Es war gegründet auf Ordnung und Gehorsam und unterschied sich damit merklich, vielleicht weniger nach außen als in der grundsätzlichen Konzeption, von den bewegteren englischen Verhältnissen weiter im Süden. Der Zügel, den die Hand in Paris hielt, war kurz und fand im allgemeinen Folge. Innerhalb der Kolonie selbst waren die Machtmittel hierarchisch zusammengefaßt und konnten bei Bedarf leicht mobilisiert werden. Der Habitant war freilich kein französischer Leibeigener, und der absolutistischen Regierung waren in der Neuen Welt ihre Grenzen gesetzt durch die Nähe der Wildnis und die Ungebundenheit des Lebens. Aber im Grunde war die neue Verwaltungsform nichts anderes als ein modifiziertes Ancien Régime mit simpleren Strukturen, und der Geist der Revolution fand hier noch hundert Jahre später keinen Eingang.

Innere Festigung und Sicherung nach außen

Das vordringlichste Problem war die ständige Bedrohung durch die Irokesen und deren kriegerischste Nation, die Mohawks. Die französische Regierung war bereit, das Ihrige zu tun. Im Jahre 1665 landeten kampfer-

probte Truppen in Stärke von über tausend Mann in Quebec, die im
nächsten Frühjahr durch kanadische Miliz verstärkt wurden. Die Standfe-
stigkeit und Disziplin der europäischen Truppen bewährten sich hervorragend gegen die solchem Gegner nicht gewachsenen Indianer, und im Jahre
1667 baten die Mohawks um Frieden. Es war mehr ein Waffenstillstand,
und spätere schwere Gefechte zeigten, daß die Kraft der Irokesen noch
nicht gebrochen war. Aber der Erfolg der sechziger Jahre gab der Kolonie
neue Zuversicht und nahm den späteren Kämpfen die verzweifelte Nervo-
sität der vorhergehenden Jahrzehnte.

Diese Zuversicht hatte noch andere Ursachen. Die Neugestaltung der
Verwaltungsspitze in der Kolonie hätte einem skeptischen Zuschauer als
eine der üblich gewordenen Umbildungen gelten können, die in der Regel
keinen wesentlichen Wandel brachten. Doch mit der Ankunft des ersten
Intendanten begann ein neuer Wind zu wehen. Jean Talon war ein Mann
nach dem Sinn Colberts. Er glaubte an die großen Ziele seines Meisters
und besaß die Tatkraft, sie der Verwirklichung näher zu bringen. Talon
hatte in der französischen Bürokratie schon reiche Erfahrungen gesammelt, als er 1665 kanadischen Boden betrat. Seine Amtszeit dort dauerte
noch nicht einmal sieben Jahre, aber seine Energie und Zielstrebigkeit
formten aus der schwachen, um ihre Existenz bangenden Siedlung eine
blühende Kolonie, die wieder an Wachstum und Ausbreitung denken
konnte und die schwerste Stürme, ja sogar die gewaltsame Trennung vom
Mutterland ohne Gefahr für ihre Existenz überstand.

Die Eindämmung der indianischen Bedrohung war das eine gewesen.
Um die Zukunft zu sichern, mußte ein zweites dazukommen. Die Kolonie
mußte in sich selbst so stark werden, daß sie aus eigener Kraft wenigstens
im Notfall sich ernähren und behaupten konnte. Das Mittel hierfür war so
selbstverständlich, daß ihm schon Champlains ständiges Bemühen gegolten hatte. Es hieß vermehrte Siedlung. Nur ein Ansteigen der Bevölkerungszahl, die Urbarmachung neuer Felder, die Gründung neuer Dörfer
und Forts konnte die Grundlage für ein kräftiges Gedeihen bilden. Der
Pelzhandel brachte vielleicht größere finanzielle Mittel auf, aber die Bedürfnisse des täglichen Lebens vermochte er nicht zu befriedigen. Zu oft
hatte das Mutterland sich der Kolonie versagt. Eine sichere Zukunft konnte nur in größerer Unabhängigkeit liegen. Eine starke Kolonie würde
dann auch für Frankreich selbst den Lohn der Investitionen abwerfen können.

So gingen Talons erste Bemühungen dahin, den Zuzug von Siedlern
mit allen Kräften zu fördern. Die Hauptanstrengung galt dabei der regel-
mäßigen Ankunft des jährlichen Kontingents von 300 Personen, das auf
königliche Anordnung seit 1661 ins Land kam. Ludwigs XIV. Krieg ge-

gen die Niederlande ließ nicht nur seine Begeisterung für Neufrankreich etwas in den Hintergrund treten, sie dämpfte auch die Bereitschaft der königlichen Verwaltung, wirtschaftlich oder militärisch nützliche Bevölkerungsteile in Fernen abwandern zu sehen, von denen kein unmittelbarer Gewinn zu erhoffen war. Daß 300 Auswanderer für Frankreich keinen Aderlaß bedeuteten, beeindruckte die prinzipiell denkende Verwaltung dort wenig. Talon hatte alle Mühe, wenigstens dieses Kontingent zu erhalten. Es kamen meist Bauern aus den Küstenregionen von der Normandie bis etwa La Rochelle, denen freie Überfahrt und billiges Land gewährt wurden. An eine Vergrößerung ihrer Zahl durch offiziellen Beschluß war nicht zu denken. So mußte der Intendant auf anderes sinnen. Eine willkommene Chance boten die Truppen, die gegen die Mohawks gekämpft hatten. 400 von ihnen erklärten sich willens, im Stile der römischen Kolonisten – Talon verwies auf dieses Beispiel bei den oberen Behörden – Pflug und Schwert, oder vielmehr Pflug und Muskete, gleichzeitig zu führen. Sie bekamen Land zugeteilt, und einige ihrer Offiziere wurden zu Seigneurs ernannt, was die Rudimente einer hierarchischen Ordnung schuf. Auch in später eintreffenden Bataillonen fanden sich viele Freiwillige, die das Leben an der Grenze zur Wildnis dem Garnisonsdasein oder dem Dienst in Ludwigs XIV. Kriegen vorzogen. Talons Idee bewährte sich somit bestens.

Ein besonderes Problem freilich für diese Militärgrenzer war die Abwesenheit des weiblichen Elementes, ohne das ein Farmleben und Wachstum schlechterdings nicht möglich war. Doch auch hier fand Talon Abhilfe. In französischen Waisenhäusern wurden willige Mädchen rekrutiert, und auch in den Häfen der Atlantikküste und naheliegenden Dörfern wurde geworben. Mit einem Zeugnis des Pfarrers oder Magistrats versehen, das die Sittenreinheit bescheinigte, wurden insgesamt etwa 800 solcher „Königstöchter" (filles du roi) nach Quebec verfrachtet. Die Nachfrage war so groß, daß es in den wenigsten Fällen obrigkeitlicher Ermunterung bedurfte, um die Ankömmlinge rasch unter Haube und Dach zu bringen. Talon zeigte Talent zum Bevölkerungspolitiker. 1669 trat ein ganzes System von Belohnungen und Bußen in Kraft, demzufolge Mädchen mit 16 und Männer mit 20 Jahren geheiratet haben mußten und Familien mit zehn und mehr Kindern staatliche Zuschüsse erhielten. Die Tradition großer Familien hat sich in Neufrankreich bis in die Gegenwart gehalten. Doch schon zu Talons Zeit zeigten sich die Früchte solch gezielter Bemühungen. 1666, bei der ersten offiziellen Zählung, ergab sich eine Bevölkerungszahl von 3215. Bis 1673 war sie auf 6705 gestiegen. Der Einwanderung kam an diesem Zuwachs der geringere Teil zu, und sie endete offiziell ohnehin im Jahre 1673. Trotzdem wuchs die Zahl bis 1686 auf über 12000, und 1763 schließlich war sie auf über 60 000 gestiegen. Dies war wenig im Vergleich zu den einhalb Millionen in den englischen Kolonien am Vorabend der Unabhängigkeitskriege, aber es war eine beträchtliche Anzahl angesichts der Tatsache, daß der Zuwachs fast ausschließlich aus eigener Volkskraft kam. Talons Bemühungen gingen noch in andere Richtung. Es gelang ihm, Colbert zur Entsendung einiger Handwerker und Techniker zu bewegen, die sich daranmachten, Manufakturen wenigstens für den örtlichen Bedarf zu errichten. Kapitalmangel freilich ließ die Unternehmen nur mühsam vorankommen. Haustiere wurden eingeführt, der Anbau von Flachs und Hanf wurde ermuntert. Nicht sehr weit kam man mit dem beabsichtigten Kohle- und Kupfererzbergbau, aber die Holzindustrie, insbesondere als Grundlage für den beginnenden Schiffsbau, machte erfreuliche Fortschritte. Im ganzen blieb Kanada vorerst freilich abhängig vom Pelzhandel. Die Pelze bezahlten die vom Mutterland importierten Güter, und der Handel mit ihnen bestimmte deshalb in der nächsten Zeit die lokale Politik.

Der Pelzhandel war in den Jahrzehnten nach Cartiers Fahrten nur ein Nebengeschäft beim Fischfang vor Neufundland oder der neuschottischen Küste gewesen. Erst als gegen Ende des 16. Jahrhunderts die europäische Mode nach Biberhaaren als Hutmaterial verlangte, gewann das Geschäft die Bedeutung, die es bis ins 19. Jahrhundert behielt. Erschöpfung der Jagdgebiete, Irokesengefahr auf den Transportwegen oder ein Preissturz in Europa konnten die Kolonie in ihrer Existenz bedrohen. Das Geschäft wurde zu Beginn entlang des St. Lorenz betrieben. Die Außenposten mußten möglichst an Mündungen von Flüssen aus dem Landesinnern liegen, da die Wasserwege allein für den Transport in Frage kamen. Die ersten Handelsstationen an der Saguenay-Mündung unterhalb und an der St. Maurice-Mündung oberhalb Quebecs verloren jedoch bald an Bedeutung, da die Jagdgebiete im Hinterland rasch erschöpft waren. Die eigentliche Pforte zum Landesinneren wurde Montreal. Der in der Nähe einmündende Ottawafluß war die Straße zu den großen Pelzregionen des Westens, und wegen der Stromschnellen im St. Lorenz mußte hier umgeladen werden. Das Geschäft machte Montreal bald zum Pelzhandelszentrum des Kontinents, das es zwei Jahrhunderte lang blieb.

Anfangs warteten die Händler auf die Indianer, die mit Kanus voller Pelzballen an den Umschlagstationen vorfuhren. Aber das hatte auch seine Nachteile. Die Huronen und Ottawa-Indianer wurden mit nach Westen vorschreitender Jagd bald nur zu Mittelsleuten zwischen den französischen Kaufleuten und den jagenden Stämmen. Schon Champlain hatte deshalb seine eigenen Leute nach Westen vorgeschickt, und stets hatte man sich seither von weißer Seite bemüht, den kostspieligen Zwischenhandel möglichst auszuschalten.

Diesen Bestrebungen kamen zwei Umstände zu Hilfe. Der eine war die endgültige Erschöpfung der Pelzgebiete in der Nähe des St. Lorenz. Wichtiger war der zweite. Die Huronen zusammen mit den Ottawa erlagen, wie oben erwähnt, Mitte des 17. Jahrhunderts dem Ansturm der Irokesen. Dies war für eine Weile überhaupt das Ende der Pelzzufuhr aus dem Innern. Erst Mitte der 1650er Jahre begann sich der Handel wieder langsam zu beleben. Er ließ sich dann bald recht gut an, weil die weiter im Westen jagenden Stämme sich mit geringerem Entgelt zufrieden gaben. Die Franzosen übernahmen jetzt selbst den Transport und sparten damit die Zwischenprovisionen. Dies aber war nicht ohne Folgen für die Struktur des Geschäfts. Im Gegensatz zu früher, wo im Prinzip jedermann mit den Indianern seinen Handel auf kleinem Fuße hatte betreiben können, erforderte nunmehr die Organisation der weiten Transporte nicht nur wegen der Distanzen immer größere Kapitalsummen, sondern auch, weil das Risiko die Möglichkeiten der Kleinhändler überstieg. Es war ein umfängliches Unternehmen, was sich hier entwickelte, und die Handelsherren in Quebec und Montreal kamen ohne Verbindungen im Mutterland, die für Kredit und Markt Sorge trugen, nicht mehr aus.

Die große Zeit der Coureurs de bois, der Waldläufer, begann. Sie waren es, welche die Verbindung zu den Indianern aufrechterhielten, die Handelswaren bis tief in den Westen hinein geleiteten, mit den Jägern verhandelten, den Abtransport der Pelze beaufsichtigten und schließlich in Montreal ihren – meist geringen – Anteil am Geschäftsgewinn kassierten. Mit wachsenden Entfernungen und der Ausweitung des Geschäfts stieg der Bedarf an Coureurs beträchtlich. Es fehlte selten an jungen und energischen Leuten, die das freie Leben im Kanu der Gebundenheit des Siedlers vorzogen. Aber die Rekrutierung war trotzdem nicht problemlos. Die staatliche Autorität sah sich stets vor einem Dilemma. Die in den Wald ziehenden jungen Männer fehlten in der Landwirtschaft der Kolonie, und die Seigneurs versuchten daher nach Möglichkeit, die Regierung zu bewegen, diese Landflucht zu unterbinden. War letzteres an sich schon ein schwieriges Unterfangen, so konnte und wollte man in Quebec auch im allgemeinen Interesse dem Pelzhandel die so notwendigen Waldläufer nicht vorenthalten. Die Behörde hat diesen Zwiespalt nie ganz überwunden und steuerte meist einen mehr oder weniger unbefriedigenden Mittelkurs.

Eine andere Schwierigkeit ergab sich aus der Haltung der Kirche. Es war weniger der Ärger über den geschmälerten Zehnten – in der Landwirtschaft fehlende Kräfte verringerten das Steueraufkommen – als echter seelsorgerischer Kummer, der die Geistlichkeit gegen die Waldläufer aufbrachte. Der Coureur war fast stets ein verlorener Christ. Der Umgang

mit den Indianern ließ ihn deren Gebräuche, ja Denkweise annehmen; und
dies bedeutete neben allem anderen, einen aufsässigen und streitsüchtigen
Kumpan in der Gemeinde zu haben, sobald er auf Heimaturlaub kam.
Obendrein war meist wenig missionarischer Erfolg mehr zu erhoffen bei
einem Stamm, der Umgang mit solchen Christen gehabt hatte. Die Kirche suchte deshalb stets, unbekehrte Indianer und Weiße nach Möglichkeit
voneinander getrennt zu halten und in den Siedlergemeinden der Landflucht entgegenzuwirken.

So wuchs Französisch-Amerika stetig nach Westen. Um die Wende
vom 17. zum 18. Jahrhundert hatten sich Coureurs-Kontakte und vielfach
auch Handelsstationen im Süden schon bis zum Golf von Mexiko ausge-
breitet, im Norden bis zur Jamesbai, dem Südzipfel der Hudsonbai, und
nach Westen über den Oberen See hinaus zum Lake of the Woods unweit
des heutigen Winnipeg. Die Franzosen hatten das Herzland des Kontinents
besetzt, während die Engländer noch auf die Atlantikküste und ihr naheliegende Gebiete beschränkt waren. Der große Durchbruch war mit der
Entdeckung des Verbindungsweges zwischen dem St. Lorenz und dem
Mississippibecken gekommen. Das Verdienst, diese Verbindung wirklich
erkundet zu haben – Nicolet hatte nur den Weg gewiesen –, kommt zwei
Männern zu, die sich auf die Initiative Talons hin zusammengefunden
hatten, um den sagenhaften „Vater der Ströme" endlich zu erforschen.
Man hatte noch eine geringe Hoffnung gehabt, daß der Mississippi den
Zugang zum Pazifik öffnen könnte, wollte aber auf jeden Fall anderen
interessierten Europäern in der Besitznahme zuvorkommen. Louis Jolliet,
ein Pelzhändler, und Jacques Marquette, ein Jesuit, fuhren 1673 den Wisconsin und dann den Mississippi hinunter bis zur Einmündung des Arkan-
sas tief im Süden, wo sie endgültig die Überzeugung gewannen, daß sie
auf dem Strom fuhren, dessen Mündung im Golf von Mexiko den Spaniern schon lange bekannt war. So kehrten sie wieder um. 1682 schließlich
drang René-Robert Cavelier de La Salle, ein Abenteurer mit weitschwei-
fenden Plänen, bis zur Mündung vor, um eine Niederlassung zu gründen.
Seine Absicht mißlang jedoch. Ein anderer Adliger, Pierre Le Moyne
d'Iberville, hatte mehr Glück. Die von ihm 1699 gegründete Siedlung war
die erste in Louisiana. 1718 folgte New Orleans, und die französische
Herrschaft war damit auch über das zweite große Flußsystem des Kontinents errichtet. Dies sollte große Folgen für die Zukunft haben.

Mittlerweile dehnte sich auch das Handelsgebiet nach Norden und
Nordwesten ständig aus. Sault Ste. Marie an der Verbindung zwischen
Huron- und Oberem See wurde die Ausgangsbasis. Nördlich von hier
kamen aus den Wäldern des Schildes mit seinem kühleren Klima die besten Pelze. Diese Gebiete wurden in den letzten zwei Jahrzehnten des

Jahrhunderts erschlossen, freilich zum Ärgernis und Schaden Neufrankreichs nicht von den Franzosen allein. Zwei abenteuernde Schwäger, Médard Chouart des Groseilliers und Pierre-Esprit Radisson, waren schon in den 1650er Jahren in die reichen Pelzgebiete nördlich des Oberen Sees gezogen und mit reicher Ausbeute in die Kolonie zurückgekehrt. Als sie sich wieder zum Auszug anschickten, verweigerte ihnen der das Pelzmonopol wahrende Gouverneur die Lizenz, weil sie den Gewinn nicht mit ihm hälftig teilen wollten. Sie gingen trotzdem, wurden aber nach ihrer Rückkunft 1660 mit der Konfiskation ihrer Pelze bestraft. Als ihre Beschwerde in Frankreich nichts fruchtete, wandten sie sich nach England. Der Engländer Henry Hudson hatte 1610 die nach ihm benannte Bai erforscht und für seinen König in Besitz genommen. Seither war es ruhig geblieben um die einen Großteil des Jahres vereiste Bucht. Die Erzählungen der zwei erbosten Franzosen vom Pelzreichtum des Landes erweckten nun das Interesse des in steter Geldverlegenheit steckenden Hofes Karls II. Eine Versuchsexpedition wurde ausgerüstet und kehrte 1669 mit reichem Gewinn zurück. Daraufhin gründete man im nächsten Jahr die Hudsonbaigesellschaft (Hudson's Bay Company), der das Eigentum an allem im Wassereinzugsgebiet der Bai gelegenen Land zugesprochen wurde; außerdem erhielt sie das Monopol für allen dortigen Handel. Prinz Rupert, Karls II. Vetter, wurde zum Gouverneur ernannt. Groseilliers und Radisson hatten sich übel gerächt.

Die Ausdehnung des französischen Kolonialreiches war somit schon in diesem frühen Stadium nur im Wettbewerb mit England möglich. Die Briten hatten Mitte der 1660er Jahre die Holländer in New York abgelöst und drückten nun mit ihren billigen Waren und mit Hilfe der Irokesen von dort aus nach Norden und Westen. Das Mississippiunternehmen der Franzosen war somit eine bewußte Anstrengung, den Westen vor den Engländern zu erreichen. Das Eindringen der Engländer von der Hudsonbai im Norden her mußte den Franzosen jetzt als eine Art Zangenbewegung erscheinen, die zumindest dem Pelzgeschäft gefährlich werden konnte. Ihr Bestreben hatte nun offensichtlich dahin zu gehen, die Indianer von der englischen Konkurrenz weg- und dem eigenen Handel zuzuwenden, oder besser noch, die Engländer zumindest von der Hudsonbai zu vertreiben. Zu diesem Zweck wurde 1682 eine französische Nordgesellschaft (Compagnie du Nord) gegründet, die verschiedentlich sogar mit Waffengewalt gegen die englischen Außenposten an der Hudsonbai vorging. Allgemein wuchs in Neufrankreich die Unruhe, und so hatten die gleichzeitigen Kriege Ludwigs XIV. in Europa ihre Parallele in der Neuen Welt.

Neufrankreich war glücklich, in diesen unruhigen Zeiten einen entschlossenen und umsichtigen Führer zu besitzen. 1672, im Jahre der Abreise Talons, wurde Louis de Buade, Comte de Frontenac, zum Gouverneur der Kolonie ernannt. Er war ein erfahrener Soldat, und seine Neigung galt eher dem offenen Kampf als der administrativen Finesse. So war er überaus erfolgreich in der Verteidigung des ihm anvertrauten Gebiets, aber er überwarf sich bald mit den Kollegen im obersten Rat der Kolonie. Sein Verhalten wurde als zu hochfahrend empfunden, seine Förderung des Branntweinhandels als untragbar, seine Pläne zur Gebietsvergrößerung als zu eilig und unüberlegt. Doch er war der Mann, der hinter La Salle und anderen Entdeckungsfahrern stand, und ihm kommt ein beträchtliches Verdienst an der Vergrößerung und Bewahrung des französischen Kolonialreiches zu. Um den Pelzhandel zu schützen und die Irokesen einzudämmen, baute Frontenac am Einfluß des Ontariosees in den St. Lorenz ein nach ihm benanntes Fort, aus dem das heutige Kingston hervorging. Das Schauspiel, das er 1673 dort aufzog, war ein sprechendes Beispiel für die Beziehungen der Weißen zu den Indianern. Mit unendlicher Mühe hatte man zwei Flachboote mit aufmontierten Kanonen über die Stromschnellen hinter Montreal gezogen. Jetzt kamen sie auf dem breiten St. Lorenz dahergefahren, vor ihnen vier Reihen Kanus, hinter ihnen Frontenac in majestätischer Haltung in seinem Boot, von einer Schutztruppe umgeben und gefolgt von einer großen weiteren Flottille. An Land empfing Frontenac, in gravitätischer Pose auf vizeköniglichem Throne sitzend, an die 60 Indianerhäuptlinge, lauschte gnädig ihren Reden und versicherte sie seines Wohlwollens oder, wo nötig, seines Zornes. Die Szene wirkte noch jahrelang nach. Erst in den 1680er Jahren, als Frontenac nach Frankreich zurückgerufen wurde, begannen die Irokesen wieder mit ihren Angriffen.

Frontenacs Nachfolger waren nicht fähig, die indianische Gefahr zu bannen. 1689 griffen die Irokesen Lachine an, den nahe Montreal unmittelbar an den Stromschnellen gelegenen Umschlagplatz, und machten die Bewohner nieder. Als dann gegen Ende des 17. Jahrhunderts in Europa der Krieg zwischen Frankreich und seinen Nachbarn von neuem ausbrach, flossen schließlich die Ereignisse in der Alten und der Neuen Welt ineinander. In Paris war man überzeugt, daß niemand besser geeignet wäre, die Kolonie gegen die Irokesen und die Engländer gleichzeitig zu verteidigen, als Frontenac, und so wurde er 1689 für eine zweite Amtsperiode nach Neufrankreich geschickt. Dort angekommen, entwickelte er sofort kühne Pläne. Ein Feldzug den Hudson-Fluß hinunter, kombiniert mit einer französischen Attacke von See her, sollte New York in seine Hand bringen. Aber die zur Verfügung stehenden Kriegsschiffe waren viel zu schwach, um ernsthaft an das Unternehmen herangehen zu können, und so begnügten sich die Franzosen mit einigen wilden Angriffen auf Grenzsiedlungen

Neuenglands, wobei in nicht wenigen Fällen die indianischen Verbündeten der weißen Führung entglitten und das Ihre beitrugen, den Erfolg abzurunden. Die Engländer ihrerseits griffen 1690 Montreal an, und eine englische Flotte eroberte Port Royal, Champlains frühe Gründung in Akadien (franz. Acadie, engl. Acadia), und segelte dann den St. Lorenz hinauf nach Quebec. Die Aufforderung zur Übergabe freilich beantwortete Frontenac mit Kanonensalven von der Höhe des Felsens, und die Engländer kehrten für diesmal unverrichteter Dinge um. Als die englische Gefahr nachließ, wandte sich Frontenac gegen die Irokesen. Er suchte sie in ihren Wohngegenden auf und zerstörte Dörfer und Vorräte, um sie endgültig zur Aufgabe zu zwingen. Mitten in den Kriegszügen starb er 1698. Sein Ziel war noch nicht erreicht, aber es war in Sicht. Der Friede von Ryswick 1697 hatte den Irokesen die englische Unterstützung genommen, und 1701 schlossen die Indianer ihrerseits Frieden. Sie nahmen den Krieg nicht mehr allein auf. Auch auf einem anderen Schauplatz standen die Dinge günstig für Neufrankreich. D'Iberville, der Gründer Louisianas, hatte in den letzten Jahren die meisten englischen Stationen an der Hudsonbai erobert. Nur mit größter Anstrengung hielten die Engländer sich während der neunziger Jahre und im darauffolgenden Jahrzehnt. Und schließlich waren auch noch mehrere englische Posten auf Neufundland in französische Hände gefallen. Alles in allem mochte Neufrankreich gegen Ende des 17. Jahrhunderts nicht nur als gesichert gelten, sondern es konnte sogar mit einiger Zuversicht an eine weitere Ausdehnung seines Handelsgebietes und wohl auch seiner Niederlassungen denken. War das Verdienst Talons die innere Festigung der Kolonie gewesen, so war ihre Ausweitung und Verteidigung Frontenacs Leistung. Aus einer fragwürdigen Pelzhandels- und Missionsstation hatte sich eine lebensfähige Siedlung entwickelt mit einfachen, doch genügend ausgebildeten Institutionen, mit spezifischen Daseinsformen und der Hoffnung auf eine erträgliche Zukunft.

Ancien Régime: Feudalsystem und Kirche

Das Gesellschaftssystem Neufrankreichs war als Folge seiner historischen Entwicklung recht unkompliziert. Die hierarchische Struktur des Ancien Régime war hier auf zwei Stufen vereinfacht. Die Masse der Siedler, Habitants genannt, bildete den niederen Stand. Ihm gehörten über vier Fünftel der Bevölkerung an. Die Oberklasse setzte sich zusammen aus den Regierungsbeamten, den Großgrundbesitzern und der höheren Geistlichkeit. Freilich gab es zwischen beiden Gruppen noch die Händler, in denen man so etwas wie einen Mittelstand sehen konnte. Aber im Grunde waren die Pelzherren zu sehr mit der oberen Klasse verbunden, als daß man ihnen einen eigenen Klassenstatus hätte zuschreiben können. Ebenso waren Zahl und wirtschaftliche Bedeutung der wenigen Kleinhändler oder Handwerker, die für den täglichen Bedarf der Bevölkerung sorgten, zu gering, um sie als Sonderstand zu qualifizieren. So war die Trennung zwischen den beiden Klassen ziemlich eindeutig. Sie war eine Folge der Grundbesitzverteilung, die eine simple Variante des mittelalterlichen Feudalsystems darstellte. Das Ziel der Regierung war, die Kolonisation durch Förderung der Privatinitiative voranzutreiben. Das Feudalsystem konnte hierbei zweifachen Ansporn geben, denn es ließ dem Profitstreben Raum und vermochte außerdem das Verlangen nach Prestige zu befriedigen. Obendrein förderte dieses System natürlicherweise Disziplin und Autoriät. Es ergänzte somit in glücklicher Weise den paternalistischen Absolutismus, der ja von Frankreich eigentlich nur bis zu den Beamten in Quebec reichte, weiter nach unten. Die französische Krone hatte nie ernsthafte Zweifel, daß das System des Mutterlandes auch in der Kolonie das richtige sei. Schon in den Patenten der Monopolherren des frühen 17. Jahrhunderts wurde letzteren das Recht gewährt, Land an „Seigneurs" zu geben, die dann ihrerseits Aufgaben der Verteidigung und der Kolonisation zu erfüllen hatten.

Die Seigneurs entstammten nicht notwendig der Aristokratie des Mutterlandes. Für den französischen Adel hatten die Verhältnisse in der Kolonie wenig Verlockendes, und nur einige abenteuerlustige oder in Finanznöte geratene Noble fanden aus eigener Initiative den Weg nach Neufrankreich. Eher schon kam es vor, daß Offiziere der Schutztruppe nach Beendigung ihrer Dienstzeit sich in dem vertraut gewordenen Land niederließen. Zu ihnen gesellten sich Kaufleute und andere Angehörige des Dritten Standes, denen hier eine Möglichkeit geboten wurde, billig in eine höhere Schicht überzuwechseln. Für die Entwicklung der Kolonie freilich war dieser Umstand, daß hauptsächlich finanzschwache Herren sich einer Aufgabe zuwandten, die bei der Weite des Landes und dem Arbeitskräftebedarf beträchtliches Kapital erfordert hätte, sehr hinderlich. So mußte die Regierung stets drängen und auf Maßnahmen sinnen, die Seigneurs zur Erfüllung ihrer Verpflichtungen zu bewegen. Die Aufgabe bestand eigentlich nur darin, Siedler auf dem verliehenen Grund und Boden anzusiedeln und dafür zu sorgen, daß der Wald gerodet und das Land bestellt würden. Aber eben hier lag die Schwierigkeit. Die Anwerbung und der Transport der Siedlungswilligen war ein kostspieliges Unterfangen, und niemand garantierte, daß der normannische oder bretonische Bauernjunge, der sich hatte überreden lassen, nicht rasch das freie Leben eines Waldläufers dem Wurzelgraben und Untertänigsein vorzog.

Andererseits setzten diese Verhältnisse des Landes auch jeglicher absolutistischen Willkür ihre natürliche Grenze. Die Nähe des Waldes und das Fehlen wirksamer Kontrollorgane gestalteten die Beziehungen zwischen Seigneur und Habitant von Anfang an sehr viel humaner und für den letzteren erträglicher als im Mutterland. Viele der Mißstände konnten sich gar nicht entwickeln. Die Jagd gehörte jedermann, und des Bauern Felder waren gewiß nicht des Herrn Treibjagdterrain. Auch die Banalitätsrechte entbehrten des Stachels. Wegen der Transportschwierigkeiten konnte der Habitant nicht anders, als sein Brot im eigenen Ofen backen, und das Mahlrecht des Seigneurs war meist eine ungeliebte Verpflichtung zum Mühlenbau, die ihm wenig einbrachte. So war es nur wenig, was der Habitant seinem Herrn wirklich schuldete. Hierzu gehörte die Pflicht, einige Tage im Jahr auf des Seigneurs eigenem Farmland zu arbeiten. Weiterhin schuldete der Bauer jährlich Zinsen in Geld oder Naturalien. Und schließlich waren Gebühren zu bezahlen, wenn das Land verkauft oder nicht direkt weiter vererbt wurde. Alles in allem stellte dies erträgliche Verpflichtungen dar, die selten zu Beschwerden Anlaß gaben und das Verhältnis zwischen Herrn und Lehnsnehmer nicht belasteten.

So existierte trotz einer klaren gesellschaftlichen Trennung kein großer Unterschied im Lebensstandard zwischen den Seigneurs, von denen es Mitte des 18. Jahrhunderts etwa 200 gab, und den Habitants. Die letzteren hatten ein weit leichteres Los als Angehörige ihres Standes im Mutterland. Nicht nur, daß ihre finanziellen Lasten unvergleichlich leichter zu tragen waren. Ihr Boden war unverbraucht, und die Ernten wuchsen in einer Üppigkeit, die manchmal sogar zu allzugroßer Sorglosigkeit verführen mochte. Und obendrein erfreute sich Kanada eines annehmbareren Justizwesens als das Mutterland. Zwar erschienen die richterlichen Befugnisse des Seigneurs in der Theorie sehr umfangreich, aber praktisch waren sie fast überall auf die Beilegung örtlicher Streitigkeiten beschränkt. Zur Tyrannei boten die Verhältnisse ohnehin keine Möglichkeit. Auch der Intendant hatte nur ein begrenztes Entscheidungsrecht in Zivilsachen. Gewichtigeres und Kriminalfälle gingen an Gerichte erster Instanz in den Städten, und in zweiter Instanz an den obersten Rat. Als glücklicher Umstand wurde erachtet, daß es in der Kolonie keine Advokaten gab, was die Prozesse noch einfacher und weniger kostspielig machte. Um es mit der Bemerkung eines Zeitgenossen auszudrücken: die Justiz war vielleicht auch in Kanada käuflich, aber sie war gewiß billiger als in Frankreich.

Eine nicht zu übersehende Rolle im Leben der Kolonie spielte das Militär. Die stete Irokesengefahr und später die Auseinandersetzungen mit den Engländern erforderten eine verhältnismäßig starke Garnison. 1668 waren 1500 Soldaten, meist Marinetruppen, in Quebec stationiert. Ihre Zahl ging

zeitweilig zurück, aber beim Ausbruch des Siebenjährigen Krieges standen
rund 2700 Mann in Neufrankreich. Die Anwesenheit der Truppen war
auch wirtschaftlich von großer Bedeutung. Die Kolonie lieferte Verpflegung und Vorräte, stellte Arbeiter für die Befestigungsbauten, profitierte
vom Sold. Kaufmann und Habitant zogen so aus den Verteidigungsanstrengungen der Regierung einen direkten Gewinn.

Zu den regulären Truppen trat als weitere Streitmacht im Notfall die
Miliz. Schon 1669 hatte ein königlicher Erlaß die Rekrutierung von je
einer Kompanie pro Pfarrei verlangt. Alle Männer zwischen 16 und 60
waren damit dienstpflichtig. Sie standen unter dem Kommando eines Mi-
lizhauptmanns, dessen Funktionen allmählich weit über seine militärischen Pflichten oder Rechte hinausgingen. Da es in Kanada keinen Dorf-
schultheißen gab, wuchs er in mancherlei Rollen hinein, die jener für
gewöhnlich füllte. Zu seinen Obliegenheiten gehörten allmählich Feuer-
wehr und Straßenbau, ebenso wie der Polizeischutz innerhalb der Gemeinde. Die Behörde in Quebec beauftragte ihn, die Ausführung ihrer
Anordnungen zu überwachen, und so erfreute er sich des öfteren einer
Autorität, die jene des Seigneurs wohl überstieg. Er wurde von oben
ernannt und stellte eine Art Verbindungsglied zwischen der Bürokratie
und dem Volk dar. Seine Macht wäre wohl noch beträchtlich größer
gewesen, hätte er im Anspruch auf Autorität nicht Mitbewerber gehabt,
die, aus anderen Quellen schöpfend, ihm dann doch in aller Regel überle-
gen waren.

Neufrankreich ruhte auf drei Pfeilern, der königlichen Regierung, dem
Seigneuralsystem und der katholischen Kirche. Die letztere war dabei
gewiß nicht die schwächste Stütze der Ordnung. Die Kolonie war solide
und eigentlich fleckenlos katholisch. Zwar hatten sich im späten 16. und
im frühen 17. Jahrhundert einige unternehmende Hugenotten aus den
westfranzösischen Seehäfen vom Pelzhandel anlocken lassen und in der
Kolonie Einlaß gefunden. Aber Champlain war ein überzeugter Katholik,
und Richelieu hatte den Vorstellungen des Kolonisators sein Ohr nicht
verschlossen. Der religiös-politischen Händel gab es genug in Frankreich
selbst, und die neue Siedlung sollte möglichst frei davon bleiben. Künftighin wurden nur noch Katholiken zugelassen, und Neufrankreich wurde
und blieb katholisch. Dazu kam, daß der Aufbau der Kolonie in eine Zeit
fiel, in der in Europa die mannigfaltigen Strömungen der katholischen
Reformbewegung und der Glaubensverinnerlichung außerordentlich lebendig waren. Das Laienunternehmen der Gründung Montreals ist ein
sprechendes Beispiel für den Geist, der in weiten Kreisen herrschte. Denn
nicht wenige Zuwanderer kamen in die neue Kolonie mit dem ausschließ-
lichen Ziel, das Reich des Herrn aufzurichten, und sie vertraten dabei die

Überzeugung, daß im Zweifelsfall das weltliche Reich sich dem geistlichen unterzuordnen habe.

So entwickelte sich allmählich in kirchlichen Kreisen ein Herrschaftsanspruch, der sich von Anfang an auch auf Säkulares erstreckte. Überzeugter Eifer und die Kraft ihrer Ordensorganisation hatten den Jesuiten in der Zeit schwacher Monopolherren Mitte des 17. Jahrhunderts nicht viel weniger als die Leitung der Kolonie eingetragen. Laval, dem ihnen nahestehenden ersten Bischof, gelang es dann, sich diese Stellung zu erhalten. Sein Platz im obersten Rat gab ihm die Möglichkeit, auch weltliche Belange zu beeinflussen, und er machte hiervon fleißigen Gebrauch. Seinen und der Jesuiten Anstrengungen gelang es auch, allen gallikanischen Bestrebungen gegenüber, die sich zeitweilig in dem ersten Intendanten Talon militant verkörperten, die päpstliche Jurisdiktion zu wahren. Nach Lavals Rücktritt 1684 freilich verschärften sich infolge der aggressiven Natur seines Nachfolgers zeitweilig die Gegensätze zur Zivilbehörde. Aber das 18. Jahrhundert fand dann doch allmählich einen von beidseitiger Konzilianz getragenen Modus vivendi hinsichtlich der Grenzen der jeweiligen Autorität. Der Einfluß der Kirche blieb jedoch auch dann noch beträchtlich.

Ein Gebiet, das fast ausschließlich zur Domäne der Kirche gehörte, war das Erziehungswesen. Die Verbindung von Kirche und Schule hatte ja eine ehrwürdige abendländische Tradition, und die Entwicklung in Neufrankreich übernahm hier nur Althergebrachtes. Bemerkenswert jedoch war, daß hier auch noch im 17. und 18. Jahrhundert ausschließlich die Kirche diesen Bereich betreute. Es gab keine weltliche Erziehung und, damit zusammenhängend, auch keine öffentlich relevant werdenden Zweifel an der Richtigkeit der offiziellen Lehre. Die Kirche tat das ihr Mögliche, Denken und Lektüre der Laien in ihr genehmen Bahnen zu halten. In der Kolonie entwickelten sich während des Ancien Régime infolgedessen weder Zeitungen noch andere Organe einer öffentlichen Meinung. Im intellektuellen Klima war somit der Gegensatz zu den englischen Kolonien – wie auch in diesem Fall zum Mutterland – ebenfalls recht deutlich. Weit entfernt, von aufklärerischen Ideen getrieben unruhig einer besseren Zukunft zuzustreben, begnügten sich Seigneur und Habitant biederen Sinnes mit dem ihnen zuteil Gewordenen.

Diese Schlichtheit des Denkens war freilich nicht nowendig gleichzusetzen mit totaler Unwissenheit. Schon ab 1635, ein Jahr bevor mit der späteren Harvard-Universität in Massachusetts das erste amerikanische College gegründet wurde, gab es in Quebec ein Jesuitenkolleg. Die Récollets besaßen ein Kolleg in Trois-Rivières, die Sulpizianer eines in Montreal. Laval gründete 1663 ein Seminar in Quebec, um den einheimischen

Priesternachwuchs sicherzustellen, und ordnete ihm eine Vorschule zu. Eine Handwerks- und eine Landwirtschaftsschule folgten. Weibliche Orden, besonders die Ursulinen, nahmen sich der Mädchenerziehung an. Hin und wieder sandte eine religiöse Gemeinschaft sogar einen Laien zum Unterricht aufs Land. Wenn dies alles in allem auch beschränkte Anstrengungen waren, von denen meist nur die Oberschicht profitierte, so waren sie doch gewiß nicht geringer als in vielen anderen vergleichbaren Ländern. Freilich blieb die religiös-humanistische Ausrichtung des Unterrichts in Quebec dann länger als sonstwo bestehen, und dies führte in einem späteren Jahrhundert zu nicht unerheblichen Anpassungsschwierigkeiten. Aber das 17. und 18. Jahrhundert trifft hieran wohl keine Schuld.

Meist entsprach eine Pfarrgemeinde einer Seigneurie oder, nach Teilung infolge des Bevölkerungswachstums, einem Bruchteil derselben. Das Quebecker Seminar war bald in der Lage, eine gute Anzahl einheimischer Priester zu stellen. Ihr Einfluß auf die Bevölkerung nahm rasch zu. Von gleicher Herkunft, war der Pfarrer ein naturgegebener Interpret der Belange seiner Gemeinde und wurde entsprechend als Führer anerkannt. Die Kirche hatte nicht nur seelsorgerische Titel im Lande. Häufig vergab die Regierung die Grundherrschaft statt an weltliche Seigneurs an religiöse Orden. Ohne persönliche Gewinnmotive und ihrer Aufgabe ergeben, waren die Ordensleute in aller Regel fähige Grundherren, die ihr Gebiet entwickelten und den Pächtern umsichtig vorstanden. Im Lauf der Zeit erhielt dann vielfach auch die weltliche Kirche Land zugeteilt, wodurch sie finanziell unabhängiger werden sollte. Schließlich lebte zu Beginn des 18. Jahrhunderts etwa die Hälfte der Bevölkerung auf geistlichem Grundbesitz, was den kirchlichen Einfluß auf das öffentliche Leben entsprechend festigte.

Der Pachtzins aus ihren eigenen Besitzungen war nicht die einzige Einnahmequelle der Kirche. Der königliche Erlaß von 1663 hatte auch einen allgemeinen Zehnten vorgeschrieben, der auf alle Erzeugnisse menschlicher Arbeit zu erheben war. Doch hier endete des Habitants religiöser Eifer. Seinen lauten Protesten wurde bald nachgegeben und der Satz auf ein Sechsundzwanzigstel nur aus der Getreideernte reduziert. Die oben erwähnten Landzuweisungen sollten diese zu geringe Kirchensteuer ergänzen. Lange Zeit wurde der Klerus in Neufrankreich außerdem auch noch aus der königlichen Kasse unterstützt. Die Kirche war somit für ihre Aufgaben, die ja auch Soziales wie das Hospitalwesen und Waisenfürsorge umfaßte, finanziell gut ausgestattet.

Erheblich weniger erfolgreich als am St. Lorenz ließ sich die kirchliche Arbeit in den Missionen an. Es hat zwar weder an Bekehreifer noch an Opfermut bis zum Martyrium gefehlt. Aber die Botschaft Christi aus dem

Mund von durch Scholastik und Mystizismus gegangenen europäischen Predigern scheint der simpleren indianischen Logik doch oft zu wenig konkret und direkt verwertbar gewesen zu sein. Christliche Tugenden wie Mäßigkeit oder Erbarmen entsprachen kaum dem offenbaren Vorteil der mehr oder weniger in prähistorischen Verhältnissen lebenden Indianer, und dort, wo sie religiöse Hilfe brauchten, in Magie und Zauberei, erwies der Missionar sich als große Enttäuschung. Dazu kam die unstete Lebensweise der meisten Indianerstämme. Wollte ein Missionar sein Evangelium länger als nur wenige Tage verkünden, mußte er dem nomadisierenden Stamm folgen, zumeist als wenig geehrter und oft unerwünschter Gast. Die körperliche Anstrengung des an tagelange Kanufahrten oder Märsche auf Schneeschuhen sich nur mühsam gewöhnenden Europäers, seine Empfindlichkeit gegenüber Schmutz und Rohheit, die feindliche Haltung des Stammeszauberers machten das Leben von vornherein zur Qual und sein Beispiel, gelinde gesagt, fraglich. Und es war häufig einfach unmöglich, Leute, die oft Wochen hindurch einen erbitterten und entbehrungsreichen Kampf um das nackte Überleben zu führen hatten, unterdessen für ewige Wahrheiten einer höheren Welt zu interessieren. Nur wenig erfolgreicher waren die Versuche, bei den seßhaften Stämmen Eingang zu finden. Die Irokesen verschlossen sich von vornherein auch aus politischen Gründen. Die Huronen öffneten in der Zeit ihrer höchsten Bedrohung den Jesuiten ihre Dörfer in der Hoffnung, die schwarzgewandeten Priester könnten über einen Zauber gegen das Unheil verfügen. Die Irokesen machten dann beide nieder, Huronen und Gäste. Ein versprengter Rest von einigen hundert Huronen folgte 1650 mehreren Missionaren nach Osten und gründete nahe Quebec eine Niederlassung. Versuche der Regierung, die Indianer in die französische Kolonie selbst aufzunehmen und langsam zu absorbieren, schlugen jedoch hier wie anderwärts fehl.

Die Jesuiten wie auch sonstige Missionsorden setzten trotzdem ihre Bekehrungsversuche fort. Die Mission schritt Seite an Seite mit dem Pelzhandel nach Westen vor. Nicht selten verband sich mit der religiösen Motivation die handfeste Sorge der Franzosen, die Engländer könnten ihnen in der Expansion zuvorkommen. Kirchliche und nationale Beweggründe flossen incins. Die Missionare konnten sich unschwer mit den Pelzhändlern zusammentun, deren Befürchtungen, wenn auch aus anderen Gründen, den ihren ähnlich waren. So spielte die Kirche auch eine tragende Rolle in der Erschließung des Landes nach Westen hin. Sie wäre hierzu freilich nicht fähig gewesen ohne ihre solide Verwurzelung im Leben der Kolonie am St. Lorenz, und über dieses Leben bleibt nun noch zu berichten.

Leben in der Kolonie

Die ersten harten Pionierjahre gingen mit dem 17. Jahrhundert wenigstens für die Siedlung am St. Lorenz zu Ende. Man hatte den Übergang vom gewohnten Lebensstil in Europa zu den vielfach andersgearteten Verhältnissen in der neuen Welt geschafft. Manches hatte man übernehmen können, manches mußte umgeformt und umgedacht werden, manchmal verlangte das Land nach vollständig Neuem. Die Zahl der Kolonisten war auf 15000 angestiegen. Sie waren immer noch Franzosen, doch sie waren kanadische Franzosen. Der Anteil der Bewohner, die nie Frankreich selbst gesehen hatten, wuchs, und wenn dies auch die Anhänglichkeit ans Mutterland nicht in Frage stellte, so entwickelte sich doch eine typisch kanadische Lebensweise in ihrer kennzeichnenden Eigentümlichkeit.

Im Grunde gab es drei ziemlich unterschiedliche Lebensformen in der Kolonie. Waldläufer, Stadtleute und Landvolk führten ein eigenes, ihrer jeweiligen Umgebung und Zielsetzung entsprechendes Dasein. Das Leben im Walde war gewiß das den europäischen Verhältnissen fremdeste. Der Pelzhändler zog weit abseits der weißen Ansiedlungen durch die Wildnis, und er lernte von den Indianern den Gebrauch des Kanus und der Schneeschuhe. Er trug wie sie Lederkleidung und Mokassins. Bei Nacht schlief er in Rindenhütten oder auf notdürftig mit Zweigen abgedecktem Lager. Nicht selten gesellte er sich auch vollends zu einem Stamm, nahm sich eine Frau und führte das Familienleben der Indianer. Wenig verband ihn dann mehr mit seiner ursprünglichen Heimat, wo nicht vielleicht sein romanisches Temperament, das nicht immer zur indianischen Gravität passen wollte.

Bald folgten die Blockhütten und die bestellten Felder der Handelsstationen den Pfaden der Pelzhändler ins Landesinnere, und da mochte es sein, daß sie öfters Kontakt mit der europäischen Welt bekamen. Aber im großen und ganzen führten sie ein einsames Leben, weit abgeschieden von aller Zivilisation. Der Waldläufer versorgte seine Fallen und folgte den umherziehenden Indianern. Tage und Wochen paddelte er über eine unendliche Kette von Flüssen und Seen. Die zarten Farben des Frühjahrs wichen an den Ufern bald dem volleren Grün eines mit Myriaden von Mücken peinigenden Hochsommers. Der Coureur mochte dann seinen jährlichen Besuch in Montreal abstatten, um seine Pelze an den Mann zu bringen und sich mit neuen Vorräten auszurüsten. Wie der Seemann nach langer Fahrt verpraßte er dann wohl auch einen guten Teil seines Verdienstes in wilder Orgie, ehe er hinter Stromschnellen und Flußwindungen wieder im Dickicht verschwand. Es war nicht die Pracht der sich verfärbenden Wälder und die Idylle des Altweibersommers, die ihn im Herbst wieder gen Westen trieb, sondern das Streben, noch vor Schneefall die Jagdgebiete zu erreichen, welche die wertvollen Winterpelze liefern würden. Oft besaßen diese Waldläufer keine Handelslizenz und waren bei der Regierung entsprechend unbeliebt. Der Kirche waren sie ob ihrer heidnischen Lebensweise ein Greuel. Und doch hing das Gedeihen der Kolonie in nicht geringem Maße ab von ihrer Energie, ihrer Kenntnis des Landes, ihren Beziehungen zu den Indianern. Ohne sie hätte der französische Pelzhandel den Wettbewerb mit der immer bedrohlicher werdenden englischen Konkurrenz kaum bestehen können.

Das Leben in den Städten oder besser Städtchen Neufrankreichs entsprach im Vergleich mit der Ungebundenheit in den Wäldern dem Gegensatz von Zivilisation und Wildnis. Eigentlich gab es nur drei Orte mit Stadtcharakter am St. Lorenz: Quebec, Trois-Rivières und Montreal. Die Hauptstadt Quebec war der bei weitem bedeutendste und am besten entwickelte Ort. Hier saß die Regierung, hier residierten die reichen Pelzherren, hierher kamen die Seigneurs von ihren Gütern, um am beschwingten Gesellschaftsleben teilzuhaben. Für die höheren Kreise muß das Leben mitunter recht animiert gewesen sein, war gesellschaftliche Aktivität doch eines der Mittel, die Langeweile der Garnison zu verkürzen und gleichzeitig den Unterschied zum profanen Volk zu betonen. Das Volk, das heißt die Kaufleute, Handwerker, Dockarbeiter und ihre Familien, etwa 8000 Menschen ingesamt, drängte sich in den engen Häusern und Straßen unterhalb der Zitadelle nahe am Wasser. Quebec war praktisch der einzige Seehafen Neufrankreichs, und so war der kopfsteingepflasterte Kai der Umschlagplatz für die nach Europa bestimmten und nicht immer wohlriechenden Pelzballen wie auch für alle der Kolonie unentbehrlichen Waren der alten Welt – und für die Neuigkeiten, die auch nach sechs- oder achtwöchiger Reise noch ihren Reiz besaßen.

Trois-Rivières war mit seinen rund 100 Häusern eigentlich nur ein größeres Dorf. Aber hier ließ sich im 18. Jahrhundert eine Eisengießerei nieder, und ihre Kanonen und Mörser, Kessel und Öfen ergänzten bald die vom Mutterland bezogenen Geräte. Montreal war das Tor zum Westen. Hier rollten die Salutsalven über den St. Lorenz, wenn die Kanuflottillen hochbeladen mit Pelzgut nach wochen- oder monatelanger Reise herangepaddelt wurden, hier schwärmten Waldläufer und buntbemalte Indianer durch die Straßen auf dem Wege zu Geschäften und ausgelassenem Jubel, hier führten die etwa 5000 Einwohner (um 1750) ein gewinnträchtiges Dasein am Rande der Zivilisation. Hinter der Insel dehnte sich die Wildnis, und kein Städter, den nicht Abenteuerlust oder

Missionsgeist trieben, dachte daran, selbst zu erkunden, was das Land
hinter den Stromschnellen bergen könnte außer Pelzen, Fallenstellern und
Indianern.

Die Lebensader der Kolonie war der St. Lorenz. Lange Zeit war er die
einzige Straße, sei es im Sommer, wo man sich den Strom hinuntertreiben
ließ und hinauf mühsam genug paddelte, ruderte, segelte oder auch stück-
weise treidelte, oder im Winter, wo er eine führige Schlittenbahn abgab.
Es war kein Wunder, daß jahrzehntelang ausschließlich an seinen Ufern
gesiedelt wurde. Das Bestreben jedes Farmers ging dahin, ein Stück Fluß-
ufer als Lände zu besitzen. Als im Laufe der Zeit die Bevölkerung sich
vermehrte, wurden die Uferstreifen infolge der Erbteilung immer schma-
ler, und das Farmland dehnte sich weiter nach hinten aus. Die Häuser und
Hütten reihten sich wie Perlen auf der Schnur von unterhalb Quebec über
eine Distanz von mehr als 350 km bis nach Montreal hinauf am Wasser
entlang. Ab 1735 verband eine Straße Quebec mit Montreal. Erst gegen
Ende des 18. Jahrhunderts wurde es notwendig, auch abseits von den
Ufern des Stromes zu siedeln. Bis dahin genügte das am Fluß verfügbare
Land. Freilich waren die engen, lang nach hinten ausgezogenen Streifen
umständlich zu bestellen, aber die Fruchtbarkeit des Landes ließ den Übelstand ertragen. Der Habitant hatte sein Auskommen. Ohne reich zu sein,
hatte er doch sein Brot und Fleisch, Gemüse, Wild und Fische, und sogar
Zucker von den Ahornbäumen. Sein selbst gebauter Tabak konnte bereits
als Luxus gelten. Man spann, strickte und webte selbst, wozu die langen
Winter üppig Zeit ließen. Holz im Überfluß machte auch die kalte Jahres-
zeit erträglich, und man suchte sie wohl noch durch Schlittenpartien und
Dorffeste auf dem harten Eis unter einem oft heiteren Winterhimmel auf-
zulockern. Ohne großen Einsatz lebte der Habitant in der Geborgenheit
seiner patriarchalischen Gesellschaftsordnung. Dieselbe war nicht frei von
internen Querelen und Spannungen mit dem Mutterland, doch eine Bedrohung seiner Existenz kam erst nach Jahrzehnten und von außen, ohne
sein eigenes Zutun.

Zwei Außenposten: Akadien und Neufundland

Auch noch eine andere französische Niederlassung hatte bewegte An-
fangsjahre zu bestehen gehabt, bis ihr dann einige ruhige Jahrzehnte vor
dem großen Sturm des 18. Jahrhunderts beschieden wurden. Abseits der
großen Straßen zwischen Europa und der Neuen Welt gelegen, besaß
Akadien (die Herkunft des Namens ist unsicher) eigentlich wenig, was
Kolonialmächten wertvoll sein konnte. Doch seine Situation zwischen den

Hauptsiedlungsgebieten auf dem nordamerikanischen Kontinent brachte es dem Zugriff der Engländer nahe, deren Seemacht die Franzosen selbst unter großen Anstrengungen selten Gleichwertiges entgegenzustellen vermochten. Die Kolonie erlebte somit trotz – oder wegen – ihrer Isoliertheit manche Unbill nach ihrer Gründung durch Champlain 1605. Streit zwischen Monopolherren und Jesuiten sowie eine zweimalige Zerstörung durch die Engländer ließen die Ansiedlung anfangs schon nach wenigen Jahren aussterben. 1621 erhielt dann ein Schotte, Sir William Alexander, vom englischen König unter Übergehung aller französischen Prioritätsansprüche die Ländereien östlich der Halbinsel Gaspé zugesprochen. Er nannte sie auf seiner lateinischen Karte „Nova Scotia", Neuschottland. Dieser Name ist der eigentlichen Halbinsel bis heute geblieben. Sir Williams Kolonisierungsbestrebungen allerdings hatten wenig Erfolg, und 1632 wurde Akadien ebenso wie Quebec im Frieden von St. Germain-en-Laye wieder an Frankreich zurückgegeben.

Ein neuer Tag schien anzubrechen. Isaac de Razilly, der neue Vizegouverneur, brachte über 200 Siedler aus Frankreich ins Land, die Port Royal von neuem aufbauten. Doch sein Tod 1635 verursachte eine Fehde zwischen zwei präsumtiven Nachfolgern – das Monopol war ja immer noch in Privathand –, welche sich bald zum regelrechten Bürgerkrieg auswuchs. Beide Kampfhähne suchten Hilfe, teils in Frankreich, teils bei den Engländern. Nach viel bitterem Blutvergießen endete der Streit 1650 mit dem Tod des einen, und der andere heiratete prompt des ersteren Witwe und konnte damit endlich die Gegensätze versöhnen. Doch nun traten die Engländer auf den Plan und besetzten mitten im Frieden die Kolonie von 1654 bis 1667. Danach kehrte sie wieder an Frankreich zurück, und die Hoffnung wuchs, daß nun endlich auch für Akadien offizielle Hilfe kommen würde, wie sie Quebec seit Anfang der sechziger Jahre so bemerkenswert zuteil wurde. Talon war dieser Idee auch nicht verschlossen, konnte aber die Krone nur zur Aussendung einiger 60 Siedler bewegen, so daß bis 1671 die Gesamtbevölkerung auf etwa 400 Menschen anwuchs.

Es war kein Wunder, daß im neu ausbrechenden Krieg 1690 die Engländer die Kolonie wieder im Handstreich besetzten. Zu nahe lag sie bei den neuenglischen Häfen, zu abseits für die Franzosen. Und wieder fiel sie beim Friedensschluß 1697 zurück in französische Hände. Es war das letzte Mal; noch nicht anderthalb Jahrzehnte später kam Akadien fest in englische Hand. Mittlerweile ging das Leben seinen Gang. 1698 zählte man über 1000 Bewohner, die sich fast alle in den fruchtbaren Niederungen nahe der Küste angesiedelt hatten. Viel Marschland hatte man hier am See durch Abdämmung abgerungen. Es war ein bescheidenes Dasein mit geringen Ambitionen im Pelzhandel und erstaunlicherweise ebensowenig

Betätigung im Fischfang. Letzteren überließ man den Neuengländern, und Boston war der Haupthandelsplatz, wo man das Wenige, dessen man über die Eigenproduktion hinaus bedurfte, gegen landwirtschaftliche Erzeugnisse eintauschte. Doch wie bei den vorhergehenden europäischen Auseinandersetzungen, hörte man dann auch nach der Jahrhundertwende den Kanonendonner des Spanischen Erbfolgekriegs in der Fundybai. 1710 bombardierten britische Kriegsschiffe eine Woche lang das schlecht gerüstete Port Royal. Seine Einnahme bedeutete das Ende der französischen Herrschaft. Im Frieden zu Utrecht 1713 mußte Frankreich den Übergang an die Engländer endgültig bestätigen.

Freilich fand man französischerseits, daß die Abtretung nur die eigentliche neuschottische Halbinsel beträfe, nicht aber die Kap-Breton-Insel, nicht die spätere Prinz-Eduard-Insel und schon gar nicht die Küste Nordakadiens, des heutigen Neubraunschweig. Der Verlust Neuschottlands hatte die Franzosen offensichtlich aufgerüttelt, und um 1720 gingen sie daran, an der Ostspitze der Kap-Breton-Insel eine Seefestung zu bauen, die den französischen Interessen künftig besseren Rückhalt gewähren sollte. Wenn auch nicht alle Fortifikationspläne verwirklicht wurden, so wuchs Louisbourg doch zur Bestürzung der Engländer rasch und bedrohlich. Als die Nachricht von der englischen Teilnahme am Österreichischen Erbfolgekrieg 1744 in Louisbourg zuerst eintraf, rechtfertigte sich auch prompt die englische Besorgnis. Ein Bombardement ihrer Siedlungen in Neuschottland machte die Engländer mit der Neuigkeit bekannt und weckte gleichzeitig ihren aktiven Widerstandsgeist. Im nächsten Jahr legte die britische Führung Truppen aus Neuengland in Stärke von 4000 Mann vor die Wälle von Louisbourg, und ein britisches Flottengeschwader blokkierte die Hafeneinfahrt. In sechswöchiger Belagerung wurde daraufhin die 2000 Mann starke französische Besatzung durch Beschuß und Aushungerung mürbe gemacht und schließlich zur Übergabe gezwungen. Aber wieder einmal waren die europäischen Entwicklungen ausschlaggebend. Im Frieden zu Aachen 1748 erhielt Frankreich die Festung zurück.

Dies konnte allerdings nicht als endgültige Lösung betrachtet werden. Frankreich hoffte noch immer, ganz Akadien zurückzugewinnen. Louisbourg wurde erneut gerüstet, und außerdem zählte man auf die nach 1713 in Neuschottland verbliebenen Landsleute als eine Art fünfter Kolonne in der künftigen Auseinandersetzung. Entsprechende Befürchtungen hegte man auf britischer Seite und beschloß, als erstes Neuschottland zu stärken. Die Gründung von Halifax 1749 als starker Marinestation diente diesem Ziel, und man brachte einen großen Schub Siedler aus Großbritannien und Deutschland herbei, um das protestantische Element als Gegengewicht gegen die katholischen Akadier aufzubauen.

Der Religionsunterschied hatte in den ersten Jahrzehnten der englischen Herrschaft so gut wie keine Rolle gespielt. Die Akadier hatten schlechterdings ungestört ihr Leben fortgesetzt. Bei minimalen Lehnsabgaben hatten sie einen bescheidenen Wohlstand errungen und sich bis 1750 auf etwa 10 000 vermehrt. Die britische Behörde hatte gelegentlich versucht, einen Loyalitätseid auf die Krone durchzusetzen, war aber vor dem Widerstand der Akadier zurückgewichen, die insbesondere nicht zum Waffendienst gegen Frankreich verpflichtet werden wollten. Diese Idylle wurde nun gestört. Zur französischen Aktivität nach der Rückgewinnung von Louisbourg gehörte auch die Propaganda bei den Akadiern. Man appellierte an ihre Heimatliebe und in verstärktem Maß an ihre Glaubenstreue. Die Gefahren möglicher englischer Intoleranz wurden von diesem oder jenem Priester deutlich genug an die Wand gemalt. Der Erfolg blieb nicht aus, und heimliche Attacken auf englische Niederlassungen oder auch Reisende heizten die Stimmung in der Kolonie an. Als schließlich 1755 der Krieg zwischen Frankreich und England wieder offen ausbrach, war man auf englischer Seite von der Notwendigkeit einer radikalen Lösung überzeugt.

Diese Lösung wurde kein Ruhmesblatt britischer Kolonialgeschichte. Der Gouverneur verlangte nun kategorisch den Loyalitätseid. Die Akadier glaubten aufgrund langer Erfahrungen, auch diesmal mit einer Weigerung davonzukommen. Sie täuschten sich. Unerbittlich wurden in manchen Gegenden die Männer von Frauen und Kindern getrennt, auf Schiffe verfrachtet und auf die neuenglischen Kolonien verteilt. Wohl hatte man ursprünglich die Absicht, Frauen und Kinder den Männern nachzusenden und die Familien wieder zusammenzuführen. Es gelang jedoch nur selten. Mangel an Schiffsraum, Unbilden der Witterung, Hast und Wirrwarr ließen es in den meisten Fällen bei der Absicht bleiben. Anderwärts erfolgte die Deportation später, aber ebenso gründlich. Innerhalb von acht Jahren wurden insgesamt zwischen 6000 und 10 000 Akadier von ihren Wohnstätten vertrieben. Neuschottland und wenig später die Kap-Breton-Insel und die Prinz-Eduard-Insel waren danach von Franzosen gesäubert. Nördlich der Fundybai allerdings, auf dem eigentlichen Festland des heutigen Neubraunschweig, konnten sich französische Bevölkerungsteile halten. Verstärkt durch zahlreiche Rückwanderer nach dem Siebenjährigen Krieg, bewahrten sie bis in die Gegenwart ihre Sprache und Kultur.

Mit weniger Blutvergießen und Unmenschlichkeit gelang es Großbritannien, Neufundland endgültig in seinen Besitz zu bringen. Ausschlaggebend hierfür dürfte gewesen sein, daß beide Kolonialmächte dieser auf weiten Küstenstrecken unwirtlichen Insel ein geringeres Interesse entgegenbrachten als dem vorteilhafter gelegenen und einladenderen Akadien. Trotzdem ging es auch hier nicht ohne Auseinandersetzungen ab, die aus der ins 16. Jahrhundert zurückreichenden Geschichte der Insel zu verstehen sind. Bereits seit Cabots Zeiten hatte Neufundland als Sommerquartier und Trockenplatz für die Fischer der europäischen Atlantikküste gedient. Seither waren jährlich Dutzende oder gar Hunderte von Kuttern zu den Fischbänken gesegelt und hatten ihren Fang an der öden Küste getrocknet und gesalzen. Im Laufe der Zeit baute man ständig zu benutzende Trockengestelle, und eine Anzahl Leute blieb auch den Winter über auf der Insel, um nach dem Rechten zu sehen. Dies war der erste Beginn einer Siedlung. Der Hafen, das heutige St. John's, war ein besonders beliebter Landeplatz, und Gilbert fand bereits einige Kaufleute vor, die sich hier festgesetzt hatten, als er 1583 die Insel für seine Königin in Besitz nahm.

Trotz solcher Anfänge brauchte es noch lang, bis Siedlungsversuche bleibenden Erfolg hatten. Eine englische Niederlassung 1611, also fast gleichzeitig mit den französischen Gründungen von Port Royal und Quebec und der englischen Siedlung in Virginia, begann hoffnungsvoll, ging aber nach wenigen Jahren wieder kläglich ein. Der Hauptgrund hierfür war ein ganz spezifisch neufundländischer. Die Sommerfischer fürchteten nämlich, und sicher zu Recht, daß eine ständige Kolonie auf der Insel eine bessere Startposition beim Fischfang haben würde. Eine längere Saison und geringere Transportkosten mußten eine äußerst unwillkommene Konkurrenz aus ihr machen. Sie zeigten daher ihre Opposition deutlich und scheuten auch vor gewaltsamen Mitteln nicht zurück. So gelang es erst 1637 Kirke, dem Eroberer von Quebec, eine dauerhafte Siedlung ins Leben zu rufen, von der aus sich dann die Kolonisation langsam ausbreitete. In der Hauptsache handelte es sich um Fischer, die sich hier mit ihren Familien niederließen. Für Landwirtschaft größeren Umfangs erwiesen sich Bodenverhältnisse und Klima nicht günstig genug.

Die meist aus Westengland kommenden Sommerfischer fanden mit ihren Klagen gegen die Siedlung nicht wenige offene Ohren in London. Nicht nur, daß ihre Ware sich in Kontinentaleuropa gut verkaufte und die englische Schatzkammer füllen half; die rauhe Nordatlantikroute formte auch hervorragende Seeleute, und die englische Krone mußte in Kriegszeiten ihre Flotte aus solchen Kreisen bemannen. Sie hatte daher großes Interesse am Besitz Neufundlands als Außenstation; als Kolonie war es von geringerem Wert. Die Fischerei-Charta von 1633 zeigte dies auch klar. Man setzte keinen Gouverneur ein wie anderwärts, sondern bestätigte als Recht den schon Jahrzehnte bestehenden Brauch, daß die Kapitäne der ersten drei im Frühjahr die Insel anlaufenden britischen Schiffe als Admiral, Vize- und Konteradmiral die Herrschaft während der Saison ausübten. Erst 1728 ernannte man den Kommandanten der allmählich üblich gewordenen, die Fischer schützenden Geleitflottille zum „Marinegouverneur" (naval governor), aber auch er gebot nur im Sommer auf der Insel. Im Winter sorgten weiterhin nur lokale Friedensrichter für Ordnung. Dies blieb im Prinzip so bis gegen Ende des 18. Jahrhunderts.

Es ist fraglich, ob Großbritannien überhaupt seine Kolonie auf Neufundland belassen hätte, hätte es hierfür nicht noch einen weiteren Grund gegeben. Wie wir wissen, segelten nicht nur westenglische Fischer hierher, sondern von den reichen Bänken wurden besonders auch Franzosen aus der Bretagne und der Normandie angelockt. 1663, als das Interesse an Quebec in Frankreich wieder wuchs, sandte man Siedler auch an die neufundländische Südküste, wo sich das neugegründete Placentia bald zur lebhaften Fischereistation und starken Marinebasis entwickelte. In den Kriegen um die Jahrhundertwende attackierten die französischen Kräfte auch fleißig und mit gutem Erfolg ihre englischen Rivalen, aber der Friede zu Utrecht 1713 vertrieb sie schließlich doch von der Insel. Lediglich die Inselchen St. Pierre und Miquelon vor der Südküste blieben bei Frankreich, und französische Fischer behielten das Recht, an den menschenleeren Küsten im Norden und Westen der Hauptinsel ihre Fische zu trocknen. So ist es gewiß nicht übertrieben zu sagen, daß die stetige französische Gegenwart, die unschwer zur Bedrohung werden konnte, den englischen Siedlungswillen erheblich stärkte. Erst der Friede zu Paris 1763 sicherte Großbritannien dann endgültig die Herrschaft über die Insel.

Akadien und Neufundland waren jedoch nur Nebenschauplätze in der Auseinandersetzung um den Kontinent. Ihr Schicksal lief dem Neufrankreichs parallel, weil es von den gleichen Kräften bestimmt wurde und daher in einem weiteren Sinn mit dem Schicksal der Kolonie am St. Lorenz und ihres Hinterlandes zusammenhing.

Kampf um den Kontinent

Der Gegensatz zwischen den französischen und englischen Kolonien auf dem nordamerikanischen Kontinent war zuerst nur indirekt eine Folge der europäischen Differenzen. In Europa konnte man den Kampf Englands gegen Frankreich anfangs vor allem als den Versuch verstehen, das französische Hegemoniestreben einzudämmen. Diese Interpretation hat wohl auch noch für den Spanischen Erbfolgekrieg zu Beginn des 18. Jahrhunderts Gültigkeit. Der Streit in Nordamerika jedoch war viel eher eine Auseinandersetzung um handfeste wirtschaftliche Positionen, ob die Franzosen dabei mit den Siedlern und Händlern Neuenglands in Konflikt gerieten, oder ob sie sich mit der Hudsonbaigesellschaft anlegten. Erst allmählich wuchsen diese Streitigkeiten mit dem größeren Gegensatz zusammen, und es wurde beiden Mächten klar, daß der Kampf um die Position in Europa gleichzeitig ein Kampf um Kolonialgebiete war und umgekehrt. Das Wort des älteren Pitt, daß das Schicksal der Kolonien auf den Schlachtfeldern des Siebenjährigen Krieges entschieden werde, zeigte, wie bewußt der Zusammenhang erkannt wurde. Während der ersten Hälfte des 18. Jahrhunderts folgten Positionskämpfe und unsichere Friedensabmachungen einander fast regelmäßig, bis man sich schließlich zu der Erkenntnis durchrang, daß eine unwiderrufliche Lösung gefunden werden mußte. Eine endgültige Entscheidung aber konnte nur unter Einsatz aller Kräfte erfochten werden.

Für Neufrankreich war es lebensnotwendig, den Handel mit den Pelzgebieten im Westen zu sichern. Dies bedeutete notwendig den Ausschluß der Engländer von diesem Handel. Neuengland mußte somit zusammen mit den Irokesen an einer Westbewegung gehindert werden, und ebenso waren die englischen Hudsonbaiposten samt den ihnen freundlich gesinnten Sioux zu isolieren. Beides war ohne Gebrauch der Waffen nicht zu erreichen. Es scheint, daß Frankreich um die Jahrhundertwende sich allmählich zu diesem Gedanken durchgerungen hatte. Die Attacken auf englische Siedlungen in den Appalachen und auf die Handelsstationen an der Hudsonbai können als erste Präventivmaßnahmen verstanden werden. Aber England war sich der Größe der Aufgabe noch nicht bewußt oder zumindest nicht bereit, seine Kräfte zu ihrer Erfüllung einzusetzen. Im Spanischen Erbfolgekrieg unternahm es wenig mehr als den Angriff auf Akadien und eine erfolglose Attacke in Richtung Quebec. Im Frieden zu Utrecht 1713 begnügte es sich mit dem Erwerb des ersteren und Neufundlands. Das eigentliche aktive Engagement im Konflikt erfolgte erst, als nicht nur der englische Handel, sondern auch die englische Siedlung mit dem französischen Pelzgeschäft zusammenstießen. Dies war der Fall, als britische Kolonisten begannen, die Appalachen zu übersteigen. Sie gerieten damit in das französische Pelzreich im Einzugsgebiet des Mississippi, und die Auseinandersetzung wurde unvermeidlich.

Im Grunde trafen in diesem Kampf recht ungleiche Rivalen aufeinander. Frankreich verfolgte seine Ziele in Nordamerika mit völlig unzureichenden Mitteln. Es konnte niemals daran denken, die ungeheuren Gebiete, die es auf dem Kontinent beanspruchte, wirksam zu besetzen. Wohl war die Bevölkerung Neufrankreichs bis zur Mitte des 18. Jahrhunderts auf rund 60 000 Einwohner angewachsen, aber diese Zahl war viel zu gering für substantielle Kolonisationsbestrebungen weiter nach Westen, und außerdem fehlte der Wille zu solcher Ausbreitung. Offiziellerweise wollte man das Pelzgebiet durch einige befestigte Außenposten halten. Das waren recht unzureichende Mittel gegen den Landhunger der aus den englischen Kolonien strömenden Siedler. Diese 13 Kolonien an der Atlantikküste zählten inzwischen um die eineinhalb Millionen Bewohner. In Schiffahrt, Manufakturen und intensiver Farmwirtschaft hatten sie die Grundlage zu einem Reichtum und damit auch zu einer militärischen Stärke gelegt, mit der sich die Kräfte Neufrankreichs schlechterdings nicht messen konnten.

Die Kanadier ihrerseits ließen sich jedoch hiervon vorerst nicht beeindrucken. Sie rechneten auf den größeren Siegeswillen Frankreichs, und sie waren überzeugt, daß französischer Mut und Kampfeseifer die zahlenmäßige Unterlegenheit ausgleichen würden. Auch war man gut Freund mit den Indianern, während die Engländer in ewiger Fehde mit den Stämmen am Ohio und Mississippi lagen. Es mag sein, daß diese kanadischen Überlegungen gar nicht so abwegig waren. Im Laufe der Auseinandersetzungen zeigte sich, daß das Kriegspotential der jeweiligen Kolonien nicht den Ausschlag gab. Die Entscheidung kam durch die unterschiedliche Größe der vom Mutterland gewährten Hilfe. Die britische Seemacht gewann letzten Endes den Konflikt, nicht die Wirtschaftskraft der 13 Kolonien, die jenseits der Appalachen wohl erst Jahrzehnte später voll zum Tragen gekommen wäre. Man war in Neuengland ohnehin mit sich und den Kriegszielen uneins und noch nicht bereit, sich ohne klare Gewinnaussicht in militärische Abenteuer jenseits der grünen Berge zu stürzen.

Andererseits mußte Neufrankreich im Krieg seine Kräfte bis aufs äußerste anstrengen, wo nicht überfordern. Die meist in der Landwirtschaft tätige Bevölkerung hatte keine merklichen Reserven für den Luxus einer Kriegführung. Und sogar Nahrungsmittel mußten in Zeiten schlechter Ernte eingeführt werden. Der Pelzhandel hatte hierfür und für sämtliche aus Frankreich importierten Manufakturgüter aufzukommen. Dies gelang ihm nur schlecht. Mit Ausnahme eines einzigen Jahres (1741) war die Handelsbilanz der Kolonie stets passiv. So war es klar, daß bei solcher Abhängigkeit vom Mutterland jeder Krieg sofort die Existenz der Kolonie bedrohen mußte. Nicht nur, daß die britische Seemacht die Zufuhr von Nachschub unterbinden konnte. Die Kämpfe in der Wildnis mußten auch Indianer und Waldläufer von ihrem Pelzsammelgeschäft abhalten, was die Kolonie von vornherein wirtschaftlich schwächte. Inflation und Bankrotte mußten bald Zeichen der finanziellen Überanstrengung werden. Und schließlich konnte man zwar etwa 10 000 Mann Miliz aufbieten, aber jeder mehr als einige Tage dauernde Einsatz mußte bei dem Mangel an Arbeitskräften auf den Farmen im nächsten Frühjahr eine Hungerkatastrophe bringen. Neufrankreich konnte sich in einem ernsthaften Kampfe nur mit massiver Unterstützung durch das Mutterland halten, und das bedeutete, daß die Seemacht Englands den Ausschlag geben würde.

Frankreich und Großbritannien zeigten lange keinen großen Einsatzwillen. In Frankreich beurteilte man im 18. Jahrhundert allmählich den Wert der nordamerikanischen Besitzungen recht skeptisch. Voltaires in seinem „Candide" geäußerte Verachtung für die „paar Morgen Schnee" (quelques arpents de neige) war Ausdruck einer weit verbreiteten Stimmung. Die Kosten schienen den Erfolg nicht zu lohnen. Die französische Regierung wollte zwar einen Brückenkopf in Amerika halten, aber nur mit möglichst geringen Anstrengungen und Ausgaben. Außer recht magerer militärischer Unterstützung kam im 18. Jahrhundert nicht viel offizielle Hilfe über den Atlantik. England seinerseits hatte auch keine übergroße Lust, seinen immer eigenwilliger sich zeigenden Kolonien die Bürde der Kriegführung abzunehmen. Ja, man fand sogar gelegentlich, daß zwar französische Marinestützpunkte an der amerikanischen Atlantikküste ein Übelstand waren, Neufrankreich am St. Lorenz aber ein nützliches Gegengewicht gegen die selbstherrlichen Kolonien abgab. Als man sich schließlich doch zum Krieg entschloß, tat man es weniger den amerikanischen Kolonien zuliebe als vielmehr in der Absicht, des wichtigsten Konkurrenten auch in der westlichen Hemisphäre Herr zu werden.

Der Schauplatz der Auseinandersetzungen auf dem eigentlichen Kontinent zerfiel in zwei sehr ungleiche Teile. Neufrankreich fühlte sich gefährdet durch eine große Zangenbewegung, die von Norden und Süden auszuholen schien, um es von seinem pelzträchtigen Hinterland zu trennen. Hinsichtlich der Bedrohlichkeit war der nördliche Arm dieser Zange der bei weitem harmlosere, obwohl auch sein Zugreifen spürbare Male hinterließ. Die Hudsonbaigesellschaft hatte sich nach den Rückschlägen durch die französische Eroberung Ende des 17. Jahrhunderts erstaunlich rasch erholt. Die Handelsstationen rund um die südliche Bai entwickelten sich erfreulich. Man stand unter keinerlei Verpflichtung, Siedlung voranzutreiben, und konnte sich somit ausschließlich dem Geschäft selbst widmen. Eine wirkungsvolle Organisation und billigere oder bessere Handelswaren als die französischen erwiesen sich dabei als wertvolle Helfer. Auch war man nicht der Konkurrenz privater Kleinhändler ausgesetzt wie die Pelzherren in Quebec, denn nur eine finanzkräftige Gesellschaft vermochte die großen Schiffe auszurüsten, die den gefahrvollen Weg um die Nordküste Labradors bewältigten. So konnte die Gesellschaft es sich lange Zeit leisten, an der Küste auf die Indianer und ihre Pelze zu warten. Die Gewinne waren entsprechend groß, hatte die französische Konkurrenz doch noch den langen Binnenweg bis Quebec zu finanzieren.

Die Franzosen sannen auf Mittel, diesen für sie mißlichen Zuständen ein Ende zu bereiten. Konnte die Hudsongesellschaft nicht von der Bai vertrieben werden, so war es vielleicht möglich, ihr die Pelzzufuhr abzusper-

ren. Die Pelzgründe des Schildes zeigten sich ohnehin allmählich erschöpft,
und die französischen Waldläufer mußten weiter nach Westen neue Lieferanten suchen. Bezeichnend für solche Anstrengungen waren die Züge des
älteren La Vérendrye und seiner Söhne, die von den Großen Seen aus
vorstießen mit dem Ziel, eine Reihe befestigter Handelsstationen bis zum
Pazifischen Ozean zu errichten. Sie erreichten letzteren nicht, aber die Forts,
die sie in den dreißiger und vierziger Jahren des 18. Jahrhunderts in der Prärie
bauten, sicherten den französischen Einfluß immerhin bis zum Saskatchewan. Es war nicht ihre Schuld, daß anderweitiges Engagement die französischen Kräfte zu stark band, als daß dauernder Vorteil aus dem Vorstoß in die
Prärie hätte erwachsen können. Die Engländer der Hudsonbaigesellschaft
ihrerseits hatten vorerst keinen Anlaß, in diesen Initiativen eine ernstliche
Bedrohung zu sehen, und verharrten, abgesehen von einigen Erkundungs-
zügen, bis zum Ende der französischen Herrschaft nahe der Küste.

Die eigentliche Gefährdung des Pelzreiches kam von Süden. Trotz der
jahrzehntelangen Ruhe, deren sich nach dem Utrechter Frieden 1713 Quebec
und sein Hinterland erfreuen konnten, war es offensichtlich nur eine Frage
der Zeit, bis die Welle der anglo-amerikanischen Kolonisten die Appalachen
vollends überspülen und sich in nicht mehr einzudämmendem Schwalle ins
Mississippital ergießen würde. Ein erstes Anzeichen der kommenden Bewegung war 1726 der Bau des britischen Forts Oswego an der Südostküste des
Ontariosees, fast gerade gegenüber dem den Ausfluß des Sees in den St.
Lorenz bewachenden französischen Fort Frontenac. Fort Oswego konnte
nicht anders denn als Herausforderung verstanden werden. Es lag in einem
Gebiet, das von den Franzosen seit Jahrzehnten beansprucht worden war und
bedeutete den drohenden Zugriff auf eine ihrer Haupthandelslinien. Die
Erwiderung ließ denn auch nicht lange auf sich warten. Die Franzosen
drangen mit dem alsbald errichteten Fort St. Frédéric (dem späteren Crown
Point) am Champlainsee in traditionsgemäß New Yorker Bereich vor, um
die Richelieuroute als Angriffsweg zu blockieren. Die Auseinandersetzung
bereitete sich damit langsam vor. Der Konkurrenzkampf wechselte in eine
Gegend hinüber, die bisher noch keine ernsthaften Gefechte gesehen hatte.
Im Grunde ging der Streit um den Einfluß im Ohio-Tal, jenem Land, das
zwischen den Appalachen und dem Mississippi liegt und den natürlichen
Zugang von den englischen Kolonien zum Mittelwesten bildete. Die Franzosen hatten bisher dieses Gebiet als das ihre betrachtet, faktisch aber kaum
Besitz davon ergriffen und den Weg nach Louisiana für gewöhnlich über den
Michigansee und den oberen Mississippi genommen. Das Land am Ohio
aber war der Schlüssel zur Mississippiebene. Wollte Frankreich diese behalten, so mußte es jenes verteidigen. Und es wurde hohe Zeit.

In den englischen Besitzungen gewannen die Pläne zur Landnahme jenseits der Appalachen Gestalt. 1748 gründeten eine Anzahl Einwohner Virginias die Ohiogesellschaft mit der schon im Namen sich ausdrückenden Absicht, in dem von den Franzosen beanspruchten Gebiet zu siedeln. In ihrer Charta erhielt die Gesellschaft von der englischen Krone das Recht, eine halbe Million Acres an Niederlassungswillige zu vergeben. Die Franzosen verloren keine Zeit. Im Jahr darauf erschien eine Expedition im Ohioland, vergrub bleierne Platten und Inschriften und richtete das Wappen Frankreichs auf als Zeichen der Herrschaft. Englische Händler wurden aus der Gegend vertrieben und die Indianer ermahnt, nur mit den Franzosen Geschäfte zu tätigen. Weiterhin ging man daran, eine Anzahl Forts zu errichten, unter denen Fort Duquesne an der Stelle des heutigen Pittsburgh das bedeutendste wurde. Obwohl dies alles im Grunde nur als Verteidigung schon erworbener Rechte gelten sollte, stand zu erwarten, daß man britischerseits die Sache in anderem Licht sah. Die Reaktion erfolgte denn auch spürbar genug.

Die Empörung war naturgemäß in Virginia am stärksten. Als eine Aufforderung zum Rückzug nichts fruchtete, sandte der Gouverneur dieser Kolonie im Jahre 1754 ein paar hundert Soldaten unter dem jungen Milizmajor George Washington aus, um die Franzosen zu vertreiben. Doch Washington wurde unter Verlusten auf beiden Seiten zurückgeschlagen. Beiderseits wurden die Beschuldigungen und Bitten um Hilfe nun bis in die europäischen Hauptstädte getragen, und dort entschied man, daß mit stärkeren Kräften nach dem Rechten geschaut werden müsse. Die Auseinandersetzung um die amerikanischen Kolonialreiche trat nunmehr in ihre entscheidende Phase.

1755 sandten die Franzosen 3000 Mann nach Quebec. Die Engländer ihrerseits verstärkten ihre Garnison in Virginia durch zwei Regimenter und griffen die Franzosen an vier Stellen an. Nur die Expedition nach Akadien war erfolgreich. Die drei Angriffsstöße über die Appalachen wurden von den Franzosen blutig zurückgewiesen, was die Engländer zu einem Überdenken ihrer Strategie veranlaßte. Die französische Seite war nun ebenfalls völlig erwacht. Ein neuer Oberkommandierender, Louis-Joseph Marquis de Montcalm, und weitere Truppen landeten 1756 in Quebec. Montcalm war ein energischer, wenn auch etwas ungeduldiger Befehlshaber. Seine Aufgabe wurde nicht erleichtert durch den Gouverneur von Quebec, Pierre de Rigaud Marquis de Vaudreuil, der ehr- und eifersüchtig das Kommando über die Miliz in Anspruch nahm. Der Intendant in Quebec schließlich, François Bigot, war ein Halunke, unter dessen Leitung sich die Spitze der Verwaltung in unverschämter Weise an den Armeelieferungen bereicherte. Dieses Dreigespann nun führte Neufrankreich in den Siebenjährigen Krieg.

Wie schon angedeutet, mußte es eine Grundregel jeder kanadischen Strategie sein, lange Feldzüge zu vermeiden. Das Land konnte die Miliz nur für kurze Perioden entbehren, und die Vorräte waren viel zu knapp, als daß weitreichende Unternehmungen geplant werden konnten. Montcalm erkannte dies sogleich. Seine Schläge waren rasch und wohlgezielt.

Unterstützt von Indianern und Waldläufern, führte er seine wohlgeübten, aber zahlenmäßig unterlegenen Truppen aus dem Mutterland erfolgreich 1756 gegen Fort Oswego und im nächsten Jahr gegen Fort William Henry auf dem Weg nach Albany. Vielleicht wären die französischen Siege weniger eindrucksvoll gewesen, hätten nicht taktische Fehler und der ewige Streit der englischen Kolonien untereinander die Wirksamkeit der britischen Kriegführung entscheidend geschwächt. Doch der Jubel war groß am St. Lorenz, und das Selbstvertrauen wuchs weiter.

Behende Kühnheit mag die französische Tugend im nordamerikanischen Krieg gewesen sein. Zähe Ausdauer war die britische. Inzwischen kam in London William Pitt ans Ruder. Unter seiner umsichtigen Leitung wurde die Armee reorganisiert mit dem nunmehr erklärten Ziel, Frankreich nicht nur zurückzudrängen, sondern niederzuringen. Die Marine erhielt die Aufgabe, den französischen Nachschub zu unterbinden. 1758 schritt man zum Angriff. Zwar gelang es Montcalm unter großer Anstrengung, den Vormarsch überlegener Kräfte im Richelieutal unweit Fort St. Frédéric aufzuhalten. Aber sein Erfolg wurde teuer erkauft. Gleichzeitig gingen Fort Frontenac und Fort Duquesne verloren, und damit war das Ohiogebiet von der St.-Lorenz-Kolonie abgetrennt. Daß fern im Osten nun auch Louisbourg auf der Kap-Breton-Insel im englischen Bombardement unterging, zeigte die Weite des britischen Konzepts. Der Winter gewährte lediglich eine Atempause, während der die Vorräte in Quebec zur Neige gingen. Entsatz aus Frankreich war nicht mehr zu erhoffen.

1759 mußte die Entscheidung bringen. Wieder zielten mehrere Stöße zu gleicher Zeit gegen die französischen Positionen. Fort Niagara wurde rasch genommen. Noch einmal gelang es Montcalm, den Gegner am Richelieu auf dem Wege nach Montreal aufzuhalten. Aber mittlerweile segelte ein britisches Geschwader – Louisbourg war ja gefallen – den St. Lorenz hinauf gegen Quebec. Es war das vierte Mal, daß englische Kriegsschiffe sich der Festung zu bemächtigen suchten. 1629 war Kirke erfolgreich gewesen, 1690 und 1711 hatten die Geschütze der Zitadelle den Angreifer in die Flucht schlagen können. General James Wolfe, der britische Befehlshaber, ließ jetzt seine 9000 Mann starken Truppen auf dem gegenüberliegenden Ufer landen und Quartiere bauen. Drei Monate beschoß er die Mauern, ohne der durch Steilküste und Festungswerke wohlgeschützten Stadt beikommen zu können.

Doch in einer Septembernacht war es soweit. In mondloser Dunkelheit glitt ein Stoßtrupp in leichten Booten über den Strom, keuchte einen Fußpfad in der Steilklippe empor, überwältigte die überraschten Wachen und stand oben auf der Abrahamsebene vor der schwach verteidigten Landseite Quebecs. Als Tageslicht anbrach, leuchteten 5000 rote Uniformröcke in der über der Festung aufgehenden Morgensonne. Montcalm entschloß sich sofort zum Ausfallangriff. Seine Kräfte waren fast gleich stark, an Bravour sollte es nicht fehlen. Doch die Miliz schoß zu früh und verwirrte die französischen Regulären. Als man auf Steinwurfweite am Gegner war, donnerte dessen erste Salve, kurz darauf die zweite. Dann stürmten die Rotröcke im Gegenangriff. Die chaotische Flucht der Miliz riß die französischen Regulären mit sich. Quebec war in britischer Hand.

Montcalm und Wolfe hatten vor den Toren der Stadt den Tod gefunden, aber die Kämpfe gingen anderwärts noch weiter. Die restlichen französischen Kräfte zogen sich auf Montreal zurück. Die Engländer segelten vor dem Winter aus dem St. Lorenz und ließen nur eine Garnison im zerstörten Quebec, die sich im nächsten Frühjahr nun ihrerseits gegen eine französische Belagerung verteidigen mußte. Alles kam jetzt darauf an, wessen Schiffe zuerst den vom Eise befreiten St. Lorenz heraufkommen würden. Eines hellen Maitags konnte man von der Klippe aus die ersten Segel sehen. An ihrem Topmast flatterte der Union Jack.

Den Franzosen blieb nur der Rückzug auf Montreal. Britische Kräfte stießen von Quebec aus nach, andere kamen vom Champlainsee über den Richelieu und von Fort Oswego den St. Lorenz herunter. Der massierten Belagerung war nichts mehr entgegenzusetzen. Am 8. September 1760 unterzeichnete Vaudreuil die Kapitulation der Stadt und ganz Kanadas. Ein Zeitalter endete.

Zwar blieb bis zum Friedensschluß noch die Chance, daß Frankreich die Kolonie zurückfordern könnte, herrschte doch in England die Meinung vor, daß Kanada wenig Wert in sich selbst besäße und nur Kräfte binden würde, die besser in den Kolonien der Atlantikküste zu gebrauchen wären. Doch auch in Frankreich war nun die vorherrschende Ansicht, daß diese Kolonie entschieden zu viel gekostet habe, ohne vergleichbare Rendite zu bringen. Man war gesonnen, sie herzugeben. Im Frieden zu Paris 1763 trat Frankreich alle Besitzungen auf dem nordamerikanischen Festland an Großbritannien ab. Von der Hudsonbai bis zum Golf von Mexiko war der östliche Kontinent damit in englischer Hand. Habitant und Coureur sahen in eine ungewisse Zukunft. Wie würde man wirtschaftlich überleben? Würde man seinen Besitz bewahren können? Waren angestammtes Recht und Gewohnheit zu retten? Und wie würden die Eroberer sich zum katholischen Glauben der Provinz verhalten?

Britisch-Nordamerika · 1760–1867

Verfassungssuche und amerikanische Revolution

Innerhalb der Grenzen des heutigen Kanada befanden sich nach dem Frieden von Paris vier mehr oder weniger voneinander unabhängige Gebiete unter britischer Herrschaft. Neuschottland war ja großenteils schon 1713 britisches Herrschaftsgebiet geworden. 1763 wurde nun ausdrücklich die gesamte akadische Küste als zu dieser Provinz gehörig erklärt. Durch die Vertreibung der französischstämmigen Bevölkerung von der Halbinsel in den fünfziger Jahren und das Nachströmen neuenglischer Siedler und Fischer glich sich diese Region im Charakter immer mehr den Neuenglandkolonien im Süden an. Die britische Regierung zögerte denn auch nicht lange, dem Drängen der Bevölkerung nach entsprechenden Institutionen nachzugeben und verfügte 1758 die Einrichtung einer gewählten Kammer. Neuschottland hatte damit wie die anderen Kolonien an der Atlantikküste Gouverneur und Repräsentativversammlung und begann, sich wie jene Vorbilder zu entwickeln. Viel trug hierzu bei, daß auch während der sechziger Jahre der Zugang neuer Einwanderer besonders aus Neuengland nicht nachließ, denen Fischfang wie demokratische Denkweise zu Lebensgewohnheiten geworden waren. Freilich gab es trotz allem noch Unterschiede zu den südlicheren Kolonien. Vor allem blieb die Bindung an England enger, wozu die Existenz und rapide Entwicklung von Halifax als britischem Kriegshafen in nicht geringem Maße beitrug. Bald war es offensichtlich, daß Verwaltungsbeamte, reiche Armeelieferanten und Truppenoffiziere in Halifax einen Einfluß auf die Regierungsgeschäfte auszuüben im Stande waren, dem sich oppositionelle Kräfte in der gewählten Versammlung kaum je gewachsen zeigen würden. Neuschottland war künftig eine anhängliche und königstreue Kolonie, in der Revolutionäre sich schwertaten.

Vom Schicksal Neufundlands in Paris war teilweise schon die Rede. Auch sein Areal wurde vergrößert, und zwar um die Nordostküste Labradors, was bis ins 20. Jahrhundert seine Nachwirkungen haben sollte. Die dritte englische Herrschaftsregion war Rupertsland, das Monopolgebiet der Hudsonbaigesellschaft, doch hier enthielt die englische Krone sich vorerst der direkten Einflußnahme.

In den siebziger Jahren des 18. Jahrhunderts dachte niemand daran, die

Territorien des heutigen Kanada als eine Einheit zu betrachten. Sie waren Teile des britischen Kolonialreiches, im Prinzip nicht unterschieden von anderweitigem territorialem Besitz, wie ihn vor allem die 13 älteren Atlantikkolonien darstellten. Und mit einer Ausnahme paßten auch alle diese Territorien mehr oder weniger in dieses Schema. Der einzige Besitz, der hiervon abwich, war das ehemalige Neufrankreich, das sich in Geschichte und Bevölkerung wesentlich von den übrigen Kolonien unterschied. Es lag nahe, in diesem Unterschied einen Übelstand zu sehen und auf Abhilfe zu sinnen. Wohl würde man nicht so drastisch vorgehen können wie in Akadien, schon der vielfach größeren Bevölkerung des St.-Lorenz-Tales wegen, aber vielleicht konnten Nachdruck und Zähigkeit auch hier auf die Dauer zur Anglisierung führen. Solche Gedanken waren gängige Münze in führenden Kreisen Großbritanniens, und so begann für die von ihrem Vaterland getrennten Siedler am St. Lorenz ein neuer Zeitabschnitt.

Allerdings konkretisierten sich die englischen Pläne erst nach dem Abschluß des Friedens von Paris. In den drei Jahren zwischen Eroberung und endgültiger Annexion erfreute sich Neufrankreich noch eines verhältnismäßig ruhigen und fast ungestörten Daseins. Die Regierungsgewalt, die theoretisch dem englischen Oberkommando zukam, wurde von den drei militärischen Befehlshabern in Quebec, Trois-Rivières und Montreal ausgeübt. Deren Ambitionen gingen nicht über die Sorge für Ruhe und Ordnung hinaus, vor allem, weil es ja noch gar nicht gewiß war, ob der spätere Friede die Kolonie bei Großbritannien belassen würde. Außerdem war es Vaudreuil gelungen, in den Kapitulationsbedingungen die freie Ausübung der Religion und die Sicherheit des Privateigentums durchzusetzen. Diese Bestimmungen erwiesen sich vorerst als ein Rahmen, innerhalb dessen die gesellschaftliche Struktur Neufrankreichs gewahrt blieb. Das tägliche Leben in den Dörfern und Städten konnte zunächst seinen gewohnten Lauf nehmen. Der Klerus fuhr fort, seine Steuer einzuziehen. Zwar war die Justiz nun Sache des britischen Militärs, aber es suchte innerhalb des französischen Rechts zu entscheiden. Das Personal der Gerichte wie auch der Verwaltungsbehörden blieb durchaus im Amte, und die Milizhauptleute gewannen innerhalb ihres Sprengels eher noch an Autorität. Freilich waren diese Jahre nicht ohne Probleme, von denen wirtschaftliche die vordringlichsten waren. Bigot hatte ein Notgeld ausgegeben, das nun wertlos wurde; Saatgut fehlte allerorten; die Stadt Quebec war halb zerstört. Doch Bevölkerung und Militärverwaltung arbeiteten zusammen, und wenn es auch nicht immer ohne Bedrängnis für den einzelnen abging, so gelang es doch, die Not zu überwinden und das Leben wieder zu normalisieren.

Im großen und ganzen fanden sich die Einwohner mit den Ereignissen ab. Freilich hatte ein guter Teil der Oberschicht es vorgezogen, innerhalb der achtzehnmonatigen Abzugsfrist nach Frankreich zurückzukehren. Die Offiziere verließen mit ihren Truppen die ehemalige Kolonie; führende Kaufleute, insbesondere die Vertreter großer Häuser, die den Großhandel beherrscht hatten, kehrten in die Heimat zurück; einige Seigneurs folgten ihnen. Die große Mehrheit aber blieb im Land ihrer Geburt und suchte, das Beste aus den Gegebenheiten zu gewinnen.

Im Februar 1763 wurde in Paris der Friede unterzeichnet, der den Übergang der Herrschaft an die Briten besiegelte. Zwei Fragen, von denen die Zukunft abhängen mußte, verlangten nun nach Antwort. Die erste war die nach den Grenzen der neuen Provinz, die zweite die nach der Einordnung in das britische Kolonialreich. Neufrankreich hatte schlichtweg das gesamte Gebiet westlich des St. Lorenz für sich beansprucht. Davon wollten die Sieger jetzt abkommen, nicht nur, weil sie den Französischstämmigen das Pelzgebiet und die Indianerfreundschaft nicht gönnten, sondern auch, weil sie glaubten, der Gouverneur in Quebec würde mit der Sorge um militärische Angelegenheiten im Mittelwesten überfordert. Wie zur Bestätigung dieser Annahme loderte im selben Jahr 1763 Pontiacs Rebellion hoch. Als Häuptling der Ottawaindianer hatte er eine Koalition westlicher Stämme zusammengebracht, die fürchteten, daß der Zusammenbruch der französischen Herrschaft den Verlust ihres Landes an neuenglische Siedler mit sich bringe. Außer Detroit fielen alle Forts westlich des Niagara unter dem roten Sturm; Brandpfeil und Kriegsbeil triumphierten ein weiteres Mal. Nur mühselig wurden reguläre Truppen der Bedrohung Herr. Damit war aber auch die Gebietsfrage entschieden; der indianischen Franzosenfreundschaft sollte nicht noch durch die Grenzziehung Vorschub geleistet werden.

Eine königliche Proklamation regelte noch im gleichen Jahr den Umfang der nunmehr in „Quebec" umbenannten Kolonie. Sie wurde beschränkt auf das untere Gebiet des St. Lorenz mit der Wasserscheide der Appalachen im Osten und dem Ottawafluß und dem Nipissingsee im Westen als Grenze. Dies schloß so gut wie alle französischen Siedlungen ein, machte aber den Zutritt zum Westen von einer offiziellen Genehmigung abhängig. Die Engländer glaubten, somit das französische Übel eingekreist zu haben, und konnten nun daran gehen, ihm zu steuern.

Auch hierzu trafen sie in der Proklamation von 1763 konkrete Anstalten. Sie kündigten die Einführung des englischen Rechts an Stelle des französischen und die Einrichtung einer repräsentativen Volksvertretung an, sobald die Umstände es erlauben würden. Durch diese Bestimmung hoffte man, englische Siedler zu gewinnen und so durch Verwaltungspraxis und ethnischen Druck die Angliederung voranzutreiben zu können. Die französische Bevölkerung hätte Grund zur Unruhe gehabt. Aber sie war vorerst nur in Ausnahmefällen von der neuen Regelung betroffen und durchschaute daher anfangs die Hintergedanken der Proklamation nicht.

Unruhe kam vielmehr von einer anderen Seite. Mit den britischen Truppen waren auch die ersten englischen Kaufleute an den St. Lorenz gekommen, Armeelieferanten und Leute, die auf den neuen Markt spekulierten. Es waren wohl nicht mehr als hundert im ersten Jahrzehnt, aber ihre Bedeutung war unverhältnismäßig größer als ihre Zahl. Mit der Eroberung war die Verbindung zu allen Lieferanten und Absatzmärkten in Frankreich abgeschnitten worden. Die hereinströmenden Geschäftsleute mit ihren Beziehungen in London schoben sich nun in die brachliegenden wirtschaftlichen Schlüsselpositionen. Und sie brachten etwas Neues in die katholisch-feudale neufranzösische Gesellschaft, nämlich den Geist des Kapitalismus und des ökonomischen Individualstrebens. In die patriarchalische Ordnung Quebecs drang der aggressive Wettbewerb der englischen Kolonien, dessen Banner der Fortschritt und dessen Ziel der in Geld zu messende Reichtum war. Vorerst konnten beide Teile davon profitieren. Export und Import sowie der Großhandel waren bald in englischer Hand. Der größere Markt des britischen Kolonialreiches erwies sich auch für den Habitant von Vorteil, und er fühlte nicht allzu selten, daß ihn ein übleres Schicksal hätte ereilen können. Des größten Gewinnes erfreute sich der Pelzhandel. Bisher hatten englische Handelswaren und französische Weg- und Geschäftskenntnis miteinander konkurriert. Jetzt verbanden sie sich. Albany und Philadelphia fielen bald zurück, sogar an der Hudsonbai spürte man die Einbuße. Montreal florierte als Pelzmetropole wie nur je.

Und dennoch kam ein Streit in die Kolonie, der zwar an der Oberfläche nur zwischen den Engländern ausgefochten wurde, der aber doch schon den Samen zu künftigen ethnischen Differenzen in sich trug. 1764 folgte auf die Militärregierung die Zivilverwaltung, und diese ging daran, die Bestimmungen der königlichen Proklamation durchzuführen. Die englischen Kaufleute hatten hiergegen im Grunde nichts einzuwenden. Sie waren zwar nicht sehr erbaut von der neuen Grenzziehung, die Quebec vom Westen abschnitt, aber die damit verknüpften Restriktionen im Pelzhandel überlebten sich bald, und so erwuchs hieraus keine länger dauernde Differenz. Obendrein war man von der Aussicht auf englische Verfassungsinstitutionen angenehm berührt. Im vertrauten Gewohnheitsrecht konnte man sich mit Selbstsicherheit bewegen, und eine Volksvertretung würde behördlichem Eigenwillen trotzen können. Gerade dieses letztere aber fürchtete der neuernannte Generalgouverneur James Murray. Er führte zwar weisungsgemäß das englische Recht ein und ernannte einen Rat, aber die Versammlung berief er nicht. Seine Begründung war verständlich genug. Zum einen waren die Bewohner Quebecs an ein solches Instrument demokratischer Selbstregierung nicht gewöhnt, und viel Gutes war wohl vorerst von seiner Einführung nicht zu erwarten. Obendrein aber war ihnen als Katholiken das Recht verwehrt, unter englischem Gesetz eine offizielle Position, wie sie die Volksvertretung darstellte, zu bekleiden. Dies aber hätte bedeutet, daß die Versammlung sich ausschließlich aus den protestantischen Neuankömmlingen rekrutiert hätte, was schlechterdings absurd war.

Murray wahr wohl außer von solchen Betrachtungen auch beeinflußt durch sein militärisches Ordnungsdenken, und aufsässige Zivilisten wie streitsüchtiges Krämervolk waren ihm im Herzen zuwider. Da waren die französischen Untertanen eher Leute nach seinem Sinn, autoritätsgewohnt und botmäßig. Murray gewann denn auch viel Anhang unter dem einfachen Volk und seinen verbliebenen Führern, als er sich zum Verteidiger ihrer Rechte aufschwang.

Fraglich ist freilich bis in die Gegenwart, ob er ihnen wirklich Gutes tat. Vielleicht wären die britischen Institutionen, wenn sie in jenen ersten Jahren mit fester Hand eingeführt worden wären, auf die Dauer akzeptiert worden. Die Restriktion, welche die Rechte der Katholiken beschnitt, fiel ja in Kanada ohnehin bald. Ob mit der Annahme der englischen Institutionen dann auch ein Verlust an französischer Sitte und Wesensart verknüpft gewesen wäre, kann heute nicht mehr entschieden werden. Der Habitant wurde jedenfalls nicht zum Sprung über die Schwelle gezwungen. Seine Sonderart blieb ihm bewahrt. Man kann die Ansicht vertreten, daß seine Sonderrechte sich auf Dauer in gewissem Sinn als Entwicklungshemmnis für ihn und für das Land als ganzes erwiesen, doch hängt ein Urteil hierüber letzten Endes von den anzuwendenden Kriterien ab.

Die Beschwerden der Kaufmannsclique in London hatten Erfolg. Murray wurde 1765 zurückgerufen und durch Sir Guy Carleton ersetzt. Auch Carleton war Soldat und eher autokratisch gesinnt, wenn auch seine politischen Methoden subtiler und seine Wege gewundener waren als die des unbeweglicheren Murray. Er schlug sich ebenfalls bald auf die französische Seite, wo die Ordnung des seigneuralen Systems so angenehm abstach von der steigenden Unruhe, die aus den Atlantikkolonien allmählich an die Ufer des St. Lorenz herüberspülte. Als die Opposition der Kaufleute bis in den Rat der Kolonie drang, schloß er seine Widersacher kurzerhand von diesem Gremium aus und regierte für eine Weile in der Unangefochtenheit des etablierten Diktators. Aber 1769 kam wieder Bewegung in die Kolonie. Der Board of Trade in London, der die Regierung bezüglich der Kolonialpolitik beriet und schon die Proklamation von 1763 hatte vorbereiten helfen, empfahl nochmals dringend die Einrichtung einer Repräsentativkammer für Quebec unter Beseitigung der die Katholiken diskriminierenden Schranken. Carleton sprach sich stark gegen diese Empfehlungen aus. Für ihn war die Einführung englischer Institutionen in dem französischen Land ein Unding. Wirrwarr und Unsicherheit mußten die Folge sein in einer Zeit, wo jeden Augenblick ein neuer Krieg mit Frankreich ausbrechen konnte und die Agitation in den Atlantikkolonien einem Höhepunkt zustrebte. Viel ratsamer war es vielmehr nach seiner Ansicht, die existierenden französischen Institutionen weiterzupflegen, die Bevölkerung auf diese Weise zu gewinnen und so ihre Anhänglichkeit an die britische Krone zu stärken.

Carleton hatte mit dieser Argumentation Erfolg. In England fand man ebenfalls, daß es angesichts der Entwicklung in den 13 Kolonien wenig sinnvoll wäre, einen weiteren Unruheherd im Norden zu schaffen. Die Proteste der Fürsprecher einer Volksvertretung verhallten ungehört, und 1774, im Jahr der Boston Tea Party, formulierte das britische Parlament den Quebec Act, der 1775 offiziell in Kraft trat. Er entsprach Carletons Gedanken und bedeutete das Ende der Politik, die auf Angleichung Quebecs an die anderen Kolonien abgezielt hatte. Autorität statt Volksvertretung und Anerkennung der Besonderheit Quebecs waren seine Quintessenz. Ein Gouverneur und ein ernannter Rat von durchschnittlich 20 Mitgliedern ohne Rücksicht auf die Abstammung regierten von 1775 an die Kolonie. Englisches Strafrecht und französisches Zivilrecht bestanden nun offiziell nebeneinander. Das seigneurale System wurde in gleicher Weise wie die Ausübung katholischen Gottesdienstes garantiert, und das Recht der römischen Kirche, einen Bischof zu ernennen, wurde ebenso bestätigt wie das Anrecht des Klerus auf die Kirchensteuer. Thron und Altar hatten damit in Quebec wieder zueinander gefunden, und französischerseits konnte man mit den gewährten Privilegien zufrieden sein.

Bis in die Gegenwart sind die Motive der britischen Regierung hinsichtlich des Quebec Act strittig. Die Antwort auf die Frage, ob er eine unumgängliche Maßnahme zur Festigung der imperialen Position darstellte oder aber hauptsächlich humanitären Motiven entsprang, wirkt sich auf die Bereitschaft vieler Quebecker aus, im Verband des heutigen Kanada zu verbleiben. Im Zusammenhang hiermit können Zweifel aufkommen, ob der Quebec Act wirklich der politischen Weisheit letzter Schluß war. Seigneur und Kirche begrüßten verständlicherweise die Bestätigung ihrer Position. Aber der Habitant begann auf die Dauer, das feudale System mit seiner Abhängigkeit und Beschränkung als eine Last zu empfinden, freilich ohne dabei unbedingt gleich ein Revolutionär im Stile der Bostoner zu werden. Aber er wurde in den nächsten Jahrzehnten bei weitem nicht der begeisterte Verteidiger der autoritären Ordnung, zu dem er sich nach Carletons Erwartung hätte entwickeln müssen. Weiterhin begründete das Gesetz nunmehr endgültig die Besonderheit des französischen Elements nicht nur in rechtlicher, sondern auch in politischer Hinsicht, was die Beilegung späterer Divergenzen schwieriger machte. Und schließlich enthielt das Dokument eine Bestimmung, die der englischen Kolonialherrschaft direkt abträglich wurde. Die Grenzen von Quebec wurden weit nach Westen hinausgeschoben, um das Gebiet der Großen Seen fast bis zum Mississippi und bis zum Ohio mit einzuschließen. Die Regelung von 1763 hatte sich als unpraktisch erwiesen, und die jetzt gewährte Erleichterung konnte vom Montrealer Pelzhandel als eine Art Trostpflaster für die entgangene Volksvertretung gewertet werden. Sie wurde es nicht. Aber nicht so sehr dies machte die neue Grenzziehung zum politischen Fehler, sondern vielmehr, daß die Kolonien der Atlantikküste – zu Recht – die Absicht witterten, daß sie in ihrer Ausdehnung beschränkt werden sollten. Sie erbosten sich über den Londoner Plan, Quebec als Bollwerk gegen ihre Unabhängigkeitsstreben zu benutzen, und fühlten nun um so weniger Hemmungen, Recht entsprechend ihrem eigenen Verständnis zu fordern.

Zweifelsohne gab es für die Revolution in den Kolonien der Atlantikküste noch andere und weiter zurückgehende Ursachen. Das mit dem Regierungsantritt des älteren Pitt neu erwachte imperiale Interesse in England hatte durch den Sieg im Siebenjährigen Krieg einen gewaltigen Aufschwung erlebt. In den 13 Kolonien wurde dies nicht mit Begeisterung vermerkt. Schon eine Weile fühlte man sich hier im Wachstum gehemmt durch die im Londoner Interesse auferlegten Beschränkungen, unter denen jene auf wirtschaftlichem Gebiet die spürbarsten und daher bestgehaßten waren. Mit dem Fall der französischen Kolonialmacht und dem Wegfall der Bedrohung durch sie verschwand ein guter Grund zur Botmäßigkeit, und das britische Streben nach Festigung des Imperiums stieß in den Kolonien auf ein wachsendes Verlangen nach Unabhängigkeit und Selbstbestimmung. Der Quebec Act war lediglich ein weiterer Funke, der in die ohnehin schon explosive Situation fiel. Als 1775 mit den Schießereien bei Lexington und Concord der Revolutionskrieg ausbrach, war das die Fortsetzung eines schon länger währenden Streites mit anderen Mitteln.

Auf dem Kongreß in Philadelphia hofften die 13 Kolonien, auch Quebec und Neuschottland für die Sache der Freiheit gewinnen zu können. Aber es erwies sich, daß nicht nur die ethnische Besonderheit, sondern auch schon die geographische Lage und die durch sie bedingte Verschiedenheit der Probleme einer Beteiligung im Wege standen. Keine der beiden nördlichen Kolonien wechselte ins revolutionäre Lager über. Neuschottische Farmer hatten genügend Land zur Verfügung und waren an der Erschließung des Mittelwestens nicht interessiert. Die Kaufleute Quebecs konnten von der neuen Grenzziehung nur gewinnen. Beiderseits hatte man auch angesichts der Handelssituation wenig gegen britische merkantile Regelungen einzuwenden und schätzte vielmehr den durch sie gewährten Schutz. Auch sah man keinen Anlaß, aus den Besteuerungsgesetzen eine Grundsatzfrage zu machen. Die Abhängigkeit von England, das Absatzmarkt für die eigenen Erzeugnisse war und dessen Truppen nicht als Besatzer, sondern als willkommene Kunden in der Kolonie betrachtet wurden, war einfach zu groß.

Neuschottland war zu unentwickelt, um nationalistische Gefühle hegen zu können. Die noch nicht 20 000 Einwohner waren über das Land verstreut oder saßen in Halifax im Schatten der britischen Garnison. Man empfand die königliche Verwaltung nicht als bedrückend und profitierte während des Krieges kräftig von der eigenen Loyalität. Freilich ging man nicht so weit, die Waffen gegen den Süden erheben zu wollen. Die Bindung vieler Yankee-Einwanderer an die alte Heimat war doch noch vorhanden. So überwog das Gefühl, daß Neutralität die besten Früchte tragen konnte, und man ergänzte das Geschäft mit den britischen Truppen durch einen beträchtlichen Schmuggel mit den rebellischen Kolonien.

In Quebec mochte die Lage noch einfacher scheinen. Die überwältigende Mehrheit der Bevölkerung war französisch und katholisch und liebte weder die protestantischen Yankees, die seit Generationen Gegner gewesen waren, noch deren demokratische Fortschrittsideen. In Wirklichkeit jedoch war die Situation hier viel komplizierter. Es war ja nicht ausgeschlossen, daß die Frankokanadier die Gelegenheit ergreifen würden, ihre britischen Herren loszuwerden, zumal der Quebec Act die Loyalität vieler nicht gestärkt, sondern eher geschwächt hatte. Obendrein war die einflußreiche Gruppe der englischsprachigen Kaufleute gegen die autoritären Bestimmungen des Gesetzes aufgebracht, und nicht wenige sympathisierten mit den Zielen der Revolution.

Und trotzdem blieb Quebec königstreu. Carletons Hoffnung, starke Milizkontingente vom St. Lorenz in den Krieg schicken zu können, wurde zwar bitter enttäuscht. Der Habitant war so autoritätsgläubig nun auch wieder nicht, daß er in den neuen Regelungen, die die alten waren, nicht den Vorteil des Seigneurs und seinen eigenen Nachteil herausgespürt hätte. Er fühlte keine Neigung, für dieses System seine Haut zu Markte zu tragen. Aber andererseits schien ihm sein Mißgeschick auch nicht so bedrückend, daß er sich dagegen aufgelehnt hätte. Trotz Ermahnungen von Seigneurs und Kirche zur Verteidigung der gottgegebenen Ordnung verhielten sich die Frankokanadier abwartend. Den Kaufleuten andererseits hatte Carleton von Beginn der Erhebung im Süden an mißtraut. Doch sie entwickelten sich nun, erstaunlich genug, zur Stütze der Regierung. Der Hauptgrund hierfür war sicher ihr kommerzielles Denken. Als Erben des französischen Pelzreiches im Westen lagen sie nun im Wettbewerb mit den amerikanischen Händlern im Süden. Sie konnten sich wenig Gewinn davon erhoffen, mit jenen Kollegen die Pelzgebiete teilen zu müssen und die Präferenzen im Handel mit England zu verlieren. So kam es zwar anfangs zu einigen Sympathiekundgebungen für die Sache der Revolution, aber dabei blieb es dann auch.

Den aufständischen Kolonien im Süden dünkte ihrerseits, daß Quebec ein natürlicher Verbündeter sein müsse im Kampf gegen die britische Bedrückung. Da offenbar der Sog der Freiheit noch nicht seine volle Anziehungskraft ausübte – entweder war Quebec zu uniformiert, oder die britische Besatzung wirkte zu einschüchternd –, mußte man einen Feldzug nach Norden durchführen, der außerdem der Bedrohung durch die dort stationierte Militärmacht ein Ende setzen würde. So schob sich 1775 wieder einmal eine Armee durch das von Champlainsee und Richelieufluß gebildete Tal nach Norden. 1690, 1711 und 1759 waren die auf Montreal marschierenden Truppen unter englischer Fahne gezogen. Jetzt aber war der Union Jack die Fahne der Verteidiger. St. Jean am Richelieu, das Vorwerk, hielt sich sechs Wochen lang. Dann war die Kraft der zahlenmäßig unterlegenen Truppen gebrochen – man hatte leichtfertigerweise zwei Regimenter nach Boston entsandt –, und das unverteidigte Montreal fiel in die Hand der Amerikaner. Carleton entkam mit knapper Not der Gefangennahme und wurde den Winter über in Quebec belagert. Zu den amerikanischen Kräften, die hierzu von Montreal herunterkamen, stießen einige hundert Neuengländer, die sich in schlimmer Kälte über die Berge von Maine gequält hatten; mehr als die Hälfte der Ausgezogenen war unterwegs in Schnee und Dickicht liegengeblieben. Doch Mangel an schwerem Geschütz und Carletons entschiedene Gegenwehr vereitelten einen Erfolg, und als im Frühjahr 1776 ein englisches Geschwader mit 10 000 Mann in Quebec landete, war die Kolonie gerettet.

Die französischen Farmer und Stadtleute hatten anfangs die Amerikaner nicht unfreundlich aufgenommen. Bargeld für Verpflegung und die Luft der Freiheit waren Mitbringsel, für die man sich nicht unempfänglich zeigte. Doch das Geld wurde knapp im Lauf des Winters, und das Kriegsglück neigte sich ganz offensichtlich auf die Seite der Engländer. So zog man es vor, dem Gewohnten treu zu bleiben, und hinfort hatte die Revolution keine Chance mehr am St. Lorenz. Die Amerikaner ihrerseits wußten sich ebenfalls von wiederholter Invasion keinen Gewinn mehr zu erhoffen, und der Krieg verlagerte sich endgültig in den Süden. Kanada blieb englisch.

Der Friedensschluß von 1783 bestätigte diese Entwicklung. Seine wichtigste Bestimmung war zweifelsohne die Anerkennung der Vereinigten Staaten als unabhängiger Macht. Aber dies bedeutete auch gleichzeitig eine Abgrenzung und damit Neudefinition der verbleibenden britischen Besitzungen in Nordamerika. Ein vordringliches Problem war dabei die Grenzziehung. Einer späteren Generation mochte dünken, daß die Staaten dabei über Erwarten und Verdienst generös behandelt wurden. Dessen waren die Engländer sich freilich auch schon beim Friedensschluß bewußt. Aber gute Überlegung sprach für Großzügigkeit. Es konnte beiden Seiten nur nützen, wenn auf den Krieg eine Periode guter Zusammenarbeit folgte. Verlängerter Streit hätte nur den offen gehegten französischen Ambitionen genützt. Großbritannien war bereit, einen Teil des westlichen Pelzimperiums dieser künftigen Freundschaft zu opfern. Manche Engländer meinten ohnehin, daß die Staaten nicht lange als selbständige Einheit überleben würden, und das Weggegebene mußte dann ja wieder an England zurückfallen. So trat man schließlich trotz der Proteste der Montrealer Pelzherren alles Land südlich der Großen Seen an den neuen Nachbarn im Süden ab. Westlich des Lake of the Woods blieb die Scheidelinie vorerst noch unsicher. Im Osten verließ die Grenze kurz vor Montreal den St. Lorenz am 45. Breitengrad und folgte diesem in die Appalachen; von dort lief sie in gewundenem Kurs hinunter bis zur Mündung des St.-Croix-Flusses in den Atlantik. In den Appalachen und im fernen Westen kannte man das Terrain allerdings nur vage, und die Ungenauigkeit der Grenzziehung führte später noch zu Auseinandersetzungen, ebenso wie auch die Zerschneidung des Pelzreiches noch Komplikationen brachte.

Eine weitere Frage, die der Klärung bedurfte, war die Verteilung der Fischereirechte an der Atlantikküste. Die Amerikaner hatten vor dem Krieg in den Gewässern vor Neuschottland und Neufundland und im St. Lorenzgolf gefischt und betrachteten dies nun als ihr erworbenes Recht. Nach einigem Zögern gestand Großbritannien auch weiterhin diese Fischereirechte zu und erlaubte auch das Trocknen des Fangs sowie die Verproviantierung an Land. Doch auch aus diesen Bestimmungen erwuchsen später nicht wenige Streitpunkte.

Grenzziehung und Regelung der Fischereirechte waren Fragen von langfristiger Bedeutung. Unmittelbar drängender war das Problem der sogenannten Loyalisten. Nicht alle Bewohner der 13 abtrünnigen Kolonien hatten mit der Revolution sympathisiert. Schon während des Krieges hatten sie wegen dieser Haltung mancherlei Unbill erlitten. Der Sieg der Unabhängigkeitspartei hatte vielerorts die Bedrängnis noch vermehrt, und selbst der gute Wille der Unionsregierung wurde nicht immer Herr der lokalen Vorgänge. Enteignungen und Tribulationen gingen weiter, und den Loyalisten blieb wenig anderes übrig, als ihre angestammte Heimat zu verlassen. Teils entschlossen sie sich freiwillig, teils vertrieb sie der Mob. Insgesamt emigrierten wohl an die 100 000 Menschen aus dem Gebiet der Union. England und Westindien waren beliebte Ziele, doch viele zogen es vor, den amerikanischen Kontinent nicht zu verlassen. Die bei England verbliebenen Kolonien, insbesondere Neuschottland und Quebec, erschienen als natürliche Auffangstationen. Allein 1783 kamen über 30 000 Emigranten nach Neuschottland, fast doppelt so viel, wie die Kolonie zuvor Einwohner gezählt hatte. Trotz Regierungshilfe und generöser Landzuteilungen gehörten bald Not und Bitterkeit zum Los vieler Neuankömmlinge. Oft aus städtischen Verhältnissen kommend, waren sie für das rauhe Pionierdasein nicht vorbereitet und mußten sich mühsam an die neue Umgebung gewöhnen. Die große Masse jedoch hielt durch und bedeutete auf die Dauer einen ungeheuren Gewinn für die Kolonie, und nicht nur in wirtschaftlicher Hinsicht. Viele der Einwanderer waren gebildete Leute, und ihre Kultur wie ihre beruflichen Talente ersparten Neuschottland Jahrzehnte seiner Entwicklung. Der Zustrom von Neusiedlern war so überwältigend groß, daß man 1784 beschloß, das Gebiet aufzuteilen. Das Nordufer der Fundybai, das einen beträchtlichen Teil der Neuankömmlinge aufgenommen hatte und von Halifax aus schwierig zu erreichen war, wurde samt seinem Hinterland als selbständige Kolonie mit dem Namen Neubraunschweig abgetrennt. Noch eine weitere Neugründung erfolgte aus dem gleichen Anlaß. Aber die Kap-Breton-Insel (Cape Breton Island) erwies sich als selbständige Kolonie doch nicht als lebensfähig, und so wurde sie schon 1820 wieder Neuschottland zugeschlagen.

Nach Quebec kamen weniger und andere Loyalisten als in die Atlantikkolonie. Wer den verhältnismäßig bequemen Seeweg genommen hatte, war fast stets in Neuschottland hängen geblieben. Nach Quebec strömten diejenigen, die den mühseligen Zug mit Ochsenkarren oder Schlitten nicht gescheut hatten. Am Richelieu entlang kamen sie die alte Handels- und Heerstraße herunter, oder sie durchquerten das Irokesengebiet und setzten auf die nördliche Seite des Ontariosees über. Die Irokesen selbst, die während des Krieges mit den Engländern gekämpft hatten, zogen ebenfalls dorthin und wurden in weiten Reservaten angesiedelt. Die Weißen – viele von ihnen waren Offiziere und Soldaten der aufgelösten Truppenteile, darunter nicht wenige Deutsche – verteilten sich am oberen St. Lorenz und am Ontariosee. Die Regierung in Quebec half ihnen durch Landzuwendungen und Starthilfe mit Werkzeug, Kleidung und Vorräten für drei Jahre. Die Siedlungen faßten bald Wurzel, obwohl auch hier die Not nicht ausblieb. Insgesamt gelangten so während des Kriegs und unmittelbar danach etwa 10 000 Neusiedler nach Quebec. Ihr Niederlassungsgebiet war das heutige Ontario, und sie legten das Fundament für die spätere Provinz. Im Gegensatz zu Neuschottland kam hier der Einwanderungsstrom noch jahrzehntelang nicht zum Versiegen. Auf die Dauer waren es dann nicht mehr politische Gründe, die die Amerikaner herbeiführten, sondern der Landhunger, und bald konnte man die Besiedelung der Ontariohalbinsel als einen Teil der großen Bewegung sehen, die den Mittelwesten urbar machte.

Der Quebec Act hatte den Besonderheiten der französischsprachigen, noch teilweise dem Ancien Régime verbundenen Kolonie gerecht werden wollen. Während des Revolutionskrieges aber hatte sich gezeigt, daß dies nur annähernd gelungen war, und die darauffolgenden Entwicklungen machten viele Bestimmungen des Gesetzes vollends illusorisch. Insbesondere das Seigneuralsystem war für die Neuankömmlinge schlechterdings unannehmbar, und sie gedachten ihre Farmen in der Weise der ehemaligen Kolonien im Süden zu besitzen. Weiterhin sah man keinen Grund, nach französischem Zivilrecht zu leben oder überhaupt wie die Habitants am St. Lorenz regiert zu werden, mit denen man weder Tradition noch Sprache oder Religion gemeinsam hatte. In London verschloß man sich solchen Argumenten nicht. Nach einiger Überlegung wurde der Constitutional Act erlassen, eine neue Verfassung, der das britische Parlament 1791 zustimmte. Dadurch wurden die Bestimmungen des Quebec Act über das Regierungssystem hinfällig. Das Gebiet der Kolonie wurde aufgeteilt in zwei Provinzen, deren Scheidelinie über große Strecken dem Ottawafluß folgte. Jede Provinz erhielt eine Volksvertretung mit recht liberalem Wahlrecht. Ein gesetzgebender Rat aus auf Lebenszeit ernannten Mitgliedern bildete jeweils das Oberhaus. Die Idee war, das britische System möglichst getreu widerzuspiegeln und insbesondere durch die Schaffung eines aristokratischen Elements den vorauszusehenden demokratischen Tendenzen in der Volksvertretung entgegenzuwirken. In der gleichen Absicht wurde auch der Vizegouverneur gestärkt durch ein Vetorecht in der Gesetzgebung, und überdies reservierte sich auch London noch eine Einspruchsmöglichkeit. Dem Vizegouverneur wurde ein Exekutivrat beigegeben, der als Kabinett fungierte. Beide Provinzen unterstanden einem Generalgouverneur, der zumindest nominell außerdem die Obergewalt in ganz Britisch-Nordamerika besaß, wenn er auch in der Praxis später hiervon wenig Gebrauch machte.

Die Bestimmungen des Quebec Act bezüglich des Seigneuralsystems wurden beibehalten. In den meisten Fällen bedeutete dies, daß in Upper Canada - dieser Name kam nun für das Gebiet südlich des Ottawa in Gebrauch – die Krone als Seigneur auftrat. Die Einführung des englischen Rechts wurde den Provinzen überlassen, und Upper Canada zögerte nicht mit diesem Schritt. Die katholische Kirche behielt ihre Rechte in Lower Canada, und entsprechende wurden der englischen Hochkirche in Upper Canada gewährt. Thron und Altar waren die Ordnungspfeiler im alten wie im neuen System. Dazu hegte man in London die Hoffnung, daß durch möglichst großzügige Haltung der jeweiligen Mehrheit gegenüber die Entwicklung in ruhige Bahnen gelenkt werden könne und die Gegensätze sich möglichst bald versöhnen würden. Von England aus gesehen mochte diese Möglichkeit auch durchaus existieren. In der Praxis zeigte sich freilich bald, daß eine der Hauptdivergenzen, nämlich der Gegensatz zwischen einflußreichen englischen Protestanten und der französischen Bevölkerungsmasse in Lower Canada, durch die neue Regelung nicht beseitigt wurde. Wohl hatten jene stets nach einer Volksvertretung gerufen, aber doch nur nach einer solchen, die sie selbst kontrollieren konnten. In der nunmehr gewährten Repräsentantenkammer aber mußte notwendig das französische Element dominieren. Hier war künftigen Querelen das Tor weit offen gelassen.

Die drei Jahrzehnte zwischen der Eroberung Neufrankreichs und der Schaffung der beiden neuen Provinzen waren stürmisch gewesen. Das englische Kolonialreich, eben erst vor dem französischen Ansturm gerettet, war auseinandergebrochen, und nur unter großen Anstrengungen hatten Teile desselben beim Mutterland gehalten werden können. Die Anpassung an die neuen Verhältnisse war auch 1791 noch nicht abgeschlossen. Eine spätere Generation von Historikern bemängelte vor allem das Versäumnis der Verfassungsgeber, die Regierung dem Parlament verantwortlich zu machen. Durch eine solche Regelung, so wird argumentiert, wären viele Schwierigkeiten der folgenden Jahrzehnte nicht aufgetreten. Eine Periode der Konsolidierung war jedenfalls dringlich vonnöten. Es gereichte diesem Prozeß nicht zum Vorteil, daß ihn ein neuer Krieg unterbrach. Aber das Werk zeigte sich doch so weit fortgeschritten, daß es auch diesen Sturm überstand und der eingeschlagene Weg hinterher weiter verfolgt werden konnte.

Das zweite Kolonialreich behauptet sich

Die Revolution zertrümmerte das erste britische Kolonialreich in Amerika. Die volkreichen und wirtschaftlich fortgeschrittenen Kolonien, die Hauptstützen des alten Handelssystems, gingen im Frieden von Versailles verloren. Dieser Verlust war ein Schock, der Wirtschaftsbilanz und Zukunftsaussichten des Mutterlandes und der verbliebenen Kolonien noch lange Jahre sehr spürbar beeinflußte. Die Überbleibsel des Kolonialreiches auf dem nordamerikanischen Kontinent waren nicht in der Lage, den Platz der verlorengegangenen Ländereien auch nur annähernd auszufüllen. Auch nach der Neuorganisation von 1791 waren es keine sehr stattlichen Besitzungen, die das zweite Kolonialreich in Nordamerika bildeten.

Am volksreichsten und längsten besiedelt war Lower Canada; aber seine Bevölkerung war in der Hauptsache französischer Herkunft, was Probleme mit sich brachte, wie drei Jahrzehnte englischer Herrschaft genügsam bewiesen hatten. Upper Canada und Neubraunschweig waren soeben erst gegründet worden und brauchten noch einige Zeit zur inneren Festigung. Die Prinz-Eduard-Insel, wie die ehemalige Ile St. Jean im St. Lorenzgolf seit 1799 offiziell hieß, hatte zwar schon 1769 Provinzstatus erhalten, aber die Siedlung setzte ernstlich erst gegen Ende des Jahrhunderts ein und war vorerst unbedeutend. Neufundland und Neuschottland mit der Kap-Breton-Insel schließlich waren zwar schon alte englische Besitzungen, aber ihre Bevölkerung zählte nur einige Zehntausend und mußte sich zum Teil erst vollends an die neue Heimat gewöhnen. In Rupertsland endlich, das nur den Handelsinteressen der Hudsonbaigesellschaft diente, und im von Großbritannien beanspruchten fernen Westen bis hin zum Pazifik und zum Eismeer gab es noch keine nennenswerte weiße Siedlung. Alle diese Kolonien waren viel weniger weit entwickelt als die abtrünnigen im Süden. Und nicht nur das Wirtschaftspotential war viel geringer, sondern auch die Expansionsmöglichkeiten waren durch die natürlichen Gegebenheiten in den meisten Fällen von vornherein beschränkt. Es kann kaum verwundern, daß man in England die Überzeugung hegte, daß die Entwicklung der westindischen Besitzungen oder gar des immer mehr in den Blick rückenden eigentlichen Indiens mehr Gewinn versprach als die der nordamerikanischen Randgebiete.

In mancher Hinsicht war der fortdauernde Besitz von Britisch-Nordamerika somit ein schwacher Trost für den Verlust der 13 Kolonien. Doch anderes sprach auch zu seinen Gunsten. Die Bevölkerung war nicht aus religiösen oder wirtschaftlichen Gründen im Unguten aus dem Mutterland emigriert und fühlte daher auch keinen Drang zu politischer Unabhängigkeit. Ganz im Gegenteil: viele waren aus Protest gegen dieses Unabhängigkeitsstreben, andere auf der Flucht vor Verfolgung durch die Radikalen nach Norden gezogen und bildeten auf die Dauer einen konservativen Grundstock, der aus innerer Überzeugung der Krone und dem Althergebrachten anhing. Die Loyalisten neigten zu autoritärer Regierungsweise und gaben von sich aus demokratischen Bestrebungen Widerpart. Dazu fand sich als ein der Kolonialmacht willkommenes Mitbringsel bei den Neuzugezogenen eine verbitterte Abneigung gegen die Vereinigten Staaten. Anbiederungs- oder Überrumpelungsversuche aus dem Süden konnten energischen Widerstandes gewärtig sein. Auf die Dauer mußte freilich auch hier der Wille zu größerer Selbständigkeit erwachen, und die britische Regierung würde dann gut beraten sein, nicht nochmals die Fehler des 18. Jahrhunderts zu begehen. Aber bei vernünftigem Entgegenkommen mußte es möglich sein, die Revolution zu vermeiden und die Entwicklung zumindest halbwegs in gewünschte Bahnen zu lenken.

In den fast drei Jahrzehnten zwischen der amerikanischen Revolution und dem Ausbruch des Krieges von 1812 hatten die englischen Kolonien Gelegenheit, sich an die neuen Verhältnisse zu gewöhnen. Der Prozeß der inneren Festigung machte allenthalben Fortschritte, wenn auch die Schnelligkeit und Richtung der Entwicklung entsprechend den lokalen Gegebenheiten beträchtlich variierte. Aber überall vermehrte sich die Bevölkerung und breitete sich die Siedlung aus, und die natürlichen Rohstoffe und Hilfsquellen begannen, der jeweiligen Wirtschaft ein spezifisches Gepräge zu geben.

In den Atlantikprovinzen war der Zuzug neuer Bevölkerung nach dem Ende der revolutionsbedingten Immigration am geringsten. Die Vereinigten Staaten drängten nach Westen, und aus Europa kamen nur einige Iren und Schotten, die um die Jahrhundertwende aus wirtschaftlicher Not emigrierten. Der bemerkenswerteste Schub ging auf die Prinz-Eduard-Insel, wo ein philantropischer Schotte, Thomas Douglas, Earl of Selkirk, im Jahre 1803 800 seiner Landsleute ansiedelte. Die Bevölkerung dieser Provinzen gewann ihren Unterhalt größtenteils aus den Wäldern und auf dem Meer. Lediglich auf der Prinz-Eduard-Insel betrieb man verhältnismäßig viel Landwirtschaft, doch weder Neuschottland noch Neubraunschweig konnten sich selbst ernähren. Hier ergänzten sich Holzindustrie und Schiffsbau aufs beste. Dazu kam bald, besonders aus Neubraunschweig, ein schwungvoller Export von Bauholz nach England, und der Fischfang vor der Küste bis hinauf nach Neufundland florierte. Eine Weile hoffte man auch, daß die Vereinigten Staaten vom Handel mit Britisch-Westindien, der dem Fisch- und Holzexport wie auch dem Schiffsbau zugute kam, ausgeschlossen bleiben würden. Aber als England gegen Mitte des Jahrhunderts das protektionistische Merkantilsystem aufgab und zum Freihandel überging, wurden die durch ihre Lage benachteiligten Kolonien im Norden bald von den Amerikanern auf dem westindischen Markt verdrängt.

Anders war die Lage am St. Lorenz. Ein steter Fluß von Siedlern strömte aus den Vereinigten Staaten ins Land, ein Seitenarm der großen, in den Mittelwesten sich ergießenden Welle. Einige davon, meist aus Vermont, fanden auch ihren Weg nach Lower Canada, wo sie sich östlich von Montreal in den Eastern Townships nahe der Grenze niederließen. Bis 1812

waren es an die 10 000 in dieser Gegend, eine Halbinsel englischsprachiger
Bevölkerung im sonst französischen Gebiet. Der Charakter des letzteren
wurde dadurch freilich nicht wesentlich verändert. Die gut 100 000 französischstämmigen Kanadier der Revolutionszeit vermehrten sich lediglich
durch ihre Geburtenhäufigkeit bis 1814 auf rund 330 000, und ihre zahlenmäßig dominierende Stellung war nie in Frage gestellt.

Die übergroße Mehrheit der amerikanischen Zuwanderer jedoch zog
nach Upper Canada und brachte dessen Bevölkerung bis 1812 auf fast
100 000. Die Behörden betrachteten diese Einwanderung mit gemischten
Gefühlen. Einerseits war den nunmehr Ankommenden Loyalität zur Krone im besten Falle gleichgültig und gelegentlich auch zuwider. Andererseits aber kam es darauf an, die Ontariohalbinsel zwischen den drei östlichen Großen Seen so schnell wie möglich zu besiedeln, um alle unkontrol-
lierten Entwicklungen – die nach Lage der Dinge nur proamerikanisch
sein konnten – von vornherein zu vereiteln. Man entschloß sich schließlich
zur Großzügigkeit und erleichterte die Niederlassung durch sehr liberale
Landzuwendungen. Jeder gutbeleumundete Bewohner bekam mindestens
200 Acres zugeteilt, je nach Familiengröße auch mehr. Entlassene königliche Offiziere erhielten auch bis zu 5000 Acres, Mitglieder des gesetzgebenden Rates bis zu 6000. Ähnliche Zuwendungen gingen an Personen mit
anderweitigen Verdiensten. Loyalisten und andere Begünstigte zahlten
nichts, die übrigen Siedler nur unbedeutende Gebühren. Da ein Farmer in
Upper Canada so gut wie nirgends zusätzliche Arbeitskräfte finden konnte, war es fast selbstverständlich, daß solch umfangreicher individueller
Landbesitz auf die Dauer die Spekulation fördern mußte. Weite Striche des
besten Landes lagen jahrzehntelang brach, und später kommende Siedler
mußten entweder übersteigerte Preise zahlen oder in abseits von Straße
und Markt gelegenen Gegenden sich niederlassen. Zielscheibe von viel
Kritik wurde besonders auch der Besitz von Krone und anglikanischer
Kirche, der zusammen rund zwei Siebtel des Landes ausmachte. Die ursprüngliche Absicht war gewesen, diesen Institutionen Einkommen aus
Pacht oder Verkauf zu schaffen. Notorisch ärgerliche Zustände waren die
Folge.

Zur Landwirtschaft gesellte sich in Kanada bald auch die Holzindustrie.
Anfangs wurden die bei der Rodung gefällten Bäume verbrannt, doch
bald öffneten sich Märkte in Montreal, Quebec oder sogar Europa. Allmählich fällte man die Stämme an den Ufern des Ontariosees, des Ottawa
oder des St. Lorenz um ihrer selbst willen und flößte sie den Strom hinunter. Als die Napoleonische Blockade die Ostsee verschloß, wuchs der
Bedarf an amerikanischem Schiffsbauholz in England gewaltig, und Atlantikprovinzen wie Binnenkolonien profitierten davon. Gleichzeitig

mußte Großbritannien sich auch nach neuen Getreidelieferanten umsehen, und besonders in Upper Canada entwickelte sich Weizen für eine Weile zum Haupterzeugnis und wichtigsten Exportgut.

Siedlung und wachsender Handel bedurften dringend befriedigender Transportmöglichkeiten. Selten allerdings war der mühsam sein Land urbar machende Farmer willens oder in der Lage, den sehr aufwendigen Straßenbau selbst zu finanzieren oder auch nur durch Steuern zu unterstützen. So hielt man sich noch jahrzehntelang an die Möglichkeiten, die das Wasser bot. Postwege wie der von Neubraunschweig an den St. Lorenz waren recht selten, Transportstraßen so gut wie nicht vorhanden. Gelegentlich ließ ein Gouverneur von Truppen eine Heerstraße bauen wie die von York, dem späteren Toronto, an den Simcoesee. Streckenweise folgte eine unbefestigte Landstraße dem Nordufer des St. Lorenz. Ansonsten aber schaute jeder, wie er sich mit Pferd oder Kanu am besten zu seinem Ziel durchschlug.

Eine Lebensnotwendigkeit, die unter dem gleichen Finanzmangel litt, war der Schulbau. Die Regierung zeigte wenig Interesse am Elementarunterricht, und den Pioniersiedlungen fehlten durchweg die Mittel zu solchem Luxus. So fanden sich um die Jahrhundertwende Schulen nur an den großen Plätzen. Das weite Land wurde von wandernden Schulmeistern oft zweifelhafter Eignung recht und schlecht versorgt, wenn sich nicht gelegentlich eine Kirchengemeinde zu pädagogischen Anstrengungen entschloß. Solche Gemeinden waren auf dem Lande allerdings selten. Katholischen Missionaren und schottischen Presbyterianern gelang es gelegentlich, eine Herde Gläubiger zu sammeln und zusammenzuhalten. Die englische Hochkirche fand in den Städten ein ihrer noblen Gemessenheit entsprechendes Publikum. Aber aufs Ganze gesehen waren die neuen Kolonien das Terrain der Freikirchen. Die Baptisten hatten in den Atlantikprovinzen bedeutenden Zulauf. Dort, aber ganz besonders auch in Upper Canada, wurde ihnen jedoch durch die Prediger der Methodisten der Rang abgelaufen. Unermüdlich zogen die wandernden Evangelisten durch Busch und Feld und über Wasser, sammelten in den Dörfern am Rande der Zivilisation ihre Zuhörer und beschworen mit feuriger Zunge Höllenstrafen und Paradies. Nicht ungleich den Bettelmönchen des Mittelalters waren sie auf die Gastfreundschaft und Unterstützung ihres weiten und wenig stabilen Sprengels angewiesen. Aber ihre gläubige Begeisterung und die zu wenigem direkt verpflichtende Predigt sicherten ihnen fast überall eine willig mitgehende Zuhörerschaft.

Doch das Land benötigte Zentren des Gesellschaftslebens, und die sich heranbildenden oder vergrößernden Städte wurden gleichzeitig auch Mittelpunkte der Kultur. Montreal, das während des ersten Jahrzehnts im

neuen Jahrhundert von gut 20 000 auf 30 000 Einwohner wuchs, entwik-
kelte sich zur Metropole Kanadas und hatte Quebec als Handelszentrum
längst überflügelt. Die führende Stadt in Upper Canada war Kingston am
Einfluß des Ontariosees in den St. Lorenz. 1793 wurde am anderen Ende
des Sees als Regierungszentrum für Upper Canada die Stadt York gegründet, die 1834 den alten indianischen Namen Toronto übernahm. In den
Atlantikkolonien dominierten das neuschottische Halifax als Hafen und
Garnisonsstadt und Saint John in Neubraunschweig als Holzausfuhrzen-
trum. Alle diese Plätze waren im Grunde primitive Kleinstädte, geprägt
vor allem anderen durch die Nähe der Wildnis und die Bedürfnisse des
Pionierdaseins. Dieses aber verlangte durchweg weniger nach Raffine-
ment als nach Marktgelegenheit und Kneipen. Überall jedoch suchte sich
andererseits auch eine Oberschicht zu distinguieren, die sich aus Beamten,
Offizieren und reichen Händlern zusammenfand und im Streben nach
freierer Art und Gedankenaustausch – das Zeitungswesen kam nun in
Schwung – den Grund legte für urbanere Lebensformen.

Während im Osten solchermaßen die Siedlungen aus dem Land erwuchsen, sich vergrößerten und belebten, eroberte weit im Westen der
kanadische Pelzhandel sich ein neues, abenteuerlich großes Reich, das sich
bis in die Arktis und zum Pazifik erstreckte. Es schloß die Prärien ein und
reichte über das Felsengebirge. Eine neue, in Montreal ansässige Handels-
firma, die Nordwestgesellschaft (North West Company), betrachtete das
Gebiet als ihre Domäne und bot der Konkurrenz von der Hudsonbai
Paroli.

Der englische Pelzhandel in Montreal reichte zurück bis in die Zeit
unmittelbar nach der Eroberung im Jahre 1760. Den damals herbeieilen-
den Kaufleuten war es gelungen, sich rasch in die durch den Abzug der
französischen Großhändler freigewordenen Positionen zu schieben und
aus einem ehemals gutgehenden Geschäft ein blendendes zu machen. Ihre
Kaltschnäuzigkeit, ihre größeren Mittel und die Verbindungen in London
bewirkten zusammen den Aufschwung. Diese Kaufleute hatten das gesamte französische Pelzreich geerbt. Im Süden trieben sie noch weit jenseits der Großen Seen Handel den Ohio hinunter und tief ins Mississippi-
gebiet hinein. Nach Westen hin folgten ihre Mittelsmänner – und oft
waren es die gleichen wie früher für die Franzosen – den Spuren La Véren-
dryes und seiner Söhne und drangen bis in die ferne Prärie vor. Freilich
kamen sie hier ebenfalls der Hudsonbaigesellschaft ins Gehege. Aber nun
war der Vorteil nicht mehr eindeutig auf der Seite der letzteren. Von
Montreal aus konnte man die gleichen billigen und guten Waren englischer
Herkunft anbieten wie von der Bai aus. Und weil man die französische
Methode beibehielt, den Indianer aufzusuchen, anstatt in der Handelssta-

tion auf ihn zu warten, florierte das Geschäft nicht übel und wurde eine recht einschneidende Konkurrenz für die erfolggewohnten Faktoreien im Norden.

Freilich war der Weg über den Ottawa und die Großen Seen bis zum Saskatchewan weit, und solange es ging, blieb die Region zum Mississippi hin das wichtigste Liefergebiet für Montreal. Als aber im Frieden von 1783 das Gebiet südlich der Großen Seen an die Vereinigten Staaten abgetreten wurde, waren die Tage des kanadischen Pelzhandels hier gezählt. Das englische Militär räumte 1796 die letzten Stationen auf dem nunmehr amerikanischen Boden. Wenn auch ein Teil des Pelzaufkommens trotzdem noch eine Weile nach Montreal ging und für kurze Zeit die britischen Erfolge im Krieg von 1812 noch größere Möglichkeiten zu öffnen schienen, so war doch bald abzusehen, daß diese Lieferquelle in naher Zukunft endgültig versiegen würde. Zu rapide schritt die Besiedelung des Mittelwestens voran, als daß der Pelzjagd günstige Aussichten hätten bleiben können.

So war es nur selbstverständlich, daß man sich immer mehr dem Westen und dem Nordwesten zuwandte, wo offenbar unendliche Möglichkeiten warteten. Die Franzosen waren in die Prärie vorgestoßen. Einige Amerikaner, die sich in Montreal niedergelassen hatten, erreichten das Athabaskagebiet, dessen herrliche Winterpelze bald Favoriten des Marktes wurden. Nach den wagemutigen Fahrten der Franzosen brach nun auch die hohe Zeit der englischen Pfadfinder und Forschungsreisenden an. Eine ihrer großen Gestalten wurde Alexander Mackenzie, ein Schotte. Die lange Transportroute bis Montreal dünkte ihn zu kostspielig, und er glaubte, doch noch eine Nordwestpassage zum Pazifik finden zu können. Er folgte 1789 dem nach ihm benannten Fluß bis hinunter zum Eismeer. Dies war ein wertvoller Forschungsbeitrag, aber daß er sich anderes erhofft hatte, zeigte der Name „Fluß der Enttäuschung" (River Disappointment), den er dem Strom zuerst gab. Doch Mackenzie ließ sich nicht entmutigen. 1792 versuchte er es nach Westen hin. In unendlicher Anstrengung arbeitete er sich den Peace River hinauf, überquerte die Wasserscheide und ließ sich auf verschiedenen Wasserläufen zum Pazifik hinunter tragen, den er im Juli 1793 erreichte. Er war der erste Weiße, der Nordamerika ganz durchquert hatte.

Mackenzies Beispiel machte rasch Schule. Simon Fraser folgte dem an Wasserfällen und Stromschnellen reichen Fluß, der Mackenzie die ersten Meilen nach Westen hinab geführt hatte, bis zum Meer und gab ihm seinen Namen. David Thompson fuhr den Columbia hinunter, der weiter im Süden in den Pazifik mündet. Hierher folgten ihm Handelsvertreter der Montrealer und bauten eine Kette von Stationen am Strom entlang, die reiche Ausbeute an erstklassigen Pelzen aus der Bergwelt nach Osten transportierten. Engländer und Franzosen wirkten bei diesen wagemutigen und entbehrungsreichen Fahrten zusammen. Ein guter Teil Abenteuerlust mochte mit im Spiele sein, aber die wirklich treibende Kraft war das Bestreben, der Konkurrenz an der Hudsonbai zuvorzukommen. Und da der Transport immer weiter und immer kostspieliger wurde, mußten die Pelzgebiete ergiebig sein, was zu stets erneuter, nie ermüdender Suche anspornte.

Der endgültige Vorstoß in den Westen und Nordwesten mit seinem großen Kapitalbedarf überstieg die Möglichkeit eines einzelnen Händlers bei weitem. Zusammenschluß empfahl sich, zumal es unsinnig schien, nicht nur Wettbewerb mit der Baigesellschaft, sondern auch noch innerhalb Montreals selbst betreiben zu wollen. Erst verteilte man das Risiko für einzelne Expeditionen, dann schloß man sich auf Jahresfrist oder auch länger zusammen. 1787 schließlich formierte sich die große, nicht allzu fest, aber dauerhaft organisierte Nordwestgesellschaft. Die „Nor'Westers" beherrschten spätestens ab 1804 nach Ausschaltung einer kleineren Konkurrenz nahezu den gesamten Fernhandel in Pelzen mit dem Westen. Die oben erwähnten Suchexpeditionen wurden von ihnen finanziert. Rasch begannen sie, das Transportsystem in großem Stile zu organisieren. Schwere Transportkanus fuhren regelmäßig bis nach Fort William am Oberen See, dem heutigen Thunder Bay. Hier war die Endstation des einfacheren Wasserwegs, und hier warteten die Händler, die den Winter über Pelze gesammelt hatten, um ihre Vorräte zu übergeben. Als freilich das Fanggebiet sich immer weiter nach Westen schob, wurde mehr und mehr Fort Chipewyan am Athabaskasee die Endstation der Nachschub- und Abtransportroute. Ein anderer Handelsweg schob sich, wie schon erwähnt, weiter südlich bis zum Columbiafluß vor und eröffnete ein völlig neues Pelzgebiet, wo die Montrealer endlich sicher waren vor dem direkten Wettbewerb mit der Hudsonbaigesellschaft. Der Kampf mit der letzteren im Norden und Nordwesten war freilich noch lange nicht ausgetragen. Er erreichte noch einen Höhepunkt, ehe der Pelzhandel sich endlich friedlich entwickeln konnte.

Der Handel brauchte zwei Jahrzehnte, um seinen Schwerpunkt vollends in die Prärie und die dahinterliegenden Gebiete zu verlagern. Der Friede von 1783 hatte zwar die Großen Seen als Grenze im Süden bestimmt, aber in der Praxis waren die meisten Handelsposten zum Mississippi hin noch in englischer Hand. Besonders auch die britische Führung in Amerika hatte große Bedenken gegen die Aufgabe solch ungeheurer Gebiete gehabt, und man zögerte nun, vielleicht in vager Hoffnung auf eine Revision der Bestimmungen, die festen Plätze und damit das ganze Gebiet zu räumen. Diese Politik war den Pelzhändlern natürlich hochwillkommen. Sie gedachten, in mindestens zwei weiteren Jahren wenigstens den größten Teil ihrer Investitionen amortisieren zu können. Aber die englische Regierung hatte noch einen weiteren Grund zum Hinhalten. Der Friedensschluß hatte die Indianer überhaupt nicht berücksichtigt, obwohl nicht wenige Stämme couragiert auf britischer Seite gekämpft hatten. Sie waren in keiner Weise geneigt, auf ihre Jagdgründe zu verzichten, welche weiße Seite auch immer die künftige Oberhoheit beanspruchen würde. Die Amerikaner ihrerseits fühlten sich jedoch an solche indianischen Ansprüche nicht gebunden und machten kein Hehl aus ihrer Absicht, die weiße Besiedlung in diese Gebiete auszudehnen. Der britische Gouverneur fürchtete, daß die Enttäuschung und Empörung der Indianer sich besonders auch gegen die Engländer in den nahegelegenen Siedlungsgebieten richten könnte, und mit Genehmigung der Regierung in London ließ er vorerst seine Truppen im abgetretenen Gebiet stehen in der Hoffnung, die Gefahr würde sich verziehen.

Als Begründung für diese Verzögerung der Vertragserfüllung diente, daß die Amerikaner ebenfalls säumig waren, und zwar in der Rückgabe beschlagnahmten Eigentums an die Loyalisten. Es fehlte hier nicht am guten Willen der Unionsregierung, aber ihre Macht reichte nicht bis in die lokalen Verhältnisse der Einzelstaaten. Dies änderte sich allerdings 1787, als die neue Verfassung die Zentralgewalt bedeutend stärkte. Die Loyalisten erhielten nun ihr Recht, und die Vereinigten Staaten begannen, energisch auf britischen Abzug aus den Forts des Mittelwestens zu drängen. Man war besonders ungeduldig auch deshalb, weil die Indianer schon verschiedenen amerikanischen Expeditionen in den Westen erfolgreich Widerstand entgegengesetzt hatten und der Verdacht nahe lag, daß sie sich hierbei englischer Unterstützung erfreut hatten. Schließlich wurde die Stimmung mit den Ereignissen in Europa vollends explosiv. Großbritannien lag seit 1793 wieder im Krieg mit dem nun revolutionären Frankreich, und nicht wenige Leute auf dem amerikanischen Kontinent fürchteten – oder hofften auch – der Funke würde über den Atlantik springen. Als vollends 1794 eine amerikanische Expedition nicht nur die Indianer im Ohiogebiet endlich entscheidend schlug, sondern auch mit englischen Truppen zusammenprallte, war es ein wahres Glück, daß ein Unterhändler der Vereinigten Staaten, John Jay, bereits nach Europa abgefahren war, um einen letzten Versuch zur friedlichen Einigung zu machen.

In London hatte man nicht viel Lust, zur Bürde der europäischen Auseinandersetzung auch noch die Anstrengung eines neuen überseeischen Krieges zu tragen. So erfüllte man zwar nicht alle amerikanischen Forderungen, zeigte sich aber in der Hauptfrage konziliant, nämlich hinsichtlich des Truppenabzugs aus dem Ohio-Mississippi-Gebiet. Dies fiel jetzt vor allem deshalb leichter, weil der amerikanische Erfolg gegen die Indianer alle Besorgnis für die englischen Siedlungen in Upper Canada gegenstandslos machte. Jays Vertrag bestimmte somit, daß die Engländer bis Mitte 1796 die Posten südlich der Großen Seen zu räumen hatten, andererseits aber der Verkehr auf diesen Seen beiden Seiten gestattet war und Großbritannien gewisse Handelsrechte im Süden behielt.

Der Hauptpunkt der amerikanischen Beschwerden war somit beseitigt, und man konnte sich für die Zukunft ein besseres nachbarliches Verhältnis erhoffen. Aber es sollte anders kommen. Am Ohio gab es keinen Frieden. Die Engländer pflegten weiterhin den Kontakt mit den Indianern, was man südlich der Grenze als Aufstachelung zum Widerstand interpretierte. Die Amerikaner ihrerseits suchten nach Kräften den Handel, der den Engländern garantiert worden war, zu beeinträchtigen. Außerdem ergaben sich auch auf hoher See neue und gefährliche Meinungsdifferenzen. Eine davon resultierte aus der britischen Forderung, amerikanische Schiffe auf britische Deserteure untersuchen zu dürfen; ein sich hieraus ergebendes Seegefecht führte 1807 fast zum Kriege. Ein noch schwerer wiegender Streit aber entstand als Folge des europäischen Krieges. Auf die Napoleonische Kontinentalsperre, die seit 1806 die Festlandsküsten dem britischen Handel verschloß, antworteten die Engländer mit einer Seeblockade. Die Vereinigten Staaten bestritten ihnen jedoch das Recht, neutrale Schiffe wie die amerikanischen an der Belieferung des europäischen Festlandes zu hindern. Gegenseitige Proteste, Beschuldigungen und einige Zwischenfälle heizten die Stimmung immer mehr an.

Die eigentliche Krise begann im Mittelwesten im Jahre 1811. Im Zuge der kanadischen Verteidigungsmaßnahmen, die man aus Furcht vor einer Invasion getroffen hatte, waren die Indianer westlich der amerikanischen Siedlungsgrenze weiterhin eifrig mit Waffen und anderen Kriegsvorräten beliefert worden. Die Indianer wußten Gebrauch davon zu machen. Tecumseh, einer ihrer fähigsten Führer, brachte einen Kriegsbund vieler Stämme zusammen und hatte das Ziel, eine Föderation von den Seen bis zum Golf von Mexiko zu bilden. Die Amerikaner handelten entschlossen. Ende 1811 schlugen und verjagten reguläre Truppen in einer Schlacht unweit der Südspitze des Michigansees die Krieger Tecumsehs, und der Traum eines indianischen Staates zerrann. In Washington war man damit noch nicht zufrieden. Im gerade gewählten neuen Kongreß hatten die westlichen „Kriegsfalken" eine starke Stimme, und es gelang ihnen, die maritimen Differenzen mit England in Zusammenhang zu bringen mit den Ereignissen im Westen, wo man hinter den indianischen Plänen offen die Engländer vermutete. Der Westen aber war das Land der Zukunft; hier

wollte man sich ungestört ausbreiten dürfen. Der Einfluß der Falken überwog, und so erklärte im Juni 1812 der Kongreß Großbritannien den Krieg.
Es war kein schlecht gewählter Augenblick. Im gleichen Moment brach
Napoleons Große Armee zu ihrem schicksalhaften Zug nach Rußland auf,
und die britische Aufmerksamkeit war gefangen durch die Ereignisse auf
dem europäischen Kontinent von Spanien bis Rußland. Die Entwicklungen in Nordamerika kamen ungelegen und waren momentan für die Engländer von zweitrangiger Bedeutung. Dies galt freilich nicht für die britischen Kolonien selbst. Die zu erwartende amerikanische Invasion wollte
ohne jeden Zweifel die Segnungen des Republikanismus nach Kanada
tragen und die kanadischen Siedler vom britischen Joch befreien. Ein Erfolg der Vereinigten Staaten konnte daher für die Kolonien gleichbedeutend sein mit dem Ende der Zugehörigkeit zum britischen Reich. Sie
waren der Zankapfel im Streit zweier Mächte, für die selbst keine lebens-
wichtigen Interessen auf dem Spiele standen. Die Vereinigten Staaten waren der Bevölkerungszahl nach etwa zehnmal so stark wie Britisch-Nordamerika, und der Abstand in der wirtschaftlichen Entwicklung hatte sich
seit dem Unabhängigkeitskrieg gewiß nicht verringert. Die britische Hilfe
war völlig unzureichend. 5000 Mann regulärer Truppen standen bei Ausbruch des Krieges in Kanada, und zwei Jahre lang bis kurz vor Kriegsende
kamen keine Verstärkungen. Es erwies sich als ein Glück für Britisch-
Nordamerika, daß die Vereinigten Staaten nie in der Lage waren, mit allen
Kräften auf dem Kriegsschauplatz aufzutreten. Kampfeseifrig zeigte man
sich eigentlich nur westlich der Appalachen. Die Neuenglandstaaten dagegen bildeten einen trägen Block, der sich keinen substantiellen Kriegsge-
winn ausrechnen konnte und nicht einmal verbal seinen guten Willen
bekundete. Außerdem zeigte sich im Verlauf der Kampfhandlungen, daß
die amerikanischen Generäle nicht Napoleons Feldherrngenie besaßen,
und der zähe britische Widerstand profitierte von ihrer mangelhaften Strategie.

Es gab noch zwei weitere Gründe für die Lauheit des neuenglischen
Kampfeseifers. Man bangte um den gewinnträchtigen Handel mit den
britischen Atlantikprovinzen; und man kannte die Schwäche der amerikanischen Kriegsmarine. Letztere besaß bei Kriegsausbruch nur vier starke
Fregatten und zeigte sich nicht einmal in der Lage, gelegentlichen Seeräu-
berzügen der Neuschotten effektvoll Einhalt zu gebieten. So entbehrte der
Krieg am Atlantik der Aufregung, und die englischen Kolonien hier hatten nie Ernstliches zu fürchten. Der amerikanische Angriffsstoß ging vielmehr auf das eigentliche Kanada, wo die zahlenmäßige Überlegenheit der
Invasion zu Land Erfolge versprach. Letztere wären wohl auch nicht aus-
geblieben, hätten die Angreifer das Naheliegende getan, nämlich ihre

Hauptanstrengungen auf Montreal gerichtet, dessen Einnahme Upper Canada isoliert hätte. Die Ontariohalbinsel wäre damit vermutlich ihre Beute geworden. Statt dessen erschöpften sie sich in ermüdenden Märschen und Gefechten auf der Halbinsel selbst. Die Amerikaner hegten anfangs die Erwartung, daß sie hier mit Hilfe des von den Vereinigten Staaten eingewanderten Bevölkerungsteils – den frühen Loyalisten war ja etwa die siebenfache Anzahl lediglich landsuchender Einwanderer gefolgt, darunter nicht wenige Deutsche – leichtes Spiel hätten. Die Erfahrung zeigte jedoch, daß hier vielleicht gelegentlich Sympathie, aber keine aktive Unterstützung zu erwarten war. Überdies besaßen die Engländer in Sir Isaac Brock einen überragenden Heerführer, dessen rasche und entschiedene Schläge die zahlenmäßige Unterlegenheit seiner Truppen wettmachte. Die Einnahme von Fort Michilimackinac an der Verbindung von Michigan- und Huronsee brachte die zögernden Indianer wieder auf die britische Seite, was namhafte gegnerische Kräfte band. Ein Bluff veranlaßte den Kommandanten von Detroit, ohne Not seine Festung den Briten zu übergeben. Als Brock Ende 1812 bei Niagara fiel, hatte sich der Schwung des amerikanischen Angriffes verlaufen. Neue Anstrengungen im nächsten Jahr führten zwar zu vereinzelten Erfolgen, aber im ganzen gelang es den britischen Regulären in Verbindung mit der lokalen Miliz – auch französische Bataillone schlugen sich heldenmütig vor Montreal –, die Vorstöße zu vereiteln.

Das Jahr 1814 brachte die Entscheidung. Nochmals drangen die Amerikaner bei Niagara und gegen Montreal vor. Hier wie dort mußten sie wieder umkehren. In Europa wurde Napoleon gerade zum erstenmal zum Rückzug gezwungen. Großbritannien warf sofort Truppen von der iberischen Halbinsel nach Nordamerika. Britische Kräfte besetzten Maine; Washington wurde von See her im Sturm genommen und in Brand gesteckt. Auch in Kanada schickten die Engländer sich an, zum Angriff überzugehen. Doch es zeigte sich bald, daß die Auseinandersetzungen beiden Seiten nicht mehr viel Profit bringen konnte, und statt neuer Offensiven begann man Friedensverhandlungen. Großbritannien hielt in Maine und im Westen territoriale Faustpfänder und hoffte, diese als Gewinn davontragen zu können. Die USA ihrerseits waren zu solchen Konzessionen aber nicht bereit und drohten, die Waffen wieder aufzunehmen. Auf den Rat des Herzogs von Wellington hin, der in Europa neue Verwicklungen voraussah, gab die britische Regierung ihre Absichten schließlich auf. Der Vertrag zu Gent 1814 stellte im wesentlichen die Vorkriegsverhältnisse wieder her.

Der Krieg war somit umsonst geführt worden. Aber er hatte immerhin gezeigt, daß eine bewaffnete Auseinandersetzung bei dem existierenden

Gleichgewicht der Kräfte – die britische Seeherrschaft machte die amerikanische Überlegenheit zu Lande wett – wenig Aussicht auf Gewinn bringen konnte. Es war konsequenterweise der letzte Krieg zwischen den Vereinigten Staaten und dem Nachbarn im Norden. Und es ist gewiß, daß der unentschiedene Ausgang sein Teil dazu beitrug, verbleibende Ressentiments auf beiden Seiten unterhalb der Explosionsschwelle zu halten. Nicht wenige der Streitpunkte verschwanden ohnehin von allein. Das Ende der Napoleonischen Kriege ließ Deserteur- und Embargofragen gegenstandslos werden. Der Fortschritt der amerikanischen Landnahme im Mittelwesten brach die Verbindung der Indianer zu den Engländern weitgehend ab und beseitigte damit einen weiteren Streitpunkt. Über die verbleibenden Fragen einigte man sich am Verhandlungstisch.

Von Wichtigkeit wurde nun vor allem das Problem der Grenze im Westen. Der feste Stand der Amerikaner in Gent hatte ihnen den Besitz des Gebietes südlich der Großen Seen und des Lake of the Woods gesichert. 1818 wurde beschlossen, von hier aus bis zu den Rocky Mountains den 49. Breitengrad als Demarkationslinie anzusehen. Das restliche Gebiet zum Pazifischen Ozean hin, das sogenannte Oregonterritorium, wo beide Mächte Besitzrechte beanspruchten, wurde bis zu einer endgültigen Regelung unter gemeinsame Verwaltung genommen. Vielleicht noch bedeutsamer im Augenblick war die Regelung der Kriegsschiffrage auf den Großen Seen. Während des Krieges hatten beide Seiten nicht ohne Erfolg Marineoperationen durchgeführt, und es war offenkundig geworden, daß eine überlegene Binnenmarine großen Einfluß auf den Ausgang der Kampfhandlungen ausüben konnte. Um ein kostspieliges und letztlich doch fragwürdiges Flottenwettrüsten zu vermeiden, einigte man sich 1817 im nach den Unterhändlern benannten Rush-Bagot-Abkommen auf gänzliche Abrüstung. Künftig sahen die Seen bewaffnete Schiffe nur noch unter Polizeikommando zur Schmugglerbekämpfung.

Diese erfolgreichen Verhandlungen und die Hinwendung der amerikanischen Energien auf andere Ziele brachten es mit sich, daß um 1820 Britisch-Nordamerika seiner Existenz sicherer war als je in den sechzig Jahren zuvor. Die Beziehungen zu den Vereinigten Staaten waren noch nicht freundlich, aber sie waren nüchtern und weitgehend frei von Leidenschaften. Der Krieg hatte das Wachstum der englischen Kolonien nicht aufgehalten. In manchen Provinzen, so besonders am Atlantik, hatte er sogar Wirtschaftsaufschwung und Gewinn gebracht. Der Pelzhandel war durch das zeitweilige Brachliegen der amerikanischen Konkurrenz gestärkt worden. Upper Canada hatte schon deshalb keinen großen Schaden nehmen können, weil seine Pioniersiedlungen wenig boten, was zerstört werden konnte. Das wertvollste Ergebnis für das Britisch-Nordamerika

der Zukunft war vielleicht, daß der Krieg mit seiner Bedrohung für alle
und der Notwendigkeit zu gemeinsamen oder doch zumindest gleichzeitigen Anstrengungen ein Gefühl der Zusammengehörigkeit geweckt hatte,
das vorher schwerlich hätte gefunden werden können. Auch das französischsprachige Kanada hatte die britische Sache zu seiner eigenen gemacht.
Die Möglichkeiten des Quebec Act zusammen mit dem im Constitutional
Act gewährten Volksvertretungsrecht schienen doch bessere Mittel zur
französischen Selbstbehauptung zu sein als alles, was die amerikanische
Republik bieten konnte. Eigenart und katholische Religion mußten im
Verband der Vereinigten Staaten in weit größerer Gefahr sein als im konservativen britischen Reich. Am St. Lorenz hatte man mit Horror die
Ereignisse im revolutionären Frankreich verfolgt, und es hatte gewiß nicht
für die Amerikaner gesprochen, daß sie sich offiziell auf dessen Seite geschlagen hatten. Wenn somit das Gefühl der Gemeinsamkeit in den englischen Kolonien vorerst auch lediglich auf der Abneigung gegen den südlichen Nachbarn gründete, so war dies doch ein Keim, der weiter sprießen
konnte.

Wachstum und Probleme

Vorerst galt es freilich einmal, die erfolgreich verteidigten Gebiete dichter
zu besiedeln. Hierdurch würden nicht nur das Besitzrecht sowie die Verteidigung in einer künftigen Auseinandersetzung gestärkt werden, sondern das Dasein in den Kolonien überhaupt konnte in vielem gewinnen
von den größeren Möglichkeiten, die eine Vermehrung der Bevölkerung
mit sich bringen mußte. Britisch-Nordamerika zeigte sich daher auch im
neuen Jahrhundert in den meisten Gebieten offen für Einwanderer. Daß
der Zuwachs an Bevölkerung aber nicht nur Vorteile, sondern auch wirtschaftliche und politische Probleme mit sich brachte, erfuhr man freilich
im Laufe der Jahrzehnte ebenfalls. So war die Zeit nach dem Friedensschluß gekennzeichnet durch eine oftmals recht stürmische Entwicklung,
die allmählich zu einer Reform der anfangs vorhandenen Institutionen
drängte.

Eine der weitreichenden Folgen des Krieges von 1812 war das Ende der
Einwanderung von den Vereinigten Staaten her. In den Atlantikkolonien
war diese Quelle der Bevölkerungszunahme freilich schon nach dem Ein-
strömen der Loyalisten in den achtziger Jahren des vorhergehenden Jahrhunderts versiegt. Aber Upper Canada war so gut wie ausschließlich von
Amerikanern besiedelt worden, da, wie berichtet, den flüchtigen Loyalisten bald Zehntausende von landhungrigen Zuwanderern gefolgt waren.
Im Krieg von 1812 hatten nicht alle von ihnen die Treue zum neuen

Vaterland für eine ernstliche Verpflichtung gehalten; manche hatten, ihrer Neigung und der von Süden tönenden Propaganda folgend, offen mit dem Eindringling sympathisiert oder ihn gar aktiv unterstützt. Noch während des Krieges waren das britische Oberkommando und besonders die nun alteingesessenen Loyalisten solchem Verrat entschieden entgegengetreten. Ausbürgerung und Vertreibung hatten sich hierbei als wirksame Mittel erwiesen. Der Friedensschluß brachte jedoch nicht das Ende der Animosität, und auf loyalistischer Seite fand man noch jahrzehntelang im Vorwurf des Republikanismus oder Amerikanismus ein treffliches Argument gegen mancherlei politische Opposition. Eine direkte Konsequenz dieser Denkweise war dann die 1815 getroffene Maßregel, die jegliche Landzuweisung an Amerikaner künftighin verbot. Man modifizierte diese Bestimmung bald dahin, daß ein Loyalitätseid und siebenjähriger Aufenthalt im Lande das Recht zur Ansiedlung doch erkaufen konnten. In der Praxis bedeutete diese Erleichterung jedoch nicht viel, und der Zustrom aus dem Süden kam mehr oder weniger zu seinem Ende.

Für die Entwicklung von Upper Canada war das Versiegen dieses Zuflusses vorderhand recht bedauerlich, denn die Arbeitskräfte, deren das Land so dringlich bedurfte, blieben nun jenseits der Grenze. Die nach Westen wogende Welle der amerikanischen Landnahme trieb sie an der Ontariohalbinsel vorüber, ja lockte sogar noch den einen oder anderen, der hier schon Heimstatt gefunden hatte, zu neuer Drift. Es war ein Glück, daß dieser Verlust von anderer Seite wieder aufgewogen wurde. Zum erstenmal seit dem amerikanischen Unabhängigkeitskrieg kam wieder eine große Zahl Einwanderer über den Atlantik nach Amerika. Dieser Zustrom nun veränderte die Zusammensetzung der kanadischen Bevölkerung in bemerkenswerter Weise. Revolutionskriege und Napoleons Feldzüge hatten eine Auswanderung von den britischen Inseln – und nur von dort konnten unter dem herrschenden Kolonialsystem Zuwanderer kommen – bisher sehr beeinträchtigt. Nicht nur, daß die Gefahren des Seetransports zu scheuen gewesen waren; die Kriege hatten auch alle Kräfte in Wirtschaft und Heer beansprucht. Jetzt aber setzte der Friede nicht nur einen guten Teil dieser Kräfte wieder frei, sondern die wirtschaftliche Misere der Nachkriegsjahre ließ die Möglichkeiten des neuen Kontinents in recht anziehendem Lichte erscheinen. Dazu kamen die Arbeitslosigkeit und Not der industriellen Revolution. Hunderttausende, ja Millionen von britischen Bürgern entschlossen sich jetzt, ihr Glück jenseits des Atlantik zu suchen. Die Vereinigten Staaten empfingen den Löwenanteil. Aber auch Kanada erhielt sein gemessenes Kontingent. Diese große Bevölkerungsbewegung des frühen 19. Jahrhunderts verebbte erst in den fünfziger Jahren, als der wachsende viktorianische Wohlstand die Not ablöste.

Die Auswanderung konnte das Elend in der alten Heimat lindern, aber sie war trotzdem grundsätzlich Angelegenheit des einzelnen. Der frühliberale britische Staat sah wenig Veranlassung zu positiven Unterstützungsmaßnahmen. Manchmal half eine Wohltätigkeitsorganisation, die das Fahrgeld vorstreckte oder gar schenkte. In den meisten Fällen mußten die Auswanderer die Überfahrt jedoch selbst finanzieren. Man verkaufte alle Habe oder lieh bei Verwandten und Freunden. Die billigste und daher am häufigsten benutzte Passage boten die Holztransportschiffe, die Neubraunschweigs oder Upper Canadas Baumstämme und Balken über den Ozean gebracht hatten und nun Rückfracht suchten. Die Passagiere hatten sich in der Regel selbst zu versorgen. In den fensterlosen Decks durchdrangen sich dann während der Wochen oder Monate des Transports das Ächzen der Schiffsstreben und Masten, der Lärm der Kinder und das Stöhnen der Kranken, und im blakenden Licht mischten sich die Dünste von Latrine, Kochtöpfen, Kinderwindeln und Seekrankheit. Wenn nach überstandener Fahrt das Schiff dann seine Decks auf den Kai entleert hatte, saßen die Neuankömmlinge hohlwangig, so gut wie aller Mittel bar und ihres Schicksals ungewiß auf ihren Kisten und Ballen. Alle Schichten waren vertreten, abgemusterte Offiziere wie bankrotte Handwerker, schottische Farmer und irische Häusler. Der neue Kontinent wurde vorerst kein Dorado für sie.

Jede Provinz erhielt Zuwachs. In Neuschottland waren es in den zehn Jahren nach 1815 etwa 40 000 Neuankömmlinge, in Neubraunschweig ebenso viel oder mehr. Auch die Prinz-Eduard-Insel sah viele Einwanderer, besonders Schotten. Die Masse der über den Ozean Kommenden aber wurde angezogen von den wogenden Hügeln und weiten Ebenen der Ontariohalbinsel. Manche blieben auf dem Weg dorthin hängen in den Städten, in Quebec und Montreal oder auch in den Eastern Townships. Doch das allgemeine Ziel war Upper Canada, dessen Bevölkerung rapide wuchs. 12 000 kamen 1828 hierher, 30 000 im Jahr 1830, 66 000 im Jahr 1832. Dann ging der Zustrom etwas zurück, im darauffolgenden Jahrzehnt aber trieben Mißernte und Hunger erneut Hunderttausende über das Meer. Ganz Britisch-Nordamerika zählte um 1820 etwa 750 000 Einwohner, 1851 waren es zweieinhalb Millionen geworden, davon etwa 800 000 Neueinwanderer. In Upper Canada allein hatten zu diesem Zeitpunkt etwa eine Million ihre Heimstatt.

Man machte es den Einwanderern nicht immer leicht. Private Raffgier und behördliche Inkompetenz erschwerten den des Landes Ungewohnten oft genug die ersten Jahre. In Lower Canada hinderte das Seigneuralsystem die Ansiedlung. Zwar existierten Gesetze, die die Umwandlung des Pachtverhältnisses in freien Besitz gestatteten. Aber die Seigneurs, die nun in zwei Dritteln der Fälle Engländer waren, gaben hierzu selten ihre Zustimmung, da sie auf späteren Spekulationsgewinn hofften. In Upper Canada andererseits war es das System der Landzuweisungen, das die Spekulationsgier förderte. Die allzu freigebige Politik Krone und Kirche gegenüber war nach dem Krieg fortgesetzt worden mit substantiellen Zuweisungen an Milizveteranen, die meistens schon Land besaßen. Wenige waren willens, billig von ihrem überschüssigen Besitz abzugeben. Die Behörden halfen nur zögernd, auch als 1826 der Verkauf von Kronland erlaubt war. Zu groß war die Hoffnung auf späteren reichen Gewinn.

Trotzdem breitete sich die Siedlung aus. Eine große Rolle spielten unternehmende Persönlichkeiten wie etwa Oberst Thomas Talbot, der 30 000 Siedler ans Nordufer des Eriesees brachte, dort auch eine Stadt gründete und sie nach seinem Namenspatron St. Thomas benannte. Noch wirksamer waren Siedlungsgesellschaften wie die Kanada-Land-Gesellschaft (Canada Land Company), die ebenfalls Städte gründete und über eine Million Acres am Huronsee vergab. Allmählich war das Ufer mindestens des Ontariosees voll besiedelt, und die Landnahme drang ins Innere der Halbinsel vor. Auch das Ottawatal hinauf folgten die Siedler den Holzfällern.

Nicht nur wegen ihrer großen Zahl gaben die neuen Einwanderer den englischen Kolonien in Nordamerika vielerorts ein anderes Gepräge. Manche Eigenart der alten Heimat wurde durch massive Siedlung von Leuten derselben regionalen Herkunft hierher verpflanzt. Schottische Wesensart hat sich bis ins 20. Jahrhundert in Neuschottland erhalten, am stärksten vielleicht auf der Kap-Breton-Insel, wo noch heute gälische Dialekte gesprochen werden. Starkes Zusammengehörigkeitsgefühl zeigten auch die Iren. Während irische Katholiken in Neubraunschweig und in Städten wie Quebec und Montreal ein kräftiges Gemeindeleben entfalteten, waren es in Upper Canada besonders die irischen Protestanten aus Ulster, die den Ton angaben. Auch die politischen Antagonismen wurden in das neue Land hinübergetragen, und nordirischer Orangismus verband sich mit loyalistischem Torytum zu einer Front gegen alle demokratischanrüchigen Tendenzen. Letztere andererseits waren auch nicht immer – wiewohl häufig – ein Erzeugnis des nordamerikanischen Bodens, sondern knüpften vielfach an mancherlei liberale Meinungen der alten Welt an. So brachte die Immigrationswelle eine Fülle von Änderungen, von Wechsel und von Neuem, und es war nur zu natürlich, daß das gesamte soziale und konstitutionelle Gefüge allmählich in Frage gestellt schien und Rufe nach Reform hörbar wurden.

Die Umgestaltung des Lebens zeigte sich auch in Handel und Geschäftsleben. Der Umfang der wirtschaftlichen Tätigkeit stieg nicht nur dank der ständig wachsenden Bevölkerung, sondern profitierte darüber hinaus in vorher nicht geahntem Maße durch die Verbesserung der Transportmittel. Wohl blieben Holzwirtschaft, Schiffbau und Fischfang die Hauptbeschäftigung der Kolonien am Atlantik, und Holz, Getreide und Pelze dominierten weiter als Produkte der Inlandprovinzen; aber bei den großen Entfernungen auf dem Kontinent und angesichts der Tatsache, daß die wichtigsten Exportmärkte jenseits des Ozeans lagen, mußten die neuen Erfindungen eine unverhältnismäßig große Wirkung auf die Entfaltung des Wirtschafslebens ausüben. Die wichtigste dieser Neuerungen war zweifelsohne das Dampfschiff. Es brachte Europa und Amerika einander näher. Mehr britische Industriegüter kamen allmählich schneller über den Atlantik. Mehr Holz und mehr Brot wurden in den englischen Industriestädten verlangt. Das Wachstum der britischen Industrie trug nicht wenig zum Aufschwung Britisch-Nordamerikas bei, und das bessere Transportmittel hatte seinen Teil daran. Auch in der neuen Welt wurden die Verbindungen schneller. Schon 1809 verkehrte das erste Dampfschiff zwischen Montreal und Quebec, 1816 erschien die „Frontenac" auf den Großen Seen, das erste kanadische Dampfboot. Die häßlichen, schwarzen Holzrauch ausstoßenden, radgetriebenen Monster belebten bald alle größeren Wasserwege. In einem Land, in dem Wege Luxus waren, brachte das Dampfboot mit seiner Regelmäßigkeit und vergleichsweisen Schnelligkeit eine wahre Revolution.

Mit diesen Neuerungen wuchs das Verlangen, die vorhandenen Wasserwege zu verbessern und auszubauen. Nach dem Krieg mit den USA begann man in den englischen Kolonien, Kanäle zu graben. Die amerikanischen Leistungen dienten wohl als Vorbild. 1825 stellten die Amerikaner den Eriekanal fertig, der eine viel genutzte Verbindung vom Eriesee zum Hudson brachte. In Kanada gedachte man Gleiches zu tun. Der Weg von den Großen Seen nach Quebec war von Natur aus mehrmals unterbrochen; nämlich durch die Niagarafälle zwischen Erie- und Ontariosee, durch die Stromschnellen im St. Lorenz vor Montreal und durch einige Untiefen oberhalb Quebecs. 1825 umging ein Kanal die Lachineschnellen bei Montreal; 1829 war der erste der Kanäle zwischen Erie- und Ontariosee fertig; 1832 konnte man vom Ontariosee zum Ottawa fahren und damit den gefährlichen oberen St. Lorenz umgehen. 1848 war auch dieses letztere Problem gelöst – durch eine Serie von Kanälen parallel zum Strom. So konnte man Mitte des Jahrhunderts mit Schiffen von drei Metern Tiefgang hinauffahren bis zum Ende der Großen Seen, eine beträchtliche Leistung, von der die Wirtschaft Kanadas und der Handel mit dem amerikanischen Mittelwesten profitierten.

Mittlerweile erfuhr diese Wirtschaft selbst die Veränderungen der neuen

Zeit. Vor dem Krieg hatte das Hauptinteresse dem Pelzhandel gegolten. Die Montrealer Nordwestgesellschaft hatte in bewundernswürdiger Anstrengung den Verlust der an Amerika verlorengegangenen Gebiete aufgeholt und ein wohlorganisiertes Handels- und Transportsystem bis über die Rocky Mountains hinaus ausgebaut. Doch mit der Entfernung stiegen freilich auch die Kosten, und wieder zeigte sich der Vorteil der Hudsonbaigesellschaft, deren Pelze zur Bai transportiert wurden und damit nur einen Bruchteil der Strecke nach Montreal zurückzulegen hatten. Der Konkurrenzneid beschränkte sich bald nicht mehr auf die Handelskontore, sondern äußerte sich immer handgreiflicher auch in der Wildnis. Zusammenstöße zwischen Händlern und Verbindungsleuten, zwischen aufgehetzten Indianern und Fallenstellern zeugten vom Streit der Pelzherren. Ein Höhepunkt in der Auseinandersetzung kam durch die Gründung der Niederlassung am Red River. Lord Selkirk, der schottische Philanthrop, hatte sich schon auf der Prinz-Eduard-Insel und in Upper Canada mit wenig Erfolg als Siedlungsgründer versucht. Nun wandte er sich im Jahre 1811 nach Westen. Sein Plan war, in der Prärie südlich des Winnipegsees am Red River eine sich weitgehend selbst erhaltende Niederlassung ins Leben zu rufen. Innerhalb der Hudsonbaigesellschaft vernahm man dies mit gemischten Gefühlen, bedeutete Siedlung doch stets ein Ende des Pelzaufkommens. Aber Selkirk gelang es, finanziellen Einfluß auf die Gesellschaft zu erhalten, und das Argument überwog, daß die Niederlassung der Gesellschaft billigen Proviant zu liefern im Stande sein würde. Man verkaufte an Selkirk über 100 000 Quadratmeilen Land, und 1812 kamen die ersten Siedler an den Red River, denen bald andere folgten.

War man innerhalb der Hudsonbaigesellschaft geteilter Meinung gewesen, so war die Stellungnahme der Nordwestgesellschaft der neuen Siedlung gegenüber eindeutig. Die Niederlassung lag mitten auf der Transportroute nach Westen, und in Montreal sah man das Ganze als einen Versuch der Konkurrenz, den Westen vom St. Lorenz zu trennen. Die Nor'Westers ergriffen Gegenmaßnahmen. Unzufriedene Siedler wurden vom Red River weggelockt, die Siedlung wurde geplündert und gebrandschatzt. 1816 brachte Selkirk einen neuen Trupp Siedler, was in einem Feuergefecht mit über 20 Toten nahe der Stelle des heutigen Winnipeg endete. Selkirk schützte künftig die Red-River-Kolonie mit einer Privattruppe und ging mit seiner Sache vor Gericht bis nach London. Er sah die Siedlung, aus der sich dann später Winnipeg als Zentrum der Prärie entwickelte, noch in Sicherheit gedeihen. Aber er lebte nicht mehr, um sich über das schließliche Ende des Streites freuen zu können. Beide Gesellschaften, des Haders müde und am Rande ihrer finanziellen Kräfte, schlossen sich 1821 zu gemeinsamem Geschäft zusammen. Der

Name der Hudsonbaigesellschaft wurde für das neue Unternehmen beibehalten.

Damit kam auch das Ende der Montrealer Pelzroute, denn es war künftig billiger, über die Bai abzutransportieren. Für die Kaufleute am St. Lorenz bedeutete das, daß sie nach neuen Handelsobjekten suchen mußten. Holz, Weizen und Mehl waren schon eine Weile von ihren Kontoren mitverkauft worden, aber der Umfang dieses Geschäfts konnte noch nicht befriedigen. Man gedachte weiter auszugreifen. Es war die Zeit, in welcher der amerikanische Mittelwesten unter den Pflug kam. Saß man nicht am größten Wassertransportsystem des Kontinents? Was hinderte, daß der St. Lorenz der Exportweg wurde für die Produkte dieser ungeheuren Kornkammer und die Importroute für die Industriegüter Großbritanniens, deren das aufstrebende Gebiet bedurfte? Die Montrealer rechneten nicht ungeschickt mit der Gunst der Umstände. Ihr Sitz in Nordamerika ließ sie teilhaben an der kontinentalen Freihandelspolitik der Vereinigten Staaten; und ihre Zugehörigkeit zum britischen Kolonialreich mit seinen Vorzugszöllen gab ihnen Zugang zum Markt in Großbritannien, der den USA verschlossen war. Die Rechnung mußte aufgehen, wenn nur das Transportsystem weiter ausgebaut wurde, um den großen Bedürfnissen durch hinreichende Kapazität und billige Kosten genügen zu können. Eine starke Montrealer Lobby begann nun auf Regierungshilfe und Initiative im Kanalbau zu drängen. Nicht wenige der Erwartungen wurden, wie schon berichtet, dann auch erfüllt.

Trotzdem war dem großen Konzept kein rechter Erfolg beschieden. Die tieferen Ursachen hierfür lagen weit jenseits der Reichweite der Montrealer Handelsherren. Zum einen ging die politische Entwicklung in diametral entgegengesetzter Richtung. Die Vereinigten Staaten begannen, ihre Wirtschaft durch ein System von Schutzzöllen gegen den wachsenden britischen Exportdruck abzuschirmen. In England drängten andererseits starke Kreise immer mehr darauf, diesem Export durch ein liberales Ein- und Ausfuhrsystem den Weg möglichst freizumachen. Beide Bewegungen mußten den Montrealer Erwartungen entgegenarbeiten, und wenn sie auch nur auf lange Sicht einschneidend spürbar wurden, so war der Trend doch unverkennbar. Zum zweiten kamen die Amerikaner den Kanadiern voraus. 1825, in dem Jahr, in dem der Lachinekanal bei Montreal vollendet wurde, öffnete, wie gesagt, der Eriekanal seine Schleusen. Diese Verbindung von den Großen Seen zum Hudson lenkte den Löwenanteil des Handels aus dem Mittelwesten weg vom St. Lorenz zum Hudson; an dessen Mündung aber lag New York, ein besserer, das ganze Jahr eisfreier Umschlagplatz.

Und noch weitere Umstände erschwerten den Montrealern das Vorwärtskommen. Die Teilung der Kolonie am St. Lorenz in zwei Provinzen hinderte in vielem eine großzügige und wirkungsvolle Handelspolitik. Ein ständiger Streitpunkt war die Verteilung des Zollaufkommens. Da Montreal auch für Upper Canada als Seehafen diente, mußten hier die Importzölle erhoben werden. Der Streit um den gerechten Anteil an der Einnahme dehnte sich über Jahrzehnte. Man sah daher in Upper Canada wenig Anlaß, die Handelsaspirationen der Montrealer zu unterstützen. Wenn man in Upper Canada Waren preiswerter aus den Vereinigten Staaten – auch britische über New York – beziehen konnte, so wollte man diese Gelegenheit gerne benützen. Das billige amerikanische Getreide dagegen, von dem die Montrealer gleichzeitig schwärmten, wünschte man gar nicht ins Land; es mußte ja die eigenen Erzeugnisse vom Markt verdrängen. Upper Canadas und Montreals Profit, das zeigte sich immer klarer, waren nicht auf gleiche Weise zu gewinnen. In beiden Provinzen empfand man somit die gegebenen Verhältnisse als unbefriedigend und strebte nach einem neuen Arrangement.

Dieses Verlangen floß zusammen mit den noch stärkeren Impulsen, die aus der konstitutionellen Reformbewegung kamen. Die Verfassungsregelungen, die 1791 getroffen worden waren, erschienen immer größeren Kreisen der Bevölkerung durch die stürmische Entwicklung überholt. Das existierende System betonte Autorität und oligarchische Regierung. Der Gouverneur wurde von London aus ernannt und erhielt von dort seine Richtlinien. Ihm zur Seite standen der Ausführende Rat (Executive Council) und der Gesetzgebende Rat (Legislative Council). In den Atlantikprovinzen waren die Mitglieder der beiden letzteren Organe identisch; in Lower und Upper Canada konnte dies so sein, war aber nicht die Regel. Außerdem konnten die Richter in jedem der beiden Organe sitzen, ein Fall, dem man häufig begegnete. Insgesamt herrschte somit eine enge Verfilzung von Kompetenzen und Interessen; der Unwille des breiten Publikums wurde noch verstärkt durch die Tatsache, daß sich die Mitglieder dieser Oligarchie allenthalben aus einem recht exklusiven Kreis Alteingesessener oder sonstig Bevorzugter rekrutierten. Die Unzufriedenheit, die in den zwanziger und frühen dreißiger Jahren wuchs, war somit nicht direkt gleichzusetzen mit derjenigen, die in den 13 Kolonien zum Unabhängigkeitskrieg geführt hatte. Dort hatte man sich sehr oft gemeinsam mit dem ebenfalls vorhandenen Patriziat gegen die Gängelung durch das Mutterland aufgelehnt. Jetzt in Britisch-Nordamerika richtete sich die Beschwerde nur indirekt gegen die Abhängigkeit von London. Das lokale Establishment war es vielmehr, das den Zorn liberaler Kreise auf sich zog.

Freilich wurde hierbei auch die britische Regierung Zielscheibe harter Kritik. Es wurde ihr weniger ihr Vorhandensein vorgeworfen als vielmehr gerade im Gegenteil, daß sie nicht genug Tätigkeit entfaltete. Petitionen und Beschwerden, die das Kolonialamt in London erreichten, wurden dort für gewöhnlich gelesen und dann abgeheftet. Man handelte hier – oder vielmehr handelte nicht – entsprechend der allgemeinen Stimmung in der englischen Gesellschaft. In dieser Zeit der industriellen Vorherrschaft Großbritanniens, als die Länder der ganzen Welt die Erzeugnisse des Inselreiches begierig aufnahmen, konnten die kleinen Märkte in den Kolonien wenig bieten, was den Aufwand an Verwaltung und Verteidigungskosten lohnte. Überdies hatte man in London am amerikanischen Beispiel gesehen, daß die Kolonien auf die Dauer ja doch eigene Wege gingen. Gedanken solcher Art waren gängige Münze in britischen Regierungskreisen, und die Konsequenz war, daß man wenig Neigung verspürte, Energie und Aufwand an die Korrektur transatlantischer Lokalquerelen zu verschwenden. Nicht, daß man auf eine Lostrennung geradezu hinarbeiten wollte. Man war lediglich gesonnen, die Dinge ihren eigenen Gang gehen zu lassen. Und dies bedeutete vorerst, daß alles beim alten belassen wurde. Mit anderen Worten, London stellte sich hinter Gouverneur und Oligarchie.

Der eigentliche Herrscher überall in den Kolonien war im Grund die Oligarchie, jener enge Kreis von Ratsmitgliedern und ihresgleichen. Natürlich stand der Gouverneur an der Spitze der Regierung, aber in der Regel dauerte seine Amtszeit nur einige Jahre, und er verließ hinterher die Kolonie wieder. Viele der Ratsmitglieder dagegen waren im Land aufgewachsen und auf Lebenszeit ernannt. Sie kannten die Verhältnisse der Umgebung, und meist gelang es ihnen, sich das Ohr des Gouverneurs zu sichern. Wem konnte er mehr trauen als diesen treusten der Untertanen seines Königs, die, wie sie ihm versicherten, die Träger der Tradition waren und ein Bollwerk gegen illoyale, ja umstürzlerische Bestrebungen? Meist gehörten zu ihrem Kreis auch die führenden Geschäftsleute der Provinz, deren Interessen sich eher hier verwirklichen ließen als in Frontstellung gegen das Establishment, und weiterhin der höhere Klerus der anglikanischen Kirche. Der „Familienverband" (family compact), wie er wohl genannt wurde, herrschte allenthalben und wahrte seine Position mit dem Geschick und der Zähigkeit, die für die Oligarchen zu allen Zeiten bezeichnend waren. Damit war nicht gesagt, daß diese verfilzte Gemeinschaft stets korrupt sein mußte oder unfähig zu den Regierungsgeschäften, die sie als ihre Prärogative ansah. In nicht wenigen Fällen glaubten ihre Angehörigen ehrlich und aus guter Überzeugung an ihren Führungsauftrag und mochten eine direkte Vorteilsuche als zumindest unpassend, wo nicht ehrenrührig empfinden. Doch das übrige Volk glaubte ihnen solch noble Gefühle kaum. Mit steigender Bevölkerungszahl, angefeuert durch das demokratische Beispiel in den Vereinigten Staaten, aus denen nicht wenige Zuwanderer stammten, wuchs die Unzufriedenheit. Die Tatsache, daß so gut wie jedermann seine Existenz vor allem seiner eigenen Hände Arbeit verdankte, förderte das Gefühl der Gleichheit des Verdienstes nicht wenig. Man war auf die Dauer nicht geneigt, sich von oben gängeln zu lassen.

Die Lautstärke der Opposition, die sich allmählich allenthalben zeigte, war in den einzelnen Provinzen verschieden. Gemeinsam war so gut wie überall der Ruf nach mehr Kontrolle über die Regierung durch das Volk. Denn durch die Wahl der Volksvertretung allein war nicht viel Einfluß zu gewinnen. Auch wenn die Reformer hier die Mehrheit hatten, konnten sie die Exekutive zu keiner Maßnahme zwingen, die zur Beseitigung von Mißständen geführt hätte. Und der Mißstände fand man viele. Einer der am häufigsten beklagten war die religiöse Diskriminierung. Wohl war allenthalben die Freiheit des Gottesdienstes sichergestellt, aber unter den Protestanten hatte nur die anglikanische Kirche das Recht, Ehen einzusegnen. Freikirchliche wie Methodisten oder Baptisten konnten noch nicht einmal Eigentum besitzen. Allgemein beschwerte man sich über das Bestreben der Anglikaner, das Erziehungswesen vollständig an sich zu ziehen, und besonders hitzig wurde die Debatte über die vermeintlichen oder wirklichen Rechte der englischen Hochkirche bezüglich des Landbesitzes in Upper Canada. „Für Unterstützung und Unterhalt eines protestantischen Klerus" waren die Ländereien im Constitutional Act reserviert worden. Die Anglikaner bezogen dies ausschließlich auf sich, eine Auffassung, welche die anderen Glaubensgemeinschaften in keiner Weise teilten. Vergrößert wurde das Ärgernis noch durch das schon erwähnte nutzlose Brachliegen des in 200 Acres großen Parzellen über die ganze Provinz verstreuten Landes. Es hinderte den Zusammenschluß von Siedlungen und sperrte dem Wegebau oftmals die Bahn, ganz abgesehen von der Vergeudung, die die Brache an sich darstellte. Der Ruf nach Säkularisation wurde immer lauter. Auch als 1827 ein Viertel dieser Ländereien zum allmählichen Verkauf freigegeben wurde, beruhigte sich die öffentliche Meinung nicht völlig, denn die Verteilung des Gewinns wurde hierbei immer noch nicht befriedigend gelöst.

Auch Beschwerden rein wirtschaftlicher Art trugen bei zur allgemeinen Mißstimmung. Für Straßen hatte die Regierung kein Geld. Für den Kanalbau, der dem Big Business mehr diente als dem einfachen Farmer, fand es sich dagegen in Fülle. Ein Finanzskandal beim Bau des Wellandkanals zwischen Erie- und Ontariosee erhitzte die Gemüter, und man beschuldigte besonders auch die 1817 gegründete Bank of Montreal, die erste Bank Kanadas, unlauterer Machenschaften.

In Lower Canada wurden solcherart aufgerissene Gräben vertieft und verbreitert durch den allgegenwärtigen ethnischen Konflikt. Der Quebec Act hatte 1775 den Frankokanadiern das Recht auf eigene Institutionen gegeben, und der Constitutional Act von 1791 hatte mit seinen repräsentativen Einrichtungen die Mittel zur wirkungsvollen Betonung der Eigenart hinzugefügt. Der Wunsch zur Rückkehr unter die Herrschaft des französischen Mutterlandes war in der Revolution von 1789 erstorben, und die kanadischen Franzosen erstrebten nun ein Leben unter der britischen Krone, in dem sie Sprache, Religion und Sitte bewahren konnten. Verglichen mit der Lebensauffassung der unter ihnen wohnenden englischen Minorität war ihr Gedankengut statisch und konservativ. Sie hielten meist wenig davon, um des schnöden finanziellen Gewinns willen wirtschaftliche Risiken auf sich zu nehmen. Freilich hinderte diese unternehmerische Zurückhaltung die Franzosen nicht, den Engländern dann zu verargen, daß diese sich praktisch ein Monopol erwarben im Transportwesen, in Handel und Bankgewerbe. Französischerseits konnte man daher auch wenig Vorteilhaftes in einer Ausbreitung des allgemeinen Geschäftsumfanges sehen, und bewußterweise trachtete man eher nach einer Festigung und Stärkung des soliden französisch-katholischen, ländlichen Lebens.

Eines der Hauptanliegen der Frankokanadier war, die englische Zuwanderung möglichst gering zu halten. Als 1832 englische Immigranten die Cholera nach Quebec brachten, beschuldigte man die britische Regierung des versuchten Völkermords. Um Ankommende am Kai versorgen zu können, besteuerte man die kurz zuvor eingetroffenen Neueinwanderer und machte ihnen auch sonst das Leben schwer. Die politische Szene in Lower Canada wurde immer weniger beherrscht von den Seigneurs, und auch der katholische Klerus fand sich immer mehr auf das Religiöse zurückgedrängt. Die neuen Führer waren gebildete Laien, in der Mehrzahl Advokaten und Notare. Sie entstammten meist der ländlichen Bevölkerung und fühlten sich zur Verteidigung der Belange ihres Volkes berufen. Ihr Ehrgeiz konnte sich unter den gegebenen Umständen keine großen Gewinne im Wirtschaftsleben erhoffen und suchte desto mehr auf der politischen Bühne seine Befriedigung. Der Habitant hörte auf sie und folgte ihnen, sprachen sie doch meist aus der Opposition und damit leichterdings nach seinem Sinne. Die politische Situation änderte sich somit nach und nach gründlich. Waren im 18. Jahrhundert die Franzosen zusammen mit dem Gouverneur als Block gegen die englische Minorität aufgetreten, so standen jetzt zwar die Führer von ehedem, Seigneurs und der höhere Klerus, immer noch auf der Seite des Gouverneurs, aber ihnen gegenüber verlangte laut und vernehmlich, wo nicht gar ungebärdig, die Volksvertretung nach Einfluß. Angesichts dieser Opposition kamen sich

der Gouverneur mit seinem Anhang und die englische Minorität wieder
näher. Mit anderen Worten, auch in Lower Canada befehdeten sich mehr
und mehr eine etablierte Oligarchie und das selbstbewußter werdende
Volk.

So konnte man um 1830 fast überall in Britisch-Nordamerika den Ruf
nach politischer Reform mit dem Ziel einer von parlamentarischer Kontrolle abhängigen Regierung hören. Die mit der Immigration zusammenhängende Bevölkerungsvermehrung, die gewandelten wirtschaftlichen
Verhältnisse und allgemein das gesteigerte Selbstbewußtsein in den Kolonien waren die direkten Ursachen hierfür. Daß gleichzeitig die Reformbewegung in England die tiefgreifenden Änderungen von 1832 durchsetzen
konnte, verstärkte noch das Verlangen nach ähnlichen Erfolgen auch auf
der kanadischen Seite des Atlantik.

Der Weg zur Rebellion

Obwohl das Verlangen nach Reform in ganz Britisch-Nordamerika deutlich spürbar war, gab es regional verschiedene Nuancen. Die Probleme
unterschieden sich je nach den lokalen Gegebenheiten, und die Lautstärke
der Agitation richtete sich nach der Größe der Beschwerde oder auch des
Reformeifers. In den Atlantikprovinzen hielt sich die Unzufriedenheit
vorerst noch in erträglichen Grenzen. Auf Neufundland entzweite sich die
zahlenmäßig schwache Bevölkerung wie eh und je über Disputen zwischen Katholiken und Protestanten, Kaufleuten und Fischern, Hauptstadt
und Nebenhäfen. Auf der Prinz-Eduard-Insel, wo das gesamte Land 1767
unter 67 Grundherren aufgeteilt worden war, kämpften die Neusiedler
mit seit Jahrzehnten wachsender Erbitterung gegen dieses ausschließliche
Besitzrecht der größtenteils ständig abwesenden Feudalherren. In Neuschottland und Neubraunschweig ärgerte man sich über die Identität von
Gesetzgebendem und Ausführendem Rat. Als 1832 in Neubraunschweig
die Trennung vollzogen wurde, beruhigten sich dort die Gemüter jedoch
etwas. In Neuschottland andererseits begann Mitte der dreißiger Jahre mit
der Wahl von Joseph Howe in die Volksvertretung eine neue Ära. Sie
endete erst nach beträchtlichen Gewinnen der Reformer, über die noch zu
berichten sein wird.

In den beiden binnenländischen Provinzen war die Unruhe am stärksten, und hier war es Lower Canada, wo Streit und Erbitterung die tief-
sten Gräben aufrissen. Am St. Lorenz erschwerte der ethnische Gegensatz
alle Versöhnungsanstrengungen, die in der Tat immer seltener wurden.
Die Macht der vorwiegend französischen Volksvertretung reichte dazu

aus, Regierung und Establishment in mancherlei Weise im Verfolgen ihrer Ziele zu behindern und permanent zu erbosen. Sie reichte nicht aus, grundsätzliche Änderungen herbeizuführen. So sah das erste Drittel des Jahrhunderts eine ständige Konfrontation, die allmählich zur Explosion trieb. Schon die Steuerfrage von 1805 warf grelles Licht auf die Gegensätze. Um ihre Einkünfte zu erhöhen, verlangte die Regierung eine Anhebung der Grundsteuer. Das hieß, daß der Habitant stärker belastet werden sollte. Die Volksvertretung reagierte entsprechend. Der Vorschlag wurde verworfen und dafür eine Importsteuer eingeführt, das heißt, der englisch beherrschte Handel wurde nun getroffen. Der Streit lieferte noch jahrelang Munition für die politischen Auseinandersetzungen in der Provinz. Er führte auch zur Gründung des „Canadien", eines französischsprachigen Presseorgans, das von nun an die französischen Interessen lautstark und streitbar gegen die ebenfalls nicht leisetreterischen englischen Zeitungen vertrat. Der „Canadien" reizte die Exekutive dermaßen, daß er zeitweilig verboten wurde. Nur das entschiedene Einschreiten Londons, wo man angesichts der Spannungen mit den Vereinigten Staaten versöhnlich gestimmt war, und ein neuer Gouverneur brachten wieder oberflächlich Frieden; die französische Loyalität wurde damit durch den Krieg von 1812 gerettet.

Die Gegensätze brachen jedoch bald wieder auf. Den Frankokanadiern war in Louis-Joseph Papineau einer ihrer großen Führer erstanden. Aus den Reihen der Advokaten und Notare kommend, lebhaft und mit großem Rednertalent begabt, galt er bald bei Freund und Gegner als die Verkörperung des frankokanadischen Nationalismus. 1815 wurde er zum Präsidenten der Volksvertretung gewählt, von wo aus er die politische Szene beherrschte. Den Seinen ein befeuernder Feldherr, flößte er seinen Gegnern Furcht und Schrecken ein. Liberal genug, um sich mit den englischen Verfassungsreformern verbinden zu können, galt er andererseits der katholischen Geistlichkeit als ein antiklerikaler Deist, wo nicht Atheist, dem sie wenig Sympathie und Vertrauen schenkte.

Noch immer beherrschte der Streit um höhere Finanzmittel für die Regierung den politischen Alltag. Auch Papineau und seine Anhänger bestritten nicht die Notwendigkeit höherer Ausgaben. Doch sie wollten die Kontrolle über sämtliche Staatsfinanzen der Volksvertretung in die Hand geben und gedachten, jede Zustimmung zu neuen Steuern von der Verwirklichung dieses Zieles abhängig zu machen. Da die Regierung durch die Einnahmen aus Gebühren und Landbesitz sich vorerst notdürftig über Wasser halten konnte, ging die Auseinandersetzung über lange Jahre, und man ärgerte sich gegenseitig mit Stichen, ohne sich entscheidend treffen zu können. So unternahm es das Haus 1819, die Gehälter der

Regierungsbeamten zu kürzen. 1827 versuchte die Regierung ihrerseits, Papineau vom Präsidentenstuhl zu ziehen. Ein aus London kommender Kompromißvorschlag in der Finanzfrage wurde anfangs der dreißiger Jahre von den Delegierten zurückgewiesen. 1834 schließlich kam ein Höhepunkt, als die Volksvertretung ein 92-Punkte-Programm annahm. Hier waren erstmals alle Forderungen und Beschwerden zusammengetragen. Das Verlangen nach Finanzkontrolle und Fragen des Seigneuralsystems, die Forderung nach Wahl des Ausführenden Rates und persönliche Vorwürfe gegen einzelne Beamte mischten sich hier in bunter Folge. Um der Sache Nachdruck zu verleihen, waren Seitenblicke auf die amerikanische Revolution und Ausblicke auf ähnliche Möglichkeiten in Kanada eingeflochten. Man begann offenbar, das Pulver trocken zu legen.

In Upper Canada nahmen die Dinge einen ähnlichen Lauf. Die allgemeine Unzufriedenheit mit den Modalitäten der Landverteilung brachte einen eingewanderten Schotten namens Robert F. Gourlay 1818 dazu, eine Versammlung von Beschwerdeführenden zusammenzurufen, um eine Petition abzufassen. Die regierende Schicht witterte Gefahr für ihre Vormacht, und Gourlay wurde des Landes verwiesen. Selbst wenn seine Agitation nicht direkt politisch gefährlich geworden wäre, so hätte sie neue Siedler abschrecken und dadurch dem Spekulationsgeschäft bedrohlich werden können. Ebensowenig populär wie diese Maßnahme war auch die Fremdengesetzgebung der Regierung. 1821 wurde ein politisch mißliebiger Amerikaner von der Volksvertretung ausgeschlossen, wenig später drohte seinem Sohn das gleiche Schicksal. Die Frage ihrer Rechte, insbesondere auch in bezug auf den Landbesitz, erregte daraufhin die von den USA her Eingewanderten beträchtlich, und erst 1828 brachte ein Gesetz in dieser Hinsicht Beruhigung. Aber es blieben genügend andere Beschwerden, um die Mißstimmung im Volk wachzuhalten und Führern wie dem Schotten Mackenzie Zulauf zu sichern.

William Lyon Mackenzie hatte 1824 eine Zeitung gegründet, den „Colonial Advocate", und dieses Blatt entwickelte sich bald zum führenden Blatt der Reformer. Ohne direkt ein politisches Programm zu verkünden, machte er sich zum Fürsprecher aller Hilfesuchenden und Bedrängten. Dies führte ihn notwendig gegen die herrschende Toryschicht ins Feld, und so sammelte sein Blatt die Siedler, Arbeiter und Landsuchenden zum Kampf gegen die Privilegierten. Mackenzie sparte nicht mit persönlichen Attacken und reizte den Zorn der Herren bis zur Weißglut. 1826 warf ein von ihnen aufgehetzter Mob seine Druckpressen in den Ontariosee. MacKenzie erhielt vor Gericht Schadenersatz zugesprochen, und sein Prestige auf der Reformseite stieg. 1828 wurde er in die Volksvertretung gewählt. Dieses Parlament war das erste mit einer Reformmehrheit, doch konnte es gegen den Widerstand des solide in den beiden Räten sitzenden Patriziats wenig ausrichten. Die Enttäuschung des Volkes brachte die Tories bereits 1830 zurück. Sie hatten nichts Eiligeres zu tun, als eine generöse Gehaltsgarantie für die Regierungsbeamten zu verabschieden. Mackenzie erregte sich in seiner Zeitung darüber. Die Versammlung schloß ihn aus. Viermal wurde er wiedergewählt und jedesmal von neuem ausgeschlossen. Die Neuwahlen des Jahres 1834 sahen dann schließlich wieder einen Sieg der Reformer. Ihre Macht war nicht größer als sechs Jahre zuvor, aber sie verliehen ihrer Mißstimmung nun klaren Ausdruck in einem Dokument ähnlich dem 92-Punkte-Programm der Papineauanhänger in Lower Canada. Der sogenannte Siebte Bericht des Beschwerdekomitees (Seventh Report on Grievances) wurde 1835 eine beredte Anklage gegen das herrschende System, gegen Günstlingswirtschaft, Kirchenprivilegien, Mißbräuche im Wirtschafts- und Finanzwesen, gegen die Inkompetenz der Regierung und die Unangemessenheit, den regierenden Rat zu ernennen und nicht zu wählen. So war um 1835 die politische Atmosphäre am St. Lorenz und auf der Ontariohalbinsel mit Sprengstoff geladen. In beiden Provinzen hatten die Radikalen guten Grund, an einem endlichen Erfolg ihrer Sache innerhalb des existierenden Systems zu zweifeln. Auch wenn sie die Mehrheit in der Volksvertretung errangen, waren ihnen offenbar kaum andere als rhetorische Erfolge beschieden. Die Tories ihrerseits spürten einen Sturm heraufkommen und besannen sich auf Maßnahmen, um dem Wetter zu trotzen. Ihren Anstrengungen kam dabei eine gewisse Schwäche in den Reihen der Reformer entgegen. In Lower Canada sonderten sich manche Gemäßigte immer mehr ab von dem radikaler werdenden Papineau, dessen Bewunderung für amerikanische Einrichtungen und Hinweise auf die Erfolge des Unabhängigkeitskriegs die Revolutionsabsicht offen dartaten. Nicht alle Reformgesinnten, besonders nicht auf der englischen Seite, wollten ihm so weit folgen, sondern befürworteten vielmehr eine Verfassungserneuerung innerhalb des britischen Staatsverbandes. Darüber hinaus mußten Papineaus Ziele auch dem französischen Anliegen auf die Dauer schädlich sein. „Unsere Sprache, unsere Institutionen, unsere Gesetze" war das Motto des „Canadien" gewesen. Innerhalb der Vereinigten Staaten würde wenig davon überleben können. Nicht wenige begannen nun auf die Warnungen des höheren Klerus zu hören, der vor jeglicher Gewaltanwendung dringend warnte. In Upper Canada verlor Mackenzie aus ähnlichen Gründen einen Teil seiner Gefolgschaft. Seine radikalen Amerikanisierungspläne begannen abzuschrecken, und der besonnenere Robert Baldwin verfocht ein neues Ziel. Selbstregierung innerhalb des britischen Reiches erschien ihm als das Erstrebenswerteste, nicht völlige Unabhängigkeit vom Mutterland.

Die Kräfte der Bewegung waren somit unter sich uneins, und ihr endlicher

Erfolg mußte sie fraglich genug dünken. Die Radikalen wurden durch diese Einsicht nur radikaler, und beide Provinzen trieben unsicheren Zeiten entgegen. 1836 kam ein neuer Vizegouverneur nach Upper Canada, Sir Francis B. Head. Es ist bis heute unsicher, ob er seine Ernennung nicht einer Namensverwechslung im britischen Kolonialamt verdankte. Sicher ist, daß er wenig geeignet war, den wichtigen Posten in schwierigen Zeiten auszufüllen. Einigen liberalen Gesten ließ er schnell andere, autoritärere folgen, die selbst konservative Mitglieder seines Regierungsrates in Harnisch brachten. Ihr Rücktritt wurde durch ein Mißtrauensvotum der Volksvertretung unterstützt. Head schrieb daraufhin kurzerhand Neuwahlen aus. Der offiziell unparteiische Gouverneur stürzte sich dann mit Eifer und all den Propagandamöglichkeiten, die seine Stellung bot, in den Wahlkampf. Der Wählerschaft wurde nahegebracht, daß es um Loyalität oder Rebellion gehe; britischer Sieg oder amerikanische Herrschaft, so lautete die Alternative. Die offene Wahl schließlich bot viele Gelegenheiten zu Einschüchterung und Zwang. Der Erfolg war, daß Head und die Tories als Sieger hervorgingen. Für Mackenzie und die Radikalen bedeutete dies das Ende aller legalen Hoffnungen. Außerdem wußten sie aus den Debatten, die in diesen Wochen im britischen Unterhaus geführt wurden, daß das Kolonialamt ihren Ideen nicht freundlich gesonnen war. Head hatte sie als treulose Verräter gebrandmarkt. Sie scheuten jetzt nicht mehr vor dieser Rolle zurück.

Das Jahr 1837 ließ sich wenig glücklich an. Wirtschaftliche Schwierigkeiten in England und in den Vereinigten Staaten machten sich bald auch in den Kolonien bemerkbar. Eine Mißernte in Upper Canada erhöhte die Not noch. Konkurse und Arbeitslosigkeit verstörten die Bevölkerung. Im Spätherbst brach in Lower Canada die Rebellion aus. Die Radikalen in Upper Canada sahen ihren Augenblick gekommen. Anfang Dezember sammelte Mackenzie einige Meilen nördlich von Toronto seine Leute, um auf die Hauptstadt zu marschieren und die Regierung an sich zu reißen. Reguläre Truppen traten ihm nicht entgegen, da alle nach Lower Canada abkommandiert waren. Doch sein Unternehmen war schlecht geplant und wurde ohne den nötigen Schwung durchgeführt. Mackenzie erwies sich als wenig begabter Generalstäbler. Durch einen Wechsel des Angriffsdatums brachte er seine Scharen in Verwirrung, und die Tories in der Stadt hatten Zeit zum Sammeln. Als schließlich eine 1000 Mann starke Milizeinheit gegen die schlecht bewaffneten und zahlenmäßig unterlegenen Rebellen gesandt wurde, brauchte es nur einige Salven, und den Kräften der Ordnung und des Beharrens war der Sieg beschieden. Mackenzie floh über die Grenze, und die Rebellion in Upper Canada war größtenteils vorüber.

Freilich gelang es Mackenzie, in den Vereinigten Staaten noch einige Anhänger zu sammeln, und das ganze Jahr 1838 hindurch stießen Störtrupps von dort in die Ontariohalbinsel vor, um Unruhe zu stiften. Doch die Regierung in Washington ergriff schließlich die Initiative und setzte dem Treiben ein Ende. Es war von Anfang an hoffnungslos gewesen. Schon in den Zielen hatten sich die Rebellen nicht einigen können. Die einen hatten nur die britische Regierung unter Druck setzen wollen, andere hatten Anschluß an die Vereinigten Staaten gesucht, wieder andere Unabhängigkeit erstrebt. Wenige nur hatten dem Griff zu den Waffen zugestimmt, noch weniger hatten ihn selbst getan. So war ein wichtigeres Resultat die Erkenntnis, daß die loyalen Kräfte viel stärker waren als die rebellischen. Ein Vielfaches an Miliz hatte sich über das ganze Land verstreut bereit gefunden, die Ordnung aufrechtzuerhalten. Sicher nur eine Minderheit der Bevölkerung war wirklich Freund der Tories. Aber die große Mehrheit wollte offenbar wenig von gewaltsamen Maßnahmen wissen und hatte kein Verlangen, mit der britischen Krone zu brechen.

Ähnliche Einsichten konnte man auch aus den Ereignissen in Lower Canada gewinnen. Durch die Abkehr der Gemäßigten und durch die Opposition des Klerus war Papineau eines guten Teils seiner Anhängerschaft verlustig gegangen. Er suchte wie Mackenzie in Upper Canada sein Heil in der Vorwärtsstrategie. Als 1837 das britische Parlament sich eindeutig gegen Selbstregierung und Wahl des Gesetzgebenden Rates in den Kolonien aussprach, waren die Radikalen auf das äußerste empört. Man sprach von Revolution, und hatte man auch so gut wie keine Pläne, so gelang es Papineau doch, durch das Feuer seiner Rede die Begeisterung hochlodern zu lassen. Seine Gefolgschaft organisierte sich als „Söhne der Freiheit" und hielt eine Reihe von Massenversammlungen ab. Die britisch Gesinnten bildeten ihrerseits einen bewaffneten Verband. Es brauchte nicht lange, bis in Montreal ein blutiger Streit zwischen Anhängern beider Lager ausbrach. Papineau und andere führende Frankokanadier verließen die Stadt, um weiteren Unruhen den Grund zu nehmen. Aber die Behörden fürchteten, er könnte im Land zur Rebellion aufrufen, und befahlen seine Verhaftung. Papineau floh daraufhin in die Vereinigten Staaten.

Die zurückgelassenen Anhänger wollten die Sache nicht so leicht aufgeben. In verschiedenen Dörfern sammelte man sich zum Gefecht. Ende November schlugen die „Patrioten", wie sie sich nannten, bei St. Denis eine Einheit regulärer Truppen zurück. Doch der Erfolg war kurzlebig. Die Regierung führte stärkere militärische Kräfte heran, und nach einigen Scharmützeln bei St. Charles und St. Eustache war im Dezember auch in Lower Canada die Revolution besiegt. Sie war nur in der Gegend von Montreal ausgebrochen, wo die ethnischen Gegensätze am stärksten waren. Aber auch hier hatten wie in Upper Canada der Mangel an guter Führung und entschlossene Gegenmaßnahmen einen Erfolg verhindert. Auch hier erwies sich die radikale Anhängerschaft als zu schwach. Und auch hier war es fraglich, ob alle Ruhewilligen wirklich der Château Clique in Quebec wohlgesonnen waren. Aber traditioneller Gehorsam gegenüber der Obrigkeit und der Kirche und der Widerwille gegen die amerikanische Alternative ließen dem Habitant einmal mehr Zurückhaltung als die klügste Politik erscheinen.

Union in Kanada

Welcher Art auch im einzelnen die Klagen gewesen sein mochten, die die Ursache der politischen Unruhe und schließlich der bewaffneten Revolte geworden waren, sie ließen sich zum größten Teil auf einen gemeinsamen Nenner zurückführen. Die existierende autoritäre Kolonialverwaltung mit ihren engen Interessencliquen war dem breiten Volk ein Ärgernis. Andererseits hatte der Ausgang der Rebellion gezeigt, daß das Volk radikalen Lösungen abhold war und die überkommene Bindung an das Mutterland nicht aufgeben wollte. Ein Mittelweg, wie der von William W. Baldwin, dem Vater Roberts, schon in den späten 1820er Jahren in einem Brief an die englische Regierung angedeutete, schien die richtige Antwort auf das Verfassungsproblem zu sein. Er hatte damals die Selbstverwaltung innerhalb des britischen Staatenverbandes vorgeschlagen. Die Befürworter dieser Lösung saßen freilich vor allem in Britisch-Nordamerika. Die Regierung in London ihrerseits konnte dieser Idee vorerst wenig Geschmack abgewinnen; sie vermochte nicht zu glauben, daß die Kolonien die einmal in innenpolitischen Dingen gewonnene Freiheit nicht dazu benutzen sollten, auf die Dauer überhaupt eigene Wege zu gehen.

Was konnte Selbstverwaltung unter den gegebenen Umständen bedeuten? Die ernsthaften Reformer verstanden darunter letzten Endes nichts anderes als die Übertragung des britischen Regierungssystems auf Nordamerika. In Großbritannien war das Kabinett abhängig vom Vertrauen des Parlaments. In den Kolonien sollte dementsprechend der Ausführende Rat die Rolle des Kabinetts vollends übernehmen und damit der auch jetzt schon gewählten Volksvertretung verantwortlich werden. Der Gesetzgebende Rat seinerseits konnte als Oberhaus fungieren. Der Gouverneur mußte die Stelle des Monarchen einnehmen, abseits der Parteigeschäfte und über den Auseinandersetzungen des Tages stehend. Mit einem Wort, die Mehrheit im Volkshaus sollte regieren.

Dieser Vorschlag wurde in den Kolonien immer lauter diskutiert.

Howe in Neuschottland propagierte ihn im „Nova Scotian". Robert Baldwin besuchte 1836 persönlich das Kolonialamt in London, um die zuständigen Autoritäten zu überreden, durch solche Reformen den Radikalen den Wind aus den Segeln zu nehmen. Er hatte wenig Erfolg vor den Schreibtischen der Behörde, aber er fand Ermutigung in den Kreisen Gleichgesinnter in der britischen Hauptstadt. Hier hatte sich seit einiger Zeit eine Gruppe aufgeschlossener Geister zusammengefunden, die als „Kolonialreformer" bekannt waren und in Abweichung von der offiziellen konservativen Linie einschneidende Maßnahmen zur konstitutionellen Erneuerung in den Kolonien empfahlen. Einer ihrer Verbündeten war der Earl of Durham, dem sein aktives Engagement den Beinamen „Radical Jack" eingetragen hatte. Durham und seine Freunde besaßen einigen Einfluß. Ihr Ziel war, in England den Wert der Kolonien wieder ins öffentliche Bewußtsein zu bringen und gleichzeitig auf konstruktive Maßnahmen zur Erhaltung des Besitzstandes hinzuwirken. Für diese Reformer waren die Kolonien eine mögliche Heimstatt für Briten, denen das übervölkerte Mutterland keinen Platz mehr bot. Statt des bisherigen Laissez-faire befürworteten sie eine organisierte Auswanderung, was gleichzeitig dem Aufbau einer gesunden Verwaltung in Übersee zugute kommen mußte. Selbstverwaltung dort, so meinten sie, würde nicht Lostrennung vom Mutterland bringen, sondern eine freiwillige Bindung, für die das persönliche Interesse das Bindeglied darstellen mußte. Enthielt man den Kolonien dieses Recht der britischen Bürger jedoch weiterhin vor, so stand zu erwarten, daß ihr Unabhängigkeitsstreben auf die Dauer nicht mehr zu kontrollieren sein würde und sie den 13 Atlantikkolonien nachfolgen würden. Der Tadel der Kolonialreformer richtete sich damit direkt gegen das Kolonialamt, und die Ereignisse des Jahres 1837 gaben ihnen offenbar in vielem recht.

Es war nicht zuletzt diese Haltung, die Durham im Jahre 1838 die Ernennung zum Generalgouverneur für Britisch-Nordamerika eintrug. Die schwache Whigregierung Lord Melbournes konnte neue Angriffe, die bestimmt aufgrund der Ereignisse in Kanada kommen mußten, kaum mehr überstehen. Es war kein ungeschickter politischer Schachzug, dem stärksten Kritiker Amt und Würde in den Kolonien zu verleihen. Man zeigte damit guten Willen und entfernte gleichzeitig einen gefährlichen Gegner, dem sogar Ambitionen auf das Amt des Regierungschefs nachgesagt wurden. Außerdem konnte die Erfahrung an Ort und Stelle den Einsichten Durhams nur förderlich sein. Doch nicht pure Taktik allein bestimmte die britische Regierung in ihrem Vorgehen. Durham erhielt den speziellen Auftrag, Nachforschungen über die Ursachen der kolonialen Spannungen anzustellen und das Ergebnis nach London zu berichten. Die Einsicht, daß etwas getan werden müsse, brach sich offenbar Bahn.

Der neue Generalgouverneur war trotz seiner Reformabsichten und demokratischen Überzeugungen nach außen ein hochfahrender Aristokrat. Nach Anlegen seines Schiffes in Quebec schritt er in glitzernder Galauniform über die Landebrücke, schwang sich auf einen feurigen Schimmel und begab sich mit Gefolge auf einen Umritt durch die Straßen seiner Hauptstadt, während am Kai ungezählte Kisten mit Silbergeschirr, Staatsgewändern und Wein ausgeladen wurden. Die biederen Bürger Quebecs konnten hierin die Vorzeichen einer glänzenden und selbstbewußten Herrschaft erblicken. Freilich brachte Durham nicht nur die äußeren Attribute seiner neuen Macht mit, sondern er hatte sich auch begleiten lassen von Männern, die gleich ihm gesonnen waren, in den Kolonien einen neuen Abschnitt der Geschichte zu beginnen. Unter diesen Mitarbeitern waren Charles Buller und Edward G. Wakefield vielleicht die bedeutendsten. Von ihnen stammten nicht nur mancherlei Ideen zur Verwirklichung der kolonialen Selbstverwaltung, sondern sie hatten auch entscheidenden Anteil an der endgültigen Abfassung des Durhamberichts.

Durham fand bei seiner Ankunft die eigentliche Revolutionsgefahr bereits abgeklungen. Die vereinzelten Überfälle in Upper Canada und ein örtlich begrenztes Scharmützel in Lower Canada waren Nachhutgefechte, die nur noch wenig Schrecken verbreiten konnten. Wegen der vorhergegangenen Unruhen war in Lower Canada die Verfassung vorläufig außer Kraft gesetzt worden, und Durham regierte durch einen Außerordentlichen Rat. Dies bedeutete praktisch, daß die französische Mehrheit ihrer Ausdrucksmöglichkeit in der Volksvertretung beraubt war. Der neue Generalgouverneur seinerseits wollte allen Verdacht, daß er wie seine Vorgänger nur ein weiterer Verbündeter der Château Clique sei, so schnell wie möglich zerstreuen. Eine sofortige Amnestie für alle der Teilnahme an der Rebellion von 1837 Angeklagten mit Ausnahme von Papineau und Mackenzie diente diesem Ziel. Nur acht bereits Verurteilte wurden ins Exil auf die Bermuda-Inseln geschickt. Es war tragische Ironie, daß gerade diese Geste der Versöhnung dann Durham infolge der Mißbilligung durch die Londoner Regierung bald seine Stellung kosten sollte.

In Upper Canada war die Verfassung noch in Kraft, und die Tories suchten ihre politischen Gegner, die sich ja nunmehr als Hochverräter erwiesen hatten, so lange wie möglich auszuschalten. Durhams Bestreben war auch hier, die Spannungen zu verringern. Seiner Überzeugung nach konnte dies am ehesten geschehen, wenn der Druck von der amerikanischen Grenze her beseitigt wurde. Er reiste deshalb persönlich nach Niagara, um britische Truppen und kanadische Miliz zu besichtigen und dadurch die Entschlossenheit seiner Regierung zur Abwehr künftiger Angriffe zu dokumentieren. Auf dem amerikanischen Ufer erstaunte er seine

Gastgeber durch Charme und Offenheit. Seine Reise erleichterte die Lösung einiger strittiger Grenzfragen in späteren Jahren, und den gemeinsamen Anstrengungen gelang in der Folge auch die Unterdrückung der
bewaffneten Überfälle auf kanadisches Gebiet.

In der Zwischenzeit sammelten Durhams Mitarbeiter das Material zu
dem von der britischen Regierung geforderten Situationsbericht. Als
Hauptinformationsquelle dienten dabei für Lower Canada die englisch
sprechenden Geschäftsleute. So selbstverständlich dies angesichts der Herkunft der Berichterstatter war, so bedauerlich war es für die Sache selbst.
Zu einseitig war die Blickrichtung dieser Minderheit, die in der französischen Volksgemeinschaft vor allem eine vom Klerus beherrschte und allem Fortschritt abholde, wirtschaftlich schwache Ansammlung von potentiell untreuen und renitenten Untertanen Ihrer Majestät sah, als daß sie
eine objektive Darstellung der wahren Lage hätte geben können. Ihre
Sicht fand Eingang in den endgültigen Bericht und hat in der Folge nicht
wenig Mißstimmung am unteren St. Lorenz verursacht. In vielem jedoch
präsentierte sich dieser 1839 fertiggestellte Report auch als ein mit Fleiß
und Streben nach Unparteilichkeit abgefaßtes Dokument, das nach vielen
Seiten Ausblick zu wahren versuchte und Robert Baldwins oberkanadi-
scher Meinung über die Selbstverwaltung ebenso Rechnung trug wie entsprechenden Betrachtungen in den Atlantikprovinzen, von woher Delegierte zu Durham nach Quebec gekommen waren.

Angesichts der kurzen Dauer von Durhams Amtszeit – er wurde wegen
Überschreitung seiner Kompetenzen in der Verbannungsangelegenheit
schon nach fünf Monaten wieder abberufen – erstaunt die Weite und Vielfalt der im Bericht angesprochenen Gegenstände. Die Übel des oligarchi-
schen Cliquenwesens wurden ebenso angeprangert wie die Mißstände bei
der Landvergabe und die einseitige Privilegierung der englischen Hochkirche. Es war schon damals zweifelhaft, ob den Frankokanadiern in dem
Report volle Gerechtigkeit widerfuhr; aber eindeutig klar wurde auf jeden
Fall, daß sich fast alle Schwierigkeiten in Lower Canada auf das Vorhandensein zweier verschiedener Volksgruppen reduzieren ließen. Darüber
hinaus befaßte sich der Bericht mit Einwanderungs- und Erziehungsfragen, mit Problemen des Kanalbaus und der Justiz, der örtlichen Selbstregierung und der Finanzen. Er ist noch heute eine Quelle der Information
über die Zustände in Britisch-Nordamerika zur Abfassungszeit. Aber
Durham ging über bloße Berichterstattung hinaus. Eine Fülle von Anregungen und Verbesserungsvorschlägen sollten der Regierung in London
die Möglichkeit geben, konkrete Reformen in Nordamerika durchzuführen. Drei Kernpunkte wurden hierbei als besonders wichtig herausgestellt.
Die Regierungen in den Kolonien sollten künftig den Volksvertretungen

verantwortlich sein; London sollte sich der Einmischung in Angelegenheiten von nur lokaler Bedeutung in Zukunft enthalten; und Upper Canada sollte mit Lower Canada zu einer Provinz zusammengefaßt werden.

Die Idee der parlamentarischen Kontrolle wurde von Durham nicht voll ausgeführt. Der Bericht empfahl nicht eigentlich das volle Kabinettsystem, wie es sich in Großbritannien in den letzten Jahrzehnten herausgebildet hatte. Er legte vielmehr noch verhältnismäßig starken Einfluß in die Hände des Gouverneurs, der die Richtlinien der Politik zu bestimmen hatte. Aber zur Durchführung dieser Politik sollte der Gouverneur in seinen Ausführenden Rat nur Persönlichkeiten aufnehmen, die das Vertrauen der Volksvertretung besaßen. Wenn Durham somit den Schritt zur Selbstverwaltung auch nicht ganz tat, so befürwortete er dennoch eindeutig eine größere Entscheidungsmacht der Kolonisten. Er sprach die Überzeugung aus, daß die Kanadier politisch reif genug seien für solch ein Zugeständnis. Die neue Freiheit würde ihnen das Verlangen nach Unabhängigkeit nehmen und vielmehr ihrer Treue zur Krone ein neues Stimulans sein.

Eine notwendige Konsequenz dieses Vorschlages war, daß das Hineinregieren in die Kolonien von London aus auf ein Mindestmaß beschränkt werden mußte. Bisher hatte die britische Regierung die Ansicht vertreten, daß der Gouverneur und seine Exekutive stets in der Lage sein mußten, notfalls auch Maßnahmen gegen den Willen der Mehrheit in der Volksvertretung durchzuführen. Durhams Beschreibung der Folgen dieser Haltung war eine ätzende Kritik an der bisherigen Politik. Der chronische Konflikt zwischen Exekutive und Volkshaus wie auch die Tendenz der Gouverneure, ihrer Verantwortung durch Weiterschieben der Probleme nach London aus dem Weg zu gehen, wurden angeprangert. Der Bericht zeigte, wie die häufigen Wechsel auf den Gouverneursstühlen sowie der allenthalben zu Tage tretende Mangel an Kenntnis und Verständnis notwendig die Arbeit der britischen Regierung beeinträchtigte und den kolonialen Angelegenheiten schadete. Wieviel besser mußte es sein, die Intervention des Mutterlandes auf das wirklich Wichtige zu beschränken! Darunter mochten fallen Verfassungsfragen, die Beziehungen zu anderen Staaten, Außenhandel und möglicherweise die Bodenpolitik. Aber ansonsten schien es ratsam, den Siedlern freie Hand zu lassen.

Der dritte Punkt der Empfehlungen war das Überbleibsel eines größeren Konzepts, das Durham zu Beginn seiner Amtszeit vertreten hatte. Er hatte gemeint, daß es von Vorteil sein müsse, ganz Britisch-Nordamerika in einer Gesamtföderation zusammenzufassen. Die an Ort und Stelle gewonnene Einsicht in die Lage ließ ihn von diesem Gedanken bald wieder abkommen. Zum einen war die Verbindung zwischen den Provinzen am

Atlantik und Kanada zu schlecht, als daß vorderhand Fruchtbares von einer Union zu erhoffen gewesen wäre. Zum anderen aber erschienen ihm immer mehr die ethnischen Unterschiede in Kanada als das Kernproblem, und eine Föderation auf Grund der existierenden Provinzen, wobei Lower Canada seine Grenzen wahren würde, konnte so gut wie nichts zur Lösung beitragen. Durham griff praktisch den bald acht Jahrzehnte alten Plan wieder auf, das Übel an der Wurzel zu packen. Die französische Mehrheit mußte gebrochen werden. Eine Absorption der Franzosen in einer größeren politischen Einheit würde nicht nur ihrer politischen Obstruktion ein Ende bereiten, sondern auch die Bahn öffnen für wirtschaftlichen Fortschritt. Eine aktive Einwanderungspolitik würde dann möglich werden; das St. Lorenzsystem könnte zügig ausgebaut werden, und die Ontariohalbinsel würde direkten Zugang zum Meer erhalten; der ständige interprovinzielle Streit würde ein Ende finden. Kurz, Durham empfahl die Vereinigung von Lower und Upper Canada zu einer einzigen Provinz. Diese Empfehlung machte die in dem Bericht sich ausdrückende Begeisterung für die Selbstverwaltung erst voll verständlich. Die Union der beiden kanadischen Provinzen mußte die französische Bevölkerungsgruppe in die Minderheit bringen. Auf diese Weise mußte die parlamentarische Kontrolle in den Händen der Engländer ruhen, und alles würde sich zum Guten wenden. Durham war als guter Sohn seines Landes überzeugt, daß die Überlegenheit der britischen Kultur und der britischen Ideen auf die Dauer ihre Wirkung auf die Franzosen nicht verfehlen konnten, gab man dem britischen Wesen nur erst einmal die Möglichkeit zur vollen Einwirkung.

Es konnte nicht verwundern, daß man in Französisch-Kanada von Durhams Betrachtungen wenig angetan war. Die Angriffe auf ihre Daseinsart und die offen ausgesprochene Absicht der Anglisierung erboste die Frankokanadier auf das äußerste. Ihr Zorn ließ sie wieder näher zusammenrükken und zeigte, wie wenig Aussicht im Grunde bestand, das französische Selbstbewußtsein in naher Zukunft zu brechen. Aber auch auf anglokanadischer Seite war man von dem Bericht nicht ausschließlich begeistert. Lediglich die Reformgesinnten, an ihrer Spitze Robert Baldwin, bejubelten ihn. Die Tories der Familiencliquen in beiden Provinzen erzürnten sich über den Angriff auf ihre Vormachtstellung. Die britische Regierung ihrerseits sah wenig Möglichkeit, zwischen Angelegenheiten von allgemeinem Interesse für das Reich und solchen von nur örtlicher Bedeutung zu scheiden. Lord Russell, der leitende Beamte im Kolonialamt, wies mit scharfer Logik darauf hin, daß ein Gouverneur nicht gleichzeitig zwei Herren dienen könne, nämlich der Volksvertretung in der Kolonie und der Regierung in London. Das Ergebnis war, daß man vorderhand dem Bericht in der Frage der Selbstverwaltung der Provinzen nicht folgte. Diese

Vorschläge wurden offiziell fallen gelassen, was freilich nicht bedeutete, daß ihre Ideen damit aus der Tagesdiskussion verschwanden. Besonders auch in Großbritannien waren die Probleme der transatlantischen Kolonien nun ins Bewußtsein gerückt, und die Zeit arbeitete schneller für die Verwirklichung der meisten konstruktiven Vorschläge, als es zuerst den Anschein hatte.

Weniger problematisch, ja in der Tat erstrebenswert erschien dem Kolonialamt die Union der beiden kanadischen Provinzen. Wenn auf diese Weise die französische Frage aus der Welt geschafft werden konnte, so war man gerne zu einigen administrativen Anstrengungen bereit. 1840 verabschiedete das britische Parlament den Act of Union und schuf damit im nächsten Jahr die vereinigte Kanadische Provinz (Province of Canada). Der Verwaltungsaufbau entsprach dem der früheren Einheiten, die nun als Canada East und Canada West firmierten. Ein Gouverneur und sein Ausführender Rat oblagen den Regierungsgeschäften; ein vom Gouverneur ernanntes Oberhaus, der Gesetzgebende Rat, und die das Unterhaus bildende gewählte Volksvertretung befaßten sich mit der Gesetzgebung. Der Kniff war, daß man beiden Teilprovinzen mit je 42 Delegierten in der Volksvertretung die gleiche Repräsentation gab, obwohl die französischsprachige Bevölkerung von Canada East noch beträchtlich überwog. Jeweils gleiche Delegiertenzahl aber brachte notwendig eine englische Mehrheit im Volkshaus, da ja auch englischsprachige Bürger aus Canada East vertreten waren. Diese Taktik war zu plump, als daß sie auf der französischen Seite etwas anderes zeitigen konnte als Empörung. Weit entfernt davon, sich friedlich absorbieren zu lassen, fühlten sich die Frankokanadier nun mehr denn je veranlaßt, sich gegenüber der Benachteiligung und Gefahr zusammenzuschließen und ihr Recht zu verlangen. In radikalen frankokanadischen Kreisen ist es daher heutzutage üblich, das Leben in der vereinigten Provinz als die Koexistenz von „zwei Skorpionen in einer Flasche" zu sehen. Demgegenüber betonen versöhnlichere Historiker die Tatsache, daß die auf die Vereinigung folgende Erringung der parlamentarischen Kontrolle der Regierung nur durch die politische Kooperation beider ethnischer Gruppen möglich wurde und daß die vereinigte Provinz überhaupt den Beginn des in der Konföderation dann fixierten friedlichen bikulturalen Zusammenlebens bedeutete.

Selbstverwaltung in den Kolonien

In Kanada wie in den Atlantikkolonien reifte während der 1840er Jahre vollends der weiter südlich ja schon länger erfüllte Wunsch, größeren

Anteil an der Leitung der eigenen Geschicke zu haben. Dies war vor allem auch ein Ziel, wonach in der vereinigten Provinz Engländer und Franzosen gemeinsam streben konnten. Durham hatte die Selbstverwaltung verlockend genug ausgemalt, und die Gefahr, daß die zwei Seiten unterschiedlichen Gebrauch von ihr machen würden, konnte in Kauf genommen werden. Unter den Reformgesinnten beider Volksgruppen entdeckten neu auftretende Führer allmählich, wie mächtig eine vereinte Front gegen die wohlverteidigten Interessen der herrschenden Schicht sein konnte. Bei den Engländern in Canada West gewann Francis Hincks mit solchen Ideen immer mehr Profil. Hincks war ein junger Gefolgsmann Robert Baldwins und machte sich als Herausgeber eines kritischen Blattes, des „Examiner", seit 1838 einen Namen. Louis-Hippolyte LaFontaine war der neue Mann auf französischer Seite, ein brillanter Jurist, der seinen Landsleuten zur Mäßigung riet und empfahl, aus dem Gegebenen das Beste herauszuschlagen, anstatt sich in fruchtloser Opposition zu verbrauchen. Und dieses Beste konnte erreicht werden in Koalition mit den Reformern auf englischer Seite. In der sich solchermaßen formierenden Reformkoalition wurde ein Vorläufer der späteren liberalen Partei geboren.

Diese politische Gruppierung war eine Entwicklung der vierziger Jahre. Schon bevor sie sich abzeichnete, kam 1839 mit Charles E. P. Thomson ein energischer und bei allem Optimismus der Wirklichkeit nahestehender Generalgouverneur ins Land. Schon ein Jahr nach seiner Ankunft wurde er für seine Verdienste beim Zusammenschluß der beiden Provinzen mit dem Titel eines Lord Sydenham belohnt. Lower Canada, das als Folge der Ereignisse von 1837 ja noch immer von dem Außerordentlichen Rat regiert wurde, hatte sich der Union ohnehin nicht entgegenstellen können. Die Volksvertretung von Upper Canada hatte er gewonnen durch das Versprechen üppiger Regierungsinvestitionen und die Aussicht, daß in der neuen Provinz das finanziell kaum belastete Lower Canada an der enormen, meist aus den Kanalbauten herrührenden Schuld von Upper Canada mitzutragen haben würde. Sydenham wurde somit der erste Generalgouverneur der vereinigten Provinz und konnte an die Erfüllung seiner weiteren Aufgabe gehen, nämlich den Kanadiern das neue Arrangement schmackhaft zu machen, ohne daß ihnen Selbstverwaltung gewährt wurde.

Einen kleinen Schritt war das Kolonialamt freilich schon 1839 den kanadischen Erwartungen entgegengekommen. In zwei Instruktionen vom Oktober dieses Jahres wollte Lord Russell zwar das Recht der letzten Entscheidung der Regierung in London vorbehalten, zeigte sich aber zu Modifikationen der Verhältnisse in den Provinzen bereit. Dem Gouverneur wurde freie Hand gegeben, die von ihm ernannten Ratsmitglieder nach seinem Gutdünken auszuwechseln; mit anderen Worten, die Ernennungen galten nicht mehr auf Lebenszeit. Sydenham war der Mann, hiervon Gebrauch zu machen. Die erste Konsequenz war, daß die Herrschaft der verfilzten Familienverbände stark geschwächt wurde und die Oligarchen in der Folge eine weit weniger einflußreiche Rolle spielten als ehedem. Von vielleicht noch größerer Bedeutung aber war, daß die neue Bestimmung den Weg öffnete zu einer Entwicklung, an deren Ende die Kontrolle der Exekutive durch die parlamentarische Mehrheit stehen konnte. Sobald der Gouverneur nämlich willens war, nur solche Mitglieder in seinen Exekutivrat, das heißt in die Regierung zu berufen, die das Vertrauen der Volksvertretung besaßen, war praktisch die Parallele zum parlamentarischen System im britischen Mutterland hergestellt. Sydenham selbst zeigte sich freilich noch nicht gesonnen, diesen Weg voll zu gehen. Für ihn war der Ausführende Rat vor allem ein Beirat, der ihm die Verantwortung gegenüber dem Kolonialamt in London schlechterdings nicht abnehmen konnte. Aber Sydenham war immerhin bereit, auf den Volkswillen zu hören. Da seine Anstrengungen ohnehin darauf ausgerichtet waren, den Ruf nach Selbstverwaltung möglichst nicht laut werden zu lassen und damit zusammenhängende Unruhen zu vermeiden, war sein Ministerium in der Praxis der Stimmung im Parlament angepaßt. Sydenham steuerte somit einen Mittelkurs, der gelegentlich einem Balanceakt bedenklich nahekam. Ob er diesen Versuch, zwei Seiten gerecht zu werden, auf die Dauer gemeistert hätte, bleibt eine unbeantwortbare Frage. Im Herbst 1841 starb er vorzeitig an den Folgen eines Reitunfalls. Sein Nachfolger trat kein leichtes Erbe an.

Dieses Erbe wurde noch erschwert durch den kurz zuvor erfolgten Regierungswechsel in London. Die Tories und mit ihnen Lord Stanley als Nachfolger Russells im Kolonialamt waren mehr noch als die Whigs entschlossen, die Hand am Zügel zu behalten. Sir Charles Bagot, der neue Generalgouverneur für Britisch-Nordamerika, wurde entsprechend instruiert und angehalten, im Zweifelsfall eher dem etablierten Familienverband als den Reformern Unterstützung zukommen zu lassen. Jenseits des Atlantiks entdeckte Bagot freilich bald, daß mit solchen vorgefaßten Absichten wenig Nutzbringendes in den Kolonien auszurichten war. Immer deutlicher zeichneten sich in den politischen Kreisen der vereinigten Provinz Parteilinien ab, was bedeutete, daß Sydenhams System der persönlichen Bindung einzelner herausragender Führer an den Gouverneur nicht mehr richtig funktionieren konnte. Der Rückhalt, den die kanadischen Tories dem Gouverneur nun geben konnten und auch wollten, war zahlenmäßig zu schwach, als daß eine konstruktive Politik dadurch möglich gewesen wäre. Baldwin und sein Reformflügel hatten in der Entwicklung

seit 1839 klar die Tendenz zum parlamentarischen System erkannt und
waren nicht mehr willens, sich mit weniger zu begnügen. Die Franzosen
vollends zeigten sich als solider Block, dem liberale Errungenschaften
weniger ein Ziel in sich selbst bedeuteten als vielmehr ein Mittel zur
Wahrung der eigenen Interessen gegenüber den offiziellen und inoffiziellen
Anglisierungsbestrebungen.

Bagot sah richtig, daß unter den gegebenen Umständen keine Regierung mehr ohne die Unterstützung der Franzosen auskommen konnte. So
forderte er LaFontaine zum Eintritt in die Regierung auf. LaFontaine seinerseits war ein zu kluger Politiker, um diese Chance nicht nach Möglichkeit auszubeuten. Er bestand darauf, daß auch Baldwin Kabinettsmitglied
werden müsse. Nach einigem Zögern stimmte der Generalgouverneur zu.
Insgesamt fünf Reformgesinnte traten im Herbst 1842 in das neue Kabinett ein. Dies war ein weiterer Schritt in Richtung auf das parlamentarische System, wenn auch vorerst die Entscheidung des Gouverneurs noch
den Ausschlag gab.

Schon bald wurde jedoch deutlich, daß der Übergang vom autoritären
zum demokratischen System noch nicht vollzogen war. Eine Krankheit,
der er wenig später erlag, ließ Bagot im Frühjahr 1843 sein Amt aufgeben.
Sein Nachfolger war der bisherige Gouverneur von Jamaica, Sir Charles
Metcalfe. Seine grundsätzliche Einstellung und seine Erfahrungen im Ko-
lonialdienst bestimmten ihn, keine weiteren Zugeständnisse auf Kosten
der obrigkeitlichen Autorität mehr zu machen. Die Auseinandersetzung
ließ nicht auf sich warten. Die Reformer versuchten, die Konsequenz aus
der bisherigen Entwicklung zu ziehen und verlangten, daß die Regierung
künftig das Recht haben sollte, alle Beamtenernennungen zu bestätigen.
Als der Gouverneur sich diesem Ansinnen versagte, trat das Kabinett
zurück, und die Volksvertretung mißbilligte Metcalfes Haltung. Der Gouverneur löste daraufhin kurzerhand die Versammlung auf. Der Wahlkampf des Jahres 1844 war stürmisch und wurde oft unfair geführt. Das
konservative Element beschuldigte die Reformer und insbesondere Baldwin persönlicher Macht- und Habgier und stellte deren als anarchistisch
gebrandmarktem Streben die eigene Liebe zur Ordnung und Recht entgegen. Der Erfolg blieb nicht aus. Im französischen Canada East wählte man
freilich reformgesinnt, aber insgesamt trugen Metcalfes Anhänger einen
knappen Sieg davon.

Es schien, als ob das alte System Urständ feierte. Doch praktisch zeigte
es sich, daß Metcalfe auch jetzt auf die Unterstützung der Volksvertretung
angewiesen war. Das neue Ministerium, das für die nächsten zwei Jahre
ins Amt kam, setzte sich aus konservativen Mitgliedern zusammen, die
das Vertrauen der Mehrheit besaßen. Der Gouverneur mußte ihren Vor-

schlägen folgen, wenn er überhaupt den Anschein der Autorität wahren wollte.

Die Zeit arbeitete in zweifacher Hinsicht für die Reformer. Zum einen schwang das Pendel der öffentlichen Meinung in den späten vierziger Jahren angesichts der wenig fähigen Toryregierung immer mehr auf die liberale Seite zurück, so daß man schließlich sogar die Gefahr einer neuen Rebellion zu spüren glaubte. Grundsätzlich noch wichtiger wurde für die Verhältnisse in Nordamerika aber die politische Entwicklung in Großbritannien selbst. Die Reformen von 1832 hatten dort die allgemeine Stimmung nicht beruhigt. Vom rein konstitutionellen Sektor hatte sich die Unzufriedenheit nun auf das wirtschaftliche Gebiet verlagert, wo insbesondere der Schutz, den die Getreidegesetze den Großgrundbesitzern auf Kosten breiter Bevölkerungsschichten boten, Zielscheibe der Kritik wurde. Als 1846 schließlich die Getreidegesetze fielen, war dies der Beginn einer Reihe von Maßnahmen, die binnen weniger Jahre das gesamte merkantilistisch orientierte Handelssystem beseitigten. Die Ära des Freihandels begann und damit auch eine neue Haltung den Kolonien gegenüber. Das Argument gegen ihre Selbstverwaltung war ja bisher gewesen, daß die Londoner Regierung im Interesse des kolonialen Handelssystems auf Einflußnahme nicht verzichten konnte. Jetzt, da dieses System gefallen war, verschwanden auch die Argumente für die autoritäre Gängelung.

Dazu kam, daß mit Lord Grey ein neuer Mann ins Kolonialamt einzog, der empfänglich war für die Ideen der Kolonialreformer und sich der Einsicht nicht verschloß, daß die Entwicklung in den nordamerikanischen Kolonien zum parlamentarischen System hin drängte. Bereits Ende 1846 instruierte er den Gouverneur von Neuschottland in einer Depesche, ,,daß es weder möglich noch erwünscht ist, die Regierung in irgendeiner der Provinzen Nordamerikas im Gegensatz zum Willen der Bewohner auszuüben". Anfang 1847 übernahm Lord Elgin anstelle Metcalfes den Posten des Generalgouverneurs. Er war ein Schwiegersohn Durhams und als Anhänger von dessen Schule entschlossen, nunmehr das Nötige zu tun. Die Wahlen des Jahres 1848 boten die Gelegenheit dazu. Elgin, der sich aller Parteinahme im Wahlkampf enthielt, zögerte nicht, der siegreichen liberalen Mehrheit den Auftrag zur Regierungsbildung zu geben. Baldwin und LaFontaine formten ein Kabinett, und erstmals in der Geschichte der St.-Lorenz-Kolonien übernahm somit eine politische Partei die volle Regierungsverantwortung.

Schon bald war es möglich, die Ernsthaftigkeit des Willens der Obrigkeit und speziell Elgins zu prüfen. Noch unter Metcalfe war ein Gesetz angenommen worden, das Ersatz für Schäden in Canada West aus der Rebellion von 1837 vorsah. Es war nur fair, daß 1849 ein entsprechendes

Gesetz auch für Canada East eingebracht und angenommen wurde. Den Tories allerdings schien dieses Gesetz (Rebellion Losses Bill) zu weit zu gehen, und sie drängten Elgin, die Unterschrift zu verweigern. Der Gouverneur unterschrieb trotzdem. Ein Steinhagel auf seine Kutsche in Montreal zeigte ihm das Ausmaß der konservativen Wut; Plünderung und Brandstiftung im Parlamentsgebäude erwiesen, daß noch nicht in allen Kreisen demokratisches Bewußtsein die Oberhand gewonnen hatte. Elgin schwankte jedoch nicht, und in der Folgezeit wurde klar, daß die Gefühle des Montrealer Mobs nicht die der Mehrheit der Bevölkerung waren. Die Ausschreitungen konnten zu guter Letzt als ein Nachhutgefecht für eine verlorene Sache abgetan werden.

Die Entwicklung in der vereinigten Provinz war keine isolierte Bewegung. Auch in den atlantischen Kolonien verlangte man immer lauter nach dem Recht, seine Verhältnisse selbst zu ordnen. Neubraunschweig erlebte einige politische Auseinandersetzungen, die in der Hauptsache um die Kontrolle der Einkünfte aus dem Holzhandel der Kronländereien gingen. Die Volksvertretung beanspruchte diese Haupteinnahmequelle der Provinz für sich; die mit dem Gouverneur verbündete Oligarchie stemmte sich dagegen. Eine Petition der Versammlung erhielt 1833 in London Gehör, und im Jahre 1837, rechtzeitig, um größere Unruhen zu vermeiden, übertrug das Kolonialamt die Kontrolle aller öffentlichen Einkünfte auf die Volksvertretung. Die Gegengabe war eine Zivilliste, mit der die Beamtengehälter auf Dauer gewährt wurden. Da künftig das Volk auch im Exekutivrat vertreten war, gab es nicht mehr viel Beanstandenswertes. Obwohl das Parlament sich 1846 für die Einparteienregierung aussprach, regierten noch eine Weile Koalitionen, die sich aus Tories und Reformern zusammensetzten. Erst nach einem überwältigenden Wahlsieg bildeten 1854 die Reformer allein ein Kabinett, das nun dem Parlament voll verantwortlich war.

Die Lage auf der Prinz-Eduard-Insel war wegen der ungelösten Landfrage komplizierter. Da man das Land zur eigenen Nutznießung – oder zur eigenen Spekulation – selbst besitzen wollte, gingen die Anstrengungen der Volksvertretung dahin, die abwesenden Großgrundherren zur Rückgabe ihres Besitzes an die Krone zu veranlassen. Oligarchie und Versammlung hatten in diesen fremden Feudalherren einen gemeinsamen Gegner, was den Streit untereinander in den Hintergrund treten ließ. Als daher 1851 das erste dem Parlament verantwortliche Ministerium gebildet wurde, war dies fast eher eine Folge von Greys Anregungen als eine Frucht des anders nicht zu befriedigenden Volksbegehrens. Dringlicher empfand man die Notwendigkeit der parlamentarischen Regierungskontrolle in Neufundland. Die Herrschaft der Admirale war 1825 vollends zu Ende gegan-

gen, als der erste zivile Gouverneur ernannt wurde. Eine Delegiertenver-
sammlung vertrat ab 1833 die Interessen des Volkes, und von hier aus rief
man ab Mitte der vierziger Jahre nach Einführung des parlamentarischen
Systems, das 1854 denn auch gewährt wurde.

Vielleicht etwas weniger heftig, aber mit gleicher Ausdauer und Zielstrebigkeit wie in Kanada kämpfte man in Neuschottland um das Recht
der Selbstbestimmung. Howe attackierte in seinem „Nova Scotian" seit
1828 die eigensüchtige Politik des neuschottischen Familienverbandes.
Howes weiterreichendes Ziel war ebensowenig wie das der kanadischen
Reformer die völlige Unabhängigkeit, sondern vielmehr ein von der
freien Entscheidung aller seiner Bürger, auch der in den Kolonien, getra-
genes britisches Reich. Diese Vision mußte ihm notwendig die Feindschaft der Oligarchie eintragen. 1835 wurde seine Zeitung vor Gericht
gebracht. Die Werbewirkung dieser Verfolgung und sein großes redneri-
sches Talent gewannen Howe viele Anhänger und 1836 einen Delegierten-
sessel in der Volksvertretung. Er wurde bald als Führer der Reformbewegung anerkannt, deren unmittelbares Ziel nun immer mehr die Trennung
des immer noch in Personalunion herrschenden Legislativ- und Exekutiv-
rates war. 1837 gab das Kolonialamt diesem Verlangen nach. Der
Triumph der Reformer war um so größer, als gleichzeitig außerdem verfügt wurde, daß vier der Mitglieder des Exekutivrats künftig von der
Versammlung zu wählen seien.

Obwohl dank dieser Teilerfolge in Neuschottland keine gewaltsame
Revolution ausbrach, spürte die Provinz eine Weile die Reaktion auf die
anderweitigen Unruhen des Jahres 1837. Aber der einmal beschrittene
Weg wurde nicht wieder verlassen. Lord Durhams Bericht wurde von den
Reformern mit großem Jubel empfangen. Als Russell sich gegen die darin
ausgesprochenen Prinzipien wandte, antwortete ihm Howe in vier offenen
Briefen mit der Ansicht, daß im Gegenteil Freiheit die Bindung an das
Reich nur stärken würde. Russells Instruktion von 1839, die dem Gouver-
neur erlaubte, mißliebige Ratsmitglieder auszuwechseln, wurde von
Howe in gleicher Weise wie von Baldwin in Kanada als das Mittel zur
Verwirklichung parlamentarischer Kontrolle begrüßt. Seine Attacken auf
den Gouverneur, der den Exekutivrat nicht entsprechend der Versamm-
lungsmehrheit auswählen wollte, führten sogar zur Ablösung desselben.
Lord Sydenham überredete Howe zwar zur Teilnahme an einer Koali-
tionsregierung, aber der wackere Streiter verließ das Kabinett schon 1843
wieder. Der endliche Erfolg kam mit Lord Greys Amtsübernahme. In den
neuschottischen Wahlen von 1847 errangen die Reformer einen überwältigenden Sieg, und 1848 wurde die erste Regierung gebildet, die ausgesprochen von der parlamentarischen Mehrheit abhing. Neuschottland erreich-

te somit die Selbstregierung noch zwei Monate früher, als sie in Kanada Wirklichkeit wurde. Es konnte gewissermaßen als Modell dienen, nicht nur in den britischen Kolonien auf dem nordamerikanischen Kontinent, sondern auch am Kap und in Australien, wo man überall binnen weniger Jahre diesem Beispiel folgte.

Der Nachbar, der Westen und die Eisenbahn

Das Jahr 1837 war so etwas wie ein Scheitelpunkt im politischen Denken der englischen Kolonien in Nordamerika. Nicht ganz zu Unrecht hatten konservative Kreise, besonders in Upper Canada, die liberal gesinnten Reformer der Sympathie mit dem amerikanischen System geziehen. Gar mancher Rufer nach Unabhängigkeit vom britischen Joch oder von dessen recht selbständig gewordenen Handlangern wäre nicht abgeneigt gewesen, dafür die amerikanische Freiheit zu akzeptieren. Der Ausgang der Rebellion ließ solche Ideen jedoch allmählich ersterben, denn es zeigte sich, daß die große Masse der Bevölkerung loyal britisch gesinnt war. Hinfort strebte man weder das Aufgehen in den Vereinigten Staaten noch die Assimilation der kanadischen Regierungsform an die amerikanische an, sondern man suchte nach einer eigenen Formel für ein Leben innerhalb des britischen Reichsverbandes.

Dies bedeutete freilich in keiner Weise, daß man mit dem mächtigen Nachbarn im Süden nicht zu rechnen gehabt hätte. Wohl war die Gefahr der Annexion seit dem Frieden von 1814 geringer geworden, aber verschwunden war sie noch lange nicht. Die Amerikaner redeten sich immer mehr in den Glauben, daß es ihre manifeste Mission sei, den nordamerikanischen Kontinent zu beherrschen. Wenn sie ihre Kräfte auch vor allem in Richtung Texas oder Kalifornien erprobten, so war man doch nie sicher, ob nicht auch der Norden ein Gebiet sein konnte, in dem sie sich anschicken würden, Gottes Willen zu erfüllen. Mackenzie und Papineau, die geflohenen Rebellenführer, fanden Sympathie und mancherlei Hilfe, als sie daran gingen, eine Befreiungsarmee zum Marsch nach Kanada aufzustellen. Zwar wollte die Regierung in Washington nach Möglichkeit Konflikte vermeiden, aber ihr Einfluß gerade in den Gebieten nahe der Grenze war nicht groß. 1838 konstituierte sich in Ohio sogar eine republikanische Exilregierung für Kanada samt Notenbank und eigener Armee. Wenn auch die Angriffe über die Grenze wenig erfolgreich waren, so hatten sie doch zur Folge, daß auch die Kanadier sich durch gelegentliche präventive Übergriffe zu schützen suchten, was die feindselige Stimmung weiter anheizte. Als die Grenze Ende 1838 wieder befriedet war, blieb somit auf beiden Seiten Animosität zurück. Die Lösung anderweitig schon länger anstehender Fragen schien nunmehr dringlich, sollte Unheil verhütet werden.

Eines der dornigsten Probleme war die Grenze zwischen dem amerikanischen Staat Maine und Neubraunschweig. Der Friedensvertrag von 1783 hatte sich in der Bestimmung der Demarkationslinie auf geographische Angaben gestützt, die der Nachprüfung an Ort und Stelle nicht standhielten. Ungesicherte Flußnamen und nicht vorhandene Hügelketten machten jede Übereinkunft auf dieser Grundlage unmöglich, so daß auch der 1827 als Schiedsrichter angerufene König der Niederlande die Parteien nicht zu einem Kompromiß bewegen konnte. Andererseits erheischten voranschreitende Besiedlung und kommerzielle Nutzung eine baldige Übereinkunft, begannen Anlieger doch schon 1839 im sogenannten Arostookkrieg, ihren Anspruch auf das strittige Gebiet mit der Waffe zu verteidigen. Ernsthafte Verhandlungen zwischen den USA und Großbritannien führten dann schließlich zu dem nach den Unterhändlern benannten Webster-Ashburton-Vertrag von 1842. Ein Großteil der Region wurde zu Maine geschlagen, eine Bestimmung, die später die Eisenbahnführung von Quebec nach Neubraunschweig wesentlich erschwerte. Der Rest verblieb bei Neubraunschweig. Die öffentliche Meinung in beiden Ländern verschrie in bemerkenswerter Harmonie den Kompromiß als einen Ausverkauf der nationalen Interessen, ein Zeichen, daß er so ungerecht wohl nicht war.

Gut wäre es gewesen, hätte man gleichzeitig auch die Oregongrenze abgesteckt. 1818 war der 49. Breitengrad als Grenze bis zu den Rocky Mountains festgelegt worden. Das sogenannte Oregongebiet zwischen Alaska und Kalifornien war vorerst gemeinsam besetzt worden. Auf die Dauer zeigten sich die Vereinigten Staaten bereit, den 49. Breitengrad auch über das Gebirge hinüber bis zum Pazifik als Scheidelinie anzuerkennen, wohingegen Großbritannien den Columbia als Grenzfluß vorschlug. Die Debatte wurde hitzig, als Siedler über die Berge zu steigen begannen und sich das Gebiet, das vorher dem Pelzhandel der Nor'Wester und dann der Hudsonbaigesellschaft allein gehört hatte, nutzbar zu machen begannen. Diese Siedler bildeten 1843 eine provisorische Regierung und strebten die Union mit den Vereinigten Staaten an. Als ein Washingtoner Vorschlag, dem 49. Breitengrad zu folgen, in London abgelehnt wurde, begann man in den USA mit Kriegsvorbereitungen. Das Säbelgerassel machte Großbritannien williger, und 1846 stimmte es schließlich dieser Grenzziehung zu, erhielt aber dazu die gesamte Vancouver-Insel. Damit war im großen und ganzen die Grenze zwischen republikanischem und britischem Gebiet abgesteckt.

Alle diese Verhandlungen wurden von der britischen Regierung geführt, die sich wohl gelegentlich koloniale Meinungen anhörte, sich in
ihrer Entscheidung von diesen jedoch nicht notwendig bestimmen ließ.
Am St. Lorenz wie in den atlantischen Provinzen war man darüber nicht
sehr glücklich. Das Gefühl nistete sich ein, daß Großbritannien mehrfach
die kolonialen Interessen für den Preis eines besseren Einvernehmens mit
den USA geopfert habe. In Zukunft – dieser Gedanke fraß sich nun fest –
wollte man nicht nur in inneren Angelegenheiten Selbstbestimmung haben, sondern auch nach außen hin. Und noch eine Lehre konnte man aus
den Grenzproblemen ziehen. Amerikanische Siedlung hatte im Oregongebiet den Vorteil auf die amerikanische Seite verlagert. Wollte man ähnliches künftig vermeiden, so war es sicher tunlich, der nach allen Seiten
drängenden amerikanischen Landnahme entlang des 49. Breitengrades kanadische Siedlung entgegenzusetzen. Eine große Aufgabe für die nächsten
Jahrzehnte zeichnete sich hier ab.

In dieser Zeit wachsenden nationalen Selbstbewußtseins in Britisch-
Nordamerika, als das Staatsgebiet abgerundet und die Selbstverwaltung
eingeführt wurden, erschien das Paradox des Angliederungsmanifests
(Annexation Manifesto). Über 1000 Montrealer Kaufleute unterzeichneten 1849 ein Dokument, das den Anschluß Kanadas an die Vereinigten
Staaten forderte. Wie kam es zu dieser im Rückblick recht unzeitgemäß
dünkenden Kundgebung? Wenige Jahre zuvor hatten diese Tories noch
den Reformern solche Sezessionsabsichten untergeschoben und als Hochver-
rat gebrandmarkt. Nun aber sahen sie mindestens zwei gute Gründe,
selbst das Heil beim Nachbarn im Süden zu suchen. Die Hoffnungen, die
sie auf den ausgebauten St. Lorenz als Schiffahrtsstraße gesetzt hatten,
erfüllten sich kaum. Großbritannien öffnete sich dem Freihandel, und die
Vereinigten Staaten gewährten den kanadischen Produkten zollfreie
Durchfahrt zum New Yorker Hafen. Die großen Investitionen in Kanälen,
Getreidemühlen und Transportmitteln schienen sich auf die Dauer nicht zu
lohnen. In den Staaten dagegen winkten ein naher und großer Markt
sowie neue Kreditquellen, die nun dringlich benötigt wurden. Dazu kam
die Enttäuschung der englischsprachigen Montrealer mit der politischen
Entwicklung. Allen konstitutionellen Tricks zum Trotz bestand keine
Aussicht, daß die Frankokanadier in absehbarer Zeit absorbiert würden.
Im Gegenteil, die neue Selbstverwaltung gab ihnen größere Möglichkeit,
ihren Willen und ihre Daseinsberechtigung zu vertreten. Zumindest die
Herrschaft der Montrealer Oligarchen war dadurch entscheidend getroffen. Die Maßnahmen der britischen Regierung erschienen als Vorläufer
einer endgültigen Auflösung des Kolonialreiches. Es dünkte die schlauen
Montrealer allemal vorteilhafter, die Konsequenzen sofort zu ziehen. Eine

Union mit den Vereinigten Staaten würde nicht nur kommerzielle Vorteile
bringen, sondern auch das französische Übel endgültig beseitigen; im
Yankeeschmelztiegel würden Habitant wie römischer Klerus nicht lange
oben schwimmen können.

Doch die Gefühle der Unterzeichner waren nicht die der Allgemeinheit.
Die Frankokanadier zogen es vor, die neuen Möglichkeiten der Selbstverwaltung zu erproben. In Canada West gaben nur einige Radikale aller
Schattierungen ihre Zustimmung. Im Grunde war man dort loyal gesinnt,
zumal die meisten der Montrealer Sorgen hier nicht drängten. Die britische Reaktion vollends war ausgesprochen negativ, und in den Vereinigten Staaten hatte man im Augenblick wenig Neigung, durch eine weitere
Stärkung des eigenen Nordens die Spannungen mit dem Süden dem Zer-
reißpunkt näher zu bringen. So erstarb die Annexionspropaganda schon
im nächsten Jahr.

Freilich waren damit noch nicht alle Probleme aus der Welt geschafft.
Besonders die Handelsfragen, die allgemeinere Bedeutung hatten, verlangten auf die Dauer nach einer Lösung. Es konnte kein Zweifel sein, daß
die Vereinigten Staaten einen vorzüglichen Geschäftspartner für Britisch-
Nordamerika darstellten. Die wachsenden Städte und der Eisenbahnbau
verlangten nach Bauholz, das die dortigen Wälder nicht mehr genügend
liefern konnten. Fisch und landwirtschaftliche Produkte fanden willige
Kundschaft in der stetig sich mehrenden Bevölkerung. Amerikanische
Exporte in den Norden waren freilich weniger bedeutend, und das Interesse der Staaten an einer diesbezüglichen Regelung war entsprechend geringer. Vor allem stemmte sich eine starke Erzeugerlobby in Washington
gegen eine Öffnung der Grenze. Aber es gab einen anderen Punkt, in dem
die Amerikaner auf ein Abkommen drängten, und hier war Britisch-
Nordamerika der gebende Partner. Die Fischereirechte vor der Küste der
Atlantikprovinzen, die der Friede von 1783 den Vereinigten Staaten gewährt hatte, waren als Folge des Kriegs von 1812 hinfällig geworden. Eine
1818 getroffene neue Regelung befriedigte die Amerikaner nicht, und seither herrschte Streit um die genaue Grenze der Hoheitsgewässer. 1852 ging
man beiderseits zu bewaffnetem Geleitschutz für die Fischer über, und
eine Regelung wurde dringlich.

Am Verhandlungstisch fand man, daß sich Fischereikonzessionen wohl
gegen Exportvorteile eintauschen ließen, und dem britischen Generalgouverneur und Unterhändler Lord Elgin gelang es, auch die widerstrebenden
amerikanischen Südstaatler hierfür zu gewinnen. Obwohl sein frei fließender Champagner hierbei nicht ohne Wirkung gewesen sein mag, trug
vielleicht doch noch mehr zum Erfolg seiner Diplomatie das Argument
bei, daß eine Stärkung Britisch-Nordamerikas das beste Mittel sei, den

Anschluß Kanadas an die Vereinigten Staaten zu verhindern. 1854 wurde ein Gegenseitigkeitsvertrag (Reciprocity Treaty) abgeschlossen, der auf eine Dauer von zwölf Jahren die Grenze für Kohle, Fisch und Naturprodukte zollfrei öffnete. Dafür durften die Amerikaner in den Gewässern Britisch-Nordamerikas fischen; amerikanischer Transport auf dem St. Lorenz und auf den kanadischen Kanälen wurde gegen kanadischen Zugang zum Michigansee gestattet. Fürs erste war der Handel Britisch-Nordamerikas somit gesichert, und der Schlag, den die Einführung des Freihandels in Großbritannien bedeutet hatte, war einigermaßen pariert. Auch jetzt war das Mutterland noch der Partner für die Hälfte des kanadischen Handels und für zwei Drittel des Geschäfts der Atlantikprovinzen, aber die völlig einseitige Bindung war durchbrochen, und in der Zukunft mußte es möglich sein, je nach Bedarf und Gegebenheit das Gewicht mehr auf das britische oder auf das amerikanische Bein zu verlagern.

Die späten vierziger und die fünfziger Jahre waren eine Periode soliden Wachstums. Der stete Strom der Einwanderung, besonders aus Irland, schwoll infolge der Hungerjahre in Europa stark an. Jährlich kamen zwischen 50 000 und 100 000 Neubürger, die teilweise am Atlantik, zumeist aber auf der Ontariohalbinsel eine neue Heimat fanden. 1851 zählte Canada West bereits über 950 000 Einwohner und hatte damit das französische Canada East mit seinen 890 000 überholt. 1861 war das Verhältnis 1,4 Millionen zu 1,1 Millionen, während Neuschottland 330 000, Neubraunschweig 250 000 und die Prinz-Eduard-Insel 80 000 Bewohner zählten. Der Boom der fünfziger Jahre bot allen ein Auskommen. Die Landwirtschaft wie die Holzindustrie profitierten nicht nur von der weiten Öffnung des amerikanischen Marktes, sondern auch von dem durch den Krimkrieg gesteigerten europäischen Bedarf. Rußland fiel ja für die Dauer des Krieges als Lieferant von Getreide und Schnittholz aus. Die Schiffsbauer und Transportunternehmer der Atlantikprovinzen erfreuten sich in diesem Altweibersommer der Segelschiffe einer Prosperität, an die spätere Generationen wehmütig als die „goldene Zeit von Holz, Wind und Wasser" zurückdachten.

In Kanada selbst war das Pionierzeitalter so gut wie zu Ende. Der größte Teil der landwirtschaftlich nutzbaren Fläche um den St. Lorenz und auf der Ontariohalbinsel war nun verteilt, und die Neuzuwanderer hatten immer größere Schwierigkeiten, zwischen den früher Gekommenen Platz für ihre Siedlung zu finden. Nicht wenige zogen es vor, weiterzuziehen, um jenseits der Großen Seen in den Ebenen von Illinois oder in Wisconsin zu suchen, was ihnen Britisch-Nordamerika nicht mehr bieten konnte. Diese Tatsache mußte im Grunde jeden Kenner des Landes lächerlich dünken. Zwar begann unmittelbar nördlich der Ontariohalbinsel der

Schild, dessen felsige Unfruchtbarkeit dem Pflug wenig Angriffsfläche bot. Aber ein gutes Stück weiter im Westen dehnten sich die Prärien schier unendlich bis zu den Rocky Mountains, und der 49. Breitengrad war nur eine künstliche Grenze. Was südlich davon der amerikanischen Landnahme recht war, mußte der kanadischen Siedlung nördlich davon nur billig sein können. Wollte Britisch-Nordamerika sich dem Sog des amerikanischen Mittelwestens entgegenstemmen, so lag das Mittel hierzu in der Öffnung der Prärien. Und es ging nicht nur um Bevölkerung; es ging ja auch um das Land selbst, denn der 49. Breitengrad existierte vorerst als Grenze nur auf den Landkarten. Niemand war da, um von Süden herüberziehende Farmer aufzuhalten oder sie nach der Niederlassung mit Loyalität zur britischen Krone statt zur republikanischen Regierung in Washington zu erfüllen. Die Gefahr eines neuen Oregon war nicht von der Hand zu weisen. Doch wie war diese Öffnung zu bewerkstelligen, mit anderen Worten, wie waren einige hundert Meilen unwegsamen Wald- und Sumpfgebietes im Schild zwischen dem Oberen See und der Prärie zu überwinden, wie war die Prärie selbst zu erschließen?

Noch ein weiterer, ähnlicher Grund sprach dafür, die Verbindung zwischen Kanada und dem Pazifik stärker auszubauen. Jenseits des fast menschenleeren Gebietes, wo nur in Selkirks Siedlung am Red River und in den Handelsposten der Hudsonbaigesellschaft weiße Niederlassungen anzutreffen waren, hatte sich am Pazifik eine neue Kolonie entwickelt. In ihrem Bemühen, die englische Position im Westen zu stärken, gewährte die britische Regierung der Ansiedlung auf der Vancouver-Insel 1849 den Status einer Kronkolonie. Die Baigesellschaft, die mit der Entwicklung beauftragt wurde, war freilich mehr am Pelzhandel als an eigentlicher Siedlung interessiert, und die Niederlassung um die Hauptstadt Victoria wuchs nur langsam. Doch 1856 fand man Gold im Fraserfluß auf dem Festland gegenüber der Vancouver-Insel. Unversehens schossen die Hütten und Blockhäuser der Goldsucher geradezu aus dem Boden. Da letztere in Massen aus den Vereinigten Staaten herbeiströmten, war die englische Herrschaft bald in großer Gefahr. Sir James Douglas, der britische Gouverneur der Vancouver-Insel, übernahm entschlossen den Ordnungsdienst auch auf dem Festland. Seiner Polizei und seinen Gerichten gelang es, sich Anerkennung zu sichern, und die britische Regierung folgte 1858 mit der Errichtung einer neuen Kronkolonie Britisch-Kolumbien (British Columbia). Die Goldsuche drang ins Landesinnere vor, und bald strömten nicht nur entlang dem Pazifik die Amerikaner herein, sondern durch Busch und Morast, über Ebene und Berge kamen auch immer mehr englische Untertanen, erst vom Goldrausch angelockt, später begierig, im warmen Klima der Pazifikküste und in den fruchtbaren Tälern des Gebirges sich dauerhaft niederzulassen. Als das Goldfieber verebbte, zogen die meisten Amerikaner wieder von dannen. Die Siedler blieben und bildeten den Grundstock der Bevölkerung in der neuen Provinz.

Prärie und Pazifikküste verlangten somit beide nach besserer Verbindung mit den Hauptsiedlungsgebieten im Osten. Für die technische Seite dieses Problems war eine mögliche Antwort auch schon seit einer Weile gefunden. Die immer mehr sich bewährende Eisenbahn konnte ein treffliches Mittel sein, Ochsenkarren und Maulesel zu ersetzen und die Enden Britisch-Nordamerikas einander näher zu bringen. In den östlichen Provinzen war der Eisenbahnbau in der Tat auch schon seit Mitte der dreißiger Jahre – die erste Bahn lief seit 1836 auf einer 16 Meilen langen Strecke südlich von Montreal – immer mehr in Schwung gekommen und trug nicht wenig bei zum allgemeinen wirtschaftlichen Boom wie auch zur Komplikation des politischen Lebens. In allen Provinzen des Ostens baute man kurze Linien, meist als Verbindungsstrecken zwischen den Endpunkten des Wassertransports oder gelegentlich auch, um ein sonst unzugängliches Farm- und Waldgebiet zu erschließen. Bei größeren Linien mochte ein weiterer Anlaß sein, daß man an fremdem Transportaufkommen teilhaben wollte. So durchschnitt die Great Western beispielsweise die südliche Ontariohalbinsel von Detroit-Windsor bis Buffalo, was für den Verkehr aus dem Mittelwesten eine Abkürzung bedeutete gegenüber der Strecke auf der amerikanischen Seite um den Eriesee herum. Die Amerikaner freilich spielten nach gleichen Regeln. Da die Häfen am St. Lorenz fünf Wintermonate lang vereist lagen, eröffnete sich einer Linie von Montreal zu dem eisfreien Hafen von Portland im amerikanischen Maine ein lukratives Geschäft in der kalten Saison, dem durch Zollfreiheit für den Transitverkehr weiteren Anreiz zu geben die Vereinigten Staaten nicht zögerten.

Der Eisenbahnbau brachte mancherlei Probleme. In den Atlantikprovinzen sah man es nicht gerne, daß der Winterverkehr des St. Lorenz über einen amerikanischen Hafen abgewickelt wurde, wo man doch selbst vorzügliche eisfreie Umschlagplätze besaß. Man begann dementsprechend mit der Propaganda für eine interkoloniale Linie von Montreal nach Halifax oder wenigstens nach Saint John in Neubraunschweig. In Montreal andererseits ärgerte man sich über den Teil des Verkehrs der Ontariohalbinsel, der nach New York weggeleitet wurde. So gut wie allen Kolonien gemeinsam aber war die einschneidende Wirkung, die der Eisenbahnbau auf das politische Leben allgemein und auf die öffentlichen Finanzen im besonderen hatte. Die Entfernungen waren zu groß für die geringen Kapitalkräfte der kolonialen Agrargesellschaft. Öffentlicher Beistand bei den an sich von der Privatwirtschaft durchgeführten Bauprogrammen war daher notwendig und die Regel. Die Verquickung von geschäftlichen und politischen Interessen nahm bald Proportionen an, die oft ein heimlicher und nicht selten ein öffentlicher Skandal waren. Baugenehmigung, Wegeführung, Kreditgewährung, Auftragserteilung – überall brauchte man geschickte Unterhändler und einflußreiche Verbindungsleute. Die Lobby war geschäftig wie noch nie. Kapital aus dem Mutterland und den Vereinigten Staaten floß herein, die Parlamente der Kolonien hatten abzustimmen, die Regierungen zu entscheiden. Hincks, der Reformer, mußte als Premierminister zurücktreten, als seine gewinnträchtigen Verbindungen zum Eisenbahnbau bekannt wurden. Andere saßen gleichzeitig in öffentlichen Ämtern und auf Vorstandsstühlen der Eisenbahngesellschaften, und es war schwer auszumachen, welcher Seite solche Ämterhäufung zum größeren Vorteil gereichte.

Das bedeutendste Projekt dieser Tage und wohl auch das am meisten von Skandal umwitterte war der Grand Trunk Railway. Ursprünglich wollte man die Bahn vom westlichen Ende Kanadas bis nach Halifax am Atlantik legen. Aber man konnte sich hinsichtlich des Ostteils von der Stadt Quebec nach Halifax nicht einigen, und so unternahm die vereinigte Kanadische Provinz es, ihre Teilstrecke allein zu bauen. Englisches Kapital strömte. Die kanadische Regierung stand nicht zurück und lieh fleißig mit. Mit Fortschreiten des Baus stiegen die Kosten, und der kanadische Steuerzahler wurde mit immer höheren Schulden belastet. 1859 schließlich war die Strecke bis Quebec fertiggestellt, fast 1800 km lang, die damals längste Bahnlinie der Welt. Doch leider arbeitete sie vom ersten Tag an mit Verlust. Zwei Jahre später war die Gesellschaft bankrott und schuldete ihren Gläubigern 13 Millionen Dollar.

So konnte man meinen, daß die Eisenbahnen während der ersten Jahrzehnte ihres Auftretens in Britisch-Nordamerika mehr schrille Töne von sich gaben, als daß sie ihrer eigentlichen Aufgabe gerecht wurden. Aber dies dünkte nur den oberflächlichen Beobachter so. Wohl wurde der Verkehr aus dem amerikanischen Mittelwesten kaum gewonnen, aber in Kanada selbst wuchs das Transportaufkommen beträchtlich. Der Grand Trunk kam aus den roten Zahlen nicht heraus, aber der Provinz als solcher gereichte sein Vorhandensein sehr zum Vorteil. 1861 waren in Britisch-Nordamerika insgesamt 3300 km Strecke in Betrieb. Städte und Bezirke traten einander viel näher, der Warenaustausch, das Geschäft allgemein nahmen merklichen Aufschwung. Montreal und jetzt besonders auch Toronto entwickelten sich weiter als Zentren des Handels und der allmählich wachsenden Industrie. Gießereien, Lokomotivwerke, Waggonfabriken, Walzwerke entstanden. Die Zulieferindustrie gedieh. Zweifellos hatte dies alles seinen Preis in Steuererhöhungen und weitverbreiteter Korruption.

Aber der heisere Pfiff der Lokomotive war das Signal eines neuen Zeitalters. Für den Hinterwäldler endete die Einsamkeit, für den Farmer die holprige Ochsenkarrenfahrt, für den Städter die Beschaulichkeit. Das schwarzen Holzrauch fauchende Ungetüm auf noch recht stelzigen Rädern brachte die industrielle Revolution nach Britisch-Nordamerika.

Und es brachte bald noch etwas anderes, nämlich die politische Einheit. Die Schienen hatten Windsor mit Quebec verbunden. Warum sollten sie nicht Kanada näher zu den Atlantikprovinzen oder gar zum Pazifik bringen? Hier lag gewiß die Antwort auf die Frage, wie der weite Westen dem britisch-nordamerikanischen Siedler erschlossen werden konnte. Der Grand Trunk rentierte sich nicht innerhalb der vereinigten Kanadischen Provinz. Aber vielleicht würde er sich über weite Strecken, als Verbindung zum Pazifik bezahlt machen, wo er nicht mehr mit billigeren Wasserwegen zu konkurrieren hätte? Und wenn die Amerikaner die Ausdehnung nach Westen als ihre „manifeste Bestimmung" erachteten, konnte die Eisenbahn nicht sozusagen ein Wink der Vorsehung für die Kanadier sein, auch ihrerseits eine Aufgabe zu erfüllen? Nur die gemeinsame Anstrengung aller Kolonien konnte ein solches Wagnis wie die transkontinentale Eisenbahn in Angriff nehmen. Andererseits aber war die Bahn eine Vorbedingung für die politische Vereinigung, die ohne ein solches Kommunikationsmittel wenig Sinn hatte. Ohne Union der Kolonien keine Bahn; ohne Bahn keine Union. Freilich war die Eisenbahn allein kein hinreichender Grund zur staatlichen Einigung; einer der Gründe jedoch war sie gewiß.

Das Dominion entsteht

Es gab in der Tat noch andere Kräfte, die auf einen Zusammenschluß der Teilgebiete Britisch-Nordamerikas hinarbeiteten. Eine der mächtigsten war schon eine Weile am Werk in Kanada, der größten und bevölkerungsreichsten Kolonie. Das Verlangen nach interkolonialer Union erwuchs hier aus dem Unbehagen am Sektionalismus, das heißt an der Zersplitterung der politischen Energien und der Bitterkeit der Parteienkämpfe innerhalb der Provinz. Der Irrweg der kanadischen Politik, der schließlich in der Sackgasse der frühen 1860er Jahre endete, begann mit dem Act of Union von 1840. Durham hatte in seinem Report die Vereinigung von Upper und Lower Canada empfohlen in der ausgesprochenen Erwartung, daß dies zur Absorption der Frankokanadier führen würde. Diese hatten durch Blockbildung geantwortet in der Hoffnung, hierdurch ihre Eigenart bewahren zu können. Canada East blieb das Sondergebilde, dem sein

Rechtssystem, seine agrarische Feudalordnung, seine Kirche bereits im Quebec Act von 1775 garantiert worden waren. Da die übergroße Mehrheit der Franzosen im Parlament stets zusammenstand, während die englischen Bewohner sich in einzelne Gruppen von Reformern oder Konservativen spalteten, war ihnen hier nicht beizukommen. Nach Einführung der parlamentarischen Regierungskontrolle war daher jedes Kabinett notwendig eine englisch-französische Koalition zu mehr oder weniger gleichen Teilen. Die Führer beider Seiten beanspruchten gleiches Recht in der Leitung des Kabinetts, und nach dem Brand des Parlamentsgebäudes in Montreal 1849 wechselte der Sitz der Regierung alle vier Jahre von Toronto nach Quebec und zurück. Der ethnische Gegensatz war in der Regel stärker als alle sonstige politische Gemeinsamkeit, und konstruktiven Ideen war im hämischen Hickhack auf der Provinzbühne meist nur ein kurzes Leben vergönnt.

Zweifellos hatte die Vereinigung der beiden Kanadas auch gute Seiten. Die Handelsschranken waren gefallen, und der Warenaustausch entlang des St. Lorenz war beträchtlich gestiegen. Der wirtschaftliche Vorteil manifestierte sich allenthalben, und niemand wollte im Grunde zu der ursprünglichen Zweiteilung zurück, so unfruchtbar und zerrissen das politische Leben sich auch darstellte. Es wuchs vielmehr das Verlangen nach einer Lösung, die ein annehmbares politisches Arrangement bringen und trotzdem die Verbindung bewahren würde. Dieser Wunsch wurde in den 1850er Jahren besonders laut in Canada West. Die starke Einwanderung ergab hier ein immer größeres Bevölkerungsübergewicht, während die Sitzverteilung in der Kammer die gleiche blieb. Dazu fand man, daß Canada East wesentlich mehr als den ihm zustehenden Anteil aus dem Steueraufkommen des Landes erhielt. Der Ruf nach „rep by pop", nach Repräsentation in der Kammer entsprechend der Bevölkerungsstärke, wurde auf der Ontariohalbinsel immer lauter. In Canada East zeigte man hierfür begreiflicherweise geringere Begeisterung. Die französische Sonderstellung wäre durch die Verwirklichung solcher Ideen in große Gefahr gekommen, und außerdem hatte ja niemand auf der englischen Seite Gerechtigkeitseifer gezeigt, als anfangs noch die Franzosen in der Mehrheit gewesen waren.

So brach 1851 nach erfolgreichem gemeinsamem Kampf für die Selbstverwaltung das englisch-französische Ministerium Baldwin–LaFontaine wieder auseinander. Die Franzosen hatten das für sie Wesentliche erreicht. Die weiteren Ziele der englischen Reformer waren nicht mehr die ihren. Auf der englischen Seite hingegen sonderte sich ein radikalerer Flügel ab, der sich auf die Tradition Mackenzies und seiner Leute in den gloriosen dreißiger Jahren berief und wie sie nach reiner Demokratie verlangte.

Unverfälschte Gesinnung, „clear grit", war die Bedingung für die Aufnahme in den Zirkel. Das Modell der Grits war das amerikanische System,
und sie forderten in recht radikaler Weise unter anderem die Säkularisation
kirchlichen Landbesitzes, deren Erlös dem öffentlichen Schulwesen zugute
kommen sollte.

Solch aufklärerische Ideen fanden nicht geringen Widerhall in Canada
West. Sie waren sogar so zeitgemäß, daß selbst im französischen Canada
East eine entsprechende Bewegung entstand. Die Rote Partei (Parti rou-
ge), wie sie sich nannte, hatte hier obendrein einige Jahre lang die Befriedigung, den zurückgekehrten, alternden Papineau in ihren Reihen zu wissen. Der kurzfristige Erfolg der Pariser Radikalen im Jahre 1848 gab ihr
beträchtlichen Auftrieb. Auch sie propagierte die amerikanische Demokratie als ihr Ideal und bekämpfte lauthals den Klerikalismus am St. Lorenz. Aber während die Grits im Westen mit ihren Attacken auf die ärgerliche anglikanische Landpolitik beträchtlichen Zulauf hatten, gereichte der
Roten Partei ihr militantes Antikirchentum nicht zum Besten, und die
verschreckte frankokanadische Mehrheit blieb konservativeren Ideen treu.

So nahm es wenig wunder, daß auf beiden Seiten angesichts des radikalen Geschreis die gemäßigteren Elemente näher zueinanderfanden. Den
englischsprachigen Tories erwuchsen junge Führer – John A. Macdonald
wurde der bekannteste von ihnen –, die bereit waren, sich mit der französischen Gegenwart abzufinden. Die französischen Konservativen, kurz die
„Blauen" (Parti bleu) genannt, sahen hier die Gelegenheit, wieder zu Einfluß zu gelangen. Englisches Geschäftsinteresse verband sich nun mit französischer Sorge um das Volkstum. Nicht genug damit, auch noch der
weniger radikale Flügel der Reformer unter Hincks, der sich den Grits
entgegenstellte, trat dieser merkwürdigen Verbindung bei, die sich vielsa-
gend als die Liberal-Konservative Partei vorstellte und 1854 die Regierung
übernahm. Trotz oder vielleicht auch wegen ihrer breiten Basis war dieser
Partei noch eine bewegte und erfolgreiche Zukunft beschieden. Ihr unmittelbares Verdienst war sicher, daß sie den ethnischen Spalt in Kanada zu
überbrücken vermochte und in Macdonald und George-Etienne Cartier
zwei Führer hervorbrachte, die bereit waren, ihrem bewußten Einheits-
streben mancherlei gegensätzliche Ansichten unterzuordnen.

Bereits 1854 wurde der kirchliche Landbesitz in Canada West säkulari-
siert und damit eine schon lange schwärende Wunde geschlossen. In Canada East beseitigte man das feudale Seigneuralsystem, das den Habitant
schon eine Weile altmodisch und hinderlich dünkte. Solche fortschritt-
lichen Maßnahmen versöhnten freilich die Grits in Canada West nicht, die
in George Brown und seinem Torontoer „Globe" ein lautstarkes Sprachrohr besaßen. Die Skandale der Eisenbahnpolitik lieferten ihnen Propa-

gandamaterial gegen die Regierung in üppiger Fülle, und 1858 trug die empörte Volksstimmung sie sogar kurzfristig an die Macht. Dies war allerdings nur möglich, weil Macdonald einen Teil seiner französischen Anhänger verloren hatte als Folge der Entscheidung Königin Viktorias, Ottawa, also eine Stadt in Canada West, zur kanadischen Hauptstadt zu machen. Macdonald und der Führer der Blauen, Cartier, übernahmen jedoch bald wieder die Regierung. Die Zusammenarbeit freilich wurde immer schwieriger. Canada West wandte sich mehr und mehr den Grits oder Liberalen zu, wie sie nun genannt wurden, während Canada East solide hinter den Blauen, das heißt den Konservativen stand. Innerhalb der vereinigten Provinz war in den sechziger Jahren allmählich keine arbeitsfähige Parlamentsmehrheit mehr zu finden, und man begann, in der Flucht nach vorn, in der größeren Union aller britisch-nordamerikanischen Kolonien, einen Ausweg aus der Sackgasse zu sehen.

Die Idee einer solchen Union lebte nicht in Kanada allein. Auch in den Atlantikprovinzen erwog man den Gedanken, wiewohl mit mancherlei zwiespältigen Gefühlen. Noch fuhren die Segelschiffe über den Atlantik. Holz, Wind und Wasser hatten Wohlstand gebracht und mit ihm eine Tradition politischer und wirtschaftlicher Stabilität, die sich wohltuend abhob von den lauten Umtrieben im ruhelosen Kanada. Freilich sah jedermann, daß die beschaulichen Tage gezählt waren, und Dampfschiff wie Lokomotive fauchten schon den Atem der neuen Zeit über die Fundybai. Die Atlantikkolonien waren hierfür nicht sehr gut gerüstet, fehlten ihnen doch Rohmaterial und Hinterland für erfolgreichen Wettbewerb im industriellen Zeitalter. Da mochte eine leistungsfähige Transportlinie zwischen dem Atlantik und Kanada die Lösung der Zukunft sein, würden doch mit ihrer Hilfe die eisfreien Häfen ihren Verkehrsanteil halten oder gar ausbauen können. Andererseits war man bei weitem nicht kapitalkräftig genug, eine solche Linie allein legen zu können. Und so befreundete man sich allmählich mit dem Gedanken eines politischen Zusammenschlusses der Kolonien, wenn auch nur zögernd und ohne emotionale Hinneigung.

Es war recht offensichtlich, daß eine Union nicht nach dem Modell der kanadischen Provinzen, also nur mit überregionalem Parlament und einer Zentralregierung, errichtet werden konnte. Zu groß waren hierfür die Entfernungen und zu verschieden die regionalen Anliegen. Schon der Widerstand der Frankokanadier allein mußte solch ein Vorhaben scheitern lassen. Andererseits bot der amerikanische Nachbar im Süden ein beachtenswertes Beispiel einer existenzfähigen bundesstaatlichen Konstruktion. Was ihm recht war, konnte für die englischen Kolonien im Norden billig sein. 1858 wurde erstmals im Parlament der vereinigten Kanadischen Provinz eine Konföderation vorgeschlagen, die Canada West, Canada East und die Atlantikprovinzen umfassen sollte. Es war eine frühe Blüte, und die frostige Haltung des britischen Parlaments ließ sie schnell ersterben. Aber es blieb die Tatsache, daß der Antrag von liberal-konservativer Seite gekommen war. Die liberalen Grits ihrerseits forderten 1859 einen Bund lediglich der beiden Kanadas, also den Ersatz des vorhandenen Systems durch zwei Regionalparlamente und -regierungen. Sie machten dabei aber gleichzeitig klar, daß dies nur der Anfang einer Entwicklung zur größeren Einheit hin sein solle. Freilich waren sie nicht an der Macht. Die Liberal-Konservativen ihrerseits verfingen sich immer mehr in den widrigen Mehrheitsverhältnissen, bis gegen Mitte der sechziger Jahre alle Regierungstätigkeit erlahmte.

Brown, der Führer der liberalen Grits, ergriff nun in der Not die Initiative. Ein von ihm ins Leben gerufenes überparteiliches Parlamentskomitee schlug 1864 einen Bund aller nordamerikanischen Kolonien vor, mindestens aber der beiden Kanadas. Und er erklärte sich bereit, mit den Liberal-Konservativen eine Regierung solcher Zielsetzung zu bilden. Es war eine Wendung unerwarteten Ausmaßes. Nahmen die Tories an, so war der tote Punkt überwunden, und ein neues und größeres Ziel war nahe gerückt. Macdonald und Cartier verschlossen sich der Chance nicht. Für die englischsprachigen Liberal-Konservativen bedeutete die neue Große Koalition fortgesetzte Teilhabe an der Macht. Die wirtschaftliche Einheit am St. Lorenz würde fortbestehen und sich möglicherweise bis an den Atlantik erweitern. Für die liberalen Grits, die ihren Anhang großenteils in Farmerkreisen hatten, winkte die Aussicht, daß der Westen und damit neue Siedlungsmöglichkeiten sich öffnen würden. Den Frankokanadiern konnte eine föderative Lösung, die ihnen Sprache und Sitte garantierte, nur recht sein. Macdonald, der konservative Führer, war persönlich lange ein Gegner der Einheitsbestrebungen gewesen. Aber der Druck der Notwendigkeit und die wachsende Begeisterung rissen ihn mit, und er wurde, als einmal seine Bekehrung vollzogen war, zur mächtigen Triebfeder der Bewegung. Seiner Überzeugungskraft und diplomatischen Begabung verdankte das endlich gelungene Werk dann mehr als jedem anderen.

Es war ja noch lange nicht gesagt, daß die übrigen Kolonien der kanadischen Begeisterung so rasch beistimmen würden. Am Atlantik zögerten einflußreiche Kreise, und es war für die Unionsschöpfer nachgerade ein Geschenk der Vorsehung, daß äußere Einflüsse zu Hilfe kamen, mit denen man von vornherein kaum hatte rechnen können. Die Vereinigten Staaten zerfleischten sich seit 1861 im Bürgerkrieg, und Britisch-Nordamerika als der nördliche Nachbar konnte nicht völlig unbesorgt abseits stehen. Niemand vermochte zu garantieren, daß die Kriegsmaschine der Nordstaaten sich angesichts der feindseligen Haltung der britischen Regierung nicht gegen die britischen Besitzungen in Nordamerika richtete. An der Grenze hatte wohl seit dem Krieg von 1812 Friede geherrscht, aber es war ein oft prekärer Friede gewesen, wie zahlreiche Streitigkeiten, Überfälle und nicht zuletzt die Gefahr von 1846 gezeigt hatten. Auf den Inseln im Atlantik und in Neuschottland mochte man sich im Schutz der britischen Marine sicher fühlen. In Neubraunschweig und besonders in Kanada jedoch fürchteten nicht wenige jetzt die drohende amerikanische Invasion. Schon 1861 hatte das Mutterland mitten im Winter 10 000 Mann regulärer Truppen über den Atlantik gesandt, die von der Küste über Land nach Kanada marschiert waren. Man hatte Verteidigungspläne entworfen und die Miliz reorganisiert. Nun brachten Übergriffe auf Vermont von nach Kanada geflüchteten Südstaatlern die Vereinigten Staaten in Harnisch, und sie drohten mit Wiederbewaffnung der Großen Seen. Selbst als 1865 der Bürgerkrieg endete, war man nördlich der Grenze der Ruhe noch nicht sicher, da ja jetzt die freigewordenen Yankee-Kräfte sich hierher wenden konnten.

Die Yankees kamen zwar nicht offiziell, aber einige kamen doch. Es waren Freunde der Fenier, jener irischen Revolutionäre, die für die Unabhängigkeit der grünen Insel kämpften. Ihre Anhänger in den Vereinigten Staaten fanden, daß England auch in Nordamerika getroffen werden könnte, und sie sammelten sich 1866 an der Grenze. Ihr Einfall in die Niagarahalbinsel konnte von kanadischer Miliz zurückgeschlagen werden, aber die Drohung hielt noch länger an und half, politisch weit auseinanderliegende Meinungen in Kanada einander näher zu bringen. Ein Zeichen für die unfreundliche Haltung der Vereinigten Staaten war 1865 auch ihre Ankündigung, daß sie den Gegenseitigkeitsvertrag 1866, also zum nächstmöglichen Termin, kündigen wollten. Für Britisch-Nordamerika bedeutete dies einen harten Schlag. Weder die Fische vom Atlantik noch das Holz Neubraunschweigs oder Kanadas konnten dann mehr freien Zugang zu den lukrativen amerikanischen Märkten finden. Offenbar gedachte man in Washington, die englischen Kolonien in wirtschaftliche Bedrängnis zu bringen und dadurch am Ende für eine spätere Annexion reif zu machen. Wenn dem so war, so hatten diese Absichten wenig Erfolg. Reziprozität im Handel war schön gewesen. Lebenswichtig war sie nicht. Ihr gewaltsames Ende ließ die britischen Nordamerikaner nur desto bestimmter nach einem Ersatz suchen. Die Union drängte sich immer mehr auf.

Dazu kam, daß man sich allmählich auch in England selbst für das Projekt des kolonialen Zusammenschlusses zu interessieren begann. Das Verlustgeschäft des Grand-Trunk-Unternehmens war die unmittelbare Ursache dafür. Viel englisches Kapital war in die Strecke gesteckt worden, und man untersuchte jetzt, ob sich nicht doch Profit erarbeiten ließe. Das Ergebnis der Prüfungen war, daß eine Verlängerung der Bahn an beiden Enden bis zum Meer, also eine wahrhaft transkontinentale Eisenbahn, sehr wohl gewinnträchtigen Verkehr bringen müßte. Der mächtige Grand Trunk und die noch mächtigeren britischen Bankkreise begannen, Druck in Richtung auf die koloniale Föderation hin auszuüben.

Entscheidend für den Stimmungsumschwung im Londoner Kolonialamt wurden schließlich die Verteidigungsfragen. 1861 hatte sich gezeigt, wie schwierig es sein konnte, Truppen ohne Eisenbahn rasch nach Kanada zu bringen. Die interkoloniale Strecke vermochte dieses Problem zu lösen, und der Ausbau der Strecke weit nach Westen hin würde das Land dort besiedeln und Verteidigung auf die Dauer unnötig machen. Ganz allgemein stand zu erwarten, daß ein föderiertes Britisch-Nordamerika allmählich in der Lage sein würde, einen guten Teil der Verteidigungslasten selbst zu tragen. Dieses letztere Argument war angesichts der kolonialen Agitation der Freihandelsfreunde wie Richard Cobden oder John Bright bei weitem nicht das schwächste. So zeichnete sich endlich auch in England der Wille ab, den großen Schritt zu tun. Innerkanadische Schwierigkeiten, wirtschaftliche Interessen und Verteidigungsnotwendigkeiten deuteten gemeinsam und immer zwingender in die Richtung, von der Abhilfe zu erwarten war. Die Föderation war nur noch eine Frage von Zeit und Verhandlungen.

Den Zeitgenossen freilich erschien der Gang der Dinge nicht so zielsicher. Dies wurde recht deutlich in der besonders von Neuschottland geförderten Idee der Atlantikprovinzen, eine eigene Union zu bilden. Obwohl diese Absicht dem größeren Plan nicht notwendig entgegengestanden hätte, war sie praktisch doch ein deutlicher Ausdruck der Abneigung Kanada gegenüber. Als daher die Atlantikprovinzen für Herbst 1864 eine Konferenz nach Charlottetown, der Hauptstadt der Prinz-Eduard-Insel, einberiefen, regte man sich in Ottawa und bat, eine inoffizielle Delegation aus Kanada senden zu dürfen. Diese erwies sich für die Anhänger der Atlantikunion dann als trojanisches Pferd. Durch Beredsamkeit und geschäftige Aktivität gelang es den Kanadiern, die Aufmerksamkeit auf ihre Pläne für einen größeren Bund zu lenken. In düsteren Farben malten sie die Bedrohung durch die nunmehr im amerikanischen Bürgerkrieg siegreichen Nordstaaten. Dagegen mußte einem geeinten und starken Britisch-Nordamerika eine lichte Zukunft winken. Diese Argumente waren so überzeugend, daß man übereinkam, in einer weiteren Konferenz in Quebec Einzelheiten des Zusammenschlusses zu besprechen.

Im Oktober 1864 schon versammelten sich Abordnungen aus Kanada, Neuschottland, Neubraunschweig, der Prinz-Eduard-Insel und Neufund-

land in der alten Hauptstadt am St. Lorenz, um festzustellen, „daß die
Interessen und das gegenwärtige und zukünftige Wohlergehen Britisch-
Nordamerikas am besten gesichert werden in einer föderativen Vereinigung unter der Krone Großbritanniens". Die heiß debattierte Frage war
freilich, welche Gewalten die föderative Regierung besitzen und welche
Rechte bei den Provinzen verbleiben sollten. Zähe und mißtrauisch die
einen, voller Zukunftsvisionen und beredter Begeisterung die anderen, so
verhandelten die „Väter der Föderation" (Fathers of Confederation), wie
man sie später nannte, über das Schicksal der nördlichen Hälfte des Kontinents. Macdonalds Überredungsgabe und diplomatischen Talenten gelang
es, den zögernden Regionalisten durch Belassung nicht weniger Prärogati-
ven auf lokaler Ebene die Zustimmung zu einer besonders auf dem Wirt-
schaftssektor starken Zentralregierung abzuringen. In 72 Resolutionen lag
schließlich der Unionsplan als Ergebnis der Besprechungen vor. Bei den
einzelnen kolonialen Parlamenten lag es nun, durch positive Stellungnahme das Werk voranzutreiben.

In Kanada war eine Zurückweisung nicht zu fürchten. Die Liberal-
Konservativen unter Macdonald und Cartier zeigten sich ebenso wie
Browns liberale Grits dem Vorhaben treu, zu dessen Verwirklichung sie
angetreten waren. Lediglich die Roten in Canada East glaubten, in dem
ganzen Unternehmen einen Trick des Grand Trunk erkennen zu können,
der auf diese Weise wieder flott werden wollte. Ihre Opposition konnte die
Annahme des Planes im Frühjahr 1865 nicht aufhalten. Schwieriger gestal-
tete sich die Aufgabe für die Unionisten am Atlantik. Dem Rausch der
Begeisterung war hier eine Katerstimmung gefolgt, in der man nochmals
Vor- und Nachteile mißtrauisch erwog. Nicht wenigen wollte es scheinen,
daß sie finanzielle Nachteile zu erwarten hatten, daß die Kanadier alle
übrigen Unionsmitglieder majorisieren würden, daß man am Ende die
eigene Identität verlieren könnte. Die Prinz-Eduard-Insel meinte, wenig
von der Hauptattraktion, nämlich der Eisenbahnlinie, gewinnen zu können, und schloß sich aus. Neufundland fühlte sich Europa näher als Kanada verbunden, und Ottawa bot wenig, was London nicht besser gewähren
konnte. Die Insel schaute hinaus auf die See, und Britannien beherrschte
das Wasser. So blieb auch Neufundland außerhalb der Föderation.

Das Schicksal der Union hing demnach ab von der Entscheidung der
beiden volkreichsten Atlantikkolonien. In Neubraunschweig standen die
Dinge zuerst nicht sehr gut. In einer Wahl des Jahres 1865, als der koloniale
Zusammenschluß das Hauptthema war, wurden die Föderalisten klar geschlagen. Ausschlaggebend war hierbei vielleicht, daß der Plan einer Eisenbahnlinie nach Maine eine Alternative zum Vorhaben des Grand Trunk
bot, ohne die Verpflichtungen einer Föderation aufzuerlegen. Aber als

1866 der Gegenseitigkeitsvertrag endete und als die Fenier bedrohlich an der Koloniegrenze auftauchten, begann ein Meinungsumschwung sich abzuzeichnen. In Neuschottland unterstützte wohl die Regierung die Einigungspläne, aber Howe organisierte die Opposition so erfolgreich, daß die Föderalisten es nicht wagten, ihr Anliegen zur Abstimmung zu bringen. In beiden Kolonien führte die Intervention der britischen Regierung schließlich die Entscheidung herbei. Eine von Macdonald geführte Delegation erreichte in London, daß der Gouverneur in Neuschottland ausgewechselt und der von Neubraunschweig mit eindeutig proföderalistischen Instruktionen versehen wurde. Die Wahlen des Jahres 1866 in Neubraunschweig ergaben denn auch prompt einen Sieg der Reformpartei. In Neuschottland zeigte sich die Legislative nun willig unter der Bedingung, daß bessere finanzielle Abmachungen gewährt würden.

So sah das Spätjahr 1866 endlich den großen Augenblick nahe. In der viktorianisch steifen Würde des Westminster-Palast-Hotels in London traten unter der wohlwollenden Ägide des Kolonialamts die Delegierten von Kanada, Neubraunschweig und Neuschottland zusammen, um den endgültigen Plan der Union zu entwerfen. Die Resolutionen von Quebec wurden nur unwesentlich verändert. Die Atlantikprovinzen erhielten größere Finanzzuwendungen, die interkoloniale Eisenbahn vom St. Lorenz zum östlichen Meer wurde bestimmt projektiert, einige Erziehungsfragen wurden anders geregelt. Das Verwaltungsgebiet umfaßte in Zukunft vier Provinzen: Ontario und Quebec – ehedem Canada West und Canada East – sowie Neubraunschweig und Neuschottland. Den ursprünglich geplanten Namen „Königreich Kanada" ließ man fallen, um republikanische Gefühle beim südlichen Nachbarn nicht zu verletzen. Man einigte sich schließlich auf „Dominion Kanada", also Herrschaftsgebiet Kanada, nach dem Worte des Psalmisten: „Er wird Herrschaft haben von Meer zu Meer, und vom Strom bis an der Erde Grenzen" (Psalm LXXII, 8). Noch war es zwar für solch eine Interpretation etwas zu früh, aber Gespräche waren schon im Gang über einen Plan, den Westen der neuen Union zuzuführen, und in wenigen Jahren erstreckte sich das Land dann ja auch wirklich von einem Ozean zum anderen.

Beide Häuser des britischen Parlaments nahmen im Frühjahr 1867 das Gesetz über den kolonialen Zusammenschluß an, und der British North America Act, wie es künftig hieß, trat am 1. Juli 1867 in Kraft. Noch fehlten der Nordwesten, den die Hudsonbaigesellschaft verwaltete, sowie Britisch-Kolumbien, die Prinz-Eduard-Insel und Neufundland. Aber desungeachtet trat das Dominion zukunftsfreudig ins Leben.

Dominion · 1867–1914

Föderation von Meer zu Meer

Ende der fünfziger Jahre hatte Königin Viktoria Ottawa zur Hauptstadt der vereinigten Provinz bestimmt. Hoch über dem Ottawa-Fluß, der das französischsprachige Canada East vom englischen Canada West trennte, waren großzügige Parlamentsgebäude errichtet worden. Die allmählich patinagrünen Kupferdächer über den neugotischen Westminsterfassaden zogen den Blick des Besuchers schon von weitem an, und nicht wenige Leute hatten von Anfang an gefunden, daß die Gebäulichkeiten Größerem als nur provinzieller Politik dienen könnten. So wurde Ottawa jetzt zur Bundeshauptstadt erkoren, und im Herbst 1867 zogen hier Bundesparlament und -regierung ein, während die Provinzangelegenheiten künftig in Quebec und Toronto entschieden wurden.

Die Väter der Verfassung, das heißt des British North America Act, hatten hart gerungen, um die geeigneten Punkte aus zwei ungleichen Staatssystemen zu einem homogenen Ganzen zu vereinen. In Vielem und Wesentlichem war das britische parlamentarische System übernommen worden. Aber der Bundescharakter Kanadas erforderte Institutionsformen, für die in Großbritannien ein Vorbild nicht gut zu finden war, und so hatte man bewußt Grundsätze der amerikanischen Verfassung in den Act hineinverwoben. Das Ergebnis war ein neues, recht eigentlich kanadisches Grundgesetz, das als Vorgänger mancher späterer bundesstaatlicher Lösungen anderwärts gelten kann.

Den Platz des Monarchen nahm in Stellvertretung des britischen Herrschers der Generalgouverneur ein. Auch seine Rolle beschränkte sich auf die Dauer mehr oder weniger auf das Formale. Nur in den Anfangsjahren der Föderation, als erst Tradition begründet und gangbare Wege gefunden werden mußten, übte er einen merklich größeren Einfluß aus. Während die Staatsspitze somit nicht nur dem englischen Vorbild nachempfunden, sondern mit ihm recht eigentlich identisch war, präsentierte sich der Senat andererseits als eine spezifisch kanadische Schöpfung. Amerikanisch an ihm war der Gedanke der Regionalvertretung. Quebec und Ontario einzeln sowie die Atlantikprovinzen zusammen stellten je 24 Senatoren, wozu später nochmals 24 für den Westen traten. Britisch war, daß die Senatsmitglieder wie die Lords im Oberhaus auf Lebenszeit ernannt wurden und daß die Staatsleitung – im kanadischen Fall die Bundesregierung – ihre Ernennung kontrollierte. Die Bedeutung des Senats war von Anfang an derjenigen der eigentlichen Volksvertretung untergeordnet. Letztere hieß auch in Kanada „House of Commons". Die Regierung war nur diesem Unterhaus verantwortlich, dessen Mitglieder durch direkte Mehrheitswahl bestimmt wurden. Ursprünglich wie in England an Landbesitz gebunden, war das Wahlrecht allmählich so breit gestreut, daß kurz vor dem ersten Weltkrieg nur noch wenige Männer es nicht besaßen.

Ein noch stärkeres föderalistisches Element im British North America Act als die Senatszusammensetzung waren die Rechte, die den einzelnen Provinzen belassen wurden. Jede Provinz behielt ihr Parlament und die ihm verantwortliche Regierung, und ein Vizegouverneur nahm die Stelle des bisherigen Gouverneurs ein. Für Ontario und Quebec, die ja keine eigene Provinztradition direkt mit in die Föderation brachten, enthielt der Act entsprechende Verfassungen. Trotz dieser äußeren Manifestation des Föderativcharakters Kanadas waren die Verfassungsväter jedoch von Anfang an der Meinung gewesen, daß eine möglichst starke Zentralgewalt die beste Garantie für künftigen inneren Frieden bieten würde. Das amerikanische Beispiel mit seinen nicht enden wollenden Kompetenzstreitigkeiten schreckte. Man zählte deshalb peinlich genau in 16 Punkten die Zuständigkeiten auf, die bei den Provinzen belassen wurden, und trug Sorge, daß dies grundsätzlich nur Belange lokalen Charakters waren wie öffentlicher Landbesitz oder städtische Einrichtungen. Daß unter die letzteren auch das Erziehungswesen und soziale Dienste fielen, erschien in der damaligen Zeit selbstverständlich. Niemand konnte noch die von der Industrialisierung geprägte Entwicklung im 20. Jahrhundert voraussehen, durch die Umfang und Bedeutung dieser Belange so vergrößert wurden, daß sie nicht nur den lokalen, sondern sogar den provinzialen Rahmen schlichthin sprengten und schließlich das Verfassungswerk als solches in Frage stellten.

Alle nicht eigens aufgeführten Angelegenheiten waren in Zukunft Sache des Bundes. Seiner Kompetenz unterlagen insbesondere das Verteidigungswesen – soweit sich nicht die britische Regierung selbst damit befaßte –, das Post- und Münzwesen, das Strafrecht, die Hochseefischerei, Handel und Wirtschaft und nicht zuletzt das überregionale Steuerwesen. Exemplarisch deutlich wurde die Absicht, einen starken Bund zu errichten, in einer weiteren Regelung. Die Vizegouverneure in den Provinzen waren von der Bundesregierung zu ernennen und nicht etwa vom Monarchen des Mutterlandes. Und diesen Vizegouverneuren nun wurde die Aufgabe übertragen, die provinzielle Gesetzgebung zu kontrollieren und sie gegebenenfalls durch ein Veto zu blockieren. Dieser Bestimmung kam im Laufe der Zeit nicht unerhebliche Bedeutung zu.

Andere Artikel des British North America Act befaßten sich noch mit Fragen der Aufnahme neuer Provinzen, der interkolonialen Bahnlinie und vor allem der Regelung der Finanzbeziehungen zwischen Bund und Provinzen. Da der Bund alle indirekten Steuern und Zölle erhob, verloren die Provinzen die frühere Haupteinnahmequelle. Dafür wurden nun jährliche Ausgleichszahlungen entsprechend der Bevölkerungsstärke vorgesehen. Diese Bestimmung verursachte in der Folge noch manche Kontroverse, vor allem im 20. Jahrhundert, als der Bund sich immer mehr bemühte, seine Zahlungsfunktion als Mittel zur Durchsetzung struktureler und anderer ordnungspolitischer Zielvorstellungen zu benutzen.

So war der Act eine Mischung britischer und amerikanischer Verfassungseinheiten. In der Form mochte er damit kanadisch sein. Aber er begründete gewiß noch nicht die Unabhängigkeit Kanadas. Nicht nur, daß alle Vertretung nach außen hin einschließlich des Rechtes, über Krieg und Frieden zu entscheiden, in den Händen der Regierung des Mutterlandes blieb. Auch die Form der Verfassungsgebung selbst war bezeichnend für diese Abhängigkeit. Die Zustimmung des britischen Parlaments setzte den Act in Kraft, und jede künftige Verfassungsänderung war bis auf weiteres vom Willen dieses Parlaments abhängig. Freilich ließ die britische Regierung sich in der Folge in kanadischen Angelegenheiten von weiser Zurückhaltung leiten, was in der kanadischen Treue zur Krone seine gute Frucht trug. Aber eine Garantie für solches Entgegenkommen enthielt der British North America Act keineswegs.

Im Dominion empfand man diese Unselbständigkeit andererseits noch nicht als drückend. Man hatte vorerst genug damit zu tun, sich an den neuen Status zu gewöhnen, und schwierige Fragen drängten zur Lösung. Am wichtigsten erschien den Zeitgenossen hierbei ohne Zweifel der Einschluß aller britischen Kolonien in Nordamerika in das neue Dominion zu sein. Und bevor man sich diesem Problem zuwenden konnte, galt es, den Anfangsbestand endgültig zu sichern. Am Atlantik war man immer noch nicht ganz überzeugt von den Vorteilen der neuen Union. Die noch im Gründungsjahr 1867 abgehaltenen Provinzwahlen in Neuschottland brachten 36 Föderationsgegner in die 38 Mitglieder zählende Kammer, und eine Delegation wurde nach London entsandt mit dem Verlangen, den Austritt zu genehmigen. Zum Glück für Kanadas Einheit verschloß sich das Kolonialamt diesem Ansinnen. Aber es bedurfte aller Diplomatie Macdonalds, der nun als Premier in Ottawa regierte, und vor allem weiterer finanzieller Zuwendungen, bevor man sich in Neuschottland schmollend mit seinem Schicksal abfand. Als schließlich Howe, der Führer der Opposition, in das Bundeskabinett aufgenommen wurde, war das Haupthindernis aus dem Weg geräumt, und die weitere Zusammenarbeit gestal-

tete sich fruchtbar. Neubraunschweig war leichter bei der Stange zu halten, vor allem, weil sein Hauptanliegen, der Bau der interkolonialen Eisenbahn, sofort in Angriff genommen wurde. Es störte die Neubraun-
schweiger wenig, daß die Bahn sich in der Folge nicht rentierte, da sie aus
militärischen Gründen so weit abseits wie möglich von der amerikanischen Grenze und daher leider auch von den größeren Siedlungen geführt
wurde. Die Verbindung zum Landesinneren war hergestellt und damit ein
großer Schritt in eine sichere Zukunft getan.

Als es sich somit zeigte, daß der Bund vorerst halten werde, konnte
man an Erweiterung denken. Am meisten sträubten sich gegen eine Aufnahme die beiden Inseln am Atlantik. Die Prinz-Eduard-Insel hatte dem
großen Föderationsplan von Anfang an zögernd gegenübergestanden. Sie
konnte sich vorerst wenig versprechen von einer Verbindung mit den viel
volkreicheren Gebieten am St. Lorenz, und erst als ein finanziell waghalsi-
ger Eisenbahnbau die Inselregierung in die Klemme brachte, sah man die
Union in einem neuen Licht. Man suchte herauszuholen, was herauszuholen war, und erhielt von Ottawa außer einer Garantie für die Bahn und für
eine regelmäßige Fähre noch 800 000 Dollar, mit denen der Besitz abwe-
sender Grundherren, dieses hundert Jahre alte Ärgernis, aufgekauft werden konnte. 1873 trat die Prinz-Eduard-Insel dem Dominion bei. Ent-
schiedener noch widerstanden die Neufundländer der kanadischen Versu-
chung. Die Kolonie war in Quebec 1864 lediglich Beobachter gewesen
und gleich gar nicht mit nach London gegangen. Einige Verhandlungen
des Jahres 1868 führten zu keiner Übereinkunft mit Ottawa, da die uni-
onsfreundliche Regierung der Kolonie im nächsten Jahr gestürzt wurde.
Neufundland blieb somit noch weitere acht Jahrzehnte britisches Kronland, bevor es sich 1949 mit knapper Mehrheit zum Beitritt entschloß.

Aber die Vereinigung mit den atlantischen Inseln war ohnehin nicht das
wichtigste Ziel Ottawas gewesen. Wovon man sich so gut wie alles versprach, wovon die Zukunft abzuhängen schien und woran man seine
besten Kräfte zu setzen bereit war, das war der Anschluß des Westens.
Und hier wieder sah man als vorderstes Ziel die Übernahme der Territorien, für welche die Hudsonbaigesellschaft vor nunmehr zwei Jahrhunder-
ten die königliche Charta erhalten hatte. Verhandlungen mit diesem Ziel
waren von Eisenbahninteressenten und der vereinigten Provinz schon seit
einigen Jahren geführt worden. Der Erwerb Alaskas 1867 durch die Vereinigten Staaten ließ es nun ratsam erscheinen, bald zu konkreten Ergebnis-
sen zu gelangen. Zum Druck von Süden auf den 49. Breitengrad gesellte
sich jetzt offensichtlich noch die Gefahr einer amerikanischen Expansion
von Nordwesten her. Die britische Regierung verschloß sich dem kanadischen Anliegen nicht. 1868 stimmte das Parlament in Westminster dem

Rupert's Land Act zu, in dem die britische Krone ermächtigt wurde, die Ländereien der Baigesellschaft zu übernehmen und an Kanada weiterzugeben. Kanada bezahlte £ 300 000 und gewährte der Gesellschaft den künftigen Besitz von einem Zwanzigstel des fruchtbaren Landgürtels. Ende 1869 gingen die riesigen Gebiete westlich der Großen Seen bis zu den Rocky Mountains und nach Norden bis zum Polarmeer an Kanada über. In Ottawa entschied man, daß das neue Land, nun „Nordwestterritorien" (Northwest Territories) genannt, vorerst unter Bundesverwaltung genommen wurde, und ging daran, einen Vizegouverneur samt Beirat zu bestellen.

Die Freude über diesen Neuerwerb wurde jedoch nicht allenthalben geteilt. Bei den Verhandlungen war verfahren worden, als wäre das gesamte Gebiet unbesiedelt. Niemand hatte sich die Mühe gemacht, Meinung und Willen der paar hundert französischsprachigen Mestizen und anderer Siedler am Red River zu erkunden. Doch diese machten sich nicht geringe Sorgen um ihre Zukunft. Die Kanadier, die sie bisher kennengelernt hatten, waren meist hochfahrend und wenig vertrauenerweckend aufgetreten. Als 1869 die ersten Feldvermesser kamen, wurden die schlimmsten Ängste bestätigt, steckten die Ankömmlinge doch ohne jede Rücksicht auf bestehende Farmen und Felder Landlose ab. Die Siedler fürchteten um ihr Land, ihre katholische Religion, ihre Existenz. Als im Herbst 1869 der neu ernannte – wenn auch noch nicht eingesetzte – Vizegouverneur eintraf, fand er sie bereit zum Handeln.

Den Siedlern war ein Anführer erstanden, Louis Riel, ein Abkomme französischer und indianischer Eltern, in Montreal erzogen, intelligent, sprachbegabt und sprunghaft. Ihm gelang es, die große Mehrzahl der Siedler hinter sich zu bringen. Anfang Dezember 1869, nachdem ein bewaffneter Trupp Fort Garry besetzt hatte, rief Riel eine „provisorische" Regierung aus. Sein juristischer Finesse nicht entbehrendes Argument war, daß im Augenblick ein Machtvakuum bestünde, da die Baigesellschaft ja ihre Autorität abgegeben, Kanada aber seinen Gouverneur noch nicht eingesetzt habe. Riel wollte nicht gegen die britische Oberhoheit rebellieren. Es war ihm nur um die Wahrung der einheimischen Interessen zu tun. In den folgenden Wochen gelang es ihm, Ordnung und Ruhe aufrecht zu erhalten; sogar eine Volksvertretung trat zusammen. Der größte Teil der Siedler stand hinter ihm. Lediglich die schwache Gruppe der englischsprachigen Kanadier suchte zu stören, und dies wurde Riels Unglück. Er ließ sich zu einer standgerichtlichen Hinrichtung verleiten, was im eigentlichen Kanada der politischen Empörung dann die moralische Rechtfertigung gab. Im Grunde unterlag es keinem Zweifel, daß Riels Regierung sich auflösen und man am Red River die kanadische

Oberhoheit anerkennen würde, sobald annehmbare Bedingung ausgehandelt waren. So konnte es geradezu als Ironie angesehen werden, daß man in Ottawa zu letzteren auch bereit war, trotz allem aber ein Exempel statuieren zu müssen glaubte und deshalb im Sommer 1870 einige hundert Mann Truppen durch die Wildnis an den Red River schickte. Bei ihrem Nahen floh Riel über die Grenze nach Süden, und die Rebellion war beendet.

Ihre Ursache war schon vorher beseitigt worden. Inzwischen hatte das kanadische Parlament nämlich dem Manitoba Act seine Zustimmung gegeben, in dem das Red-River-Gebiet vom übrigen Westen als Provinz Manitoba abgesondert wurde. Der Act erklärte Englisch und Französisch zu gleichberechtigten Sprachen und sprach Katholiken und Protestanten gesonderte Schulen zu. Kurz darauf wurden auch die Nordwestterritorien endgültig in Besitz genommen. Der Aufstand am Red River hatte freilich trotz seines episodischen Charakters noch jahrelang Nachwirkungen in verstärkter Animosität zwischen französisch- und englischsprachigen Kanadiern auch in den ursprünglichen Provinzen und gewann dadurch eine Bedeutung, die weit über das Lokale hinausging.

Mit dem Erwerb der Nordwestgebiete hatte das Dominion einen bedeutenden Schritt zum Pazifik hin getan. Doch noch lag das ganze Bergland von den Rocky Mountains bis zum Meer außerhalb seines Hoheitsbereiches. 1866 war die Vancouverinsel zum festländischen Britisch-Kolumbien geschlagen worden, aber diese Maßnahme hatte den inneren Schwierigkeiten dieser Provinz kaum abhelfen können. Nach dem Ende des Goldrauschs war die sprunghaft gestiegene Bevölkerung wieder zusammengeschmolzen, doch die Provinzschuld, die man in besserer Zeit auf sich geladen hatte, war geblieben. Zwei Auswege boten sich jetzt an, der Anschluß an Kanada oder aber der an die Vereinigten Staaten. Letzterer Gedanke hatte seine Befürworter, denn der Verkehr mit den amerikanischen Pazifikstaaten war nicht gering, und die 1869 fertiggestellte transkontinentale Pazifikbahn schien gute Vorteile zu bieten. Dieser separatistischen Agitation stellte sich jedoch ab 1869 eine loyale Bewegung entgegen, die mit handfester britischer Unterstützung den Anschluß an Kanada forderte. Besprechungen in Ottawa endeten bald erfolgreich, und schon 1871 trat Britisch-Kolumbien dem Dominion bei, nicht ohne beträchtliche finanzielle Zugeständnisse und das Versprechen eingehandelt zu haben, daß eine kanadische Eisenbahnverbindung in zwei Jahren begonnen und in zehn Jahren fertiggestellt sein würde.

Damit war das Ziel der territorialen Expansion im wesentlichen erreicht. Die Aufnahme der Prinz-Eduard-Insel 1873 rundete das Gebiet vollends ab. „A mari usque ad mare", von Meer zu Meer, wie es im

Wappenspruch Kanadas heißt, erstreckte sich nun das Dominion über die ganze Breite des nordamerikanischen Kontinentes. Es war eine eilige Expansion gewesen. Die Furcht, die Amerikaner könnten zuvorkommen, hatte bei den raschen Schritten nach Westen stets Pate gestanden. Jetzt freilich galt es, der staatsrechtlichen Aktion handfestere Titel folgen zu lassen. Siedlung und Verkehr mußten sich entwickeln, sollte das Werk der Juristen von Dauer sein. Das Mutterland konnte hier nicht direkt beistehen, und die faktische Landnahme mußte mehr oder weniger die Leistung der Kanadier selbst werden.

Leben in Kanada

Wie waren die Bewohner des Dominions für die große Aufgabe gerüstet? Im Jahre 1873, nach dem vorläufigen Abschluß der territorialen Expansion, zählte Kanada gut dreieinhalb Millionen Einwohner. Die starke Einwanderungswelle der vierziger und fünfziger Jahre war bereits verebbt, und obwohl der Zustrom neuer Bürger nie gänzlich versiegte, wuchs die Bevölkerung erst wieder gegen Ende des Jahrhunderts stärker durch Zuwanderung. Trotzdem wären in Kanada um die Jahrhundertwende wohl mehr als nur gut fünf Millionen Menschen ansässig gewesen, hätte nicht ein steter Aderlaß in Richtung der Vereinigten Staaten den Effekt des natürlichen Wachstums wesentlich abgeschwächt. Besonders Frankokanadier aus Quebec zog es in die Fabriken der östlichen Staaten, während das sich stärker industrialisierende Ontario in seiner Entwicklung schneller vorankam.

Vorerst waren Holz und landwirtschaftliche Produkte noch immer die bedeutendsten Erwerbsquellen. Die Tage des Holzschiffbaus am Atlantik waren freilich gezählt, aber in den Jahren nach dem amerikanischen Bürgerkrieg erlebte er eine letzte Blüte. Und als der Markt für Bauholz in Europa schwächer wurde, stieg die Nachfrage auf dem amerikanischen Kontinent. Die Bahnlinien verlangten nach Schwellen, der Westen nach Bauholz und die Papierindustrie nach immer mehr Pulpe. In der Landwirtschaft zeichnete sich um 1860 so etwas wie eine Wende ab. Wie in Europa und den Vereinigten Staaten, so kamen auch in Kanada nunmehr Maschinen in Gebrauch, die eine intensivere Bearbeitung größerer Flächen gestatteten. Die Weizenfelder Ontarios zeigten andererseits als Folge jahrzehntelanger Monokultur Anzeichen der Erschöpfung, und die Farmer suchten nach anderen Produkten. Zu Hilfe kamen ihnen das Wachstum der Städte und die Verbesserung des Verkehrs, wobei bald auch die Einführung des Kühltransports eine Rolle spielte. So ging man jetzt vielfach über zu Viehhaltung, Milchwirtschaft und Obstanbau. Märkte und Messen entwickelten sich, Landwirtschaftsschulen entstanden.

Nicht alle Farmer lebten allerdings in den nun schon wohletablierten Dörfern und Flecken. Ein gar nicht geringer Prozentsatz darbte noch immer an der Grenze zwischen Zvilisation und Wildnis, mühselig in Wald, Einsamkeit und auf miserablen Verkehrswegen sich schindend. Solche Pioniere fanden sich im Innern Neubraunschweigs, im Hinterland von Quebec und Ontario und in den südlichen Tälern Britisch-Kolumbiens. Auch in der Prärie waren die ersten Jahre meist recht primitiv. In Hütten aus aufeinandergelegten Rasenstücken mußten die Ankömmlinge aus Ostkanada oder Europa sich erst gewöhnen an Dürre und frühen Frost, an Heuschrecken und bittere Winterkälte. Die Eisenbahn verbesserte vieles, wissenschaftliche Züchtung brachte prärieharte Weizensorten. Aber auch hier galt, daß späterer Generationen Brot der Pioniere Not und nicht selten Tod verlangte.

Die Verbesserung des Transports machte dann auch die Viehhaltung lukrativer, und die letzten Jahrzehnte des Jahrhunderts wurden im Grasland östlich der Rockies die große Zeit der Cowboys und Rinderherden, der Indianerfehden und Whiskyschmuggler. Die Regierung in Ottawa schuf 1873 aus Sorge um Ordnung und stete Entwicklung die berittene Nordwestpolizei (North-West Mounted Police). Einigen hundert Mann gelang es bald, dem geschriebenen Recht Achtung und Folge zu verschaffen. Diese Polizeitruppe erfüllte bald nicht nur die Aufgaben des üblichen Ordnungsdienstes. Sie wurde insbesondere auch ein weithin respektierter und jedenfalls notwendiger Helfer der Prärieindianer, die ihre jahrtausendealte Lebensform des nomadisierenden Jagens aufgeben mußten und sich nur mit Schwierigkeit an das seßhafte Leben in den für sie ausgesteckten Reservaten gewöhnen konnten. Die „Mounties" in ihren karmesinroten Röcken unter den breitkrempigen Hüten erwarben sich einen fast legendären Ruf für Ehrlichkeit und Mut, und es war gewiß großenteils ihr Verdienst, daß die Umgewöhnung der ursprünglichen Landesherren sich ohne die tragischen Kriege abspielte, welche die amerikanische Expansion nach Westen so blutig und bitter begleiteten.

Die Industrialisierung machte in Kanada allgemein keine schnellen Fortschritte; dazu waren die Infrastrukturen noch zu wenig entwickelt und der Markt zu beschränkt. Immerhin brachte der Eisenbahnbau hier einen gewissen Durchbruch, und besonders in Ontario entstanden Gießereien, Maschinenfabriken und Zulieferindustrien. Schon um 1860 baute man hier Lokomotiven. Ansonsten beschränkten sich die vorhandenen oder entstehenden Manufakturen meist darauf, den heimischen Bedarf an Textilien und Schuhwerk, Möbeln und landwirtschaftlichen Maschinen zu befriedigen. Eine gewisse Bedeutung erhielt allmählich die Ausbeutung der Bodenschätze, deren schier unermeßlicher Reichtum freilich nur langsam bekannt wurde. Kohle gewann man in Neuschottland, Gold im Westen. Der Welt reichste Nickelvorkommen wurden in den 1880er Jahren bei Sudbury nördlich der Großen Seen entdeckt, und in der Nähe fand man auch ergiebige Kupfererzlager. Aber die Ausbeute war aus Energiemangel vorerst recht beschränkt. Der Fortschritt der wirtschaftlichen Entwicklung hing in nicht geringem Maß vom Vorhandensein entsprechender Geldmittel ab. Als große Hilfe erwies sich hierbei auf die Dauer der nach der Konföderierung obligatorisch werdende kanadische Dollar. Seine Einführung beendete das seit der Jahrhundertmitte zur Plage gewordene Durcheinander im Geldwesen, wo britische Münze, koloniale und private Zahlungsmittel und auch der amerikanische Dollar nebeneinander bestanden und lokal differierende Bewertungsmaßstäbe den Fluß der Transaktionen erheblich erschwert hatten. Ausländische Investitionen, insbesondere britische, waren allerdings noch lange notwendig, um die zu dünne Kapitaldecke des Dominions zu verstärken.

Ungeachtet dieses Umstandes erfreuten sich die beiden Metropolen Montreal und Toronto eines kräftigen Aufschwungs als Bank- und Handelszentren des Landes. Mit wachsender Ausdehung wuchsen dann auch im Westen neue Städte heran. Aus Fort Garry, dem Mittelpunkt der Red-River-Siedlung, ging Winnipeg als Geschäftszentrum der Prärie hervor. Vancouver, der Endpunkt der Bahnlinie am Pazifik, wurde gegen Ende des Jahrhunderts der wichtigste Handelsplatz jenseits des Gebirges. In den größeren Städten besonders des Ostens näherten sich Lebensstandard und Daseinsweise allgemein den europäischen Verhältnissen. Viktorianische Neugotik und die Eisenarchitektur der Zeit bestimmten auch hier das Aussehen von Fassaden und Hallen. Gaslicht und Pferdebahnen entwickelten sich vom Luxus zur Notwendigkeit. Die Straßen in den Städten waren freilich vielfach noch ungepflastert; Holzplanken als Bürgersteig oder für feinere Leute der Einspänner hielten bei schlechtem Wetter den Nahverkehr in Gang. Die große Mehrzahl der Kanadier wohnte noch immer auf dem Land. Hier oder in den Fischerdörfern der Küste änderte sich die Lebensweise nur langsam. Noch waren die Entfernungen zu groß, als daß Familienkreis und gesellschaftliche Zirkel ihre Funktion im dörflichen Leben verloren hätten. Man war nicht mobil, und das Neue brauchte seine Zeit, bevor es Eingang und Annahme finden konnte.

Das kulturelle Leben hatte es unter diesen Verhältnissen von Anfang an nicht leicht gehabt. In den Pioniertagen des frühen Jahrhunderts hatten alle Zeit und Energie dem unmittelbaren Daseinskampf·gehört. Viel mehr als schlichte Lustbarkeit und anspruchsloses Amüsement bei seltenen Gele-

genheiten konnte man sich nicht leisten. Das literarische Interesse wurde
gegen Mitte des Jahrhunderts zuerst von rasch sich entwickelnden Zeitungen und Zeitschriften geweckt, die der politisch aktiven Einstellung der
Kolonisten zu Hilfe kommen wollten durch Unterrichtung und oft auch
recht hitzige Stellungnahme. Weniger dem Alltag Verbundenes erschien
selten im Druck. Die satirische Geschichte von Sam Slick, dem wandernden Uhrmacher, die Thomas C. Haliburton in den späten 1830er Jahren
seinen Landsleuten in Neuschottland erzählte, war eine Schwalbe, die
noch keinen Sommer machte. Gelegentliche Reisebeschreibungen, historische Schwarten wie Major John Richardsons „Wacousta" (1832), einige
Feuilletonspalten in den Journalen, darüber kam die literarische Produktion der Kolonien vor der Föderation nicht hinaus. Auch nachher ließen
Meisterwerke noch auf sich warten, aber William Kirbys „Golden Dog"
(1877) konnte dann doch als so etwas wie der erste große englisch-kanadi-
sche Roman betrachtet werden. Die französischsprachige Literatur ver-
diente schon früher Beachtung. Die „Histoire du Canada" (1845–48) von
François-Xavier Garneau war ein imposantes Epos, das Zeitgenossen und
Spätere zu historiographischer und poetischer Glorifizierung der Kolonie
am St. Lorenz anregte. Octave Crémazies spätromantische Dichtkunst
(„Le Drapeau de Carillon", 1858) verklärte kanadische Landschaft und
Geschichte, und Louis-Honoré Fréchette („La Légende d'un people",
1887) stand ihm an Ausdruckskraft wenig nach.

Mit wachsender Bevölkerung und zunehmendem Wohlstand entwik-
kelte sich auch das intellektuelle Leben. Instrumentalkreise, Volksbiblio-
theken, philosophische Salons entstanden. Die ersten Maler und Bildhauer
suchten ihre Werke an den Mäzen zu bringen. Der größere Teil dieser
Energie, so will es scheinen, ging freilich auch jetzt in politische Richtung.
Der Zusammenschluß zum Dominion weckte eine Bewegung ausgesprochen nationalistischer Prägung, und Journalisten ebenso wie Schriftsteller
und Poeten liehen ihre Feder der vaterländischen Begeisterung. Vielleicht
das beste Beispiel gaben hier die romantischen Patrioten, die sich zur
Gruppe „Canada First" zusammenschlossen. Wenn auch niemand genau
definierte, was mit diesem „Kanada-über-alles"-Motto wirklich gemeint
war, so ließen die Journalisten und Dichter, die in der „Nation", dem
Organ der Gruppe, zu Wort kamen, zumindest wenig Zweifel an ihrem
Glauben an die Zukunft von Volk und Staat.

Mit dem Fortschritt des Jahrhunderts besserte sich auch das Erziehungswesen zumindest in den Städten nicht unwesentlich. Schon in den vierziger Jahren hatte die Regierung in Canada West die Aufsicht über den
Elementarunterricht öffentlicher Sekundarschulen errichtet. Auch die anderen Provinzen sahen eine ähnliche Entwicklung mit Ausnahme des fran-

zösischsprachigen Canada East, wo die Kirche den Schulunterricht in eigener Regie betrieb. In den Jahren nach der Föderation war die Schulpflicht bald so gut wie überall in Kanada eingeführt. Der Unterricht war in der Regel kostenlos. Das Hochschulwesen konnte nun auch schon auf eine lange Tradition zurückblicken. Die erste Universität, ein Vorläufer der heutigen Dalhousie-Universität in Halifax, war von der englischen Hochkirche schon 1802 gegründet worden. 1827 eröffneten die Anglikaner mit dem King's College die Universität von Toronto, die bald großes Ansehen weit über die Grenzen der Kolonie hinweg genoß. Auch in Montreal stand man nicht zurück. Ein reicher Pelzhändler hinterließ in seinem Testament eine entsprechende Summe, und 1821 wurde dort die nach ihm benannte McGill-Universität gegründet. Andere Institute folgten allenthalben.

Das kanadische Bildungswesen, und eigentlich möchte man sagen, das kanadische Leben überhaupt, waren somit gegen Ende des 19. Jahrhunderts recht wohl entwickelt. Es fehlte sicherlich vielfach die Raffinesse europäischen Lebensstils, es fehlten die größeren amerikanischen Mittel. Aber die gelegentliche Unbehauenheit und die noch allenthalben spürbare Schlichtheit verstellten gewiß nicht mehr den Ausblick auf die großen Möglichkeiten, die das Land für seine Bevölkerung und viele später Kommende bereit hielt. Es lag nun an den Kanadiern selbst, ihre Zukunft zu gestalten. Die lebhafte Anteilnahme am politischen Geschehen ließ erkennen, daß sie sich dieser Aufgabe wohl bewußt waren. Die Härte und gelegentliche Erbitterung der Parteienkämpfe zeigten, daß man gewillt war, sein Schicksal selbst zu bestimmen.

Frühe Politik

Es überraschte niemanden, als der Generalgouverneur 1867 Macdonald mit der Bildung der ersten Bundesregierung beauftragte. Macdonald seinerseits war der Meinung, daß die großen Aufgaben der ersten Jahre, nämlich die Stabilisierung des Erreichten und die Erweiterung des Territoriums, der Gründung des Dominions an Schwierigkeit nicht nachstehen würden. Er suchte daher seine Regierung auf so breiter Basis wie möglich zu fundieren. Mit anderen Worten, er erweiterte die konservativ-liberale Koalition, die im vorföderativen Kanada der Bundesidee zum Siege verholfen hatte, um einige Kabinettsmitglieder aus den Atlantikprovinzen. Samuel L. Tilley, ein prominenter Politiker aus Neubraunschweig, und zur großen Befriedigung Macdonalds 1869 auch Howe, der alte Föderationsgegner aus Neuschottland, traten in die Bundesregierung ein. Damit war ein gewisser regionaler Proporz erreicht.

Es zeigte sich jedoch, daß diese große Koalition die politischen Divergenzen nicht lange überbrücken konnte. Brown, der Führer der Grits, verließ schon bald wieder Macdonalds Kabinett, und einige gleichgesinnte Liberale folgten ihm. Dies bedeutete praktisch die Übernahme der Regierung durch die Tories, die sich nun immer mehr als Konservative Partei auf Bundesebene organisierten. Macdonald entwickelte seinen eigenen Regierungsstil. Er beanspruchte für sich und seine Partei, die wahren Unionsfreunde zu sein, die den Bund zusammengebracht hatten und deren Interesse es vor dem aller anderen war, ihn zu erhalten. Man war bereit, mit Geld nicht zu knausern, wenn damit diesem Ziele gedient werden konnte. Und es war nur natürlich, daß die konservativen Interessen sich mit denen des Big Business und hier besonders der Eisenbahngesellschaften weitgehend deckten. Die Übereinstimmung trat nicht erst jetzt hervor. Schon in den fünfziger Jahren hatten sich Tories und Grand Trunk zu gemeinsamer Aktion gefunden; und die beiderseitiger Abneigung gegen liberale Reformer und aufklärerische „Rote" hatte in Canada East französische Konservative und englischsprechende Geschäftsleute zusammengeführt. Die Tradition lebte nun auf Bundesebene fort, und die neuen Möglichkeiten des größeren Landes gaben ihr eher neue Berechtigung, als daß sie sie verkümmern ließen.

Die Regierung Macdonalds hatte nicht nur innenpolitische Probleme zu meistern. Die Beziehungen zum amerikanischen Nachbarn waren seit den Jahren des Bürgerkriegs nicht besser geworden. In Washington hatte man die Gründung eines britisch-monarchischen Dominions in einer Kongreßresolution sozusagen offiziell mißbilligt, und möglicherweise hatte Kanada es nur den vielfältigen inneramerikanischen Problemen zu danken gehabt, daß die Vereinigten Staaten keine aggressive Haltung eingenommen hatten. Aber die amerikanischen Beschwerdepunkte waren noch nicht aus der Welt geschafft. Washington forderte von Großbritannien Schadenersatz für die während des Bürgerkrieges erfolgten Angriffe konföderierter Schiffe, die auf britischen Werften gebaut worden waren; es verlangte eine neue Grenzziehung zwischen den Inseln am Pazifik und es bestand erneut auf Fischereirechten vor der Küste der Atlantikprovinzen.

Kanada seinerseits rief nach Entschädigung für die Angriffe der Fenier. Doch die kanadische Außenpolitik wurde in London entschieden, und so mußte man in Ottawa glücklich sein, daß zu einer 1871 schließlich in Washington anberaumten Konferenz Macdonald als einziger Kanadier zugelassen wurde. Sein Wunsch war, möglichst einen neuen Gegenseitigkeitsvertrag ähnlich dem von 1854 nach Hause zu bringen. Doch die Verhandlungen zeigten, daß der kanadische Einfluß gering genug war. Großbritannien arrangierte sich mit den Amerikanern ohne allzu große

Rücksicht auf die Gefühle in seinem Dominion. Vom Gegenseitigkeitsvertrag war keine Rede mehr, lediglich Fische aus kanadischen Fängen erhielten freien Zugang zu amerikanischen Märkten, wofür die Amerikaner zehn Jahre lang in kanadischen Atlantikgewässern fischen durften. Auch für das Treiben der Fenier lehnte man amerikanischerseits die Verantwortung ab, und Macdonald war mehr als froh, die Briten wenigstens zu einer finanziellen Ersatzleistung veranlassen zu können. Somit war der Erfolg der Konferenz für Kanada recht mager, und Macdonald war zu Hause dem ärgerlichen Vorwurf der Liberalen ausgesetzt, den amerikanischen Pressionen gegenüber zu leicht nachgegeben zu haben. Solcher Tadel mag ein gutes Propagandamanöver der Opposition gewesen sein. Es ist fraglich, ob er im Grunde berechtigt war. Zweifelsohne wäre der kanadische Stand ohne die britische Rückendeckung noch viel schwächer gewesen. Die letzten britischen Militäreinheiten – außer einer kleinere Marinegarnison in Halifax – verließen 1871 das Dominion, und für jeden unvoreingenommenen Beschauer war es nur allzu offensichtlich, daß Kanada auf den guten Willen der Verhandlungspartner angewiesen war und über politische Druckmittel so gut wie nicht verfügte.

Die Liberalen ihrerseits gewannen allmählich an Statur. Wie die Konservativen, so konnten ja auch sie auf eine gewissen Tradition aus der Zeit vor 1867 zurückblicken. Die Clear Grits aus dem ehemaligen Canada West bildeten den Stamm der neuen Partei. Allerdings war ihr Zusammenhang anfangs weit schwächer als der der Konservativen, da einst das Bindemittel zwischen den Reformern vor allem der Protest gewesen war und man sich erst langsam auf ein gemeinsames positives Konzept einigen konnte. Die Hochburg der Liberalen war auch im Dominion die Provinz Ontario, und sie stellten jahrzehntelang die Regierung in Toronto. Wesentlich schwächer war ihre Position freilich in Quebec. Die Rote Partei, die von hier den meisten Zuzug erhielt, hatte sich schon in den sechziger Jahren schwer getan unter dem Ansturm der konservativen Kräfte, denen der papstliche Syllabus Errorum mit seiner antiliberalen Tendenz politisch verwertbare Munition geliefert hatte. Auch in den übrigen Provinzen waren anfangs weder Kader noch Anhänger so gut organisiert, daß sich nicht die Konservativen vorteilhaft von den Reformern abgehoben hätten. Auf Bundesebene sahen die Liberalen ihre Chance vor allem in der Opposition zur Ausgabenfreudigkeit des Kabinetts Macdonald, und sie liefen Sturm gegen die Verflechtung von Kapital und Regierung. Ihrem Anhang unter der Landbevölkerung konnten solche Maximen nur recht sein, hatte diese doch von übereilter Expansion nach Westen und vergrößerter öffentlicher Schuld vorerst wenig zu profitieren.

Die große Chance der Liberalen kam im Jahre 1873. Das Dominion

hatte sich Britisch-Kolumbien gegenüber verpflichtet, den Bau einer Bahnlinie zum Pazifik zwei Jahre nach dem Beitritt dieser Provinz zu beginnen.
Die Schwierigkeit jedoch lag in der Finanzierung. Die enormen Kosten
einer transkanadischen Linie schreckten Regierung und private Unternehmer. Die Zeit drängte. Die vertragliche Verpflichtung verlangte den Bau,
und außerdem ließ das Voranschreiten der amerikanischen Nordpazifik-
bahn es ratsam erscheinen, ein kanadisches Gegengewicht zu schaffen. So
schrieb die Bundesregierung schließlich den Bau einer kanadischen Linie
aus und suchte ihn durch Versprechen von Subsidien und Landzuwendungen attraktiv zu machen. Zwei Finanzgruppen bewarben sich, und nach
längerem Tauziehen erhielten 1872 die Montrealer Bewerber statt der mit
amerikanischem Kapital verflochtenen Torontoer Gruppe den Zuschlag.
Kurz zuvor freilich waren Bundeswahlen abgehalten worden, und im
neuen Parlament gelang es den Liberalen nachzuweisen, daß die Konservative Partei ihren Wahlkampf mit massiver monetärer Unterstützung der
Montrealer Gruppe geführt hatte. Im sogenannten Pazifikskandal konnte
selbst Macdonald seine finanzielle Integrität nicht völlig beweisen, und
unter dem massiven Druck der öffentlichen Meinung traten er und sein
Kabinett 1873 zurück. Alexander Mackenzie, der Führer der Liberalen –
Brown hatte sich auf seine Zeitungsarbeit zurückgezogen –, erhielt den
Auftrag zur Regierungsbildung. Neuwahlen im nächsten Jahr brachten ihm
einen überwältigenden Erfolg, und er blieb bis 1878 Premier.

Es war für die Liberalen bedauerlich, daß ihr neuer Führer weder Charis-
ma noch Fortune des großen Politikers besaß. Seiner fleißigen Bemühung
gelang es nicht, den trotz Korruptionsverdacht weithin bewunderten oder
gefürchteten Macdonald vergessen zu machen, und die innerparteiliche
Opposition machte Mackenzie obendrein im eigenen Haus das Leben sauer.
Dazuhin hatte das Schicksal ihn in dem Jahr ans Ruder gebracht, in welchem die große Depression einsetzte, die bald Handel und Wirtschaftswachstum weltweit schrumpfen ließ. Es entsprach liberaler Tradition, daß
Mackenzie von starker Regierungsaktivität wenig hielt; und es war nur im
Einklang mit seinem Wahlprogramm, daß er die staatlichen Ausgaben nach
der übermäßigen Freigiebigkeit seines Vorgängers nun möglichst klein und
den zur Verfügung stehenden Mitteln angemessen halten wollte. Doch auf
die Dauer erwies sich beides angesichts der immer prekärer werdenden
wirtschaftlichen Lage als die falsche Politik. Im eigenen Netz gefangen,
brachten die Liberalen es nicht über sich, durch kühne Regierungsinitiativen die brachliegenden Kräfte des Landes zu neuer Tätigkeit zu wecken.
Nach einigen Mißerfolgen fehlte ihnen schließlich jedes Programm, und es
überraschte niemanden, daß die Wahl des Jahres 1878 wieder die Tories als
Sieger sah.

Halbherzige Maßnahmen der 1873 ins Amt gekommenen Regierung beeinträchtigten vor allem den Fortgang des Eisenbahnbaus. Da der Staat sich nicht über Gebühr verschulden wollte, fehlte von nun an das nötige Kapital. Die Regierung übernahm den Bau einzelner Abschnitte jetzt in eigener Regie, stets darauf bedacht, nur dort weiterzumachen, wo der Bedarf bereits eine gewisse Rentabilität der Strecke versprach. Über ein paar hundert Meilen Schienen und einige Trassierungsarbeiten kam man auf diese Weise bis 1878 nicht hinaus, und besonders an der Pazifikküste wuchs der Ärger über das langsame Unternehmen. Noch offensichtlicher war das Ungeschick Mackenzies in seinem erfolglosen Streben nach einem neuen Gegenseitigkeitsvertrag mit den Vereinigten Staaten. Mit Wehmut dachte man jetzt an die gute Zeit vor 1866, als die kanadischen Waren freien Zutritt zu den Märkten im Süden besaßen. In der sich abzeichnenden Krise der siebziger Jahre erschien ein neuer, ähnlicher Vertrag als das Allheilmittel gegen die Depression. Aber in Ottawa übersah man, daß die Tendenz der Zeit nicht zum Freihandel, sondern vielmehr zum immer höheren Schutzzoll ging, und die kanadische Delegation, die 1874 nach Washington reiste, kehrte unverrichteter Dinge wieder zurück.

In einem Bereich allerdings brachte Mackenzies Regierung das Dominion einen guten Schritt weiter, nämlich auf dem Weg zur Selbständigkeit. 1875 wurde ein Oberstes Gericht (Supreme Court) eingesetzt, was die Zahl der Berufungen an den britischen Geheimen Kronrat (Privy Council) drastisch beschnitt. Im Zusammenhang mit juristischen Fragen kamen auch die Befugnisse des Generalgouverneurs in die öffentliche Diskussion, und dem eigenwilligen Justizminister Edward Blake gelang es, von London eine Beschränkung dieser Vollmachten zu ertrotzen. Künftighin war der Generalgouverneur weithin auf den Rat der Regierung in Ottawa angewiesen, und seine Stellung ähnelte deutlich derjenigen des britischen Monarchen selbst. Aber diese Erfolge der liberalen Regierung konnten die anderweitigen Fehlschläge bei den Wählern nicht vergessen machen, und 1878 begann „der alte Häuptling" Macdonald nach einem spektakulären Wahlerfolg – seine Partei führte mit 68 Sitzen – die lange Periode konservativer Vorherrschaft, die erst 1896 zu Ende ging.

Macdonald und die „nationale Politik"

Als Macdonald und seine Tories 1878 wieder ans Ruder kamen, waren sie bereits mit einem Programm an die Öffentlichkeit getreten. Ein neuer Wind sollte wehen, den Interessen des Landes sollte mit Schwung und Zielstrebigkeit gedient werden, die Nation sollte geführt werden, statt daß

sie dem Wellenschlag der Zeit überlassen blieb. Das Schlagwort von der
„nationalen Politik" (National Policy) war das kurzgefaßte Motto, mit
dem man die Pläne für die neue Ära bezeichnete. Der Eisenbahnbau sollte
energisch vorangetrieben werden. Die Zölle mußten erhöht werden, um
die einheimische Industrie zu stützen und das Zusammenwachsen der dis-
paraten Landesteile durch Belebung des innerkanadischen Güteraustauschs
zu fördern. Und schließlich mußte die Einwanderung begünstigt werden,
denn Kanada brauchte mehr Siedler und der einheimische Markt mehr
Verbraucher. Der urbar gemachte Westen sollte dann zur Kornkammer
der Nation werden, und auf der neuen Eisenbahn sollten die Industriegüter des Ostens den Agrarprodukten der Prärien entgegenrollen. Aus dem
Konglomerat ehemaliger Kolonien sollte eine Nation entstehen, geeint
nicht nur durch papierne Klauseln, sondern durch das Bewußtsein der
Zusammengehörigkeit, durch wirtschaftliche Prosperität und den Glauben an die Zukunft.

Der Versuch der Durchsetzung dieses Programms traf auf einigen Widerstand vor allem auf der intellektuellen Szene. Anhänger des sogenannten Kontinentalismus waren der Auffassung, daß Kanadas Schwierigkeiten am besten durch Zusammengehen mit den Vereinigten Staaten zu
beheben seien. Vertreter dieser Ansicht wie der liberale Denker Goldwin
Smith oder der Geschäftsmann Erastus Wiman befürworteten eine Han-
delsunion (commercial union) als Vorstufe einer vielleicht noch engeren
Gemeinschaft. Hiergegen und gegen Macdonalds nationale Aspirationen
stellten sich die Anhänger einer stärkeren Bindung an das britische Mutterland und dessen Weltreich. Da Kanada allein nicht überleben könne und
ein Aufgehen in den Vereinigten Staaten ihnen schlechterdings unannehmbar erschien, forderten sie die Erhebung von imperialen Vorzugstarifen.
Das in den 1880er Jahren von Großbritannien ausgehende Imperial Federation Movement fand nicht wenige Sympathisanten im englischsprachigen
Teil des Dominions. Freilich traf diese Bewegung auf den erbitterten Widerstand der führenden frankokanadischen Kreise, und Macdonald konnte
offensichtlich der Meinung sein, daß seine eigenen Zielvorstellungen die
politisch am ehesten verwirklichbaren waren.

Als erste Maßnahme nach erneuter Regierungsübernahme erhöhte
Macdonald jedenfalls die Zölle. Landwirtschaftliche Produkte wurden mit
20 Prozent ihres Wertes belastet, Industrieerzeugnisse wurden sogar bis zu
30 Prozent teurer. Dies war in erster Linie als eine Hilfe für die Fertigungsindustrie gedacht, denn die kanadischen Farmer hatten ohnehin von aus-
wärtiger Konkurrenz wenig zu fürchten. Sie und die Bewohner der Atlantikprovinzen kritisierten denn auch auf die Dauer die neue Tarifpolitik
lautstark und mit gewissem Recht, da die industriereicheren Gebiet am St.

Lorenz und in Ontario den Hauptgewinnn aus ihr zogen, das ganze Land aber die Bürde zu tragen hatte. Macdonald und sein Finanzminister Tilley allerdings blieben der Auffassung, daß sich auf längere Sicht auch der Gewinn für das ganze Land einstellen werde. Daß sie am Ende so unrecht nicht hatten, mochte man später daraus schließen, daß auch die folgenden Regierungen praktisch bis in die Gegenwart den gleichen Kurs steuerten mit nur unerheblichen Abweichungen.

Sollte die neue Politik Erfolg haben, so mußte sie ganz durchgeführt werden. Der große einheimische Markt konnte sich nur beleben, wenn die Eisenbahn endlich die Verbindung zwischen den weit von einander entfernten Landesteilen schuf. Denn es war nicht zu erwarten, daß viele Siedler nach dem Westen gingen, falls ihnen kein Schienentransport zur Verfügung stand, und ihr Nachschubbedarf wie ihre Erzeugnisse brauchten die Bahn in gleicher Weise. Die Liberalen hatten versucht, Regierungsausgaben und Steuern niedrig zu halten; der Streckenbau im Westen hatte die Folgen verspürt. Macdonald dagegen kehrte nun zu seiner alten Politik zurück, private Unternehmer durch das Angebot großzügiger Regierungsunterstützung zum Bau zu ermuntern. Dies war kühn genug, hatte er sich doch schon einmal dabei die Finger verbrannt. Doch sein früherer Mißerfolg focht ihn wenig an, und die künftige Baugesellschaft erhielt generöse Bedingungen zugesichert. Sämtliche bereits gebauten Abschnitte würden ihr übereignet werden, und die Regierung würde 25 Millionen Dollar verlorenen Zuschuß beisteuern. Darüber hinaus sollten 25 Millionen Acres Land entlang der Strecken in den Besitz der Gesellschaft übergehen als ein Fundus, aus dem nach Fertigstellung der Linie durch Verkauf an Siedler die Baukosten zumindest teilweise wieder hereingeholt werden konnten. Außerdem würde die Gesellschaft für alle Zeiten von Steuern befreit sein und sich eines zwanzigjährigen Eisenbahnmonopols im westlichen Kanada erfreuen. Die Gegenleistung der Baugesellschaft sollte darin bestehen, die Linie innerhalb von zehn Jahren zu vollenden.

Dieses Angebot mochte in den Augen der Liberalen die Grenze zur Verschwendung hin überschreiten. Andererseits ware es eine Tatsache, und ihre eigene Erfahrung hatte es gelehrt, daß anders auf eine rasche Fertigstellung der Strecke nicht zu hoffen war. Der emsige Eisenbahnbau in den Vereinigten Staaten konnte kaum als Vergleich dienen. Zum einen herrschten dort günstigere Startbedingungen. Man konnte an ein bereits bis zum Mittelwesten fertiges Netz anknüpfen, während in Kanada Hunderte von Meilen unbewohntes und unwegsames Sumpfgebiet zu überwinden waren; überdies boten die Pässe im südlicheren Gebirge den Ingenieuren nicht annähernd so viele Schwierigkeiten wie die kanadischen. Zum anderen versprach die größere Bevölkerungsdichte in den den Staaten sichere Gewinne, während die Geldherren der Londoner City, auf die es schließlich ankam, mit Schauder an die Verluste des Grand Trunk zurückdachten und ähnlichen kanadischen Unternehmungen zögernd genug gegenüberstanden.

Es konnte somit nicht verwundern, daß die Gesellschaft, die sich 1880 schließlich zu dem Wagnis zusammenfand, in der Hauptsache aus Kanadiern bestand. George Stephen von der Bank of Montreal und Donald Smith von der Hudsonbaigesellschaft waren die führenden Finanzleute, denen es oblag, Deckung für die im Lauf des Baus weit über den anfänglichen Voranschlag hinausschießenden Kosten zu finden.

1883 schon mußte man um ein Regierungsdarlehen ansuchen, das fast so groß war wie der ursprüngliche Zuschuß. Macdonald verlor die Begeisterung. Doch ein Ratgeber erinnerte ihn daran, daß die Konservative Partei den Bankrott der Kanadischen Pazifikbahn (Canadian Pacific Railway) nicht überleben würde. Das Darlehen wurde gewährt, und zwei Jahre später auch noch ein weiteres. Dieses zweite Darlehen fand sogar weit willigere Geber als das erste, denn inzwischen hatte die Bahnlinie dem ganzen Land einen Begriff ihrer Nützlichkeit geben können. Mit ihrer Hilfe war es gelungen, der Nordwestrebellion am Saskatchewan in kürzester Zeit Herr zu werden.

Der ständige Zustrom weißer Zuwanderer hatte die meisten Mestizen aus ihren Siedlungen am Red River vertrieben. Vor der sich ausbreitenden Zivilisation waren sie nach Nordwesten ausgewichen, wo sie insbesondere in dem Gebiet um den Zusammenfluß der beiden Saskatchewanarme eine neue Heimstatt gefunden hatten. Doch mit Vorschreiten der Bahnlinie wurde ihre Existenz auch hier gefährdet. Landmesser begannen die Gegend aufzunehmen, und die Mestizen fürchteten aufs neue um ihren Besitz. Zu ihrer Unruhe gesellte sich die Unzufriedenheit der Indianer. Das Sterben der Büffelherden und der Fortschritt der weißen Landnahme raubte ihnen Daseinsgrundlage und Freiheit, und das Leben in den Reservaten konnte wenig Reizvolles dagegenbieten. Selbst unter den weißen Siedlern an der Bahnlinie gärte es. Nach einer vom Bahnbau herrührenden kurzen Prosperität war anfangs der achtziger Jahre die Depression wieder voll spürbar geworden. Der Weizen verkaufte sich schlecht. Obendrein fand man, daß die Bahngesellschaft die Prärieprodukte mit übertrieben hohen Frachtsätzen belastete, während der neue Zolltarif die Preise für die benötigten Industrieerzeugnise in die Höhe trieb. Allenthalben in der Prärie fühlte man sich somit von der Regierung im Stich gelassen. Dieses Gefühl wuchs noch, als 1884 eine Petition in Ottawa keine spürbare Reaktion auslöste.

Die Mestizen übernahmen die Führung. Man entsann sich Riels, der südlich der Grenze in Montana sein Leben fristete. Einer Einladung, die in dem Ruf gipfelte „Die ganze Rasse ruft dich!", versagte er sich nicht, und im Frühjahr 1885 bildete er zum zweitenmal eine unabhängige provisorische Regierung in der Prärie. Ende März wurde von seinen Anhängern eine Abteilung der „Mounties" blutig zurückgeschlagen, und kurz darauf schrillten wieder die Kriegsschreie der Indianer über die Ebenen, als die Cree unter ihren Häuptlingen Pfundmacher und Großer Bär daran gingen, weiße Außenposten zu überfallen und umzubringen.

Doch die Rebellion war kurzlebig genug. Riel war kein charismatischer Führer mehr, und seine Phantasien über Staat und Religion – von den 15 Jahren des Exils hatte er zwei in einer Nervenheilanstalt verbracht – waren der Wirklichkeit entrückt. Überdies machte Ottawa nun Ernst. Über 5 000 Mann Regierungstruppen kamen per Bahn angerollt, und mitte Mai war Riel gefangen und der Aufstand niedergeschlagen. Wieder verlangte nun das englischsprachige Kanada die Bestrafung des Rebellenführers, der so offenbar den heimischen Frieden gestört und außerdem noch nicht für den „Mord" von 1870 gebüßt hatte. In Quebec hingegen feierte man ihn als den Helden, der für die Rechte der Minderheiten eingetreten war. Das Gericht in der Prärie, vor das er schließlich gestellt wurde, bestand aus englischsprachigen Protestanten. Sie verurteilten ihn zum Galgen, und Macdonald bestätigte nach einigem Zögern den Spruch. Im November 1885 wurde Riel gehängt. Sein Tod brachte in den sich anschließenden Auseinandersetzungen und Parteiquerelen wahrscheinlich mehr Unsegen über Kanada, als ein lebender Riel je vermocht hätte.

Wenige Tage vor der Hinrichtung Riels war hoch oben auf einem Paß der Rocky Mountains der letzte Nagel in eine Schwelle der kanadischen Pazifikbahn getrieben worden. Der Rebell hatte wider Willen die Vollendung des Baus beschleunigt. Den Geldgebern hatte es Eindruck gemacht, mit welcher Schnelligkeit es möglich gewesen war, die Truppen in die Prärie zu werfen, und die Mittel waren rasch vollends zur Verfügung gestellt worden. Nun also waren Ost und West miteinander verbunden, und nur fünf Jahre, nicht zehn wie vorgesehen, hatte der Bau gedauert. Macdonald, der sich als einer der ersten Fahrgäste zum Pazifik tragen ließ, mochte mit Stolz in der Überbrückung des Kontinents einen weiteren Höcpunkt scincr politischcn Laufbahn crblickcn.

Auf drei Pfeilern hatte die „nationale Politik" ruhen sollen, auf wirkungsvollen Schutzzöllen, auf einer vorteilhaften Ost-West-Verbindung und auf verstärkter Einwanderung und Siedlung. Die zwei ersten Stützen standen nun. Die Bemühungen um die dritte jedoch erwiesen sich als weit weniger erfolgreich. Die Bundesregierung hatte Werbeagenturen in Europa eingerichtet und Überfahrtvergünstigungen angeboten. Die Provinzen ebenso wie die Pazifikbahn offerierten das Ihre an vorteilhaften Bedingungen. Aber während der Westen der Vereinigten Staaten sich eines ständigen Zuwandererstromes erfreute, floß nach Kanada wenig mehr als ein Rinnsal. Der leichtere Zugang zum amerikanischen Westen und der größere Markt dort versprachen schnelleren Gewinn. Nicht wenige Kanadier selbst zogen in den Süden. Man mußte sich im Dominion schon freuen, daß in den siebziger Jahren einige Gruppen von Isländern und Mennoniten nach Manitoba gegangen waren und in den nächsten Jahrzehnten ein nicht großer, aber doch stetiger Zug von Farmern mit Pioniergesinnung aus Ontario in die Prärie vorstieß. Um 1890 siedelten zwischen Lake of the Woods und Gebirge etwa 200 000 Menschen, gewiß nicht genug, um die Vision Macdonalds von einem großen nationalen Markt Wirklichkeit werden zu lassen.

So erwiesen sich auch die beiden anderen Pfeiler als hohl. Die Eisenbahn wurde zu wenig genutzt, und der Schutzzoll brachte vorerst vor allem Unzufriedenheit in den weniger bevorzugten Gebieten, wo sich das Leben ohne sichtbaren Gewinn verteuerte. Die Folge war, daß schließlich die gesamte „nationale Politik" in Verruf kam. Die Proteste wurden allenthalben stärker. Man begann, auch öffentlich wieder den eigenen Vorteil vor den allgemeinen Nutzen zu stellen, und das Ärgernis, das man nahm, war gelegentlich sogar so groß, daß der Zusammenhalt des Dominions gefährdet schien. Gegen Ende von Macdonalds Regierungszeit herrschten Parteigeist, Zwietracht und regionaler Partikularismus auf der politischen Bühne.

In Quebec vor allem meinte man seit Riels Tod, Grund zu einer Überprüfung der eigenen Position zu besitzen. In Ottawa war die Ansicht der französischsprachigen Minderheit brüsk übergangen worden. Man vergaß dies nicht. Die Konservativen verloren in der Folge ihre traditionelle Vormachtstellung am unteren St. Lorenz. Dies zeigte sich freilich nicht sofort auf Bundesebene, da die frankokanadischen Kabinettsmitglieder vorerst in der Regierung blieben. Persönliche Gründe und wohl auch die Furcht, daß ein sofortiger Rückzug die Spannungen nur noch verschärfen würde, mochten die Ursache dafür sein. Aber in der Provinz Quebec gingen die Konservativen ihres Regierungsamtes verlustig. Eine Koalition von Liberalen und frankokanadischen Nationalisten unter Führung des redebegabten Honoré Mercier bildete Anfang 1887 das neue Kabinett. Macdonald spürte die Gefahr, die von hier ausging. Von nun an konnte jederzeit auch in Ottawa die Stunde der Konservativen schlagen. Zwar gewannen sie auch die Bundeswahlen von 1887, aber ihre zielstrebige Selbstsicherheit wich nun unsicherem Zögern.

Quebec war durchaus nicht die einzige Sorge, die Macdonald nunmehr bedrängte. Immer mehr Kritik wurde jetzt auch laut an seiner Auffassung von der Kompetenzverteilung zwischen Bund und Provinzen. Macdonald dachte unitarisch, und den Provinzen hatte er nie mehr als die Rolle von Juniorpartnern zugedacht. Das im British North America Act dem Bund verliehene Recht, gegen provinzielle Gesetzgebung ein Veto einzulegen, hatte er fleißig in Anspruch genommen. Zwischen 1867 und 1896 wurde es nicht weniger als 68mal angewandt. Allenthalben erregte man sich in letzter Zeit darüber. In Manitoba hatte die Provinzregierung die teuren Frachttarife der Kanadischen Pazifikbahn zu umgehen versucht, indem sie Bauerlaubnis für Verbindungslinien zur amerikanischen Grenze hin erteilte. Da dies das Monopol der Pazifikbahn zerstört hätte, untersagte Ottawa den Bau, was viel böses Blut am Red River machte. Ähnlich bekümmert war man in Ontario, wo ein Gesetz zur Regelung der Flößerei dreimal hintereinander dem Veto der Bundesregierung zum Opfer gefallen war.

Auch in den Atlantikprovinzen war man nicht glücklich. Die Depression hatte hier besonders harte Not gebracht, fiel doch der weltweite Niedergang des Handels zusammen mit dem nun unwiderruflichen Ende des „goldenen Zeitalters von Holz, Wind und Wasser". Im Urheber des konservativen Schutzzolltarifs fand man einen Schuldigen, dem die allgemeine Rezession angelastet werden konnte. Da durch den Zoll die Importe zurückgingen, verringerten sich auch die Exportmöglichkeiten Kanadas. Schiffe, Holz und Transportraum hatten die Atlantikprovinzen in der goldenen Zeit verkauft. Solche Ware war jetzt wenig gefragt. Neuschottlands liberale Regierung ging in ihrer Empörung sogar so weit, der Provinz offiziell das Recht der Sezession zuzusprechen.

All dies lief letztlich hinaus auf provinzielle Unzufriedenheit mit der Machtverteilung innerhalb des Bundes. Um in dieser Frage eine Einigung wenigstens der Provinzen zu erzielen, luden die Ministerpräsidenten von Ontario und Quebec 1887 zu einer interprovinziellen Konferenz in der Stadt Quebec ein. Die konservativen Regierungen von Britisch-Kolumbien und der Prinz-Eduard-Insel versagten sich jedoch, und Macdonald, der zur Teilnahme aufgefordert worden war, konnte somit das Treffen als eine liberale Parteiaktion abtun und in Ottawa bleiben. Die fünf Provinzen, die zusammenkamen, fanden ihrerseits bald, daß sie außer in der Opposition zur Macht des Bundes wenig gemeinsame Interessen hatten. Während die Atlantikgebiete den Zoll scharf attackierten, war man in Ontario und Quebec nicht so unglücklich über ihn. Manitobas Eisenbahnprobleme berührten die anderen nicht. Quebec und Ontario waren besorgt, daß es den übrigen nur um das Geld der reicheren Provinzen zu tun sei. So war wenig Einigkeit zu erzielen. Und doch hatte die Konferenz ihre historische Bedeutung. Ein neues, in der Verfassung nicht vorgesehe-

nes Organ hatte sich etabliert. Eine lange Reihe interprovinzieller Konferenzen bildete in der Folge eine Art Gegengewicht gegen die Macht des
Bundes, die dann weiterhin auch durch einige Grundsatzentscheidungen
des britischen Geheimen Kronrates zugunsten der Provinzen einge-
schränkt wurde. Für den Augenblick war das Ergebnis zumindest, daß der
Mißerfolg der „nationalen Politik" vor aller Augen deutlich geworden
war. Macdonald mochte die Aufgebrachten ignorieren. Zu überhören waren ihre Proteste nicht.

Die Konservativen hatten die Wahlen von 1887 wieder gewonnen. Die
Liberalen, der ständigen Niederlagen überdrüssig, wechselten noch im
gleichen Jahr ihren Parteiführer. Wilfrid Laurier, ein weltgewandter Jurist,
Journalist und Politiker aus Quebec, wurde nun auf den Schild gehoben.
Dies war ein Zeichen für die größere Wertschätzung, deren sich die Liberalen Quebecs nach Riels Tod nun erfreuten. Laurier war ein Mann des
Ausgleichs. Streng föderativ gesinnt, erachtete er es als seine Aufgabe, die
ethnischen wie die weltanschaulichen Gegensätze in Kanada zu überbrük-
ken. Schon 1877 hatte er in einer bemerkenswerten Rede den ultramontanen Vorwurf zurückgewiesen, daß die frankokanadischen Liberalen anti-
klerikal seien; er hatte sich zum geistigen Erbe des englischen Liberalismus
bekannt und eine innere Verbindung mit dem militanteren kontinental-
europäischen Liberalismus bestritten. An der Spitze der Gesamtpartei nun
propagierten er und seine Anhänger ein neu durchdachtes Programm, das
gegen die sich überlebende „nationalen Politik" Macdonalds gerichtet
war. Statt die alte liberale Forderung nach Finanzzöllen und der so notwendigen Sparsamkeit aufzugreifen, verlangten sie nun in schmetternden
Tönen die Beseitigung aller Zollgrenzen zwischen Kanada und den Vereinigten Staaten. Was in den späten fünfziger und frühen sechziger Jahren
Wohlstand gebracht hatte, konnte auch jetzt das Mittel gegen die Misere
sein. Anstelle der anstrengenden nationalistischen Klimmzüge der Konservativen, die statt des Erfolges nur Erschöpfung brachten, schlug Laurier nun wieder einmal die Öffnung des lukrativen amerikanischen Marktes vor.

So unsicher die Zustimmung der Vereinigten Staaten zu diesem Plan
auch sein mochte, Macdonald fand sich während der letzten Jahre seiner
politischen Karriere und seines Lebens in die Verteidigung gedrängt. Das
Konzept der „nationalen Politik" wurde allmählich durch so viele Einzel-
konzessionen durchlöchert, daß es Ende der achtziger Jahre praktisch als
aufgegeben gelten konnte. In Manitoba wurde das Monopol der Pazifikbahn aufgehoben, der Schutzzoll wurde auf Drängen Neuschottlands hin
modifiziert, die Bundesregierung wurde vorsichtiger mit ihrem Veto in
Provinzangelegenheiten. Als die Wahlen von 1891 näher kamen, hatte sich

die Wirtschaft immer noch nicht wieder belebt, und die Emigration in die USA entzog dem Land unternehmende und energische Kräfte in beängstigendem Ausmaß. Macdonald seinerseits freilich war nicht bereit, klein beizugeben. Die Beseitigung der Zollschranken zwischen den Vereinigten Staaten und Kanada, so argumentierte er, wäre entweder eine Chimäre oder aber der Todesstoß für Kanada. Denn der Zoll konnte nur fallen, wenn die Staaten und Kanada gegenüber Dritten den gleichen Tarif anwandten, da ja sonst Importe die jeweils günstigste Eingangsschwelle suchen würden. Eine vollkommene Zollunion aber mußte bei dem Kräfteverhältnis der Partner das Dominion erst wirtschaftlich und schließlich politisch an die USA ausliefern. „Als britischer Untertan ward ich geboten, als britischer Untertan werde ich sterben", rief der alte Kämpe und sattelte zu seinem letzten Ritt.

Für den 76jährigen Macdonald war es klar, daß die Wahl von 1891 das Schicksal seines Landes entscheiden werde. „Der alte Mann, die alte Fahne, die alte Politik", mit diesem Bannerspruch zog er in den Wahlkampf. Es war fraglich, ob dieser Appell an die loyalen Gefühle der Kanadier allein den Erfolg gebracht hätte. Aber es erwies sich, daß man in den Kreisen der Liberalen selbst nicht völlig überzeugt war von der Richtigkeit des Gegenseitigkeitsvorschlages. Die öffentlich ausgetragene Auseinandersetzung innerhalb der Partei kam den Konservativen zugute, und mit der alten Mehrheit gewann Macdonald auch seine letzte Wahlschlacht. Aber der Wahlkampf hatte seine Kräfte über Gebühr beansprucht, und wenige Wochen nach seinem Sieg verschied der „alte Häuptling", der größte sicherlich unter den Männern, die Kanada aus der Taufe gehoben hatten.

Nicht alle Kanadier hatten ihn geliebt, und nicht selten hatte man ihn ob seiner Listen und Tricks der Prinzipienlosigkeit geziehen. Aber wenige hatten ihm Mangel an Mut und Ausdauer nachsagen können, und alle wußten, daß sein Herz und sein Sinn stets seinem Land gehört hatten.

Die Lücke, die Macdonalds Tod riß, war vorerst nicht zu füllen. Die vier konservativen Regierungschefs, die in Ottawa innerhalb der nächsten fünf Jahre aufeinander folgten, kämpften wacker mit den Schwierigkeiten des Jahrzehnts. Zwar ließen jetzt auch die Liberalen die Forderung nach Beseitigung des Zolls zwischen Kanada und den Vereinigten Staaten fallen, aber wirtschaftliche Depression und innerkanadische Händel ließen keine sehr zuversichtliche Stimmung aufkommen.

Unter den Auseinandersetzungen war seit 1890 die Schulfrage in der Provinz Manitoba für die lautesten Meinungsäußerungen und bittersten Ressentiments verantwortlich. Der Manitoba Act von 1870 hatte den französischsprachigen Siedlern für ihre katholischen Schulen die Unterstützung der Provinzregierung zugesichert. In den folgenden zwei Jahrzehnten war der protestantische Bevölkerungsteil durch Zuzug besonders aus Ontario aber derart gewachsen, daß er sich stark genug fühlte, dieses Sonderrecht der Minderheit zu beseitigen. Das Provinzparlament erließ daher 1890 ein Gesetz, durch das ein überkonfessionelles Schulsystem errichtet und den katholischen Schulen die Zuschüsse gestrichen wurden. Der Aufschrei der Katholiken fand lebhaftes Echo in Quebec. In Ontario, wo die prokatholische Politik des Quebecker Ministerpräsidenten Mercier schon seit einer Weile übel vermerkt worden war, beeilte man sich, in einer „Gleiche-Rechte"-Bewegung die Sache der Protestanten in Manitoba aufzunehmen. Die Katholiken in Manitoba ihrerseits appellierten nun an die Bundesregierung, ihr Vetorecht auszuüben.

Ottawa befand sich in einer Zwickmühle. Jede Entscheidung mußte die Kluft im Land vertiefen. Als man sich schließlich doch entschloß, dem Recht der Katholiken durch ein Korrekturgesetz zum Siege zu verhelfen, waren die Wahlen von 1896 so nah, daß der Gesetzentwurf nicht mehr durch das Bundesparlament gebracht werden konnte. Im Wahlkampf war diese Schulfrage das Hauptthema. Während die Konservativen das Recht der Minderheiten und das Interventionsrecht der Zentralregierung verteidigten, sprach sich Laurier, der Führer der Liberalen, für das Gegenteil aus. Er plädierte dafür, daß den Provinzen, in diesem Fall Manitoba, in Erziehungsfragen das in der Verfassung verbriefte Entscheidungsrecht zu belassen sei. Dies war freilich ein traditionell liberaler Standpunkt. Für den Katholiken Laurier war es nichtsdestoweniger gewagt, sich auf diese Weise der Ansicht des katholischen Klerus entgegenzustellen. Aber seine Taktik machte sich bezahlt. Ontario wählte solide liberal. Die Katholiken in Quebec, auf die es letzten Endes ankam, zeigten, daß sie wie in alter Zeit in politischen Fragen der kirchlichen Leitung gelegentlich entbehren zu können glaubten und daß sie die Chance, erstmals einen frankokanadischen Premier in Ottawa zu sehen, nicht auslassen wollten. Die Liberalen gewannen die Wahl mit einer Mehrheit von 21 Sitzen. Die jahrzehntelange Herrschaft der Konservativen war damit zu Ende. Ihre Pläne, die in Wirklichkeit die Pläne ihres großen Führers Macdonald gewesen waren, hatten sich nur teilweise verwirklichen lassen. Immerhin hatten die Konservativen das Dominion territorial abgerundet, die Eisenbahn gebaut und das Land in schwieriger Zeit zusammengehalten. Wenn Laurier Ähnliches vollbringen würde, müßte dies schon eine bemerkenswerte Leistung für Kanada sein.

Lauriers Zeitalter

Macdonald waren, genau betrachtet, nur 13 Jahre vergönnt gewesen, um sein nationales Programm an der Wirklichkeit zu prüfen. Aber die Zeit zwischen seiner zweiten Amtsübernahme im Jahre 1878 und seinem Tod 1891 hatte infolge der weltweiten Depression unter einem Unstern gestanden, und das trotzdem Vollbrachte konnte schon wegen diese Schwierigkeiten als beachtliche politische Leistung gewertet werden. Seinem Nachfolger Laurier standen anderthalb Jahrzehnte unter ungleich besseren Bedingungen zur Verfügung. Der Welthandel belebte sich wieder, Kanada erschien vielen Auswanderwilligen in den Vereinigten Staaten und in Übersee plötzlich als ein Land großer, wo nicht unbegrenzter Möglichkeiten, und die Stimmung im Dominion wechselte von verzagter Niedergeschlagenheit über in Vertrauen und Zuversicht. Laurier war der Mann, der diese Gunst der Stunde zu nutzen wußte. Als die Liberalen im Jahre 1911 die Regierungsgewalt wieder aus der Hand gaben, konnten sie mit Recht der Ansicht sein, daß sie die konservative „nationale Politik" besser und erfolgreicher durchgeführt hatten als deren Urheber. Kanada war bis dahin enorm gewachsen an Bevölkerung, Wirtschaftskraft und, vielleicht wichtiger noch, an Selbstsicherheit. Es hatte ein weiteres gutes Stück auf dem Weg zur Nation hinter sich gebracht. Zeitgenossen und Nachwelt haben dann auch nicht gezögert, die Jahre der liberalen Herrschaft in Anerkennung der Leistung des Premiers als „Zeitalter Lauriers" zu kennzeichnen.

Nicht unähnlich Macdonald, war Laurier nicht nur ein souverän dirigierender Parteichef, sondern er beherrschte auch die Kunst, divergierende und stark ausgeprägte Meinungen bei seinen Mitarbeitern auf ein gemeinsames Ziel auszurichten. Hatte Macdonald für gewöhnlich seine Absicht mit warmherziger Bullbeißigkeit erreicht, so verstand es Laurier meisterhaft, seinen romanischen Charme spielen zu lassen. Vor zahlreicheren Zuhörern verfügte er in beiden Sprachen über eine mitreißende Rednergabe, die zu seiner Volkstümlichkeit nicht wenig beitrug. Kein sturer Dogmatiker, verband er Zielstrebigkeit mit Anpassungsfähigkeit, und die Freude an der Machtausübung nahm ihn nicht so gefangen, daß er ihretwegen das Programm aus dem Auge verloren hätte, das zu verwirklichen er aufgebrochen war.

Der Rahmen seiner politischen Aktivität lag bei seinem Regierungsantritt schon mehr oder weniger fest. Es galt, das Dominion weiter zu festigen und im Innern mit mehr und kraftvollerem Leben zu erfüllen. Das mußte zuerst bedeuten, daß der neu aufgebrochene Spalt zwischen den beiden verschiedensprachigen Volksgruppen möglichst aufgefüllt oder doch solide überbrückt wurde. Niemand konnte hierzu besser geeignet sein als der in beiden Kulturen beheimatete Laurier. Überhaupt war den partikularistischen Tendenzen im Land der Schwung oder vielmehr die jeweilige Ursache zu nehmen und der Blick der Bevölkerung wieder auf das Ganze zu richten. Vieles konnte bereits von der sich abzeichnenden wirtschaftlichen Erholung erhofft werden. Doch sie durfte nicht sich selbst überlassen werden, sondern man mußte möglichst auf der Woge zu steuern versuchen. Macdonald war gescheitert, weil sich die Prärie nicht mit Menschen gefüllt hatte. Den Westen zu bevölkern mußte nun eine der vordringlichsten Aufgaben sein. An ihrer Bewältigung würde später der Erfolg der liberalen Regierung gemessen werden.

Laurier war darauf bedacht, möglichst alle Provinzen in seinem Kabinett vertreten zu sehen. Daß es ihm gelang, hierfür fähige und einflußreiche Leute zu gewinnen, zeugt von seiner Führungsgabe. William S. Fielding, ein ehemaliger Ministerpräsident Neuschottlands, wurde Finanzminister. Oliver Mowat, der 24 Jahre lang der Regierung Ontarios vorgestanden hatte, übernahm das Justizressort. Mit der wichtigste Mann wurde Clifford Sifton, der von der Regierung in Manitoba kam; ihm oblag die Aufgabe, die Westsiedlung voranzutreiben. Durch Aufnahme des ehemaligen Konservativen Joseph-Israel Tarte aus Quebec gelang es, die mißtrauischen Ultramontanen dort zu besänftigen. Insgesamt präsentierte sich das Kabinett wohlausgewogen und kompetent, und das Land erhoffte sich mancherlei von der Zukunft.

Schon im Jahre 1897 wurde deutlich, daß die Regierung Laurier willens war, Grundelemente der Politik Macdonalds zu übernehmen. In der Opposition hatten die Liberalen sich nicht genug tun können in der Kritik am Schutzzoll, und 1891 hatten sie sogar die Abschaffung aller Zollschranken zwischen Kanada und den Vereinigten Staaten vorgeschlagen. Doch Fielding, der neue Finanzminister, behielt die Füße auf dem Boden. Auf seinen Rat hin blieb man bei dem Prinzip der Abschirmung, und nur in einigen ausgewählten Artikeln des Farmbedarfs wurden die Beschwerdeführer erhört und der Zoll reduziert. Freilich wurde die von den Konservativen errichtete Zollmauer an einigen Stellen teilweise erniedrigt. Die Liberalen führten Vorzugszölle ein für die Länder, die zu gleichem Entgegenkommen bereit waren. Da das in erster Linie auf Gebiete innerhalb des britischen Empire zutraf – und nicht zuletzt auf das Freihandel treibende Großbritannien selbst –, erschien diese Maßnahme später im Rückblick als eine Vorstufe auf dem Weg zu den Empirepräferenzzöllen. Im großen ganzen jedoch blieb die Zollstruktur der achtziger Jahre erhalten. Daß vor 1911 überhaupt einige Korrekturen vorgenommen wurden, war wahrscheinlich mehr dem wachsenden Druck aus den Agrargebieten des Westens zuzuschreiben als liberalen Zweifeln an der grundsätzlichen Richtigkeit des Schutzzolls.

Somit stand die eine Stütze der „nationalen Politik" weiterhin solide. Aber worauf alles ankam, das war die Errichtung jener anderen Säule, nämlich die Besiedlung des Landes in ausreichendem Maße. Zolltarife allein konnten keine Basis für fruchtbares Gedeihen der kanadischen Industrie sein. Mehr Menschen jedoch bedeuteten mehr Verbraucher und somit mehr Kunden. Sifton, der für die Einwanderungspolitik verantwortlich war, startete eine großangelegte Werbekampagne in den Vereinigten Staaten und in Europa, die jahrelang die Vorzüge des „letzten, besten" Westens ins Bewußtsein der Wanderwilligen brachte. Die Umstände waren dieser erneuten Anstrengung hold. Kanadier in den alten Provinzen sowie viele Landsuchende in den USA fanden, daß der amerikanische Westen nicht mehr viel wertvolles Land zu bieten hatte. In den kanadischen Prärien hingegen warteten unendliche Flächen auf den Pflug. Die Eisenbahngesellschaften zogen mit und boten die ihnen überlassenen Gebiete zu günstigen Bedingungen an, mußte vermehrte Siedlung doch vor allem auch ihnen zugute kommen. Europäischen Einwanderern half die Regierung mit Zuschüssen oder Krediten für die Überfahrt, und allgemeine Senkung der Passagiertarife infolge des sich vergrößernden Verkehrs war eine weitere Hilfe. Der Erfolg all dieser Maßnahmen übertraf die Erwartungen. Offenbar hatte die bessere Weltwirtschaftslage ganz allgemein die Zuversicht und den Unternehmungsgeist gehoben. Zwischen 1897 und 1912 strömten fast 800 000 Menschen von den Vereinigten Staaten nach Kanada und kehrten damit den Trend der vorhergehenden Jahrzehnte um. Fast eine Million kamen von den britischen Inseln, 600 000 vom europäischen Festland, darunter besonders viele Deutsche, Ukrainer, Polen und Skandinavier.

Zwischen 1901 und 1911 wuchs die Bevölkerung von fünf auf sieben Millionen, eine Zunahme von mehr als einem Drittel. Kanada wurde ein neuer Schmelztiegel, in dem freilich die einzelnen Volksgruppen ihre Identität langsamer verloren als in den USA, wo die aufnehmende Bevölkerung viel zahlreicher war.

Manche der Einwanderer blieben in den Fabrikstädten des Ostens hängen, doch die meisten zog es in das westliche Farmland. Neue Arbeitsmethoden und neue Getreidesorten verwandelten die trockene, flache Prärie bald in eine der größten Kornkammern der Welt. Die Beschaffenheit des Landes und die Beschränkung auf ein Erzeugnis begünstigten die Großfarmen, und Dampf- oder Motorpflüge, Mähbinder und Dreschmaschinen erhöhten bald die Rentabilität beträchtlich. Freilich brauchte man auch jetzt noch zur Erntezeit viele zusätzliche Kräfte; oftmals blieben die aus Ostkanada herbeiströmenden Saisonarbeiter dann für immer. Ein Anfangsproblem war der kurze Präriesommer. Auf Initiative der Bundesregierung hin entstanden landwirtschaftliche Versuchsstationen, und die dort entwickelten schnellreifenden und frostfesten Weizensorten verlagerten die Anbaugrenze immer weiter nach Norden. Der „Weizenboom" im ersten Jahrzehnt des neuen Jahrhunderts brachte dem ganzen Dominion Prosperität.

Die Bevölkerung der Nordwestterritorien schnellte um die Jahrhundertwende von einigen Zehntausend innerhalb von zehn Jahren auf 400 000 empor. Die Regierung in Ottawa, welche die Gebiete bisher verwaltet hatte, zeigte Verständnis für den lautwerdenden Wunsch nach größerer Selbständigkeit. Im Jahre 1905 wurden zwei weitere Provinzen geschaffen, Saskatchewan und Alberta. Allerdings gelang dies nicht ganz reibungslos, obwohl man sich über die Grenzen schnell einig war. Die leidige Schulfrage, die schon in Manitoba solche Schwierigkeiten bereitet hatte, brachte auch in den neuen Provinzen die Gemüter in Wallung. Lauriers Absicht, den römisch-katholischen, meist französischsprachigen Minderheiten ein separates Schulsystem zu sichern – eine teilweise Umkehrung seines Verhaltens vor der Regierungsübernahme –, ließ sich schließlich nicht völlig verwirklichen. Laute Proteste aus dem englisch-liberalen Lager verschreckten die Bundesregierung, und die Schulen blieben weitgehend überkonfessionell.

Ein weiteres sichtbares Zeichen für das allgemeine Gedeihen war der Mangel an Transportraum auf den Eisenbahnen, besonders zur Erntezeit. Das einzige Gleis der kanadischen Pazifikbahn war nicht mehr in der Lage, den Weizen genügend rasch zu den Seehäfen zu bringen. Der Ruf nach einer weiteren Linie wurde laut und fand sogleich offene Ohren. Der Grand Trunk kam bei der Regierung ein um Unterstützung beim Bau einer neue Trasse vom Oberen See zum Pazifik. Eine andere Gruppe schlug eine weiter nördlich verlaufende Streckenführung vor. Ottawa versuchte zuerst, die Pläne der beiden Gruppen zusammenzufassen, aber dies scheiterte am Widerstand der Unternehmer. Der Glaube der Regierung an die Zukunft war jedoch so groß, daß sie schließlich beiden Gesellschaften die Genehmigung erteilte. Der Grand Trunk baute nun von Winnipeg nach Prince Rupert am Pazifik, und die Regierung schloß eine staatseigene Linie an von Winnipeg ostwärts nach Quebec quer durch den Schild. Die Kanadische Nordlinie (Canadian Northern) der zweiten Gesellschaft durchmaß allein den ganzen Kontinent. Beide, Grand Trunk und Nordlinie, erhielten massive Regierungsunterstützung.

Die Baukosten überstiegen, wie schon bei den früheren Bahnbauten,

die Voranschläge, und Inkompetenz gepaart mit Korruption erhöhten die
Ausgaben obendrein. Nach der Fertigstellung zeigte es sich, daß die Schät-
zungen des Transportaufkommens viel zu optimistisch gewesen waren.
Besonders in Gegenden mit geringer Besiedlung wie im Schild nördlich
der Großen Seen und in den Bergen am Pazifik war die Konkurrenz
ruinös. Wieder und wieder mußten die neuen Eisenbahngesellschaften um
staatliche Hilfe bitten, bis schließlich nach dem ersten Weltkrieg die Regierung beide Linien übernahm und zur staatlichen Kanadischen Nationalbahn (Canadian National Railways) zusammenschloß. Solange Laurier im
Amt war, trug der hektische Bau freilich nicht wenig zum wirtschaftlichen Boom des Landes bei. Viele Einwanderer fanden Arbeit, die Industrie und die Holzwirtschaft lieferten das Material, neue Mineralvorkom-
men wurden im Schild entdeckt. Gold-, Silber-, Kupfer- und Nickelminen wurden eröffnet; die Holzvorkommen der nördlichen Gebiete lieferten nun Zeitungspapier für die ganze Welt. Dämme konnten in den bergi-
gen Gebieten gebaut werden, und die Energie der Flüsse stand dem Verbraucher bald als Elektrizität in reichem Maß zur Verfügung. Von 1891 bis
zum ersten Weltkrieg wuchs die kanadische Bevölkerung von knapp fünf
auf acht Millionen. Der Weizenexport schnellte von zwei Millionen Bu-
shel im Jahr auf 150 Millionen hinauf. Die Exportvolumen überhaupt
verneunfachte sich beinahe, die Erzeugung von Fertigprodukten vervier-
fachte sich im Wert.

Freilich brachte die rapide Expansion auch ihre Probleme. Unterneh-
mergewinne und wirtschaftliche Mächte konzentrierten sich in nicht wenigen Fällen an Stellen, wo das öffentliche Wohl höchstens zweitrangige
Wichtigkeit besaß. Syndikate und Monopole formierten sich nach dem
Beispiel in den Vereinigten Staaten. Die im ganzen zaghafte Gesetzgebung
wurde ihrer nicht Herr, übersahen doch erst wenige die Bedeutung dieser
Entwicklung. Direkt als öffentliches Ärgernis konnte vielfach auch der
sichtbar zur Schau gestellte neuerworbene Luxus der Unternehmerklasse
empfunden werden, der allzu deutlich mit den primitiven Lebensbedingungen des industriellen Proletariats kontrastierte. Da infolge der anhaltend starken Einwanderung in der Regel ein Überangebot an Arbeitskräften vor allem in ungelernten Berufen herrschte, war es für die Arbeitneh-
merschaft schwierig, ihre Interessen wirkungsvoll zu vertreten. Wohl
blickte die Gewerkschaftsbewegung auf erste Anfänge in der Mitte des
19. Jahrhunderts zurück, und in den achtziger Jahren hatten sogar die
ungelernten Arbeiter begonnen, sich zu organisieren. Aber durch die allgemeine Wirtschaftsmisere war die Bewegung schwach geblieben. Erst
nach der Jahrhundertwende gewann sie etwas an Schwung. Immerhin
gelang es der Facharbeiterschaft, durch lange und oft bittere Streiks die

Anerkennung als Tarifpartner zu erkämpfen, und 1907 sorgte die Regierung mit einem Schiedsgerichtsgesetz (Industrial Disputes Investigation Act) für ein geregeltes Verfahren bei Arbeitsstreitigkeiten. Das waren freilich die spektakulärsten Erfolge, und bis zum ersten Weltkrieg gelang es den Arbeitnehmern noch nicht, wesentlich mehr Anteil am Gewinn zu erhalten, als die Unternehmer ihnen zugestehen wollten.

Lautstärker und besser organisiert zeigten sich die Farmer. Das Entgegenkommen der Regierung Laurier war entsprechend größer. Dem Verlangen nach mehr Transportraum trug die aktive Eisenbahnpolitik Rechnung. Die Kanadische Pazifikbahn konnte dahin gebracht werden, die Frachttarife für Farmbedarf und landwirtschaftliche Produkte zu senken. Die schärfste Opposition der Farmer richtete sich freilich gegen die hohen Schutzzölle, die in ihren Augen nur der Industrie nutzten und den Einkauf der Farmer verteuerten sowie die Exportchancen schmälerten. Ihrer Ansicht nach wurde das Wachstum der Städte gefördert, die Landflucht begünstigt, die ländliche Gemeinde zerstört. Die Fülle dieser physiokratisch-konservativen Argumente im liberalen Gewand blieb nicht ohne Eindruck in Ottawa. Laurier reiste im Sommer 1910 durch den Westen, und als im Herbst 800 Farmer einen „Marsch auf Ottawa" veranstalteten, waren ihre Forderungen nicht mehr zu überhören. Da die Vereinigten Staaten entsprechendes Entgegenkommen zeigten, wurde Anfang 1911 ein Handelsabkommen paraphiert, in dem eine große Anzahl Naturprodukte freien Zutritt zu den beiderseitigen Märkten erhalten sollten. Das oft diskutierte Gegenseitigkeitsabkommen schien somit wenigstens auf einem Teilgebiet verwirklicht. Die Rechnung war jedoch ohne das Big Business gemacht worden. In den Dominionwahlen des gleichen Jahres wurde der Gegenseitigkeitsvertrag Hauptthema des Wahlkampfes, und den industriellen Kreisen gelang es, die Mehrzahl der Wählerschaft von der Gefährlichkeit zu überzeugen, die jede Senkung der Zolltarife und der engere Anschluß an die Vereinigten Staaten in sich bargen. Zu dieser Besorgnis gesellte sich noch eine weitverbreitete Unzufriedenheit mit Lauriers Empirepolitik. Das Resultat war, daß die Liberalen nach fünfzehnjähriger Herrschaft wieder auf die Oppositionsbänke rücken mußten.

Äußere Probleme

Wie in der Innenpolitik, so glich auch in der Außenpolitik das Konzept Lauriers im wesentlichen demjenigen Macdonalds. Die zu bewältigende Aufgabe war zu klar definiert, und der Rahmen war zu deutlich abgesteckt, als daß größere Unterschiede in Zielsetzung oder Methode in Betracht gekommen wären. Es galt, Kanadas Unabhängigkeit immer mehr auch nach außen hin zu entwickeln und zu festigen. Dies mußte einerseits einen Gegensatz zur Regierung in London schaffen, die die Außenpolitik des Empire noch immer als ein ihr allein zustehendes Vorrecht ansah. Andererseits durfte Kanada diesen Gegensatz aber nicht zu ausgeprägt werden lassen, da es notwendig auf britische Unterstützung angewiesen war in allen Verhandlungen mit dem Hauptpartner jeder kanadischen Außenpolitik, den Vereinigten Staaten. Dem übermächtigen Nachbarn im Süden allein entgegenzutreten mußte auf die Dauer größeren Nachteil bringen als die doch mit vielerlei Gewinn verknüpfte Bindung an das britische Empire. Dazu kam, daß ein großer und lautstarker Teil der englischsprachigen Bevölkerung Kanadas sich streng loyal-britisch gesinnt zeigte und somit auch von hier aus jeder separatistischen Politik ihre Grenzen gesetzt waren. Der Anglokanadier Macdonald wie der Frankokanadier Laurier behielten daher ihr Ziel stets im Auge, taktierten jedoch vorsichtig und waren sich der Beschränktheit ihres Bewegungsraumes immer bewußt. Daß andererseits auch probritisches Handeln seine Grenzen besaß, erfuhr Lauriers Nachfolger Robert L. Borden noch vor dem ersten Weltkrieg. Seine Flottenvorlage, die eine Verstärkung der britischen Marine um drei Schlachtschiffe auf kanadische Kosten vorsah, wurde vom Senat zu Fall gebracht. Kanada war infolgedessen bei Ausbruch des Krieges so gut wie vollständig auf den Schutz durch das Mutterland angewiesen.

Ein erstes Zeichen der Absicht Macdonalds, Kanada selbständiger zu machen, war 1879 seine Entscheidung gewesen, in London einen ständigen Vertreter des Dominions zu etablieren. Von da an hatte dieser Hohe Kommissar (High Commissioner), wie sein offizieller Titel lautete, die Interessen Kanadas gegenüber dem Kolonialamt wahrgenommen. Die Einrichtung dieses Gesandtschaftspostens war nicht zu unpassender Zeit erfolgt. In den beiden letzten Jahrzehnten des 19. Jahrhunderts belebte sich das Interesse Großbritanniens an seinem Kolonialreich in bemerkenswerter Weise. Mancherlei Ursachen trugen hierzu bei. Die Depression, die seit 1873 dem Welthandel so sehr zusetzte, ließ koloniale Märkte wieder viel wertvoller erscheinen als in den Jahren des prosperierenden Freihandels um die Jahrhundertmitte. Weiterhin schien es angesichts des zunehmenden Imperialismus in der Welt geraten, die imperialen Bande wieder etwas fester zu knüpfen. Und schließlich fand man in England, daß solche Bindung eigentlich die logische Konsequenz sei, da sich nun allmählich herausstellte, daß die ehemaligen Kolonien wider Erwarten doch nicht gesonnen waren, den Verband des Empire zu verlassen.

In Großbritannien waren die Befürworter des neuen Imperialismus so weit gegangen, Pläne für eine Föderierung des Empire zu erörtern. Doch hierher war ihnen Macdonald nicht gefolgt. Im Jahre 1887, auf der ersten Kolonialkonferenz in London, war der kanadische Premier trotz aller ihm erwiesenen Aufmerksamkeiten nicht zu bewegen gewesen, sich in dieser Richtung festzulegen. Schon zwei Jahre früher hatte er das Ansinnen Gladstones, daß Kanada den Briten im Sudan militärische Hilfe leisten sollte, mit aller Bestimmtheit zurückgewiesen. Kanada wollte gerne seine Pflicht erfüllen, aber es wollte sich das Recht bewahren zu entscheiden, was in den Bereich solcher Pflicht fiel.

Deutlicher noch wurde diese selbstbewußtere Haltung Ottawas während der Regierungszeit der Liberalen ab 1896. Laurier übernahm die Leitung der Geschäfte, als der Wettlauf der großen Mächte Europas und der Vereinigten Staaten um neue Einflußsphären und neue Machtquellen voll in Schwung gekommen war. Großbritannien fühlte nach einem Jahrhundert der industriellen Führung und der „splendid isolation", daß seine Vormachtstellung nun durch die imperialen Bestrebungen Deutschlands und der Vereinigten Staaten bedroht wurde. Mit Joseph Chamberlain trat 1895 ein Mann an die Spitze des britischen Kolonialamtes, der gesonnen war, die Pläne für einen engeren Zusammenschluß des Empires auf militärischer, wirtschaftlicher und politischer Ebene Wirklichkeit werden zu lassen.

Eine Anzahl Kanadier besonders in Ontario fand, wie erwähnt, Gefallen an Chamberlains Gedanken, das britische Empire föderativ zu organisieren. Die Mehrheit jedoch, und insbesondere die französischsprechende Bevölkerung, lehnte alle Pläne ab, die Kanadas Handlungsfreiheit beschränken oder gar seine militärischen Verpflichtungen vergrößern würden. Lauriers Stellung zwischen den mächtigen probritischen Interessen und der eloquenten Opposition war nicht beneidenswert. Er entschied sich für einen vorsichtigen Mittelkurs. Auf der Kolonialkonferenz von 1897, die in London aus Anlaß des diamantenen Regierungsjubiläums Königin Viktorias tagte, mußte er notgedrungen Farbe bekennen. Chamberlain sparte nicht mit Aufmerksamkeiten, unter denen besonders die Verleihung eines Adelstitels an den kanadischen Premier ihre Wirkung versprach. Aber auch der neugebackene Sir Wilfrid blieb standhaft und versagte einem Plan zur Einrichtung einer ständigen Empirekonferenz seine Zustimmung. Kanada anerkenne die Souveränität Englands, so begründete er seine Haltung, aber wenn Kanada Nation sein wolle, so müsse es frei bleiben; im übrigen zeigten die soeben Großbritannien im Fielding-Tarif gewährten Präferenzzölle genügend die loyale Haltung des Dominions. Laurier machte deutlich, daß alle Bindung auf freiwilliger Annahme zu beruhen habe und nicht von einer außerhalb Kanadas existierenden Institution auferlegt werden könne, selbst wenn Kanada in solch einer Institution vertreten wäre.

Somit hatte Laurier seinen Standpunkt wahren können. Aber Chamberlain ließ nicht locker, und die nächste internationale Schwierigkeit des Empires zeigte Lauriers Dilemma deutlicher denn je. Als 1899 der Burenkrieg ausbrach, schlugen die Wogen der imperialen Begeisterung im englischsprachigen Kanada und besonders in Ontario wieder hoch. Chamberlain ließ durch den britischen Generalgouverneur in Kanada anregen, daß auch kanadische Truppen nach Südafrika entsandt würden. Dem Druck des Kolonialamtes allein hätte Laurier wohl widerstanden, aber dem gewählten Parteiführer der Liberalen war es so gut wie unmöglich, auf die Dauer der öffentlichen Meinung der Mehrheit im eigenen Land entgegenzuhandeln. Andererseits kam auch jetzt wieder erbitterte Gegenrede aus Quebec. Der Kompromiß, auf den der Premier schließlich verfiel, befriedigte niemanden richtig. Ein erstes und dann ein zweites Truppenkontingent, insgesamt 7000 Freiwillige, wurden nach Südafrika verschifft, wo die Verantwortung auf das britische Oberkommando überging. Laurier machte hierbei klar, daß aus dieser einmaligen Hilfe kein Präzedenzfall konstruiert werden könne und Ottawa sich die Entscheidung für künftige Gelegenheiten vorbehalte.

In Ontario verschrien die Konservativen den Premier wegen seiner vorsichtigen Haltung als Feind des Empires. In Quebec andererseits nannte man ihn einen Imperialisten. Henri Bourassa, ein Enkel Papineaus und einer der jungen frankokanadischen Liberalen, gab unter Protest seinen Parlamentssitz auf und wurde mit großer Mehrheit von seinem Wahlkreis als Unabhängiger wiedergewählt. Er wurde danach einer der erbittertsten Gegner Lauriers. In den Dominionwahlen von 1900 zeigte sich allerdings, daß die Mäßigen im Augenblick in der Mehrzahl waren, und die Liberalen kehrten mit geringen Verlusten wieder an die Regierung zurück. Laurier fühlte sich daher stark genug, auch auf einer weiteren Empirekonferenz im Jahre 1902 seine unverbindliche Haltung zu bewahren.

Für eine Weile ließen die Pressionen aus London nach, um sogleich durch Schwierigkeiten aus anderer Richtung ersetzt zu werden. Die Vereinigten Staaten drängten plötzlich auf eine Regelung der letzten noch anstehenden Grenzfrage. Im Jahr 1898 war am Yukon unweit der Grenze nach Alaska Gold entdeckt worden. Am leichtesten fand man Zugang zum Goldgebiet durch den sogenannten „Pfannenstiel" Alaskas, der entlang der Pazifikküste ein gutes Stück weiter als die Hauptmasse Alaskas nach Süden reichte. Der englisch-russische Vertrag von 1825 hatte die Grenze nur undeutlich beschrieben, und beim amerikanischen Kauf Alaskas 1867 war nichts zur Klärung geschehen. Kanada schlug jetzt ein internationales Schiedsgericht vor, doch die Amerikaner bestanden auf einer bilateralen Behandlung der Angelegenheit. Um seine grimmige Entschlossenheit zu verdeutlichen, schwang Präsident Theodore Roosevelt den „dicken

Knüppel", wie die Zeitgenossen sagten, und sandte ein Truppenkontingent in das umstrittene Gebiet. Das Gericht, das 1903 schließlich zusammentrat, bestand aus drei Amerikanern, zwei Kanadiern und einem Briten. Letzterer fand, zusammen mit den Amerikanern selbst, daß die amerikanischen Argumente überzeugender seien und das umstrittene Gebiet größtenteils den Vereinigten Staaten zuzuschlagen sei. Kanada ging damit im Endergebnis so gut wie leer aus. Die Wogen der Empörung schlugen hoch im Dominion, wo einerseits jetzt die antiamerikanischen Ressentiments neu aufflammten und andererseits das Gefühl wuchs, daß Verlaß nur auf die eigene Stärke und nicht auf die Regierung in London sei. In den Ärger mischte sich freilich die Einsicht, daß solche Stärke zunächst noch ein Wunschtraum war. So blieb vorerst wenig übrig, als zähneknirschend die Bindung an Großbritannien weiterhin zu bejahen.

Laurier sprach somit sicher für die Mehrheit im Lande, wenn er sich fortgesetzt weigerte, in Friedenszeiten einen direkten Beitrag zur Verteidigung des Empire zu leisten. Zwar wurden die kanadischen militärischen Planungen nach Möglichkeit mit den Bedürfnissen des Empires in Einklang gebracht, aber Ottawa erstrebte das volle Kommando über die kanadischen Streitkräfte, und 1904 wurde der britische Kommandeur der kanadischen Miliz durch einen Kanadier ersetzt.

Es waren allerdings die Seestreitkräfte, um die der Disput letzten Endes ging. Das Flottenwettrüsten zwischen Großbritannien und Deutschland erreichte solche Proportionen, daß ab 1909 die Stimmen in England und in Kanada selbst immer lauter wurden, die den Bau einer kanadischen Flotte verlangten. Da diese Forderung nicht unwidersprochen blieb, entschied sich Laurier 1910 auch hier für einen Mittelweg. Eine kleine Flotte würde angeschafft werden und sie würde kanadischem Kommando unterstehen. Die Tories im Dominion fanden den Gedanken an eine kanadische „Blechtopfmarine" unerträglich, und sie forderten statt ihrer einen direkten finanziellen Zuschuß für die britische Flotte. In Quebec kämpften Bourassa und seine Anhänger gegen jegliche kanadische Marinebeteiligung überhaupt mit dem Argument, daß durch sie Kanada mit Gewißheit in einen künftigen Krieg hineingezogen werde. Nach langen und erbitterten Debatten wurde Lauriers Gesetzesvorschlag schließlich angenommen, der den Bau von fünf Kreuzern und sechs Zerstörern vorsah.

Die Marinefrage beschäftigte die Gemüter noch, als 1911 wieder Wahlen zum Bundesparlament heranrückten. Aber noch ein weiteres Problem wurde Thema des Wahlkampfes. Die Opposition zum Schutzzolltarif, den die Regierung Laurier von den Konservativen geerbt und beibehalten hatte, war nie ganz erstorben. So wohl er der Industrie tat, so scheel wurde er im nichtindustriellen Kanada angesehen, und der Marsch der Präriefarmer

auf das Parlament in Ottawa im Jahre 1910 war lediglich ein Zeichen für
die weitverbreitete Mißbilligung im Land. Als daher 1911 die amerikanische Regierung willens schien, ein Abkommen über gegenseitige Zollsenkung wenigstens für landwirtschaftliche Produkte abzuschließen, ließ sich
Laurier nicht lange bitten und trat in Verhandlungen ein. Die Konservativen, seit je mit der Industrie stärker verbunden als die Liberalen, erklärten
nun wie schon Macdonald 20 Jahre zuvor, daß jede Zollsenkung den
Vereinigten Staaten gegenüber wirtschaftliche Abhängigkeit und damit
den Verlust der kanadischen Selbständigkeit bringen müsse. Dieses alte
Argument zog auch jetzt wieder. Im Verein mit dem allgemeinen Gefühl,
daß anderthalb Jahrzehnte liberaler Herrschaft genug seien, reichte es aus,
um bei den Wahlen die Regierung aus dem Sattel zu heben. Wohl stimmten die Atlantikprovinzen und die Prärie solide für die Zollerniedrigung
und damit liberal, aber im ganzen triumphierte die Koalition der englischsprachigen Konservativen mit den Nationalisten Quebecs. Laurier war
damit geschlagen. Sein politisches Talent und die Gunst der Zeit hatten
zusammengewirkt, um Kanada ein sicheres Auskommen, wo nicht Wohlstand zu verschaffen und das Selbstgefühl der werdenden Nation entscheidend zu stärken. Laurier sah es wohl nicht als Glück an, so abrupt vom
Ruder gedrängt zu werden. Aber die Zeiten änderten sich rasch, und
schon wenig später war kaum Grund für ihn vorhanden, seinen Nachfolger zu beneiden.

Der neue Premier Borden stammte aus Neuschottland. Weder warmher-
zig und gerissen wie Macdonald noch charmant und brillant wie Laurier,
war er vielmehr fleißig und gewissenhaft, und seine mit der Penibilität des
Juristen vorgebrachten Argumente waren meist nicht sonderlich geeignet,
die Zuhörer in einen Begeisterungsrausch zu versetzen. Seine Hoffnung
auf Popularität wurde durch weitere Umstände gemindert. Mit seinem
Amtsantritt fiel in etwa das Ende des wirtschaftlichen Booms zusammen,
der Laurier so treu durch seine Regierungszeit begleitet hatte; die Weizen-
preise fielen, fremdes Kapital machte sich rar, die Geschäftstätigkeit ging
zurück, und die Arbeitslosigkeit stieg. Bordens schwierigste Probleme
jedoch ergaben sich in der Außenpolitik.

Im Wahlkampf hatten sich die Konservativen die Ansicht der englischsprachigen Mehrheit zu eigen gemacht, daß Kanada einen direkten finanziellen Zuschuß für die britische Marine leisten solle. Borden freilich wußte, daß er hierin nicht auf die Unterstützung seiner frankokanadischen
Parteifreunde rechnen konnte, und er tastete sich daher sehr vorsichtig
voran. 1912 besuchte er England, um mit der britischen Regierung die
Flottenfrage zu besprechen. Bei der Rückkehr nach Kanada war er über-

zeugt, daß der Ernst der Lage einen substantiellen kanadischen Beitrag erfordere, und er schlug vor, mit einem einmaligen Zuschuß von 35 Millionen Dollar den Bau von drei Schlachtschiffen der Dreadnought-Klasse zu finanzieren. Aber es war ihm in England nicht gelungen, daß man im Austausch für solches Entgegenkommen größere außenpolitische Bewegungsfreiheit für Kanada zugestand. Seine Vorlage wurde zwar vom Unterhaus in Ottawa trotzdem angenommen, aber der Senat versagte unter diesen Umständen die Zustimmung und der ausbrechende Weltkrieg fand Kanada infolgedessen zur See völlig ungenügend gerüstet.

Es herrscht wenig Zweifel, daß die Mehrzahl der Kanadier die Gründe in ihrer Komplexität kaum erfassen konnten, die Großbritannien bewogen, dem Deutschen Reich den Krieg zu erklären. Selbst die Regierung in Ottawa war über mancherlei Einzelheiten nur ungenügend informiert. Aber die britische Kriegserklärung erfolgte im Namen des gesamten Empires und somit auch Kanadas. Nur wenige Kanadier protestierten gegen diese Verpflichtung. Man empfand, daß die Gefahr auch Kanada selbst bedrohte, und mit Überzeugung folgte man dem Mutterland nun in den Krieg.

Kanada wird selbständig
Vom ersten Weltkrieg bis zur Gegenwart

Der erste Weltkrieg

Als am 4. August 1914 Großbritannien dem Deutschen Reich den Krieg erklärte, bedeutete dies für Kanada den Beginn einer neuen Ära. Es war das erste Mal in neuerer Zeit, daß das Land auf die Vorderbühne der Weltpolitik gezogen und seine Rolle obendrein noch als wesentlich erachtet wurde. Seit die französische Kolonie am St. Lorenz im 18. Jahrhundert englisch geworden war, hatten die Kanadier den großen europäischen Konflikten mehr oder weniger unbeteiligt zugesehen. Weit entfernt von den Krisenherden, schwach und mit sich selbst beschäftigt, hatte Kanada wenig Ursache oder auch nur Möglichkeit gehabt, sich in die Affären der Großen zu mischen. Die englische Seemacht hatte außerdem einen Schutzwall gebildet, der die Attacken anderer ausschloß. Da vom amerikanischen Nachbarn gegen Ende des 19. Jahrhunderts ebenfalls nichts mehr zu befürchten gewesen war, hatte der Gedanke an ein mögliches größeres militärisches Engagement nur sehr schwierig Eingang in das Denken der kanadischen Öffentlichkeit gefunden. Der Durchfall der Flottenvorlage vor dem ersten Weltkrieg war nur ein äußeres Zeichen dafür gewesen, daß man vorerst nicht im Ernst damit rechnete, im komfortablen transatlantischen Refugium aufgeschreckt und zur Aktion gerufen zu werden. Neben der britischen Kriegsflotte garantierte ja auch noch die bereits 1823 verkündete Monroe-Doktrin die Sicherheit der westlichen Hemisphäre. Als daher der Weltkrieg ausbrach, war man kanadischerseits in keiner Weise für die Erfordernisse gerüstet.

Großbritannien brauchte trotzdem sein größtes und wirtschaftlich kräftigstes Dominion nicht lange zu bitten. In seltener Einmütigkeit bekannten englisch- wie französischsprachige Kanadier sich zu der offiziellen Ansicht, daß die Kriegserklärung des Mutterlandes auch Kanada binde. Diese Haltung konnte nur auf den ersten Blick erstaunen. Freilich hatte man sich im Sudankonflikt geweigert, dem britischen Ruf Folge zu leisten, und auch im Burenkrieg war die gewährte Unterstützung halbherzig genug gewesen. Aber 1914 lagen die Verhältnisse anders. Das Mutterland erschien in wirklicher Gefahr, und Kanada konnte es sich gewiß nicht leisten, unbeteiligt abseits zu stehen. Nicht nur, daß eine große Anzahl Kanadier in ihren Gefühlen die britische Sache als ihre eigene empfand; eine Niederlage des Inselreichs mußte auch sehr greifbar nachteilige Folgen für das Dominion selbst mit sich bringen. Die wirtschaftlichen Bindungen allein waren noch immer so groß, daß die Konsequenzen einer Abtrennung schlechterdings nicht vorstellbar waren. Außerdem hatte man die Fragen der militärischen Sicherheit und der politischen Selbständigkeit noch nicht ernsthaft für ein alleinstehendes Kanada durchdacht, und niemand wäre wohl im Stande gewesen, unter den gegebenen Umständen eine annehmbare Lösung hierfür anzubieten. Dies waren Gründe genug für das Dominion, mit Überzeugung zur britischen Fahne zu stehen. Die Begeisterung freilich, mit der man dieser Aufgabe zu obliegen gewillt war, hatte sicher die gleiche Ursache wie der Enthusiasmus, der allenthalben in den Ländern der Entente wie der Mittelmächte in den ersten Kriegswochen zu finden war. Man hatte keinen rechten Begriff von den Anstrengungen, die warteten, und das erhebende Gefühl, an Großem mitwirken zu dürfen, verdrängte alle etwa vorhandene kleinmütige Bangigkeit.

Unmittelbar nach Kriegsanbruch trat das Bundesparlament zu einer Sondersitzung zusammen. Ein Gesetz zur Durchführung von Kriegsmaßnahmen (War Measures Act) wurde beschlossen. Es war eine Art beschränktes Ermächtigungsgesetz, durch das die Regierung die Möglichkeit erhielt, ohne die übliche parlamentarische Kontrolle die zur Kriegsführung notwendigen Maßnahmen zu ergreifen. Sofort wurden 25 000 Freiwillige, die zu den Werbebüros strömten, zur Verstärkung der vorhandenen kleinen Truppe aufgestellt. Zwei Monate später schon ging der erste Truppentransport des kanadischen Aufgebots (Canadian Expeditionary Force) nach England. Im Frühjahr 1915 überquerten die ersten Kanadier den Kanal und wurden sofort an die Front geworfen. Ihre Zahl wuchs bis zum Herbst auf doppelte Divisionsstärke, und dieses „Kanadische Korps" operierte von da an als selbständige Einheit innerhalb des alliierten Kommandos. Im ganzen rief Kanada über 600 000 Mann unter Waffen, von denen die Hauptmasse im Heer diente, während 9 000 in der Marine den Küstenschutz übernahmen. Eine kanadische Luftwaffe wurde noch nicht aufgestellt, aber nicht wenige Kanadier stießen zum britischen Fliegerkorps; ein Viertel aller britischen Flugzeuge im ersten Weltkrieg wurde von kanadischen Piloten geflogen. Einer von ihnen, Billy Bishop, hielt mit 72 Luftsiegen sogar den alliierten Rekord.

Kanadas größte Anstrengung galt den Erdkämpfen. Kanadier lagen im ersten Giftgas bei Ypern, und sie hielten die Stellung neben zurückweichenden französischen Kolonialtruppen. In der Sommeroffensive des Jahres 1916 stürmten sie mit den Engländern und Franzosen. Harte Kämpfe bei Vimy und Passchendaele bildeten die Höhepunkte des Jahres 1917, und als schließlich 1918 im Anschluß an die deutsche Offensive der alliierte Siegesmarsch begann, stießen auch hier die Kanadier mit vor. Bei Kriegsende waren die kanadischen Verluste so groß wie die amerikanischen, doch bei der zehnmal kleineren Bevölkerung wogen die 60000 Toten schwerer.

In der Heimat arbeitete man ebenfalls mit Hochdruck für den alliierten Sieg. Da der Krieg die landwirtschaftliche Produktion Westeuropas in Mitleidenschaft zog, kam den Lieferungen aus Kanada lebenswichtige Bedeutung zu. Während der Kriegsjahre wurde fast noch einmal soviel Prärieland unter den Pflug genommen, als 1913 bewirtschaftet worden war. Getreide- und Fleischexporte stiegen in ungeahnte Höhen. Auch die Holzindustrie profitierte enorm, da Deutschland die Ostsee kontrollierte und Rußland wie Schweden somit als Lieferanten ausfielen. Der gewaltig steigende Rohstoffbedarf führte zur Erschließung großer Minerallager im Schild und im Felsengebirge. Die Produktion von Kupfer, Blei, Zink und vor allem Nickel, für das Kanada praktisch ein Monopol besaß, nahm in nie erhofftem Ausmaß zu. Die Transportmittel und Umschlagplätze bewältigten die Last kaum. Neue Fabrikationsstätten wurden errichtet, da nun auch die kanadische Industrie begann, sich auf Kriegswirtschaft umzustellen. Schwerindustrie und Fertigungsindustrie entwickelten sich rasch, und unter der Ägide des britischen Munitionsbüros wurde die Produktion normgerecht auf die Bedürfnisse der kämpfenden Truppe abgestellt. Etwa ein Drittel aller Granaten aus englischen Geschützen kam 1917 aus Kanada. Gegen Ende des Krieges baute man im Dominion auch Schiffe aus Stahl und Flugzeugrahmen. Der Wandel von einem Agrarland in eine Industrienation kam unübersehbar in Gang.

Sowohl die Operationen an der Front wie auch die Kriegsanstrengungen in Kanada selbst kosteten Geld. Kanada war bis 1914 ein Schuldnerland gewesen, dessen Entwicklung weitgehend vom steten Zufluß fremder, insbesondere britischer Investitionen abhing. Nun aber war Großbritannien nicht mehr in der Lage, Kapital zu exportieren. Im Gegenteil, im Laufe des Krieges verschlechterte sich seine Finanzlage so sehr, daß es sich genötigt sah, von Kanada Anleihen für die britischen Einkäufe im Dominion zu erbitten. Kanada war durch diese veränderte Situation vor eine unerwartete und schwierige Aufgabe gestellt. Die Provinzen und die Privatindustrie schöpften die Möglichkeiten des amerikanischen Geldmarktes aus. Doch dessen Ergiebigkeit hatte ihre Grenzen. Die Regierung Borden sah sich daher gezwungen, neue Steuern einzuführen, darunter im Jahre

1917 erstmals eine Einkommensteuer. Auch begann man 1915 damit, sogenannte Siegesanleihen aufzulegen, die im Lauf der Jahre insgesamt über zwei
Milliarden Dollar einbrachten, eine bemerkenswert große Summe für das
finanzschwache Land.

Es konnte nicht verwundern, daß die Hochkonjunktur von inflationärem
Preisauftrieb begleitet wurde. Die Regierung bemühte sich wohl, die steigenden Preise niedrig zu halten und knappe Artikel zu rationieren. Aber die
Anstrengungen waren halbherzig, da dirigistische Maßnahmen ein Novum
waren, mit dem man sich nur sehr zögernd befreundete. Ein Preiskommissar
zur Kontrolle der Lebenshaltungskosten wurde 1916 ernannt, ein Nahrungs-
mittelkontrolleur 1917, ein Kriegshandelsamt (War Trade Board) wurde
1918 eingerichtet. Die Zusammenarbeit zwischen diesen recht planlos geschaffenen Institutionen klappte schlecht oder gar nicht. Das Land beunruhigte sich allmählich deswegen, und eine wachsende Agitation in Gewerkschaften und Farmerverbänden zeugte von sich aufstauender Erregung, die
dann nach dem Krieg über die Dämme brach.

Ein vielleicht noch größeres Problem als die Kapitalknappheit war der
Mangel an Arbeitskräften und an wehrdienstfähigen Männern. Wie in den
meisten kriegführenden Ländern, so gingen nun auch in Kanada Frauen in die
Fabriken und auf die Farmen, um vakante oder neu geschaffene Arbeitsplätze
auszufüllen. Schwieriger war es, genügend Nachschub für den Militärdienst
zu gewinnen. Borden gelang es, etwa eine halbe Million Freiwillige anzu-
werben. Aber als der Krieg sich in die Länge zog und die Begeisterung
nachließ, wurde der Strom der Wehrfreudigen zum Rinnsal, das den Bedarf
bei weitem nicht mehr zu stillen vermochte. Entscheidend verschlimmert
wurde das Problem dabei durch einen bitteren Streit zwischen der englischsprachigen und der frankokanadischen Bevölkerung. Beide Teile hatten
anfangs loyal zusammengestanden. Aber allmählich war der Anteil der
französischsprachigen Freiwilligen ungleich stärker zurückgegangen als
derjenige der englischsprachigen. Man zeigte in Quebec offenbar weniger
Verständnis für Britanniens Nöte; die mehr ländlich orientierte Bevölkerung
fühlte sich dem eigenen Boden mehr verbunden als dem Empire, und man
glaubte nicht so unbedingt an eine direkte Bedrohung Kanadas. Obendrein
belästigte das englischsprachige und empiretreue Ontario mitten im Krieg
seine französischsprachige Minderheit. Von Regierungsseite geschah angesichts dieser Stimmung wenig, um die Moral der frankokanadischen Soldaten zu heben. Nur eine geringe Anzahl rein französischsprachiger Einheiten
wurde aufgestellt. Allzuoft mußte der Rekrut sich in einer fremdsprachigen
Militärhierarchie zurechtfinden und, was fast noch schlimmer sein mochte,
mit fremdsprachigen und nicht immer kameradschaftlichen Mitsoldaten
zusammenleben und kämpfen.

Unter diesen Umständen konnte es kaum überraschen, daß die Frankokanadier sich nur noch sehr spärlich zum Waffendienst einfanden. Im Jahre
1916 kam es in verschiedenen Städten Quebecs sogar zu Gewalttätigkeiten
gegen die Rekrutierungsbüros. Im englischsprachigen Kanada andererseits
wuchs die Erbitterung über die französische Minderheit, die sich augenscheinlich um ihre Pflicht drücken wollte. Ende 1916 war schließlich zu
erkennen, daß durch Werbemaßnahmen allein der Bedarf an Rekruten
nicht mehr gedeckt werden konnte. Als einziger Ausweg blieb nun die
Einführung der Wehrpflicht. Premier Borden, der Anfang 1917 London
besuchte, kam von dort mit der Überzeugung zurück, daß Kanada trotz
aller innenpolitischen Bedenken diesen Weg zu gehen habe, und brachte
eine entsprechende Militärdienstvorlage vor das Parlament.

Bordens Schritt verlangte Mut. Man konnte verstehen, daß er sich
abzudecken versuchte. Sein Gedanke war, durch Bildung einer Koali-
tionsregierung zusammen mit den Liberalen eine Spaltung des Landes zu
vermeiden. Nicht wenige führende Köpfe dieser Partei waren auch bereit,
Bordens Einladung zu folgen und die Verantwortung für die neue Maßnahme mitzutragen. Aber Laurier versagte sich. Er sah eine unheilbare
Kluft zwischen dem englischen und dem französischen Kanada sich öffnen, falls man die Frankokanadier gegen ihren Willen zum Waffendienst
zwingen wollte. Die liberale Partei spaltete sich über dieser Frage. Ihr
englischsprachiger Teil ging in großer Mehrheit zu Borden über und bildete mit ihm im Oktober 1917 die sogenannte Unionsregierung. In der
kurz darauf stattfindenden Wahl gewannen die Konservativen dann im
englischen Kanada einen überwältigenden Sieg. In Quebec hingegen erhielten Lauriers Anhänger alle Sitze bis auf drei. Das Militärdienstgesetz
(Military Service Act) war damit gesichert, aber im Land klaffte ein Riß.
Es war obendrein bittere Ironie, daß der Krieg endete, bevor eine nennenswerte Anzahl der neu verpflichteten Rekruten hatte nach Übersee
verschickt werden können.

Der Riß zwischen den ethnischen Gruppen war tief genug, und er
brauchte später lange Jahre zum Verheilen. Aber noch während des Krieges zeigte sich, daß er doch nicht so tief war, daß er Kanada vollends in
zwei Teile getrennt hätte, wie Laurier befürchtet hatte. Das Gefühl der
Zusammengehörigkeit überwog. Das Gemeinschaftsbewußtsein mochte
dabei nicht unwesentlich davon profitieren, daß Kanada während des
Weltkrieges nach außen hin trotz aller inneren Zerwürfnisse an Statur
gewann und eine nicht unbeträchtliche Strecke auf dem Weg zur Nation
zurücklegte.

Die Kriegsanstrengungen stärkten von Anfang an in allen Dominien
und vor allem in Kanada das Gefühl der nationalen Besonderheit. Man

hatte eine Aufgabe gestellt bekommen, und der Augenschein zeigte, halb zur eigenen Überraschung, daß man seine Pflicht in respektabler Weise zu erfüllen vermochte. Die kanadischen Einheiten in Frankreich und Belgien fühlten sich als Abgesandte ihres Landes. In der Heimat war man stolz auf die Leistungen der Truppen und identifizierte sich mit ihnen. So war es nur natürlich, daß man den Schluß zog, daß solide Leistung auch ihre Anerkennung verdiene; anders gesagt, daß die selbständige Anstrengung der Dominien auch mit mehr politischer Selbstständigkeit innerhalb des Empire entlohnt werden müsse.

Ein frühes und rasch gelöstes Problem war die Frage, wer die kanadischen Truppen in Europa kommandieren werde. Britische Militärs wollten sie erst in britische Verbände einreihen; aber das bestimmte Auftreten Bordens, der ein eigenes kanadisches Kommando forderte, führte dann zur Aufstellung des Kanadischen Korps. Zwar wurde dieses zuerst von einem britischen General befehligt, aber 1917 trat mit General Arthur W. Currie ein Kanadier an die Spitze der Truppe. Diese selbst freilich blieb stets in die größere Einheit einer britischen Armee integriert.

Bordens wichtigeres Anliegen war, mehr Einfluß auf die Kriegspolitik im ganzen zu gewinnen. Die britische Regierung ihrerseits zeigte sich ob dieses Ansinnens nicht sehr glücklich. 1911 noch hatte die Empirekonferenz beschlossen, daß die Leitung der auswärtigen Politik beim Mutterland verbleiben solle und die Dominien lediglich über die anhängigen Fragen orientiert würden. In England fürchtete man um die Einheit des Reiches, falls jeder Gliedstaat seine eigene Politik treiben konnte. Als 1916 allerdings die Kriegslage die Anspannung aller Kräfte verlangte, zeigte sich die neu ins Amt gekommene Regierung Lloyd Georges geneigter, dem Verlangen der Dominien zu entsprechen. Durch Entgegenkommen hoffte sie, diese zu noch größeren Anstrengungen anzuspornen. Das Ergebnis dieser neuen Haltung war das Empirekriegskabinett, das 1917 gebildet wurde. Praktisch war es lediglich eine Erweiterung des britischen Kriegskabinetts um die fünf Premierminister der Dominien oder ihre Vertreter. Hier gewann Kanada erstmals einen Sitz im Zentrum der politischen Entscheidungen. Außerdem wurde eine Empirekriegskonferenz ins Leben gerufen, die sich mit den mehr grundsätzlichen Fragen einer Reorganisation des Empires zu befassen hatte. Auch hier wurde somit der Weg zu einer größeren Selbständigkeit der Dominien beschritten.

Während des Krieges konnte das Empirekriegskabinett seine Rolle nur annähernd erfüllen, da die Premierminister der Dominien verständlicherweise nicht immer bei den entscheidenden Sitzungen zugegen sein konnten. Aber bei der Friedenkonferenz trat der erreichte Fortschritt aller Welt vor Augen. Auf Drängen Bordens saßen die Dominien dann nicht nur im ehemaligen Kriegskabinett, das jetzt als Friedensdelegation des Empire auftrat, sondern sie erhielten überdies noch Sitz und Stimme wie Länder, die selbständig Krieg geführt hatten. Jedes der Dominien unterzeichnete in Versailles den Friedensvertrag für sich, und Borden setzte durch, daß den jeweiligen Parlamenten auch das Recht zur Ratifikation zugestanden wurde.

Es war nicht Bordens Anliegen, eine entscheidende Rolle in der Abfassung des Friedensvertrages selbst zu spielen. Kanada konnte dies getrost den Großen Fünf überlassen, zumal sein Einfluß ohnehin zu wirksamer Pression nicht ausgereicht hätte. Die Friedenskonferenz war vom kanadischen Standpunkt aus vielmehr eindeutig ein Mittel, die eigenen konstitutionellen Anliegen zu verwirklichen oder wenigstens der Verwirklichung näher zu bringen. In diesem Sinne war es auch als Erfolg zu werten, daß Kanada als Mitglied in die neugeschaffenen internationalen Organisationen, den Völkerbund und die Internationale Arbeitsorganisation, aufgenommen wurde. Der Widerstand dagegen kam weniger von britischer Seite als von Frankreich und den Vereinigten Staaten, wo man fürchtete, daß die Stimme Kanadas lediglich eine zweite britische Stimme darstellen werde. Bordens Hinweis auf die kanadischen Opfer während des Krieges brach aber auch hier schließlich das Eis.

Das Dominion, das 1914 im Gefolge Großbritanniens in den Krieg gezogen war, war fünf Jahre später nicht mehr das gleiche. Im wirtschaftlichen wie im sozialen und im konstitutionellen Bereich war ein Wandel eingetreten, der das Land in seinem Wesen veränderte. Der Agrarstaat hatte seine landwirtschaftliche Produktion enorm gesteigert und hatte doch den Weg zum modernen Industriestaat eingeschlagen. Die Kluft zwischen den zwei ethnischen Hauptgruppen war breiter denn je aufgebrochen. Das Land als Ganzes sah sich im Begriff, sich vom abhängigen Dominion zur selbständigen Nation zu entwickeln. Viele dieser Änderungen waren einfach als Folge der Umstände eingetreten. Manche, und insbesondere die zu größerer Unabhängigkeit führenden, waren das Ergebnis zähen Bemühens. Das Verdienst gebührte hier in erster Linie Borden. Aber so gut wie alle Entwicklungen hatten gemeinsam, daß sie das Land in einen Zustand der Unruhe und auch der Unsicherheit versetzt hatten. Das Bemühen der Nachkriegsjahre mußte nun dahin gehen, Ruhe über das Land zu bringen, damit es wieder zu sich selbst finden konnte. Borden zog sich 1920 krank aus dem politischen Leben zurück. Sein Nachfolger trat kein leichtes Erbe an.

Nachkriegsjahre, Boom und Depression

Der Weltkrieg leitete eine neue Zeit ein. Nicht nur, daß die Lebensbedingungen in Kanada sich änderten; nach Kriegsende wurden nun auch die Führer, die das Land in den Vorkriegsjahren und während des Krieges geleitet hatten, allmählich abgelöst. Neue Parteien gruppierten sich, um ihre Lösungen für die Probleme der Nachkriegszeit anzubieten. Die alten Parteien verschwanden nicht, aber auch in ihnen schob sich jetzt eine jüngere Generation in den Vordergrund. Die Politik der zwanziger Jahre wurde von neuen Köpfen gestaltet.

Anfang 1919 starb Sir Wilfrid Laurier, der langjährige Führer der Liberalen und Premier. Dem Parteikongreß in Ottawa präsentierten sich zwei Anwärter auf die Nachfolge des großen alten Mannes. Beider Namen waren in Kanada wohlbekannt. Fielding, Lauriers Finanzminister, hatte 1917 für die Wehrpflicht geworben und war in Bordens Unionskabinett eingetreten. Sein Mitbewerber William Lyon Mackenzie King dagegen hatte in der Wehrpflichtkrise treu zu Laurier gestanden. Dieser Umstand sicherte ihm jetzt die Sympathien der Delegierten Quebecs, und nach nur drei Wahlgängen triumphierte er als der neue Führer der Liberalen.

Wie sein Name vermuten ließ, war King ein Nachkomme des Rebellenführers von 1837. Aber sein Blick war auf das 20. Jahrhundert gerichtet. Er wußte, daß nicht feurige Ungeduld, sondern vorsichtiges Taktieren und kühles Abwägen das Gebot der Stunde war, falls man sich auf der politischen Bühne behaupten wollte. Er hatte als Arbeitsminister in Lauriers Regierung einige Kabinettserfahrung sammeln können, aber während des Krieges war er politisch nicht hervorgetreten. Und doch wurde dieser zurückhaltende, kurzgewachsene, fast plump wirkende Mann der erfolgreichste Politiker, den Kanada je besessen hat. Er war kein brillanter Redner wie Laurier und konnte nicht den Biedermann spielen wie Macdonald. Aber er beherrschte wie kein zweiter die Kunst, strittige Fragen auszuklammern, zu temporisieren und zu finassieren. Manche ziehen ihn deshalb der politischen Prinzipienlosigkeit oder der Trägheit. Zumindest auf dem Gebiet der Außenpolitik verfolgte er jedoch sein Ziel mit Hingabe und Beharrlichkeit, und wenn Borden das Werk der Verselbständigung Kanadas eingeleitet hatte, so war es King, der es erfolgreich vorantrieb und zu einem gewissen Abschluß brachte.

Vorerst befand sich allerdings noch die Konservative Partei am Ruder. Da Borden sich 1920 aus der Politik zurückzog, mußte auch sie einen neuen Führer suchen. Die Wahl fiel auf Arthur Meighen. Er stammte wie King ursprünglich aus Ontario, hatte sich aber dann nach Manitoba begeben, von wo man ihn ins Unterhaus von Ottawa schickte. Während des Krieges hatte Borden ihn mit der dornigen Wehrpflichtfrage betraut. Der endliche Erfolg im Streit um die Wehrpflicht hatte ihm dann einerseits die Anerkennung seiner Parteifreunde eingetragen, andererseits aber auch den Unwillen der Frankokanadier. Die Folgen dieses Umstandes sollte er bald zu spüren bekommen.

Unter den neuen Parteien, die nun in den Nachkriegsjahren aus dem Boden schossen, war die Fortschrittspartei (Progressive Party) die bemerkenswerteste. Sie machte sich zum Sprachrohr der Farmer, die den seit Jahrzehnten die Industrie begünstigenden und Schutzzollpolitik betreibenden alten Parteien kein Vertrauen mehr entgegenbrachten. Ihr Führer war Thomas A. Crerar, der 1919 aus Protest gegen die Tarifpolitik aus Bordens Unionskabinett ausgetreten war. Im gleichen Jahr noch hatte er im Westen die neue Partei gegründet, die sich im folgenden Jahr dann auf Dominionbasis etablierte und ihn auch hier zum Führer wählte.

Obwohl sich somit der lang aufgestaute Unwillen der Farmer nun vernehmbar Gehör zu verschaffen versuchte, wurde ihre Agitation noch übertroffen von der politischen Aktivität der Industriearbeiterschaft. Die Wehrpflicht war in den Fabriken nie sehr populär gewesen, hatte man doch allenthalben das Gefühl gehabt, daß der einfache Mann während des Krieges die Kastanien aus dem Feuer holen mußte, während die Unternehmer sich an den Gewinnen bereicherten. Außerdem waren die Lebenshaltungskosten in den Kriegsjahren enorm gestiegen, während die Löhne nur ungenügend nachgezogen hatten. Die Empörung hatte nicht wenige Arbeiter in die Gewerkschaften getrieben, deren Mitgliederzahl sich in den vier Jahren verdoppelt hatte. Als nun nach Ende des Krieges die aus dem Militärdienst Entlassenen auf den Arbeitsmarkt strömten und gleichzeitig die Kriegskonjunktur abrupt endete, kam es zu einer Welle bitterer Streiks und ausgesprochen sozialistischer Agitation.

Der Höhepunkt in der Protestbewegung der Arbeiterschaft kam mit dem Generalstreik in Winnipeg. Als der Metallarbeitergewerkschaft in der Präriemetropole das Recht zu Lohntarifverhandlungen verweigert wurde, eilten ihr die anderen Gewerkschaften zu Hilfe und legten mit einem allgemeinen Streik das Geschäftsleben in der Stadt lahm. In der gereizten Stimmung dieser Tage konnte es nicht erstaunen, daß der Streik bald überregionale Formen annahm. Die Arbeitgeberseite sah in der Aktion der Gewerkschaften den Beginn der bolschewistischen Revolution. Die Arbeiter ihrerseits erhielten moralische Unterstützung aus ganz Kanada, wo Sympathiestreiks ausbrachen, die schließlich die Bundesregierung auf den Plan riefen. Der Streik in Winnipeg wurde blutig unterdrückt, die Arbeiterführer in Gewahrsam genommen. Als die Bewegung im Juni 1919 nach zweimonatiger Dauer abflaute, blieb ein tiefer Riß zurück, der noch jahrelang im öffentlichen Leben zu spüren war. Die Unruhe unter den Farmern brachte weniger Gewalttätigkeit, aber dafür mehr Erfolge. Die Ursachen wurden teilweile schon oben aufgezeigt. Zum jahrzehntealten Unmut über die Schutzzollpolitik der Regierung in Ottawa war gegen Ende des Krieges noch die Empörung getreten darüber, daß trotz gegenteiligen Versprechens auch die Farmersöhne zu den Waffen gerufen wurden. Schon 1918 veröffentlichte daher der Kanadische Landwirtschaftsverband (Canadian Council of Agriculture) ein Dokument, das eine „Neue Nationale Politik" forderte. Zollsenkung, Gewinnbesteuerung, Übernahme der Eisenbahnen durch den Staat und demokratische Verfassungsreform waren die Hauptpunkte, die nicht nur unter den Farmern großen Widerhall fanden. Der Erfolg ließ nicht lange auf sich warten. Schon 1919 gewannen die Vereinigten Farmer von Ontario (United Farmers of Ontario) die Provinzwahlen und übernahmen die Regierung in Toronto. 1921 kam die Partei in Alberta ans Ruder, 1922 in Manitoba. Crerars Fortschrittspartei war die Vertretung dieser Farmerinteressen – und ihrer nicht-bäuerlichen Anhängerschaft – auf Bundesebene. Die Bewegung erwies sich überall als ein Sammelbecken für die weitverbreitete Unzufriedenheit. In den Bundeswahlen des Jahres 1921 gewannen zwar die Liberalen, aber Crerars Attacken auf das Big Business waren so wirkungsvoll, daß die Fortschrittler die Konservativen vom zweiten Platz verdrängten. Im Unterhaus saßen infolgedessen den 118 Liberalen 65 Gefolgsleute Crerars und nur 50 Konservative gegenüber.

King, der neue Premier, war in den folgenden Jahren darauf bedacht, seine winzige Parlamentsmehrheit durch die Stimmen der Fortschrittspartei zu stärken. Er gewann ihre Unterstützung teilweise durch Zoll- und Frachttarifsenkungen; vor allem aber konnte er sie durch das Argument bei der Stange halten, daß sein Sturz möglicherweise die Konservativen unter Meighen wieder an die Macht bringen würde. Den Liberalen kam auch zugute, daß sich bald innerhalb der Fortschrittspartei Spalten und Risse zeigten. Die neue Politik der liberalen Regierung nahm in vielem den Farmern den Wind aus den Segeln. Die Gemäßigten trugen sich daher bald mit dem Gedanken eines näheren Zusammenrückens mit der Regierungspartei. Ein radikaler Flügel freilich wollte hiervon nichts wissen. Seine Ideen einer ständischen Repräsentation vertrugen sich nicht mehr mit dem überkommenen Parteiensystem. Ihrer unaufhörlichen Angriffe müde, trat Crerar 1922 vom Vorsitz zurück. Seinem Nachfolger gelang es nicht, die Meinungsverschiedenheiten zu überbrücken, und die Fortschrittspartei verlor mehr und mehr an Zusammenhalt und Stoßkraft. Dieser Niedergang der Progressiven kam nicht von ungefähr. Seit 1923 begannen der Weltmarkt ebenso wie der kanadische Binnenmarkt sich zu erholen, und mit wachsendem Geschäftsumfang und höheren Getreidepreisen verlor sich das Interesse an den ursprünglichen Zielen. Vollends deutlich wurde die gewandelte Stimmung in den Bundeswahlen des Jahres 1925. Nur noch 24 Fortschrittler zogen ins Unterhaus ein, während die Konservativen 116 Sitze eroberten. Die liberale Vertretung schmolz auf 101 Abgeordnete zusammen, zu wenig, um allein weiterregieren zu können. King gab jedoch nicht auf. Im Vertrauen auf die Unterstützung der Fortschrittler bildete er eine Minderheitsregierung, zur Empörung der Konservativen und als Auftakt zu einer langen und animierten Debatte unter Verfassungsjuristen und Politikern über die Rechtmäßigkeit solchen Vorgehens. Seine neue Amtszeit dauerte allerdings noch nicht ein Jahr, als ein übler Bestechungsskandal in der Zollverwaltung die Fortschrittspartei derart erboste, daß sie der Regierung die bisherige Unterstützung entzog. King wollte jetzt das Parlament auflösen, doch der Generalgouverneur Lord Byng gedachte nun, den Konservativen ihre Chance zu geben. Meighen, der ehemalige Premierminister, versuchte sein Heil. Doch auch ihm versagten sich die Fortschrittler. Lord Byng sah sich daher gezwungen, dem Verlangen nach Auflösung des Hauses endlich stattzugeben.

Die komplizierte Frage, ob der Generalgouverneur in der Krise verfassungsgerecht gehandelt habe, bildete einen Hauptgegenstand des Wahlkampfes. Den Liberalen gelang es, das Eingreifen Lord Byngs als eine britische Einmischung in kanadische Angelegenheiten hinzustellen, und eine nationalistische Welle der Empörung trug Mackenzie King wieder auf den Regierungssessel. Die Liberalen gewannen 116 Sitze, was ihnen zusammen mit elf gemäßigten Fortschrittlern eine knappe Mehrheit gab. Meighen zog 1927 die Konsequenzen aus seiner Niederlage und verzichtete auf den Vorsitz in der Konservativen Partei, den nun Richard B. Bennett übernahm. Bennett stammte von der Atlantikküste, hatte es aber im Westen zu Vermögen und politischer Prominenz gebracht und als Justizminister in Meighens Kabinett bereits Regierungserfahrung sammeln können.

Der nach 1923 einsetzende Aufschwung der Wirtschaft erschien vielen als eine späte Fortsetzung der goldenen Laurier-Ära. Die Einwandererzahlen stiegen von neuem, das Weizenland dehnte sich weiter denn je, der Binnenhandel florierte. 1922 waren endlich die beiden bankrotten Eisenbahnen, die Kanadische Nordlinie und die Grand-Trunk-Pazifik-Linie, zu einer staatseigenen Linie zusammengeschlossen worden. Von der so entstandenen Kanadischen Nationalbahn (Canadian National Railways) versprach man sich wo nicht Gewinn, so doch geringere Verluste, und der allgemeine Boom erfüllte diese Hoffnungen. Nicht wenig profitierten die Grundstoffindustrien von der Konjunktur. Die Produktion von Holzpulpe und Zeitungspapier aus den Wäldern des Schildes, der Appalachen und Britisch-Kolumbiens stieg enorm. Die Asbestlager im östlichen Quebec, die Kupfer- und Nickelminen Ontarios, die neuerschlossenen Ölfelder Albertas verzeichneten jährlich neue Förderrekorde. Blei-, Zink- und Kupfererze wurden in Britisch-Kolumbien gefunden, Radium und Uran am Großen Bärensee im hohen Norden. Der Energiebedarf konnte von den privaten Unternehmern bald nicht mehr befriedigt werden, und in verschiedenen Provinzen begann die öffentliche Hand, die Elektrizitätsversorgung in eigener Regie zu betreiben. Ontario war hierin schon 1906 mit der Gründung von Ontario Hydro vorangegangen. Durch den großzügigen Bau von Wasserkraftwerken gelang es allenthalben, den Strompreis auf ein der Expansion dienliches Niveau zu bringen.

Manche Gebiete kamen schneller voran als andere. Während Ontario und Quebec vom Aufschwung ihres Bergbaus und der verarbeitenden Industrie profitierten und ihre Städte, allen voran Toronto und Montreal, stetig wuchsen, war man in der Prärie weniger zufrieden. Die Abhängigkeit vom Weizenpreis auf dem Weltmarkt ließ eine sichere Zukunftsprognose nicht zu, und Bodenerosion wie Landflucht waren weitere Probleme, die den Farmer beunruhigten. In den Atlantikprovinzen vollends hatte man sich vom Niedergang des Holzschiffbaus und der Segelschiffahrt nie ganz erholt. Wenig gutes Farmland, wenig Bodenschätze außer Kohle und die weite Entfernung von den Verbraucherzentren ließen der Prosperität nur geringe Entwicklungsmöglichkeit. Der Krieg hatte den Stahlschiffbau gefördert, aber in den Nachkriegsjahren konnte das Beschäftigungsniveau nicht gehalten werden. Die Fischerei litt unter niedrigen Fischpreisen. Es konnte nur wenige verwundern, daß angesichts solchen Nachhinkens im Wohlstand sich am Atlantik eine Protestbewegung bildete. Die Verfechter der maritimen Anliegen (Maritime Rights) suchten die Schuldigen vor allem in Ottawa. Insbesondere die Schutzzollpolitik war auch hier das Angriffsziel, und man machte sich für größere Provinzrechte stark. Mackenzie King andererseits war kein Mann der Grundsatzdebatten. Er zog den einfacheren Weg des Kurierens am Symptom vor, und nach 1927 flossen Bundeszuschüsse in die östlichen Provinzen, die den Protestlern weitgehend den Wind aus den Segeln nahmen.

Im allgemeinen waren die späten zwanziger Jahre für Kanada eine Zeit der Wirtschaftsblüte und des sich ausbreitenden Wohlstandes. Um so härter empfand man den Schock, den der große Börsenkrach 1929 brachte. Die wirtschaftliche Existenz des Landes hing zu einem guten Teil vom internationalen Handel ab. Der Niedergang der Exporte bedeutete das

Ende der Konjunktur, Arbeitslosigkeit und Elend. Das Schlimmste hatten die Weizenprovinzen zu erwarten, trug doch hier die Natur noch ihr Teil zur Katastrophe bei. Dürre und Heuschrecken ließen das vorhergehende Jahrzehnt wahrhaft als fett erscheinen. In Saskatchewan fiel das Prokopfeinkommen auf zwei Siebtel des Standes vor der Depression, und den anderen Prärieprovinzen ging es nicht viel besser. Aber auch im übrigen Kanada schrumpfte die Produktivität. Fabriken wurden stillgelegt, die Minen schränkten die Förderung ein. Es gab noch keine Arbeitslosenversicherung, und die Hilfsaktionen der Regierung oder Privater stillten weder den allgemeinen Hunger, noch trösteten sie die Mehrzahl der Verzweifelten.

Die regierenden Liberalen bekannten sich zu der Ansicht, daß die Not nur kurzfristig sei, und wollten ihr durch Ausgabenbeschränkung beikommen. Die Konservativen andererseits verlangten staatliche Arbeitsbeschaffungsprogramme. Eine Anhebung des Zolltarifs sollte die kanadische Industrie wieder besser schützen. Als die Arbeitslosenzahl die halbe Million überstieg, schien es Zeit für neue Bundeswahlen. Die Konservativen attakkierten im Wahlkampf heftig die falsche Sparsamkeit der Regierung und versprachen, durch hohe Schutzzölle „den Weg in die internationalen Märkte freizusprengen". Ihre Argumente fanden willige Hörer. Mit 137 Abgeordneten zogen sie nicht nur als Sieger ins neue Unterhaus ein, sondern besaßen auch eine sichere Mehrheit gegenüber den 88 Liberalen und 20 Sonstigen. Im Herbst 1930 trat somit Bennett an die Spitze der neuen, konservativen Regierung.

Jahre der Krise

Bennetts erste Regierungshandlung entsprach alter konservativer Tradition; er erhöhte den Zoll. Der neue Schutztarif war sogar höher als jemals zuvor in der kanadischen Geschichte. Bis 1932 stieg der generelle Satz um fast 50 Prozent über das Vordepressionsniveau. Oberflächlich gesehen, blieb dieser Maßnahme auch ein gewisser Erfolg nicht versagt. Das Außenhandelsdefizit, das 1930 125 Millionen Dollar betragen hatte, wandelte sich bis 1935 in einen Überschuß von 187 Millionen. Aber die Kaufkraft im Dominion selbst wurde hierdurch kaum angehoben, und in seiner Hauptbestimmung erwies sich der neue Zoll als ein Rohrkrepierer. Da der Überschuß im ganzen lediglich aus einer Reduktion der Importe resultierte, konnte keine Rede davon sein, daß Kanadas hoher Tarif den Weg durch die Zollmauern anderer Staaten freisprengte. Wenn er überhaupt eine Wirkung hatte, so höchstens die umgekehrte, daß andere sich in ihren protektionistischen Maßnahmen durch Kanadas Vorgehen bestätigt sahen.

Es gab noch eine weitere Möglichkeit, durch Zollpolitik der kanadischen Wirtschaft eine gewisse Erleichterung zu verschaffen. Schon Laurier hatte davon gesprochen, daß die Länder des britischen Empire sich gegenseitig Vorzugszölle gewähren sollten. Es würde so ein Markt entstehen, der nach außen gegen mörderische Konkurrenz geschützt wäre und doch viel bessere Absatzchancen bieten würde als die jeweiligen beschränkten Binnenmärkte. Jetzt, Anfang der dreißiger Jahre, war die Stimmung solchen Vorschlägen günstig. Großbritannien selbst sah sich 1932 gezwungen, das Freihandelsprinzip aufzugeben. Das Mutterland konnte somit von nun an ebenfalls Präferenzzölle gewähren. Bennett lud noch im gleichen Jahr zu einer Empire-Wirtschaftskonferenz in Ottawa ein, auf der in schwierigen Verhandlungen die gegenseitigen Interessen abgewogen wurden. Kanada kam mit Großbritannien überein, für Stahl, Kohle und Fertigerzeugnisse aus dem Mutterland den Zoll zu senken, wohingegen Holz, Weizen und sonstige Agrarprodukte aus Kanada freieren Zugang zum englischen Markt erhielten. Diese Maßnahmen brachten in der Folge eine merkliche Belebung des Handels zwischen den beiden Ländern, wenn sie freilich auch nicht genügten, Kanada ganz aus der Depression zu helfen.

Die schlechte Wirtschaftslage und die damit verbundene Not ließ in den dreißiger Jahren ebenso wie nach dem Weltkrieg eine Anzahl neuer Parteien entstehen. Auch jetzt wieder war der Westen am aktivsten. In Alberta, wo die Vereinigten Farmer sich am längsten hatten halten können, übernahmen 1935 die Sozialkreditisten (Social Creditists) die Regierung. Ihre Lehre war ursprünglich von Clifford H. Douglas, einem britischen Amateurvolkswirt, konzipiert worden. Politische Bedeutung gewann sie durch William Aberhart, Schullehrer und Sonntagsprediger in der Prärie. Vereinfacht lief seine Forderung darauf hinaus, daß der durch wirtschaftliche Tätigkeit sich anhäufende Reichtum von der Regierung abgeschöpft und in einer „Sozialdividende" gleichmäßig unter das Volk verteilt werden sollte. Ab 1935 auf dem Ministerpräsidentenstuhl von Alberta, mußte Aberhart freilich entdecken, daß diese Volksdividende vorerst ein schöner Traum bleiben mußte, und wenn auch nur deshalb, weil die Finanzgesetzgebung weitgehend Sache des Bundes und nicht der Provinzen war. Aber er blieb doch eine gute Weile am Ruder, und auch im Unterhaus in Ottawa saßen ab 1935 die Vertreter seiner Partei.

Noch eine andere Partei von Bedeutung entstand in der Prärie. Mehr oder weniger auf dem Grund, auf dem die Fortschrittspartei floriert hatte, wuchs die Cooperative Commonwealth Federation (CCF). Auch sie kämpfte gegen die Bevorzugung der Industrieunternehmer. Neu an ihr war, daß sie auch Verbindung zu Fabrikarbeitern aufnahm und deren

Belange zu den ihren machte. Genau besehen war die CCF eine sozialistische Partei. Sie verlangte Ausdehnung der Regierungsgewalt, Nationalisierung der Schwerindustrie, des Bankenwesens und der Versorgungsbetriebe und überhaupt Planwirtschaft statt des kapitalistischen Laissez-faire. Die weitgehende Ähnlichkeit der Ziele mit denen der britischen Labour-Partei deutete darauf hin, daß ein großer Teil der Ideen britischem sozialistischem Gedankengut entnommen war. Auch die Ablehnung aller direkt marxistischen Lehren mochte hier ihre Ursache haben. Andererseits konnte die Tatsache, daß die CCF auf die alte Fortschrittspartei als ihren Ahnherrn blickte und in den Farmdistrikten der Prärie ihre Hochburgen besaß, als typisch kanadische Eigenheit gelten.

Nachdem ein Gründungskongreß in Calgary 1932 den Boden vorbereitet hatte, formulierte die Partei im nächsten Jahr in Regina, der Hauptstadt Saskatchewans, ein klares Programm. Das sogenannte Regina-Manifest plädierte dafür, das herrschende kapitalistische System durch eine neue sozialistische Ordnung zu ersetzen. James S. Woodsworth, dem Führer der Partei, gelang es bald, sich auch auf Bundesebene Gehör und Gefolgschaft zu sichern. Eine politische Kraft, die den beiden überkommenen Parteien hätte gefährlich werden können, wurde die CCF freilich während der drei Jahrzehnte ihres Bestehens nie. Im Unterschied zur britischen Labour-Partei gelang es ihr nicht, sich als politische Vertretung der Gewerkschaften zu etablieren. Dazu kam, daß der katholische Klerus Quebecs ihr nicht wohl gesonnen war und die Zahl ihrer frankokanadischen Anhänger gering blieb.

In Quebec besaß man vielmehr eine eigene neue Partei. Die Union Nationale, geführt von Maurice Duplessis, war ein Produkt der besonderen Gegebenheiten am unteren St. Lorenz. Im Krieg hatte die Umwandlung der Provinz von einem Agrarland in eine Industrieregion begonnen, und diese Entwicklung hatte sich in den zwanziger Jahren fortgesetzt. Das Geld hierfür allerdings war zum größten Teil von englischsprachigen Kanadiern, Engländern und Amerikanern in der Provinz investiert worden. Diese Tatsache beunruhigte die Frankokanadier. Als vollends mit dem wirtschaftlichen Niedergang der frühen dreißiger Jahre Arbeitslosigkeit und Not stiegen, war man rasch bei der Hand, die Schuld bei den „fremden" Ausbeutern zu suchen. Die Union Nationale strengte sich an, aus dieser Stimmung Kapital zu schlagen. Duplessis versprach, Quebec zu „befreien" und durch Sozialisierungs- und Wohlfahrtsmaßnahmen der Gerechtigkeit zum Siege zu verhelfen. Man glaubte seinen Worten, und 1936 löste er die Liberalen in der Regierung der Provinz ab. Einmal an der Macht, vergaß er freilich die meisten seiner Versprechen und arrangierte sich vor allem mit dem Big Business Quebecs. Daß er trotzdem noch eine gute Weile das Wohlwollen des Volkes besaß, war dann weniger ein Resultat seiner sozialen Maßnahmen als vielmehr eine Folge seiner partikularistischen Politik. Scharfe Abwehrhaltung Ottawa gegenüber ließ ihn als Vorkämpfer frankokanadischer Rechte erscheinen. In Quebec, wo die Wehrpflichtprobleme des Krieges noch nicht vergessen waren, konnte dies seine Wirkung nicht verfehlen.

Auch in Ontario tendierte man während der dreißiger Jahre mehr zur radikalen Seite hin, freilich ohne die Grenzen der Tradition zu überspringen. Aber die Herrschaft der Liberalen, die 1934 mit dem Regierungsantritt des populistischen Mitchell F. („Mitch") Hepburn begann, konnte nach 29jähriger konservativer Provinzherrschaft doch als etwas Neues gelten. Auch Hepburn hatte die Wahlen mit dem Versprechen sozialer Maßnahmen für Farmer und Arbeiter gewonnen. Auch ihn machte die Regierungserfahrung nüchterner, wie 1937 die Auseinandersetzung seiner Regierung mit den in Oshawa streikenden Automobilarbeitern zeigte. Und auch er suchte sein Heil im Widerstand gegen den Zentralismus Ottawas, nur daß er hier auf die Dauer gegen die Vertreter der eigenen Partei zu kämpfen hatte, während Duplessis von der sicheren Bastion des französischen Nationalisten aus seine Pfeile schießen konnte.

Aufs Ganze gesehen dominierten in den dreißiger Jahren die partikularistischen Tendenzen oder, mit dem nordamerikanischen Wort, der Sektionalismus. Aberhart und Duplessis, Hepburn und im Grunde auch Woodsworth, sie alle vertraten die Interessen ihrer Regionen, und wenn sie Bundesaktionen anstrebten, so nur solche, die ihrem jeweiligen Landesteil zum Nutzen gereichen konnten. Angesichts der Größe des Landes und des Ausmaßes der allgemeinen Not war dies zwar keine sehr erstaunliche Entwicklung, aber sie war trotzdem bedauerlich im Interesse der Einheit des Landes, und sie zeugte im Grunde von einer gewissen Kurzsichtigkeit. Kurzfristige regionale Vorteile konnten auf die Dauer sehr wohl in allgemeine Nachteile umschlagen. Was nottat, waren vielmehr umfassendere Maßnahmen auf breiter Ebene.

Die Bundesregierung in Ottawa wurde sich dieser Notwendigkeit allmählich bewußt. Im Jahre 1934 veranlaßte Bennett eine Reihe von Neuerungen, deren Ziel eine straffere Zusammenfassung der Kräfte des Landes war. Die Bank von Kanada (Bank of Canada) wurde gegründet, um als Zentralbank mehr Ordnung in das Finanz- und Kreditwesen zu bringen. Die Kanadische Weizenbehörde (Canadian Wheat Board) wurde wieder ins Leben gerufen, die schon im Weltkrieg Weizenerzeugung und -verkauf geregelt hatte. Die Kanadische Nationalbahn wurde ein weiteres Mal reorganisiert. Schließlich und vor allem erleichterte die Bundesregierung die schwierige finanzielle Situation einzelner Provinzen durch Anleihen und verlorene Zuschüsse. Aber all dies schien nicht genug. Als 1935 Neuwahlen vor der Tür standen, übertraf sich daher die konservative Regierung selbst mit einem neuen, augenscheinlich noch viel wirkungsvolleren Programm, „Bennet's New Deal". Verbesserungen in der Kreditgewährung für Farmer, Vorschriften über Mindestlöhne und Arbeitszeiten, Arbeitslosenversicherung und Gewerbeaufsicht waren die Hauptmaßnahmen, durch die Kanadas Wirtschaftssystem reformiert werden sollte.

Aber dieses Programm ging weit hinaus über vieles, was konservative Geister als mit der Tradition vereinbar erachten konnten. Bennett gelang es zwar, seine Gesetzesvorlagen noch durch das Parlament zu bringen, aber seine Partei brach über den Meinungsverschiedenheiten fast auseinander. Und die Liberalen vollends bezweifelten lautstark die Verfassungsmäßigkeit vieler Maßnahmen. Die Wählerschaft ihrerseits fand, daß die Anstrengungen Bennetts zu spät kamen, um noch überzeugen zu können, und bereitete den Konservativen im Oktober eine vernichtende Niederlage. Mit 39 Sitzen mußten sie in die Opposition gehen, während die Liberalen mit 171 Abgeordneten den größten Wahlsieg ihrer bisherigen Geschichte feierten.

Mackenzie King, der wieder den Kabinettsvorsitz übernahm, verwies Bennetts Reformgesetze sofort an das zuständige Verfassungsgericht, den britischen Geheimen Kronrat. Letzterer entschied 1937 erwartungsgemäß antizentralistisch. Im Endurteil erklärte er, daß in der Tat die meisten der Gesetze verfassungswidrig seien und die Bundesregierung sich Rechte der Provinzen angemaßt habe. King sah hierin nunmehr eine Beschneidung seiner eigenen Möglichkeiten. Wenn die Verfassung Hilfsmaßnahmen für das Volk verhinderte, so lag der Fehler offenbar bei der Verfassung. Der liberale Premier war jetzt gesonnen, nach Möglichkeit Abhilfe zu schaffen. Im gleichen Jahr wurde daher eine Königliche Kommission eingesetzt mit dem Auftrag, die verfassungsmäßigen und finanziellen Beziehungen zwischen Dominion und Provinzen von Grund auf zu untersuchen und womöglich Vorschläge zur Verbesserung einzureichen.

Die Rowell-Sirois-Kommission, wie sie nach ihren beiden Vorsitzenden gewöhnlich benannt wurde, hatte eine enorme Aufgabe vor sich. Erst im Jahre 1940 war ihr Bericht fertiggestellt. Ihre Vorschläge waren recht radikaler Art. Damit die Mittel des Landes gerechter verteilt würden, sollte nur das Dominion direkte Steuern erheben dürfen; entsprechende Gelder sollten dann nach Bedarf an die einzelnen Provinzen verteilt werden. Arbeitslosenunterstützung sollte künftig Sache des Dominions sein. Ein soziales Fürsorgesystem sollte eingerichtet werden, das von den Provinzen zu tragen war, aber auf Zuschüsse des Bundes rechnen konnte. Die Kommission zeigte sich vorsichtig genug, die Provinzrechte nicht übergehen zu wollen, und setzte gegenseitiges Einvernehmen zwischen Bund und Provinzen voraus. Trotzdem war leicht zu erkennen, daß die Verwirklichung ihrer Vorschläge Schwierigkeiten bereiten würde. Duplessis, Hepburn und Aberhart hatten von Anbeginn ihre Vorbehalte angemeldet, und seit 1939 befand sich Kanada obendrein bereits wieder im Kriege. Während die Kommission tagte, löste sich das Problem, dessentwegen sie eingesetzt worden war, allmählich von selbst. Die Weltwirtschaftskrise klang vollends ab und machte einem erneuten Wettrüsten Platz, dessen wirtschaftliche Auswirkungen auch Kanada zu spüren bekam. Außerdem war es King Ende 1935 und dann 1938 gelungen, vorteilhafte Handelsverträge mit den Vereinigten Staaten abzuschließen. Im Endeffekt wurden dabei mehr als die Hälfte der kanadischen Exporte in die Staaten und über vier Fünftel der kanadischen Importe von dort verbilligt. King konnte mit Stolz in Anspruch nehmen, den seit 1866 ruhenden Gegenseitigkeitsgedanken wieder belebt zu haben, und auch er hatte somit seinen Anteil an der Bewältigung der großen Krise. Aber seine größten Erfolge errang er doch auf verfassungspolitischem Gebiet.

Vom Dominion zur Nation

Die Ereignisse des Weltkrieges und die nachfolgende Friedenskonferenz hatten Kanada ein gutes Stück weiter gebracht auf dem Weg zur selbständigen Nation. Kanadas Anteil am alliierten Sieg und insbesondere an der britischen Anstrengung war beträchtlich gewesen, und es war verständlich, daß das Bewußtsein dessen nicht nur den Kanadiern selbst größeres Selbstvertrauen gab, sondern auch ihr Ansehen innerhalb des Empire entsprechend hob. Das Dominion hatte sich bei den Friedensverhandlungen obendrein erstmals angeschickt, auch auf internationalem Parkett eine selbständigere Rolle zu spielen. Die nicht mit der britischen Mitgliedschaft identische Zugehörigkeit zum Völkerbund und zur Internationalen Arbeitsorganisation war ein sichtbares Zeichen für den Willen, allmählich Herr des eigenen Schicksals zu werden.

Nicht viele Leute im Dominion betrachteten die völlige Unabhängigkeit als ein erstrebenswertes Ziel. Die Bande der Tradition ebenso wie der wirtschaftliche Vorteil ließen es vorderhand geraten erscheinen, die Verbindung mit dem angestammten Empire aufrechtzuerhalten. Aber wenn auch hierin die meisten Ansichten übereinstimmten, so gab es doch beträchtliche Meinungsunterschiede in der Frage, wie diese Zugehörigkeit sich künftig darstellen solle. Manche Stimmen plädierten dafür, die Einheit des Empire nach außen hin möglichst zu wahren. Dies hätte praktisch bedeutet, daß Kanada auf eine selbständige Außenpolitik verzichtet hätte und größere Eigenständigkeit sich höchstens auf der innerkanadischen Szene in den Beziehungen zwischen Kanada und dem Mutterland hätte zeigen können. Die Mehrheit der Kanadier jedoch wünschte für ihre Regierung mehr Bewegungsspielraum. 1914 war man Großbritannien willig in den Krieg gefolgt, und man hatte sich auch tapfer geschlagen. Aber ähnlich wie in den Vereinigten Staaten gewann auch in Kanada nach dem endlich errungenen Sieg die Überzeugung die Oberhand, daß man für eine Weile genug der europäischen Händel gehabt hatte. Der Isolationismus der zwanziger und dreißiger Jahre war eine allgemein nordamerikanische Erscheinung. Der eigene Kontinent erschien als eine sichere Bastion, von der aus man die überseeischen Entwicklungen verfolgen konnte, ohne sich in ihnen engagieren zu müssen. Freilich existierte im Kanada der 1920er Jahre auch noch eine weitere Denkrichtung, deren Anhänger im Gegenteil dafürhielten, daß das Dominion eine internationale Aufgabe zu erfüllen habe. Für sie war der Völkerbund nicht nur ein Debattierforum, sondern ein Instrument, dessen Wirksamkeit vom Einsatzwillen seiner Mitglieder abhing. Die Zahl derer, die so dachten, war allerdings zu gering, als daß ihre Stimmen die allgemeine Unlust hätten überwinden können.

Gemeinsam war den Absichten der Isolationisten wie der Internationalisten jedoch, daß sie sich nur bei größerer Eigenständigkeit Kanadas verwirklichen ließen. Solange das Dominion an die Entscheidung des britischen Mutterlandes gebunden war, konnte bei den vielfältigen Verpflichtungen und Interessen des letzteren Kanada jederzeit zur Hilfeleistung aufgefordert werden. Im Jahre 1914 war man aus der Einsicht heraus, daß die britische Sache auch die kanadische sei, dem Mutterland in den Krieg gefolgt. In künftigen Fällen wollte man in der Lage sein, selbständig zu entscheiden.

Diese Probleme waren nicht spezifisch kanadisch. Die Frage des Verhaltnisses zum Mutterland wurde nach dem Weltkrieg in allen Dominien aufgeworfen. Aber Kanadas Drängen nach Selbständigkeit war am stärksten. Eine Teilerklärung hierfür gibt vielleicht die Tatsache, daß Kanada für sein Anliegen Unterstützung vor allem in Südafrika fand. Beide Dominien besaßen einen erheblichen Bevölkerungsanteil nichtenglischer Abstammung, dem die Bindung an Großbritannien nur wenig galt und der am lautstärksten gegen irgendwelche Verpflichtungen aus dieser Verbindung heraus Stellung nahm. Im Falle Kanadas gesellte sich hierzu weiterhin der Umstand, daß es stets in Nachbarschaft zu einer überaus mächtigen Nation gelebt hatte. Die kanadische Geschichte war über weite Strecken ein nicht nur militärisch oder politisch, sondern auch wirtschaftlich und geistig geführter Kampf der Selbstbehauptung. Es konnte daher kaum verwundern, daß sich in solcher Abwehrhaltung das Selbständigkeitsgefühl schneller und stärker ausprägte als etwa in Australien oder in Neuseeland. Und außerdem hatte Kanada von allen Dominien am meisten Zeit zur Entwicklung gehabt, war es doch bei weitem die älteste größere britische Besitzung mit weißer Bevölkerung in Übersee.

Was denn auch immer die Gründe gewesen sein mochten, die Liberalen unter King verfolgten in dieser Hinsicht den Weg weiter, auf dem die Konservativen Borden und Meighen so zielbewußt vorwärtsgeschritten waren. Beide Parteien erstrebten eine vollends selbständige kanadische Nation innerhalb des britischen Empire. Freilich endete hier bereits die Gemeinsamkeit. Die Liberalen waren bereit, schon jetzt noch ein gutes Stück weiter zu gehen, als die Konservativen im Sinn gehabt hatten. Borden war für eine geschlossene Außenpolitik des Empire eingetreten. Für King andererseits bedeutete Nationwerdung, daß Kanada völlig unabhängig werden mußte auch in seinen außenpolitischen Entscheidungen. Gegebenenfalls sollte sich Kanada auch gegen die anderen Mitglieder des Empire stellen können. Die konservative Auffassung, daß kanadische und imperiale Interessen notwendig die gleichen seien, galt King als eine Chimäre. In dieser Haltung zeigte sich der liberale Premier als ein Repräsentant des isolationistischen Denkens der zwanziger Jahre.

Schon Meighen rückte während seiner kurzen Regierungszeit nicht unmerklich von Bordens Standpunkt ab. Die Empirekonferenz des Jahres 1921 wirkte hierbei als Katalysator. Es ging damals um die Erneuerung des Bündnisses zwischen England und Japan aus dem Jahre 1902. Australien und Neuseeland, welche die unkontrollierte Expansion Japans im Pazifik fürchteten, befürworteten die Erneuerung. Großbritannien selbst tendierte ebenfalls in diese Richtung, da der Vertrag die Bürde des Wachestehens im Pazifik erleichtern mußte. Die Vereinigten Staaten ihrerseits konnten sich nicht denken, daß das Bündnis gegen jemand anderen als sie selbst gerichtet sein sollte, da ja keine andere Seemacht mehr im Pazifik auftreten konnte. Für sie war der Vertrag ein Mittel der Japaner, sich störungsfreie Ausdehnungsmöglichkeit zu sichern. Die amerikanische Opposition gegen den Vertragsabschluß war entsprechend hart und kompromißfeindlich.

Kanadas Lage zwischen den beiden Interessenfronten war nicht beneidenswert. Im Grunde brauchte es allerdings nicht viel Überlegung, um festzustellen, daß das Beste für Kanada ein gutes Verhältnis zwischen den Vereinigten Staaten und Großbritannien sein mußte. Dementsprechend machte sich Meighen auf der Konferenz zum beredten Fürsprecher der Amerikaner. Seine Argumente gewannen solches Gewicht, daß der Ab-

schluß der Allianz zur nicht geringen Empörung der Australier und Neu-
seeländer unterblieb. Um die Gegensätze zu versöhnen, schlug Meighen
dann eine allgemeine Konferenz über die strittigen Pazifikfragen und insbesondere die Stärke der dort stationierten Flotten vor. Der amerikanische
Präsident Harding lud seinerseits zum gleichen Zeitpunkt zu solch einer
Konferenz nach Washington ein, und dort gelang es dann, über die wichtigsten Probleme eine Einigung zu erzielen. Die Einsicht, die man innerhalb des Empire aus der ganzen Kontroverse gewann, war die, daß die
außenpolitischen Interessen der einzelnen Mitglieder offensichtlich recht
verschieden sein konnten. Mackenzie King, der Meighen noch Ende 1921
auf dem Sessel des Premiers ablöste, zog seine Konsequenzen aus dieser
Erkenntnis.

King fand noch mehr Ursache als Meighen, für größere Unabhängigkeit einzutreten. Ein beträchtlicher Teil seiner Wählerschaft saß in Quebec,
und die Frankokanadier waren für imperiale Zielsetzungen vorerst nicht
mehr zu haben. King wußte sich daher seiner Rückendeckung sicher, als
er es im nächsten Jahr auf eine Kraftprobe mit dem Mutterland ankommen
ließ. Anlaß hierfür gab die Chanakkrise. Großbritannien, dessen Besat-
zungstruppen 1922 bei Chanak an den Dardanellen mit türkischen nationalistischen Kräften in Konflikt zu geraten drohten, bat die Dominien um
Unterstützung für diesen Fall. King seinerseits fand, daß Kanada nicht in
eine Auseinandersetzung hineingezogen werden sollte, an der es weder
Anteil noch Interesse hatte. Und außerdem war der kanadische Premier
erbost darüber, daß die Presse vor ihm von dem britischen Ansinnen
erfahren hatte. Sein Kabinett verschloß sich daher dem Hilferuf und ver-
setzte damit der Idee einer gemeinsamen Außenpolitik des Empire einen
harten Stoß.

Der imperiale Gedanke erholte sich hiervon nicht mehr. Schon 1923
kam der nächste Schlag. Kanada schloß mit den Vereinigten Staaten den
sogenannten Heilbuttvertrag (Halibut Treaty) ab, der die Fischerei vor der
Atlantikküste regelte. Es war das erste Mal, daß Kanada über einen internationalen Vertrag selbständig verhandelte und ihn allein unterzeichnete,
denn bisher war das Dominion stets nur mit britischer Assistenz international aktiv geworden. Von nun an wurde der neue Brauch die Regel, und
es war nur logisch, daß Kanada wenig später auch begann, die Vertretung
nach außen in eigene Hände zu nehmen. Ab 1926 repräsentierte in Washington ein kanadischer Geschäftsträger die Interessen seines Landes, die
zuvor von der britischen Botschaft wahrgenommen worden waren. Ab
1928 existierte auch in Frankreich, ab 1929 in Japan eine kanadische diplomatische Mission. In Großbritannien selbst hatte, wie schon erwähnt,
seit Macdonalds Tagen ein kanadischer Hoher Kommissar seinen Sitz ge-

habt. Daß auch er nun allmählich die Funktion eines Botschafters erfüllte, zeigte sich in der Tatsache, daß anfangs der dreißiger Jahre ein entsprechender britischer Hoher Kommissar nach Ottawa entsandt wurde und Kanada auch mit den anderen Dominien Hohe Kommissare austauschte.

Bereits im gleichen Jahr 1923, in dem der präzedenzsetzende Heilbuttvertrag abgeschlossen wurde, erhielten die Dominien auch offiziell das Recht, selbständig internationale Verhandlungen zu führen. Die Empirekonferenz dieses Jahres kann deshalb als ein Markstein in der Geschichte des Commonwealth gelten. King setze hier außerdem durch, daß keine Resolution über eine gemeinsame Außenpolitik gefaßt wurde. Der Schlußbericht der Konferenz stellte im Gegenteil fest, daß alle Übereinstimmung im außenpolitischen Bereich „dem Handeln der Regierungen und Parlamente in den einzelnen Teilen des Empire" unterliege. Damit war das Konzept ausschließlich gemeinsamen Handelns aufgegeben. Falls künftig eine Zusammenarbeit innerhalb des Empire in internationalen Fragen zustande kommen würde, mußte sie dem freiwilligen Entschluß der beteiligten Länder entspringen. Eine deutliche Konsequenz dieser Auffassung zeigte sich dann erstmals beim Abschluß der Locarnoverträge im Jahre 1925. Großbritannien garantierte die Abmachungen zwischen Frankreich, Belgien und Deutschland. Die Dominien jedoch wurden ausdrücklich von den Verpflichtungen aus dieser Garantie ausgenommen, wofern sie sich nicht freiwillig binden wollten. Keines der Dominien zeigte sich dann hierzu bereit, ein weiteres Zeichen, wie stark der Selbständigkeitsgedanke bereits Gestalt gewonnen hatte.

Es schien an der Zeit, diesen Gedanken endlich gültig zu formulieren und damit das Verhältnis der einzelnen Länder des Empire zueinander neu festzulegen. Die Empirekonferenz des Jahres 1926 widmete sich dieser Aufgabe. Ihr Resultat war der Balfour-Report, der als Gründungsentwurf des modernen Commonwealth angesehen werden kann. Der Bericht beschrieb das Commonwealth als einen Verband autonomer Gemeinwesen innerhalb des britischen Empire, die „im Status einander gleich, in keiner Weise einander untergeordnet, weder im innen- noch im außenpolitischen Bereich", sich durch die gemeinsame Bindung an die britische Krone einander zuordneten. Einzelheiten der damit angesprochenen legalen und konstitutionellen Probleme wurden an Fachausschüsse verwiesen. Die Ergebnisse dieser Expertenüberlegungen wurden dann im Jahre 1930 von einer weiteren Empirekonferenz angenommen. 1931 stimmte schließlich auch das britische Parlament dem Dokument zu. Das Westminsterstatut, wie es von nun an genannt wurde, war damit die neue Verfassung des ehemaligen britischen Kolonialreiches. Der Kolonialgesetzgültigkeitsbeschluß (Colonial Laws Validity Act) von 1865 trat jetzt außer Kraft. Ihm zufolge hatte bisher britisches Recht das Recht der Kolonien gebrochen. Nun wurde ausdrücklich festgestellt, daß kein britisches Gesetz ohne Zustimmung eines Dominions in dessen Bereich Gültigkeit haben solle. Großbritannien behielt allerdings noch einige Reste seiner ursprünglichen Autorität. Der Rechtsausschuß des Geheimen Kronrats blieb in einigen Fällen immer noch die letzte Appellationsinstanz, und Änderungen in der kanadischen Verfassung erforderten immer noch die Zustimmung des britischen Parlaments. Aber im großen und ganzen gab das Westminsterstatut den Dominien die Rechte selbständiger Nationen, und das Commonwealth beruhte künftig auch dem Buchstaben nach lediglich auf der freien Mitgliedschaft seiner Teile.

Kanada hatte somit endgültig das Recht zu selbständiger Außenpolitik errungen. Aber wenn man aus der diplomatischen Aktivität des Dominions in den zwanziger und dreißiger Jahren einen Schluß ziehen konnte, so wohl den, daß der Kampf um die Unabhängigkeit vor allem des Prinzips wegen geführt worden war. Kanada verzichtete während dieser Periode durchaus darauf, international hervorzutreten, und seine Selbständigkeit zeigte sich bestenfalls als ein Mittel, desto leichter im Isolationismus verharren zu können. Borden hatte schon vor Abschluß des Versailler Friedensvertrages darum gerungen, daß der Artikel X der Völkerbundssatzung modifiziert werde. Dieser Artikel verpflichtete die Bundesmitglieder zu aktiven Maßnahmen gegen künftige Friedensstörer. Kanadas Abschwächungsversuche waren damals erfolglos geblieben. Aber Mackenzie King wie auch Bennett führten dann doch eine Politik, die wenig mit dem Gedanken der kollektiven Sicherheit gemeinsam hatte. Weder bei Japans Angriff auf die Mandschurei 1931 noch bei Italiens Überfall auf Abessinien 1935 fühlte sich die kanadische Regierung zu mehr als den halbherzigen Protesten und Maßnahmen des Völkerbundes verpflichtet. Im Gegenteil: Als der kanadische Delegierte Walter A. Riddell aus eigener Initiative in Genf vorschlug, das Lieferembargo gegenüber Italien auch auf Öl auszudehnen, wurde er von King sofort zurückgepfiffen. Kanada war zumindest ebensowenig wie andere bereit, gefährliche Verpflichtungen auf sich zu nehmen.

Diese Haltung behielt das Dominion vorerst auch dem Hitler-Regime gegenüber bei. Die britische Appeasementpolitik entsprach dem kanadischen Isolationsdenken, und King war nicht gesonnen, eine aktivere Politik zu betreiben, als man sie im Hitler viel näher gelegenen London für nötig hielt. Wohl entwickelte sich in der kanadischen Öffentlichkeit allmählich eine Debatte über die Weisheit solch passiver Zurückhaltung, aber King zeigte sich davon wenig beeindruckt. Die einzige Konzession an die sich ändernde Weltstimmung war eine bescheidene Erhöhung des kanadischen Verteidigungshaushalts. Noch im Frühjahr 1939 pries der kanadische Premier seinen britischen Kollegen Neville Chamberlain dafür, in München das Richtige getan zu haben.

Nur in einer Richtung war man in den Jahren vor dem zweiten Weltkrieg zu engeren Kontakten bereit, und dies war im Verhältnis zu den Vereinigten Staaten. Die Amerikaner hatten Kanada gegenüber im großen ganzen eine Politik der Nichtbeachtung betrieben, seit sie nach dem Bürgerkrieg den Gedanken einer Annexion endgültig hatten fallen lassen. Gelegentlich hatte sich diese Haltung sogar bis zur Unfreundlichkeit gesteigert. So versuchte Washington 1919, die separate Mitgliedschaft Kanadas im Völkerbund zu verhindern, und 1930 traf der neue amerikanische Hochzolltarif die kanadische Wirtschaft ungebührlich hart. Erst Franklin D. Roosevelts Präsidentschaft brachte eine fühlbare Änderung dieser Einstellung. Seinem Bestreben, die westliche Hemisphäre nach Möglichkeit zu einen, verdankte Kanada bald bessere Handelsbedingungen und 1938 das bei einem Besuch Roosevelts in Kingston, Ontario gegebene Versprechen, daß die Vereinigten Staaten nicht untätig zusehen würden, wenn das Dominion sich des Angriffs einer fremden Macht erwehren müßte. King erwiderte auf letzteres, daß auch Kanada seinen Teil zur Verteidigung des nordamerikanischen Kontinents beitragen wolle. Die Folge dieses Zusammenrückens war, daß Kanada bei Ausbruch des Kriegs im südlichen Nachbarn sofort einen zuverlässigen und entgegenkommenden Helfer besaß.

Anfang September 1939 befand sich Kanada staatsrechtlich in einer anderen Lage als im August 1914. Damals hatte die britische Kriegserklärung genügt, um auch die Dominien zu binden. 1939 jedoch mußte Kanada die Entscheidung selbst treffen. Das Unterhaus in Ottawa beschloß am 9. September einhellig, dem Mutterland zu folgen. Am nächsten Tag, eine Woche nach Großbritannien, erklärte dann auch Kanada dem Deutschen Reich den Krieg. Die öffentliche Meinung im Lande applaudierte fast durchweg dieser Maßnahme der Regierung. So isolationistisch man sich zuvor gegeben hatte, jetzt war man überzeugt, daß es galt, die eigene Lebensform gegen den autokratischen Friedensstörer zu verteidigen. Man hielt sich nicht darüber auf, daß das Schlachtfeld ein weiteres Mal jenseits des Atlantiks lag. Im jetzt eingetretenen Ernstfall war man bereit, sich der Einsicht in größere Zusammenhänge nicht länger zu verschließen.

Der zweite Weltkrieg

Wenige Kanadier ahnten im September 1939, in welchem Ausmaß ihr Land in den neuen Weltkrieg verwickelt würde. Die vorherrschende Meinung war, daß das nordamerikanische Dominion sich darauf beschränken sollte, Kriegsmaterial, Rohstoffe, Industriegüter und Nahrungsmittel zu liefern. Die eigentlichen Kampfhandlungen sollten den Europäern überlassen bleiben. Es war mehr der Form halber und um einige kampfeseifrige konservative Stimmen zu beschwichtigen, daß gegen Ende 1939 ein Kontingent hastig geworbener und wenig ausgebildeter Truppen nach England verschifft wurde. Kanada war für eine aktive Beteiligung am Kriege schlecht gerüstet. Im Jahre 1939 war die längst notwendige Umorganisation der Miliz noch nicht abgeschlossen, die Berufsarmee zählte rund 4000 Mann, und Marine wie Luftwaffe hatten gerade erst begonnen, sich zu vergrößern.

Aber die Ereignisse des Jahres 1940 ließen die Kanadier ihre Aufgaben neu überdenken. Hitlers Truppen besetzten Dänemark und Norwegen, die Niederlande und Belgien und zwangen Frankreich zum Waffenstillstand. Italien trat an die Seite des vorläufigen Gewinners. Großbritannien und die Commonwealthländer standen damit allein im Kampf. Für Kanada brachte dies die Einsicht, daß der Krieg lang, bitter und kostspielig sein würde. Er würde somit größere Anstrengungen verlangen, als man ursprünglich vermutet hatte. Damit aber mußten die Probleme des ersten Weltkrieges von neuem entstehen; und das dornigste aller innenpolitischen Probleme war damals die Wehrpflichtfrage gewesen.

Auch diesmal standen die Frankokanadier in ihrer übergroßen Mehrheit einer allgemeinen Wehrpflicht, mit deren Hilfe kanadische Truppen für den Kampf in Europa ausgehoben werden konnten, ablehnend gegenüber. Man war in Quebec allerdings nicht grundsätzlich gegen eine Beteiligung am Krieg eingestellt. Der nationalunionistische Premier Duplessis versagte wohl der Regierung in Ottawa bei der Kriegserklärung die Unterstützung, und in den Provinzwahlen im Oktober 1939 verfocht seine Partei die Meinung, daß der Krieg nur als Mittel diene, um den Frankokanadiern den Willen der englischsprachigen Mehrheit im Dominion aufzuzwingen. Aber Duplessis wurde in jenen Wahlen klar geschlagen, und die Liberalen besaßen vier Jahre lang eine überwältigende Majorität im Provinzparlament Quebecs. Freilich, auch die Liberalen Quebecs hatten sich im Wahlkampf gegen die Wehrpflicht ausgesprochen, andernfalls hätten sie nie mit einem Erfolg rechnen können. Ihr Wahlsieg zeigte jedoch, daß man in Französisch-Kanada immerhin wenigstens zu materiellen Opfern bereit war, zumal ja keine schlechte Aussicht bestand, daß der Krieg auf die Dauer auch einen ökonomischen Gewinn für die Provinz abwerfen würde. Für die vorerst doch recht europäischen Zielsetzungen auch noch Leib und Leben zu riskieren, konnte man sich andererseits nicht entschließen. Im Frühjahr 1940 wurden wieder Bundeswahlen abgehalten. Angesichts der Stimmung in Quebec hielt Mackenzie King es für geraten, auch jetzt die Wehrpflichtfrage herunterzuspielen, denn ohne die frankokanadischen Stimmen war ein liberaler Wahlsieg undenkbar. Zwar wurden im übrigen Kanada, besonders in Ontario, die Rufe nach aktiverer Kriegsbeteiligung allmählich lauter. Aber Kings Taktik zahlte sich nochmals aus. Das Parlament kehrte in fast der gleichen Zusammensetzung wie vor den Wahlen nach Ottawa zurück. Als jedoch durch die Niederlage Frankreichs im Juni des gleichen Jahres die Lage Großbritanniens bedrohlich zu werden schien, wuchs das Verlangen besonders der englischstämmigen Bevölkerung Kanadas nach vergrößertem Kriegseinsatz. Die Einführung der Wehrpflicht war jetzt das ausgesprochene Ziel dieser Agitation. Um seinen guten Willen zu zeigen, zog King nun ein Gesetz (National Resources Mobilization Act) durch das Parlament, das den obligatorischen Wehrdienst einführte, die Dienstpflicht aber auf das Heimatland beschränkte; niemand konnte so zum Kampf in Übersee gezwungen werden.

Für eine Weile ruhte damit die Debatte über die leidige Frage. Aber im Dezember 1941 stießen auch die Vereinigten Staaten zu den kriegführenden Nationen, und das dortige Beispiel der vollen Wehrpflicht wie auch der in Kanada immer schärfer werdende Wettbewerb zwischen Armee und Industrie um die verfügbaren Kräfte machten das Problem zum Gegenstand neuer Diskussionen. King sah, daß er einen weiteren Schritt tun müsse, wenn er den Rückhalt bei der Mehrheit im Land nicht verlieren wollte. So ließ er denn im April 1942 eine Volksbefragung durchführen. Es war darüber abzustimmen, ob die Regierung weiterhin an ihr Versprechen gebunden sein solle, keine zwangsverpflichteten Truppen nach Übersee zu schicken. Zwei Drittel der kanadischen Wähler gaben King freie Hand. Aber in Quebec stimmten weniger als 30 Prozent in diesem Sinne, und einmal mehr zeigte sich damit der Riß zwischen den beiden dominierenden ethnischen Gruppen, die schon 1917 über der gleichen Frage auseinandergefallen waren.

King verstand das Ergebnis des Plebiszits zu interpretieren. Er behielt die Ermächtigung im Portefeuille, handelte aber vorerst nicht. Die Gemüter beruhigten sich etwas, und wenn auch niemand durch das Zaudern des Premiers völlig zufriedengestellt wurde, so wurde doch andererseits auch kein Teil der Bevölkerung gänzlich vergrämt. Diese Politik ließ sich durchhalten bis zum Herbst 1944. Die Invasion der Alliierten in Frankreich jedoch stellte Kanada vor die Notwendigkeit, Ersatz für schwere Verluste besonders in der Normandie und in Flandern zu beschaffen. Es war offenbar, daß die Freiwilligenmeldungen allein hierfür nicht genügen würden. Verteidigungsminister James L. Ralston verlangte daher jetzt den Einsatz zwangsverpflichteter Truppen. King andererseits glaubte immer noch, durch Hinhalten und verstärkte Werbemaßnahmen die nötigen Kräfte gewinnen zu können, und er versagte sich der Forderung seines Verteidigungsministers. Ralston zog die Konsequenz und trat im November von seinem Amt zurück. Kings Annahme erwies sich bald als falsch. Auch der neue Verteidigungsminister Andrew G. L. McNaughton kam rasch zu der Überzeugung, daß die Zahl der Freiwilligen völlig unzureichend sei. Noch im gleichen Monat November rang sich daher der Premier schweren Herzens dazu durch, die Vollmacht aus dem Jahre 1942 nun auszunützen. 16000 Mann Heimattruppen wurden nach Europa verschifft. Auch dies war nur eine beschränkte Maßnahme, und es blieb Hoffnung, daß die Regierung sie nicht zu wiederholen brauchte. Die Erregung in Französisch-Kanada hielt sich zu Kings nicht geringer Genugtuung in erträglichen Grenzen. Grund hierfür war einerseits, daß die Verluste in den nächsten Monaten zurückgingen, und andererseits wohl die Einsicht, daß Mackenzie King immer noch der gutwilligste Premier war, den die Kriegsdienstgegner sich erhoffen konnten. Nach seinem Sturz mochte ein Konservativer die Regierungsleitung übernehmen, und von ihm stand gewiß weniger Entgegenkommen zu erhoffen als von King. Die Krise verlief sich allmählich, und mit den Kapitulationen Deutschlands und Japans wurde wenige Monate später der gesamte Fragenkomplex hinfällig. Kings Zögern hatte seine Früchte getragen, und nicht zuletzt seiner Standhaftigkeit gegenüber den Anfeindungen von beiden Seiten war es sicher zu verdanken, daß das Land ohne unheilbare innere Wunden den Krieg überstand.

Die Debatte um die Wehrpflicht absorbierte viele politische Energien in Kanada, ging es doch im Grund um viel mehr als nur um die Entsendung von einigen tausend Rekruten nach Übersee. Letztlich waren es recht grundsätzliche Fragen, die hier angeschnitten wurden. Das Verhältnis des Dominions zum Mutterland und das Verhältnis der beiden ethnischen Hauptgruppen zueinander, schließlich das Selbstverständnis vor allem der frankokanadischen Bevölkerung überhaupt waren Themen, die während des Krieges gar nicht zu Ende zu diskutieren waren. In der Hitze der Auseinandersetzung mochte es sogar manchmal scheinen, als ob das Trennende stärker sei als das Gemeinsame. Und doch war den Beteiligten eigentlich stets bewußt, daß es mächtige Faktoren gab, die als einigendes Band wirkten und der gemeinsamen Anstrengung einen allerseits annehmbaren Sinn gaben.

Die ideologischen Begründungen für den Kriegseintritt Kanadas waren sicherlich ehrlich gemeint gewesen. Es war andererseits aber auch kaum zweifelhaft erschienen, daß die Hochkonjunktur einer Kriegswirtschaft eine willkommene Erlösung von den wirtschaftlich freudlosen Jahres des Depressionsjahrzehnts bedeuten mußte. So war man sich schon bei Ausbruch des Krieges weitgehend einig gewesen, daß zumindest auf wirtschaftlichem Gebiet das Dominion sein Bestes zur Unterstützung des britischen Mutterlandes geben wollte. Wie schon im ersten Weltkrieg, so förderte auch jetzt der Bedarf an Kriegsmaterial eine großzügige Expansion der Produktionsstätten. Bergbau und Metallindustrie, Schiffswerften und Energieerzeugung profitierten von dem ungeheuren Boom. Am Ende des Krieges war zum erstenmal in der kanadischen Geschichte der Wert der Ausfuhr von Industriegütern weit höher als der von Agrarprodukten. Eine neue Aluminiumindustrie entstand in Quebec, frische Eisenerzlager wurden im nördlichen Ontario erschlossen, in der Prärie wurde die Ölsuche fündig. Die Nahrungsmittelproduktion erreichte unerhörte Ausmaße. Die Eisenbahnen konnten das Transportaufkommen kaum bewältigen. Die Häfen an den Küsten strichen üppige Gewinne ein aus dem Umschlag des nach Übersee gehenden Materials.

Kanada erwies sich trotz der vorausgehenden schwierigen Wirtschaftsperiode reicher als im ersten Weltkrieg. Insgesamt brachte das Dominion zwölf Milliarden Dollar an Kriegssondersteuern und Kriegsanleihen auf. Großbritannien erhielt, auf den Kopf der gebenden Bevölkerung umgerechnet, von Kanada eine weit größere Kapitalhilfe als von den Vereinigten Staaten. Ein eigenes kanadisches Pacht- und Leihsystem verteilte Kriegsmaterial im Wert von vier Milliarden Dollar an die Alliierten des Dominions. Und trotz dieser größeren finanziellen Anstrengung kam es im Innern zu weniger häßlichen Begleiterscheinungen als im ersten Weltkrieg. Die Regierung überwachte die Produktion erfolgreich, und ein wirkungsvolles System von Preiskontrollen und Rationierungsmaßnahmen hielt Mißstände in erträglichen Grenzen.

Am spektakulärsten zeigte sich die Kriegsbemühung Kanadas in Aufstellung und Einsatz der militärischen Kräfte. Am Ende des Kriegs hatten über eine Million Menschen Militäruniform getragen; jeder zwölfte Kanadier diente damit unter Waffen. Den noch Ende 1939 nach England entsandten Einheiten waren bald weitere Truppenkontingente gefolgt. Als die Gefahr einer deutschen Invasion gebannt war, hatten sie im Grund keine andere Aufgabe, als den Tag eines alliierten Angriffs auf den Kontinent abzuwarten. In Hongkong kämpften Kanadier allerdings noch 1941

gegen die japanischen Eroberer, aber in Europa kamen sie erst im August
1942 unter Feuer. Das erfolglose und von vielen als unnütz angesehene
Landeunternehmen bei Dieppe an der französischen Kanalküste wurde
hauptsächlich von Kanadiern durchgeführt. 5000 Mann, die nach der offiziellen Version die Festigkeit der deutschen Verteidigung erproben und die
Aufmerksamkeit von Nordafrika ablenken sollten, konnten sich zehn
Stunden auf dem Strand halten. Dann wurden sie wieder ins Meer abge-
drängt, und nur 2000 kamen auf die britische Insel zurück.
Die öffentliche Meinung in Kanada verlangte nach mehr und Erfolg-
reicherem. Andere Dominien zeichneten sich im Fernen Osten und in
Libyen aus, während die Kanadier nicht einmal bei der anglo-amerikanischen Landung in Nordafrika dabei sein durften. Auch schien es nützlich,
vor der großen Invasion an der französischen Kanalküste Gefechtserfah-
rung zu sammeln. So wurden 1943 zwei kanadische Divisionen von England nach Sizilien und Süditalien transportiert, wo sie dem britischen
Oberkommando unterstellt wurden und am alliierten Vormarsch teilnah-
men. Im Juni 1944 erfolgte dann endlich die Landung in Nordfrankreich.
Zusammen mit Amerikanern und Engländern stürmten Kanadier die
deutschen Verteidigungsstellungen an der Kanalküste und übernahmen
dann die linke Flanke der alliierten Front. Harte Gefechte bei Caen und an
der Scheldemündung brachten schwere Verluste, aber im Frühjahr war die
deutsche Grenze bei Cleve erreicht. Die Hauptanstrengung der Kanadier
galt von da an der Befreiung Hollands, und so war es auch das kanadische
Oberkommando, das die Kapitulation der deutschen Streitkräfte in den
Niederlanden entgegennahm.

Die Aufgabe der kanadischen Marine war, äußerlich gesehen, weniger
spektakulär, sondern vielmehr überaus hart und ermüdend. Es galt fast
ausschließlich, den Nachschubschiffen beim Material- und Truppentransport über den Atlantik den nötigen Geleitschutz zu geben. Von einer
Friedensstärke von knapp 5000 Mann wuchs das Marinekorps im Laufe
des Krieges auf 90 000 Mann. Gegen Ende des Krieges fuhren vier Fünftel
aller Geleitzüge im Nordatlantik unter kanadischem Schutz. Es war lang-
weilig und andererseits reichlich nervenaufreibend, endlose Tage und
Nächte auf einen unsichtbaren und ungewissen Gegner zu lauern, dessen
Schläge schlecht zu verhindern waren und auf den die Jagd nicht oft erfolgreich sein konnte. Doch auf diesen Geleitschutz mochte man nicht
verzichten, da ohne seine abschreckende Wirkung an einen alliierten Erfolg in Europa nicht zu denken gewesen wäre.

Die Luftwaffe vergrößerte sich noch auffallender. Aus den 4000 Mann
vor dem Krieg wurden sechs Jahre später über 200 000. Insgesamt 45
kanadische Geschwader flogen gegen die Achsenmächte, und Kanada

stellte außerdem eine erhebliche Anzahl Flugzeugbesatzungen, die in der britischen Luftwaffe flogen; 1944 waren ein Viertel der britisch kommandierten Bomber mit Kanadiern besetzt. Die Zusammenarbeit zwischen den einzelnen Luftwaffen des Commonwealth ließ sich dank ihres schon Ende 1939 initiierten Luftausbildungsprogramms (British Commonwealth Air Training Plan) besonders gut an; in seinem Rahmen diente Kanada mit seinen weiten Flächen als Ausbildungsplatz für die Bomberbesatzungen, die gegen Deutschland fliegen sollten. Von den Flugschülern kamen etwa die Hälfte aus Großbritannien und den anderen Dominien, die andere Hälfte aus Kanada selbst.

Das Dominion verlor in den Kampfhandlungen knapp 42 000 Tote und Vermißte. Im Vergleich mit den anderen kriegführenden Ländern mochte diese Zahl nicht hoch erscheinen, sie war aber erschreckend genug, um die Ernsthaftigkeit des Einsatzes zu bezeugen. Und Kanadas Anstrengung lag ja erklärterweise nicht so sehr auf militärischem als auf wirtschaftlichem Gebiet. Außerdem ergab sich bald auch noch eine weitere Rolle, in der das Dominion dem Mutterland wertvolle Hilfe leisten konnte. Mackenzie King war der Auffassung, daß es Kanadas spezielle Mission sei, in den nicht immer unkomplizierten Beziehungen zwischen Großbritannien und den Vereinigten Staaten zu vermitteln und sozusagen das Bindeglied für einen dauerhaften Zusammenhalt zu sein. Die aufgeschlossene Haltung Roosevelts erleichterte ihm dabei die Aufgabe wesentlich. Daß dessen Land nicht schon 1939 in den Krieg eintrat, bedeutete nicht, daß die amerikanische Regierung an dessen Verlauf uninteressiert gewesen wäre. Besonders die Verteidigung des nordamerikanischen Kontinents war ein Problem, dem Roosevelt seine spezielle Aufmerksamkeit zuwandte. Im sogenannten Ogdensburg-Abkommen von 1940 gründeten beide Länder einen ständigen gemeinsamen Verteidigungsrat, der Pläne zum Schutz des Kontinents auszuarbeiten hatte. Wenig später wurde bereits ein weiteres Abkommen getroffen, diesmal zwischen den Vereinigten Staaten und Großbritannien unter Beteiligung Kanadas, in dem den ersteren eine Anzahl britischer Marinestützpunkte in Nordamerika überlassen wurde gegen Lieferung von 50 Zerstörern an die von Geleitschutzsorgen geplagten Engländer. Schließlich begann dann im gleichen Jahr 1940 als Folge des Ogdensburg-Abkommens nicht nur die Einrichtung von amerikanisch-kanadischen Luftstützpunkten und Funkstationen, die sich bis in den hohen Norden erstreckten, sondern auch der Bau des Alaska-Highway wurde in Angriff genommen. Diese Verbindungslinie führte dann den Landverkehr über 2400 km von Britisch-Kolumbien durch das Yukon-Territorium nach Alaska. Ihr Sinn war, die amerikanische Nordwestküste gegen einen Angriff der Japaner verteidigungsbereit zu machen.

Nicht nur auf militärischem Gebiet kamen die Vereinigten Staaten und
Kanada einander entgegen. Kanada litt von Kriegsbeginn an unter akutem
Mangel an amerikanischer Währung und hatte Schwierigkeiten, seine
amerikanischen Einkäufe zu bezahlen. Nach einem Treffen zwischen King
und Roosevelt im April 1941 erklärten sich daher die Amerikaner ent-
gegenkommenderweise bereit, mehr Kriegsmaterial in Kanada zu kaufen
und so die Devisennöte des Dominions zu lindern. Im selben Vertrag, dem
sogenannten Hyde-Park-Abkommen, einigte man sich auch über gewisse
gemeinsame Produktionsprogramme, und die Wirtschaft beider Länder
rückte in der Folge näher zusammen als je zuvor.

Nicht alle Kanadier waren über diese Entwicklungen restlos glücklich.
Die enge Zusammenarbeit mit dem Nachbarn im Süden barg die latente
Gefahr, daß die mühsam gewonnene Eigenstaatlichkeit Kanadas unter-
höhlt und fraglich wurde. Während des Krieges blieb freilich nicht viel
Zeit und Gelegenheit für solche Betrachtungen. Aber als mit der Kapitulation Japans im August 1945 die Kampfhandlungen endeten, war die Frage
nach der künftigen Rolle Kanadas in Nordamerika und in der Welt überhaupt ein vordringliches Problem. Der Krieg hatte das Land gewaltig
verändert. Es war zur Industrienation herangewachsen, und die Verstädterung hatte enorme Fortschritte gemacht. Der Krieg hatte auch eine Änderung in der geistigen Haltung gebracht. Der Isolationismus fand nur noch
wenige Anhänger. Die Kanadier waren bereit, eine aktivere Rolle im
Weltgeschehen zu übernehmen. Über die Modalitäten einer solchen Aktivität war man sich freilich noch nicht recht im klaren. Und vor allem galt
es zuerst einmal, im Dominion selbst den Übergang vom Kriegszustand
zum normalen Leben zu bewältigen.

Und wieder Nachkriegsjahre

Für Kanadas Wirtschaft war der Krieg nicht unbedingt ein Unglück gewesen. Die schwere Depression der dreißiger Jahre war erst mit Anlaufen des
vergrößerten Verteidigungsprogramms kurz vor dem Krieg merklich abgeklungen, und der enorme alliierte Bedarf an Kriegsmaterial und sonstigen Wirtschaftsgütern hatte dann während der Kriegsjahre vollends den
Boom gebracht. Einsichtige blickten nun nicht ohne Sorge in die Nachkriegszeit und fürchteten eine Wirtschaftskrise ähnlichen Ausmaßes wie
nach dem ersten Weltkrieg. Doch das Gegenteil trat ein. Das Produktions-
niveau konnte nicht nur gehalten werden, sondern stieg kräftig weiter an.
Der Nachholbedarf der Zivilbevölkerung war so groß, daß der Übergang
von der Kriegs- auf die Friedensproduktion so gut wie reibungslos erfolgte.

Kanada hatte keine Wiederaufbausorgen, und das Umrüsten des Maschinenparks erwies sich als eine nicht allzuschwer zu bewältigende Aufgabe. Dieser fast nahtlose Übergang ermutigte ausländische Kapitalgeber zu kräftigen Investitionen. Von 1918 bis zum zweiten Weltkrieg war das Fremdkapital in Kanada nur gering, nämlich von viereinhalb auf knapp sieben Milliarden Dollar gewachsen. Von 1945 bis 1955 verdoppelte es sich jedoch fast auf 13,5 Milliarden und nahm in den nächsten sechs Jahren nochmals um weitere zehn Milliarden zu. Großbritannien, das vor dem ersten Weltkrieg mehr als zwei Drittel des fremden Kapitals gehalten hatte, sah dabei seinen Anteil auf unter 20 Prozent im Jahr 1955 fallen. Im gleichen Jahr besaßen die Amerikaner dagegen drei Viertel der in Kanada investierten Fremdmittel. Nicht wenige Kanadier dünkte dies eine bedrohliche Entwicklung, welche die Gefahr der Überfremdung in sich barg. Aber das Dominion profitierte von der Kapitalzufuhr und dem sich darin bekundenden Vertrauen, und mit einem lachenden und einem weinenden Auge fand man sich vorerst damit ab.

Kanadas Markt allein hätte der gesteigerten Produktivität wohl kaum genügt. Aber es erwies sich als glücklicher Umstand, daß gleichzeitig mit dem industriellen Aufschwung Kanadas so hochindustrialisierte Länder wie Deutschland und Japan infolge der Kriegszerstörungen zeitweilig als Lieferanten auf den Exportmärkten der Welt ausfielen und auch Großbritannien und Frankreich noch nicht ihre frühere Ausfuhrstärke wieder erreichten. So lieferte Kanada Nahrungsmittel, Rohstoffe und Industrieprodukte in alle Welt, und die Absatzchancen verbesserten sich noch, als in Übersee die amerikanischen Kapitalhilfeprogramme anliefen, von denen der Marshallplan das bekannteste wurde. In Kanada selbst ging die Erschließung neuer Rohstoffquellen mit der Ausweitung der Industrieproduktion Hand in Hand. Neue riesige Ölreserven wurden in der Prärie und in Britisch-Kolumbien entdeckt, und in immer stärkerem Maße wurde auch Erdgas als Energiequelle verwendet. Raffinerien mußten errichtet werden, und Rohrleitungen überspannten bald auch auf kanadischem Boden den Kontinent. In Labrador erschloß man reiche Eisenerzlager, die über eine neue, 600 Kilometer lange Bahnlinie an den St. Lorenz transportiert wurden; von hier aus versorgten sie nicht nur die prosperierenden kanadischen Eisenhütten, sondern bald auch die amerikanischen Hochöfen an den Großen Seen. Neue Wasserkraftwerke in Labrador halfen den gesteigerten Strombedarf am St. Lorenz befriedigen. In Britisch-Kolumbien verwandte man den Stromreichtum zum Aufbau einer gigantischen Aluminiumschmelzanlage bei Kitimat, die zusammen mit den in Quebec existierenden Anlagen Kanada Mitte der 1950er Jahre zum zweitgrößten Aluminiumproduzenten der Welt werden ließ. Neue Lager von Nickel-, Blei-

und Zinkerzen wurden entdeckt und erschlossen; die Förderung von Titan, Wismuth und Molybdän kam in Gang. In Saskatchewan ging man daran, das größte Pottaschelager der Welt auszubeuten, und die zeitweilig hektische Nachfrage nach Uran ließ entsprechende Abbauzentren in dieser Provinz und in Ontario entstehen. Der Wert der Mineralienerzeugung Kanadas wuchs von 1941 bis 1951 auf mehr als das Doppelte und verdoppelte sich nochmals bis 1961.

Auch in der Landwirtschaft zog man aus der allgemeinen Konjunktur Gewinn. Die schon während des Krieges kräftig gestiegene Weizenerzeugung nahm weiterhin zu. Ab 1952 wurde die Lage allerdings schwieriger. Das Getreide verkaufte sich nicht mehr so gut in Übersee, da die europäische Landwirtschaft wieder aufholte und außerdem nun auch die Vereinigten Staaten in verstärktem Maß versuchten, ihre Überschüsse loszuwerden. Der kanadische Preis erwies sich bald als zu hoch. In den Prärieprovinzen wurden die Silos nicht mehr leer. Die wachsende Unzufriedenheit in den Weizenanbaugebieten war dann eine der Ursachen für den Sturz der liberalen Regierung im Jahre 1957.

In den ersten Nachkriegsjahren war hiervon freilich noch wenig zu spüren. Im guten Klima der allgemeinen Prosperität ging man auch daran, die Transportmittel des Landes in beträchtlichem Umfang zu erweitern und zu modernisieren. Zu den neuen Eisenbahnen und Rohrleitungen kamen weitere Luftlinien, so daß das Luftverkehrsnetz ständig engmaschiger wurde. Während der fünfziger Jahre begann der Bau der ersten transkontinentalen Straße Kanadas, des Trans-Canada Highway. Bisher war es nicht oder nur auf teilweise sehr wenig einladenden Wegen möglich gewesen, Kanada mit dem Kraftwagen zu durchqueren. Der Bau des Highway bedeutete einen Durchbruch, der sich fast mit dem Bau der Kanadischen Pazifkbahn in den achtziger Jahren des vorigen Jahrhunderts vergleichen ließ. Als die wichtigste Verbesserung im Transportwesen war aber wohl der Bau des St. Lorenz-Seeweges anzusehen. Schon seit Jahrzehnten hatte die Wirtschaft im Inneren Kanadas wie auch der Vereinigten Staaten nach einem Ausbau des vorhandenen Kanalsystems verlangt, um größeren Hochseeschiffen die Durchfahrt zu den Häfen an den Großen Seen zu ermöglichen. Ein Nebenprodukt eines solchen Schiffahrtsweges mußte der elektrische Strom sein, der an den erforderlichen Stauwehren gewonnen werden konnte. Freilich hatte es auch Opposition gegen diese Pläne gegeben. Besonders auf amerikanischer Seite fürchteten gewisse Kreise für den Umschlag in den Atlantikhäfen und das Transportaufkommen in deren Hinterland. Aber die Bauwilligen erwiesen sich als stärker. Die Eisenhütten an den Großen Seen benötigten große Mengen Labradorerz, die Häfen bis nach Chicago verlangten nach Verbindung zum Ozean, und im

Staat New York hatte man Schwierigkeiten mit der Elektrizitätsversorgung. Der Lobby dieser Interessenten und kanadischen diplomatischen Bemühungen gelang es, den amerikanischen Kongreß zu gewinnen. 1954 wurde mit dem Bau begonnen, 1959 eröffneten Königin Elisabeth II. und Präsident Eisenhower gemeinsam den neuen Seeweg, der für die Wirtschaft des Mittelwestens sofort ein spürbares Stimulans wurde.

In diesen Jahren des Booms wuchs auch die Einwohnerzahl. Die Einwanderung hatte hieran beträchtlichen Anteil. Im ersten Nachkriegsjahrzehnt strömten eine Million Zuwanderer nach Kanada und in den nächsten fünf Jahren nochmals eine Million. Einige kamen aus politischen Gründen; der Weltkrieg mochte sie entwurzelt oder ihrer Heimat entfremdet haben, oder sie fürchteten Verfolgung, wie z. B. viele Ungarn nach der Revolte von 1956. Die meisten jedoch erhofften sich materielle Besserstellung. Ein Drittel etwa stammte aus Großbritannien, nicht viel weniger aus Italien. Amerikaner, Deutsche und Polen stellten ebenfalls größere Kontingente. Eine Folge dieser Zuwanderung war, daß die französischsprachige Bevölkerung Kanadas noch mehr in die Minderheit geriet, denn die Neuankömmlinge schlossen sich fast ausnahmslos der englischen Sprachgruppe an, selbst wenn sie sich etwa in Montreal niederließen; auf dem nordamerikanischen Kontinent erschien dies als die bei weitem vorteilhaftere Wahl.

Die Einwanderung war jedoch nicht die wichtigste Ursache der Bevölkerungszunahme. Nach dem Krieg erfreute sich Kanada zeitweilig der ungewöhnlich hohen Geburtenziffer von 29 pro 1000 Einwohner. Zuwanderung und Geburtenüberschuß brachten bis zum Jahre 1957 die Bevölkerung Kanadas auf über 16,5 Millionen, fünf Millionen oder fast um die Hälfte mehr als 1941.

Nicht mehr viele Zuwanderer zogen in die Farmgebiete. Die Städte schwollen jetzt in ungewohntem Ausmaß an. Alle Begleiterscheinungen moderner Bevölkerungsmassierung fanden sich allmählich nicht nur in Montreal und Toronto, sondern in mindestens acht bis zehn weiteren Ballungszentren im Land. Wolkenkratzer und Verkehrsprobleme, Verlagerung des Lebens in die Vorstädte, Slumbildung oder Verödung in der City waren bald auch den Kanadiern vertraute Attribute ihres Alltags. 1941 lebten 55 Prozent von ihnen in der Stadt. 1961 waren es schon 70 Prozent.

Die Verstädterung hatte freilich nicht nur beklagenswerte Seiten. Für Kanada bedeutete der Prozeß, der ja schon viel früher eingesetzt hatte, daß Erziehung, Wissenschaft und kulturelles Leben sich schneller und besser entwickeln konnten. Bis zum ersten Weltkrieg hatte man in dem noch rückständigen und landwirtschaftlich orientierten Dominion kaum von originellen oder herausragenden Leistungen auf einem der genannten Gebiete sprechen können. Nach jenem Krieg machte die wissenschaftliche Forschung schon merkliche Fortschritte, und es war ein stolzer Augenblick, als zwei Kanadier, Frederick G. Banting und Charles H. Best, in den 1920er Jahren der Welt das Insulin als Mittel gegen die Zuckerkrankheit gaben.

Der zweite Weltkrieg seinerseits förderte viele Forschungsvorhaben, und Kanadier arbeiteten zusammen mit amerikanischen und britischen Wissenschaftlern an der Entwicklung des Radars und der Atombombe. Lehre und Forschung profitierten in den Nachkriegsjahren weiterhin von diesen Erfahrungen und vom allgemeinen Auftrieb im Land.

In der Literatur hatte schon seit einiger Zeit der rosige Nationalismus der Jahrhundertwende einer nüchternen Stimmung Platz gemacht. Die Dichtung wandte sich ab vom romantischen Landschaftsgemälde und engagierte sich vielfach in sozialen Fragen, zeichnete den Alltag und nahm das Individuum satirisch oder auch einfach beschreibend aufs Korn. Edwin J. Pratt, Abraham M. Klein, Arthur J. M. Smith, Dorothy K. Livesay und andere übten sich in diesem Genre. Ähnliche Themen und Methoden fanden auch immer mehr Eingang in den Roman. Mazo de la Roche lieferte eine Art Forsyte-Saga aus dem südlichen Ontario, Morley E. Callaghan beschrieb einfühlsam das städtische Milieu. Der deutschstämmige Stefan-George-Jünger Frederick P. Grove und jüngere wie W. Bruce Hutchison, Hugh MacLennan und William O. Mitchell versuchten ebenfalls nicht ohne Erfolg, die kanadische Szene in ihren Werken einzufangen. Auch frankokanadische Namen verdienen hier Erwähnung. Louis Hémons „Maria Chapdelaine" (1916) war noch eine charmante, aber späterem Geschmack zu romantische Beschreibung des Landlebens am St. Lorenz. Sozialkritischer und moderner gaben sich Ringuet und Roger Lemelin, deren Bücher den englischsprachigen Werken im Dominion durchaus ebenbürtig wurden.

In der Malerei dominierte in der Zwischenkriegszeit die „Gruppe der Sieben" (Group of Seven), gegen die andere Talente einen schweren Stand hatten. Als Bildhauer traten besonders Alfred Laliberté und Walter S. Allward hervor. Musik und Schauspiel entwickelten sich, und die großen Städte näherten sich dem europäischen Brauch, ständige Orchester, Theater- und Tanzensembles zu beherbergen. Im Jahre 1953 wurde das Shakespeare-Festival in Stratford der Provinz Ontario gegründet und erwarb sich bald den Ruf, eine der besten Shakespearebühnen der Welt zu sein. Ähnliches Renommee auf seinem Gebiet ertanzte sich auch das Royal Winnipeg Ballet, dessen Präzision und weitgespanntes Repertoire Freunde weit jenseits der kanadischen Grenzen fanden.

Während sich Wirtschaft und Wissenschaft stetig weiterentwickelten und das kulturelle Leben vom materiellen Aufschwung profitierte, mußte

Mackenzie King, der altgediente Premier, einem jüngeren Nachfolger Platz machen. Aber noch ein großer Sieg war ihm vergönnt. Kurz nach der deutschen Kapitulation war es Zeit für neue Bundeswahlen. Nach zehn Jahren im Amt und nach den Anfeindungen in der Wehrpflichtkrise hätte es die Liberalen nicht sonderlich erstaunen können, wenn die Wählerschaft sich für eine Ablösung in Ottawa entschieden hätte. Sowohl die Konservativen als auch die 1944 in Saskatchewan ans Ruder gekommene CCF rechneten sich Chancen auf die Regierungsübernahme aus. Aber die Liberalen hatten wieder das bessere Rezept. Ein zeitgemäßes Programm voll Versprechen auf Sozialleistungen und einen von der Regierung kontrollierten reibungslosen Übergang in die Friedenszeit fand willige Hörer. Sogar in Quebec, wo wegen der endlich doch eingeführten Wehrpflicht mit Mißstimmung zu rechnen war, erhielt Mackenzie King weithin Unterstützung. Sein Wahlsieg zeigte schließlich, wie sehr die Mehrheit der Kanadier ihn als gemäßigten, elastischen und doch vertrauenswürdigen Politiker schätzte. Mit 125 Sitzen gewann seine Partei nicht nur wieder die Mehrheit im Unterhaus, sondern auch fast doppelt so viele Stimmen wie die Konservativen auf dem zweiten Platz.

Wieder im Amt, machte Kings Regierung freilich die Erfahrung, daß viele der Versprechen leichter zu geben gewesen als jetzt zu halten waren. Was immer die Bundesregierung anpackte, Fürsorgemaßnahmen, Erziehungsbeihilfen oder Pläne zur besseren Einkommensverteilung, sie traf auf die erbitterte Opposition der Provinzen und ganz besonders derjenigen Duplessis', der im letzten Kriegsjahr erneut gewählt worden war. Die liberalen Maßnahmen bedeuteten Übergriffe in Provinzrechte, lautete das Argument, und King mußte fast überall zurückstecken. Es war für seine Regierung ein Glück, daß in der guten Konjunktur der Nachkriegsjahre verbesserte soziale Einrichtungen nicht unbedingt nötig waren und der Druck, die Wahlversprechen einzulösen, dadurch nicht allzu stark wurde.

Aber wenigstens einen substantiellen Gewinn konnte Mackenzie King während seiner letzten Regierungsjahre doch noch verzeichnen. Neufundland schickte sich nach über achtzigjährigem Abseitsstehen endlich an, dem kanadischen Bund beizutreten. Seit 1867 hatte die Insel alle Einladungen abgewiesen. Die direkte Bindung an Großbritannien war vorteilhafter erschienen als ein Aufgehen im großen kanadischen Verband. Allerdings hatte der Stolz Neufundlands während der großen Depression der dreißiger Jahre einen empfindlichen Stoß erhalten; die bankrotte Insel hatte 1934 die schon 1833 erworbene Selbstverwaltung aufgeben müssen, denn London hatte finanzielle Hilfe von der Rückkehr zum kolonialen Status abhängig gemacht. Der Krieg hatte dann wirtschaftliche Erholung und damit auch bald den Wunsch nach größerer Unabhängigkeit gebracht. Die britische Regierung zeigte sich geneigt, diesem Verlangen nachzugeben. Der Streit auf der Insel, ob Rückkehr zur Selbstverwaltung oder Anschluß an Kanada vorzuziehen seien, dauerte jedoch lange und war von bitteren Konfrontationen begleitet. In einer Volksbefragung des Jahres 1948 entschied sich schließlich eine knappe Mehrheit für den Anschluß, und im April 1949 trat Neufundland als zehnte Provinz dem kanadischen Bund bei. Den Föderationsgegnern auf der Insel wurde der Verlust der Selbständigkeit durch kanadische Subsidien schmackhafter gemacht. Für Kanada selbst bedeutete der Zuwachs eine Vermehrung des Holz- und Mineralreichtums sowie einen großen strategischen Gewinn.

Zu diesem Zeitpunkt war bereits ein neuer Mann an die Spitze der liberalen Partei und der Regierung getreten. King hatte Macdonald und Walpole übertroffen; er hatte länger auf dem Regierungsstuhl gesessen als je zuvor ein Premier im britischen Empire. 1948 war er 77 Jahre alt geworden, und es hatte ihm geschienen, daß er die Zügel, die er mehr als zwei Jahrzehnte lang gehalten hatte, einem Jüngeren übergeben solle. Der Nachfolger, der sie in die Hand nahm, war der Mann seiner Wahl. Louis St. Laurent wurde Premier eigentlich wider Willen. Während des Krieges war er in das Kabinett gerufen worden, als die Wehrpflichtkrise ihrem Höhepunkt zustrebte. Auf dem Posten des Justizministers hatte er treu zu King gehalten, sich aber dann nach dem Krieg mit der Absicht getragen, wieder ins Privatleben zurückzukehren. Doch King hatte ihn 1946 überredet, das Außenministerium zu übernehmen. 1948, beim Rücktritt Kings, erkoren ihn dann die Liberalen zum neuen Parteiführer.

St. Laurent war gewiß keine schlechte Wahl. Seine frankokanadische Abstammung konnte als Garantie für die Stimmen in Quebec gelten. Man mochte an ihm das Rednertalent Lauriers vermissen oder auch die Schlauheit Mackenzie Kings. Aber er besaß klaren Geist und sicheres Urteil und verstand es meisterhaft, den Eindruck des freundlichen Biedermannes zu erwecken, dessen Geradlinigkeit über alle Zweifel erhaben war. „Onkel Louis" scheute sich jedoch auch nicht, den Mantel der Bonhomie gelegentlich abzulegen und harte Schläge auszuteilen. Seine Auseinandersetzung mit Duplessis, dem Potentaten in Quebec, über die Frage der Bundeskompetenzen legte Zeugnis ab von seiner Prinzipientreue. Dem neuen Premier wurde das Regieren erleichtert durch die gute Wirtschaftskonjunktur. Für das schwierige Feld der nun aktiveren kanadischen Außenpolitik stand ihm in Lester B. Pearson ein Mann zur Verfügung, der sich bald als ein Meister seines Fachs erweisen sollte. So nahm es wenig wunder, daß das Land sich vorerst auf das Experiment eines Regierungswechsels nicht einlassen wollte und in den Wahlen 1949 wie auch 1953 den Liberalen eine überwältigende Mehrheit im Unterhaus gab.

Den Oppositionsparteien konnte in diesen Jahren angesichts der Aussichtslosigkeit ihrer Bemühungen die Verzweiflung kommen. Die Konservativen hatten sich seit der Wahlniederlage Bennetts 1935 nicht wieder richtig erholt. Drei weitere Parteiführer hatten sich ohne Glück in der Aufgabe versucht, eine erfolgreiche Regierungspartei aus dem Sattel zu heben. Auch der nächste Mann, George A. Drew, der 1948 die Leitung der Partei übernahm, hatte noch undankbare Jahre vor sich, bevor das Blatt sich zu wenden begann. Konzentrierte sich die verbliebene konservative Stärke in Ontario, so waren die Prärieprovinzen Domänen der neueren Parteien. Seit 1944 regierte die CCF in Saskatchewan, und den Sozialkreditisten war es in Alberta sogar gelungen, seit 1935 am Ruder zu bleiben. Diese Partei übernahm 1952 dann auch noch die Regierung in Britisch-Kolumbien. Aber diese Verhältnisse auf Provinzebene hatten wenig Einfluß auf den Ausgang der Bundeswahlen. Zum einen war die Bevölkerungsdichte im Westen zu gering, als daß der dortigen Wählerschaft ausschlaggebender Einfluß zugekommen wäre, und zum anderen machte man keine Ausnahme von der alten kanadischen Gewohnheit, Provinz- und Bundesbelange säuberlich voneinander zu trennen. Man mochte Sozialkreditisten für den Hausgebrauch wählen; nach Ottawa sandte man einen Liberalen.

Gegen Mitte der fünfziger Jahre mehrten sich aber doch allmählich die Anzeichen, daß die unbestrittene Herrschaft der langjährigen Regierungspartei fraglich wurde. Die Unzufriedenheit in der Landwirtschaft wuchs, da der Weizenabsatz auf immer größere Schwierigkeiten stieß. Man beschuldigte die Liberalen, die Sorgen und Nöte der Bevölkerung nicht mehr richtig ernst zu nehmen. 1956 wurde die Empörung allgemein, als eine Auseinandersetzung um den Bau der Trans-Kanada-Pipeline Regierungspraktiken an den Tag brachte, die als skandalös empfunden wurden. Die Opposition beschuldigte die Liberalen, der Überfremdung des Landes mit amerikanischem Kapital leichtfertig Vorschub zu leisten. Die Regierung suchte ihre Gesetzesvorlage mit parlamentarischen Tricks durchs Unterhaus zu ziehen. Es gelang ihr zwar, doch der Schaden war nicht wieder gut zu machen. Als im nächsten Jahr Wahlen abgehalten wurden, zogen 112 Konservative und nur 105 Liberale ins neue Parlament ein.

Die Konservativen hatten inzwischen einen neuen Führer gewählt, John G. Diefenbaker, einen Rechtsanwalt aus Saskatchewan. Er war ein Mann feuriger Rede, die er manchmal bis hart an den Rand der Demagogie nutzte. Die Mehrheit im Parlament war ihm zu gering, und er mochte nicht auf die Unterstützung der kleineren Parteien angewiesen sein. Schon 1958 wurden daher wieder Wahlen ausgeschrieben. Diefenbakers Rhetorik peitschte die nationalistischen Gefühle nicht weniger Kanadier zu recht untraditioneller Hitze auf, und das allgemeine Gefühl, daß die Liberalen ablösungsreif seien, tat das Übrige. Die Konservativen trugen jetzt den größten Wahlsieg ihrer und überhaupt der kanadischen Geschichte bis dahin davon. Mit 208 Abgeordneten kehrten sie ins Unterhaus zurück, während die Liberalen auf 48 reduziert wurden. Eine neue Regierungsära begann. Es ist noch ein Blick auf die kanadischen Außenbeziehungen während der Nachkriegszeit zu werfen. Die Jahre nach 1945 unterschieden sich merklich von der Zeit nach dem ersten Weltkrieg. Damals hatte man sich einem Isolationismus zugewandt, der Kanadas Heil in einer Beschränkung der politischen Aktivität auf die eng ausgelegten eigenen Belange oder höchstens noch auf die des eigenen Kontinents gesehen hatte. Aber die bittere Erfahrung der späten dreißiger Jahre und des zweiten Weltkriegs hatte nicht nur in den Vereinigten Staaten, sondern in durchaus entsprechender Weise auch in Kanada die Einsicht reifen lassen, daß es wenig nutzen konnte, vor dem herangaloppierenden Unheil den Kopf in den Sand zu stecken. Man war daher bei Kriegsende in Kanada willens, künftig Verantwortung auf sich zu nehmen und bei kollektiven Anstrengungen zur Erhaltung des Friedens mitzuwirken.

In Kanada sah man nach dem Krieg noch einen weiteren Grund zu aktiver Außenpolitik. Der im ersten Weltkrieg begonnene Prozeß der Nationwerdung war mit dem zweiten Weltkrieg zu einem gewissen Abschluß gelangt. Kanada hatte, wenn vielleicht auch mehr gezwungen als aus eigenem Antrieb, von der ihm zuvor zugestandenen Möglichkeit, eigene Entscheidungen zu treffen, praktischen Gebrauch gemacht. Nach Kriegsende hegte man im Land nun das Verlangen, die so gewonnene Selbständigkeit auch international anerkannt zu sehen. Kanada war keine Großmacht. Aber es konnte als Mittelmacht gelten, und nach Industriepotential und geleisteter Kriegsanstrengung war es sogar eine führende Mittelmacht. Man wollte einen Platz in der Welt haben, der diese Erkenntnis bestätigte.

So war es nicht verwunderlich, daß Kanada sich mit Hingabe an der Gründung der Vereinten Nationen beteiligte. Mackenzie King reiste 1945 gemeinsam mit den Führern der Oppositionsparteien nach San Francisco, um am Entwurf der Charta mitzuwirken. Das Dominion wurde Mitglied in allen wichtigen Tochterorganisationen, von denen eine, die Internationale Zivilluftfahrtorganisation (International Civil Aviation Organization), 1947 in Montreal ihren Sitz nahm. Kanada war nicht stark genug, um einen dauernden Sitz im Sicherheitsrat beanspruchen zu können, aber es wurde 1948, 1958 und 1967/68 als nichtständiges Mitglied bestellt. Das Ansehen Kanadas drückte sich dann 1952 auch in der Wahl Außenminister Pearsons zum Präsidenten der Vollversammlung aus.

Alle Begeisterung für ein kollektives Sicherheitssystem konnte freilich wenig an der Tatsache ändern, daß die Mächte, die es sich leisten konnten, auf die Dauer ihre eigenen Interessen über die Ideale der Weltorganisation stellten. Als im Laufe der Jahre das russische Veto im Sicherheitsrat allzuoft die gemeinsame Aktion verhinderte, gehörte auch Kanada zu den enttäuschten Ländern und war willens, dem ursprünglichen Zweck durch Ausweichen auf besser funktionierende Mittel zum Siege zu verhelfen. Praktisch bedeutete dies eine Frontstellung gegen die Sowjetunion. Schon 1946 kamen antirussische Gefühle zum Durchbruch, als die Enthüllungen des sowjetischen Botschaftsangestellten Igor Guzenko ein weitgespanntes Spionagenetz in Kanada aufdeckten. Der kommunistische Staatsstreich in der Tschechoslowakei bestärkte die öffentliche Meinung noch in ihrer Antipathie. Als daher 1949 die NATO als Verteidigungspakt gegen Bedrohung aus dem kommunistischen Lager geschaffen wurde, gehörte Kanada zu den Gründungsmitgliedern. Die Organisation sollte nach kanadischem Willen sogar mehr als nur eine militärische Allianz sein. St. Laurent und Pearson wollten die Zusammenarbeit auch auf wirtschaftliche und kulturelle Belange ausdehnen. Aus diesen Plänen wurde freilich wenig, und so beschränkte sich Kanada darauf, ein eifriges Mitglied auf militärischem Gebiet zu sein und stellte Marineeinheiten, Flugzeuggeschwader und Erdtruppen zur Verfügung. Von den beiden letzteren wurden nach dem 1955 erfolgten Beitritt der Bundesrepublik Deutschland ein nicht geringer Teil auf deren Boden stationiert.

Auch sonst engagierte sich Kanada in den fünfziger Jahren. Im Koreakrieg kämpften Truppen in Brigadenstärke unter UN-Kommando und verloren über 1600 Tote und Verwundete. 1954 diente kanadisches militärisches Personal in der internationalen Kommission, die den Waffenstillstand in Indochina zu überwachen hatte. Zwei Jahre später stand eine UN-Truppe sogar unter kanadischem Kommando, nämlich in der Suezkrise. Als israelische Truppen im Herbst 1956 in ägyptisches Territorium eindrangen, nahmen Großbritannien und Frankreich dies zum Anlaß, die Suezkanalzone zu besetzen. Der Wasserweg war kurz zuvor von Ägypten nationalisiert worden, und große Teile der Weltöffentlichkeit sahen in dem Vorgehen der beiden europäischen Mächte einen eindeutigen Friedensbruch zur Wahrung ihrer Interessen. Auch im Commonwealth war man weithin empört. Kanada verurteilte in den Vereinten Nationen die Aktion, arbeitete aber gleichzeitig entschlossen an einer allgemein annehmbaren Lösung. Eine UN-Truppe unter starker kanadischer Beteiligung und unter kanadischem Kommando wurde aufgestellt, welche die Wache in der Kanalzone zu übernehmen und den Abzug der Interventionstruppen zu beaufsichtigen hatte. Für das Verdienst,

auf diese Weise die Krise abgeschwächt und den Ausbruch größerer Feindseligkeiten verhindert zu haben, wurde Pearson im nächsten Jahr der Frie-
densnobelpreis verliehen.

Während der Suezkrise waren die Commonwealthbeziehungen recht
strapaziert worden, und einige Mitglieder wie Indien und manche afrika-
nische Staaten trugen sich mit Austrittsgedanken. Nicht zuletzt Kanadas
Vermittlung war es zuzuschreiben, daß diese Absichten nicht verwirklicht
wurden. Schon seit Kriegsende hatte das nordamerikanische Dominion
eine führende Rolle in der Neugestaltung des britischen Völkerbundes
gespielt. Es war maßgeblich beteiligt gewesen an der Ausarbeitung der
Formel, die Indien trotz seines Status als Republik die Mitgliedschaft er-
möglichte. Als immer mehr nichtweiße britische Kolonien die Mitgliedschaft erhielten, ergab sich für die wirtschaftlich kräftigeren Commonwealthländer die Notwendigkeit, durch wirtschaftliche und technische
Unterstützung Entwicklungshilfe zu leisten. Unter dem 1950 anlaufenden
Colombo-Plan, zu dem dann auch die Vereinigten Staaten beitrugen, stellte Kanada erhebliche Mittel zur Verfügung (bis 1965 insgesamt 500 Millionen Dollar), die für Entwicklungsprojekte in Indien, Pakistan und anderen
Ländern ausgegeben wurden. 1981 erhielten die Colombo-Plan-Länder
220 Millionen Dollar, fast 40 Prozent der kanadischen bilateralen Ent-
wicklungshilfeleistungen.

War das politische Klima innerhalb des Commonwealth somit wechsel-
haft, so fand sich Kanada allmählich desto stärker an die Vereinigten Staaten gebunden. Dies war nicht nur eine natürliche Folge der Zusammenarbeit in den internationalen Organisationen und der NATO. Der im Krieg
so stark intensivierte wirtschaftliche Austausch setzte sich ohnehin unent-
wegt fort und brachte dem Kapitalempfängerland Kanada die schon erwähnte, nicht von allen seinen Bewohnern begrüßte Abhängigkeit. Und
als eine Folge des Krieges und der internationalen Konstellation der Nachkriegszeit verfestigte sich auch über die allgemeineren Bindungen hinaus
die militärische Abhängigkeit des Dominions von seinem Nachbarn in
einer Weise, die nicht wenige Kanadier um die Bewegungsfreiheit des
Landes bangen ließ. Die gemeinsamen Verteidigungsanstrengungen für
den nordamerikanischen Kontinent wurden weiterhin verstärkt und ausgebaut, so daß sich Kanada praktisch ohne Ausbruchsmöglichkeit in das
amerikanische Verteidigungssystem einbezogen sah. Das 1957 getroffene
Luftverteidigungsabkommen (NORAD) war nur eines der sichtbaren
Zeichen für viele weniger sichtbare, aber deshalb nicht weniger wirksame
Bande.

So war es kein Wunder, daß am Ende der liberalen Regierungszeit ein
Mann, der nationalistische Töne nicht verschmähte und der Besorgnis vor

Überfremdung beredten Ausdruck zu geben vermochte, von einer überwältigenden Mehrheit ins Amt getragen wurde. Ob allerdings stramme nationale Gesinnung und an Sendungsbewußtsein grenzende Selbstsicherheit ausreichende Talente sein würden, um das Land durch die wieder schwieriger werdenden Zeiten zu steuern, konnte erst die Zukunft erweisen.

Von Diefenbaker zu Trudeau

Der überwältigende Wahlsieg der Konservativen im Jahre 1958 war weniger Ursache als vielmehr Symptom dafür, daß die Nachkriegsjahre nun vollends zu Ende gingen und eine neue Ära in der kanadischen Geschichte sich anbahnte. Aufs Ganze gesehen war es freilich ein fließender Übergang. Die Strömungen, die das nächste Jahrzehnt bestimmten, hatten vielfach schon in den fünfziger Jahren oder noch früher eingesetzt und traten jetzt lediglich stärker hervor. Aber daß die Zeiten sich allmählich änderten, konnte auch dem zeitgenössischen Beobachter kaum entgehen. Die konservative Regierung vermochte trotz ihrer unerhörten Stärke nicht, im Land das Gefühl der selbstsicheren Geborgenheit zu erhalten oder neu zu wecken, das in den frühen fünfziger Jahren so wohltuend zu verspüren gewesen war. Hierfür mochte vor allem anderen die Konzeptionslosigkeit an der Spitze verantwortlich sein. Aber auch als nach einigen Jahren die Führung wieder an die Liberalen fiel, verschwand die Unsicherheit nicht mehr völlig. Pearson war während der fünf Jahre seiner Regierungszeit auf die Unterstützung kleinerer Parteien angewiesen und deshalb schon durch die Machtverhältnisse am kraftvollen Ausschreiten gehindert. Die Regierungen der konservativen Mehrheit wie der liberalen Minderheit brachten somit das gleiche, nicht völlig befriedigende Ergebnis.

Dies lag sicher zum beträchtlichen Teil auch daran, daß das politische Klima ganz allgemein unfreundlicher wurde. Neue oder neuerdings viel lautstärkere Kräfte traten auf, welche die Struktur, ja den Zusammenhalt der Nation in Frage zu stellen begannen. Der wirtschaftliche Boom der Nachkriegsjahre lief aus. Nicht nur in der Landwirtschaft mehrten sich die Zeichen einer ernstzunehmenden Rezession. Zwar erholte sich die Wirtschaft dann wieder, aber gegen Ende der sechziger Jahre war die Arbeitslosigkeit von neuem ein Grund zu großer Besorgnis. Und im außenpolitischen Bereich vollends mußte Kanada sich eingestehen, daß es mehr euphemistisch als zutreffend war, von der Unabhängigkeit einer Mittelmacht zu sprechen. Trudeaus Wort, daß er innerhalb der ihm verbliebenen 20 Prozent Selbständigkeit kraftvolle Außenpolitik treiben wolle, zeugte von erfreulicher Ungebrochenheit des Mutes. Es bewies auch seine Einsicht in die wahren Machtverhältnisse.

Es wäre unfair, Diefenbakers Regierung lediglich an den enttäuschten Hoffnungen und nicht erfüllten Erwartungen zu messen, welche die Wählerschaft schließlich zum Mißtrauensvotum bewogen. In den sechs Jahren seiner Staatsleitung wurden die Sozialleistungen ausgebaut, und die Weizenfarmer der Prärie erfreuten sich in der Absatzkrise kräftiger Regierungssubventionen. 1959 wurde ein überprovinzieller Energierat (National Energy Board) geschaffen, um die optimale Ausnutzung der Energiequellen sicherzustellen. Ein großer Staudamm in Sakatchewan und ein enormes Straßenbauprogramm im Norden halfen, unterentwickelte Gebiete zu erschließen. Aber das weniger Erfreuliche überwog doch wohl. Diefenbakers Neigung zu planvoller Detailarbeit erwies sich als weniger ausgeprägt als sein Hang zu visionären Blicken in die Zukunft, und der Mangel an klaren Richtlinien stürzte den Regierungsapparat bald in ein ungutes Durcheinander. Ein nicht sehr nobel ausgetragener Streit des Premiers mit James E. Coyne, dem Präsidenten der Bank von Kanada, verschlechterte die Stimmung im Land. Auch die Staatsfinanzen gerieten in Unordnung. Als schließlich trotz gegenteiliger Versprechungen der Dollar 1962 plötzlich doch abgewertet wurde, tadelte man allgemein den Mangel an Planung und Übersicht. Die kurz darauf stattfindenden Wahlen verkleinerten die konservative Fraktion von 208 auf 116 Sitze. Diefenbaker mußte künftig mit einer Minderheit regieren. Nicht wenige in seiner Partei schoben dem Führer die Schuld am Niedergang zu, und es bedurfte all seiner taktischen Künste, um auf dem Parteikonvent des nächsten Jahres eine Palastrevolution im Keime zu ersticken. Die Wahlen, die er im gleichen Jahr 1963 mit dem Ziel der Vergrößerung seiner Regierungsgrundlage ausschrieb, besiegelten jedoch sein Schicksal als Lenker des Staatsschiffs. Nur noch 95 Delegierte seiner Partei kamen ins Unterhaus zurück, während die Liberalen 129 Abgeordnete entsandten.

Pearson war 1958 für den sich zurückziehenden St. Laurent zum Parteiführer der Liberalen gewählt worden. Er übernahm es jetzt seinerseits, eine Minderheitsregierung zu bilden, obwohl es offensichtlich war, daß er ohne starke Basis kaum sein Wahlversprechen wahrmachen konnte, auf seinen Regierungsantritt „sechzig Tage der Entscheidung" folgen zu lassen. Im zuversichtlich eingebrachten Reformhaushalt mußten unter dem Druck von mancherlei Interessen verschiedene Punkte modifiziert werden; auch einige kleinere Skandale um zweitrangige Regierungsmitglieder waren dem Prestige abträglich. Schließlich dauerte der Streit im Parlament um das künftige Aussehen der kanadischen Flagge lange und ermüdete Abgeordnete wie Öffentlichkeit, bis 1965 endlich als neues Nationalsymbol das rote Ahornblatt auf rotweißrotem Grund die alte Fahne des Dominions ersetzte. So brach sich im Land allmählich die Meinung Bahn, daß das Unterhaus entschlußkräftiger gemacht werden müsse.

Pearson war mehr als gewillt, solche Erwartungen zu erfüllen, und so wurden Ende 1965 wieder Wahlen abgehalten. Aber das Ergebnis enttäuschte die Regierungspartei. Die Liberalen vergrößerten ihr Mandat nur um zwei Sitze und waren damit immer noch auf die Unterstützung anderer angewiesen. Der alte und neue Premier steuerte folglich weiterhin seinen vorsichtigen Kurs. Einige substantielle Gesetzentwürfe fanden zwar ihren Weg durch das Parlament. 1966 wurde der Canada Pension Plan eingeführt und die Altersversorgung dadurch neu geregelt; von 1968 an offerierte die Bundesregierung den Provinzen die Teilnahme an einem nationalen Krankenversicherungssystem; die drei Waffengattungen wurden zusammengefaßt. Aber der fast 70jährige Pearson zeigte sich allmählich amtsmüde und wollte bald zugunsten eines jüngeren Nachfolgers auf Parteiführung und Regierungsleitung verzichten.

Ende 1967 besaß auch keine der anderen Parteien die innere Geschlossenheit und äußere Stärke, die Voraussetzung zu einer erfolgreichen Regierung gewesen wäre. Die CCF hatte sich inzwischen weiterentwickelt. Im Jahre 1961 hatte sich die ob ihrer dauernden Schwäche auf Bundesebene besorgte Partei entschlossen, mit dem sich politisch orientierenden Canadian Congress of Labour, einer Gewerkschaftsdachorganisation, in einer neuen Partei zusammenzuarbeiten. So wurde die Neue Demokratische Partei (New Democratic Party) gegründet. Thomas C. Douglas, der langjährige Premier Saskatchewans, wurde zum Vorsitzenden gewählt. Aber innere Meinungsverschiedenheiten über gewisse Programmpunkte und die Gegenwart der großen Parteien hinderten die NDP auch in den sechziger Jahren, mehr als die höchstens zwei Dutzend Sitze zu gewinnen, über die bereits die CCF verfügt hatte. Von etwa gleicher Stärke zeigten sich schon seit den dreißiger Jahren auch die Sozialkreditisten. Innere Konflikte schwächten allerdings diese Partei so sehr, daß 1963 der Flügel in Quebec vollends wegbrach und sich selbständig machte (Ralliement des Créditistes). Die Wahlen des Jahres 1965 reduzierten Stammpartei wie Abtrünnige dann zu Splittergruppen mit neun beziehungsweise fünf Sitzen.

Bei den Konservativen entschloß man sich 1967 endlich zu Taten. Die Mißstimmung in der Partei war groß genug, um einer entschlossenen Revoluzzergruppe Erfolg zu verheißen. Auf dem Parteikongreß im September kämpfte Diefenbaker verbissen um seine Führungsstelle, aber weder Manöver hinter der Bühne noch tränenerstickte Rhetorik auf dem Rednerpodium halfen jetzt mehr. Robert L. Stanfield, bisher Regierungs-

chef in Neuschottland, wurde zum neuen Führer erkoren in der Hoffnung, daß er der Partei Ansehen und Macht zurückgewinnen vermöchte.
Der liberale Parteitag, der über Pearsons Nachfolge zu bestimmen hatte, fand im April 1968 statt. Pearson hatte sich zu keinem bestimmten
Kandidaten bekannt. Die Delegierten entschieden sich für den Frankokanadier Pierre E. Trudeau. Dessen politische Karriere hatte erst kurz zuvor
begonnen. 1965 war der Juraprofessor aus vermögender Familie ins Unterhaus gewählt worden, von wo er bald zum Justizminister aufgestiegen
war. Einmal in der Regierung, hatte er keine Zeit verloren, Reformen der
Gesetze über Ehescheidung und Homosexualität in Angriff zu nehmen.
Ein Gegner aller Geistesenge, trat er auch entschieden den mannigfachen
Autonomiebestrebungen in seiner Heimatprovinz Quebec entgegen und
empfahl sich dadurch seinen englischsprachigen Parteifreunden. Über die
richtige politische Gesinnung hinaus besaß Trudeau auch noch einen weiteren Trumpf in seiner persönlichen Erscheinung. Ein Junggeselle in den
späten Vierzigern, verstand er es meisterlich, ein Bild jugendlicher Ent-
schlußkraft und Unternehmungsfreude auszustrahlen, dessen charismatischer Anziehungskraft die anderen Kandidaten nichts Gleichwertiges zur
Seite zu stellen hatten. Nicht nur der Kongreß der Liberalen stimmte für
Trudeau. Seine Ernennung zum Parteiführer hob ihn gleichzeitig in den
Sessel des Premiers, und er schrieb sofort Bundeswahlen aus, um auch das
Vertrauen des Volkes zu erlangen. Diese Wahlen des Jahres 1968 zeigten,
daß auch die breite Öffentlichkeit der schwachen Regierungen müde war.
Mit 155 Abgeordneten erhielt der neue Premier eine solide liberale Mehrheit, während die Konservativen auf 72 Delegierte zurückfielen. Daß über
zwei Drittel der Wahlkreise Quebecs den föderalistisch gesinnten Trudeau
unterstützten, wurde dabei allgemein als ein Votum für Kanada und gegen
den Autonomiegedanken gewertet.

Das Verhältnis zwischen Bund und Provinzen war überhaupt das große
Thema der kanadischen Innenpolitik während der sechziger Jahre. Es war
kein neues Thema, und auch schon früher hatten sich die Fronten erbittert
und wenig versöhnlich gegenübergestanden. Aber in den Jahren vor dem
zweiten Weltkrieg war der Trend in umgekehrter Richtung gegangen. Die
Rowell-Sirois-Kommission hatte in ihren während des Krieges vorge-
legten Empfehlungen vorgeschlagen, den unitarischen Bestimmungen der
Verfassung mehr Bedeutung zuzulegen. Insbesondere die Besteuerungs-
rechte des Bundes sollten gewahrt und ausgebaut werden. Am Widerstand
der Provinzen scheiterte zwar damals die direkte Verwirklichung dieser
Vorschläge, aber die einzelnen Provinzen verschlossen sich trotzdem nicht
der kriegsnotwendigen Stärkung der Bundeskasse und trafen getrennt entsprechende Vereinbarungen mit Ottawa. In den Nachkriegsjahren änder-

ten sich jedoch die Bedürfnisse. Auch Kanada befand sich nun auf dem Weg zum Wohlfahrtsstaat, und die Kosten für Sozialleistungen und besonders für das Bildungswesen stiegen enorm. Die meisten dieser neuen Lasten fielen auf Gebieten an, für die verfassungsgemäß den Provinzen Gesetzgebung und Verwaltung zustanden. Die Mittel der Provinzen reichten jedoch bald nicht mehr aus, um den neuen Anforderungen gerecht zu werden, wohingegen Ottawa über das nötige Geld verfügte, es aber freilich möglichst nur in eigener Regie ausgeben wollte.

Ab Mitte der fünfziger Jahre verlangte das Problem dringlich nach einer Lösung. Eine ganze Reihe von Konferenzen zwischen Bund und Provinzen und zwischen den Provinzen selbst befaßte sich mit einzelnen Fragen. Im Grunde ging es stets um die Geldverteilung. Mehr allgemein gesehen, war es der alte Streit um Unitarismus oder Föderalismus, der hier von neuem konkrete Bedeutung gewann. Anfang der sechziger Jahre fand man Kompromisse, die den Provinzen einen Teil des Aufkommens aus Bundessteuern überließen und gleichzeitig für einen gewissen Ausgleich unter den einzelnen Provinzen sorgten. Letztere Maßnahme half in einer der Hauptschwierigkeiten. Auf den ersten Blick erschien nämlich als einfachste Lösung, daß der Bund schlichtweg einen Teil seiner Steuern, etwa die Einkommensteuer, den einzelnen Provinzen überantwortete. Da der Reichtum im Dominion jedoch recht ungleichmäßig verteilt war, hätte sich dadurch notwendig ein unterschiedliches Niveau der Leistungen etwa auf sozialem Gebiet ergeben, was als untragbar innerhalb des einen Staates Kanada empfunden wurde. Aufgabe des Bundes mußte es bleiben, für einen annehmbaren Ausgleich zu sorgen.

Diese ganzen Kompetenzstreitigkeiten waren ein überaus leidiges Problem. Da es kein konstitutionelles Mittel gab, unwillige Provinzen zu zwingen, setzten alle Vereinbarungen viel Überredungskunst und Kompromißbereitschaft voraus. Unvollkommenheiten, Aufschübe und Zerwürfnisse blieben nicht aus. So gut wie jedermann fühlte, daß die Verfassung reformbedürftig war. Aber es war auch offensichtlich, daß über die Art und das Ausmaß der Reform vorerst keine Einigung erzielt werden konnte. Und zuallererst galt es außerdem, ein grundsätzliches Problem zu lösen, ohne dessen Beseitigung an eine Revision der Verfassung nicht zu denken war. Verfassungsänderungen in diesem Bereich waren nämlich immer noch ein Vorrecht des britischen Parlaments. Das Westminsterstatut von 1931 hatte in dieser Hinsicht keine Änderungen gebracht, weil man sich in Kanada nicht einig gewesen war über eine Regelung, die den bisherigen Zustand hätte ablösen können. Auch bis Anfang der siebziger Jahre kam man in dieser Hinsicht trotz gelegentlich recht intensiver Bemühungen nicht viel weiter. Als Fortschritt konnte höchstens der nun erreichte Konsensus gelten, daß die kanadische Verfassung nur noch Angelegenheit der Kanadier selbst sein könne. Aber andererseits begab man sich durch eben diese Ansicht lediglich des noch vorhandenen Mittels zur Verfassungsrevision, ohne ein neues bereits zur Verfügung zu haben.

Der Bannerträger im Kampf der Provinzen gegen die Zentralgewalt war in den sechziger Jahren wie eh und je die Provinz Quebec. Die verständliche Furcht, von der ungleich größeren Masse der Anglokanadier majorisiert oder schließlich gar absorbiert zu werden, erfüllte die Frankokanadier allen Zentralisierungsplänen gegenüber mit größtem Mißtrauen. Premier Duplessis hatte während seiner langen Regierungszeit dieses Mißtrauen auf die Dauer sogar zu einer recht offen zur Schau getragenen Feindseligkeit gegenüber allem Englisch-Kanadischen überhaupt gesteigert, und Ottawa hatte ihm dabei als die Hochburg des Gegners gegolten. Seine Regierungsmethoden hatten freilich auch in der eigenen Provinz nicht nur Freunde gefunden, und bei seinem Tod im Jahre 1959 dominierte allgemein das Gefühl, daß sich nach langer und erzwungener Stagnation die Tür zu neuen Entwicklungen öffnete.

Diese Hoffnung trog nicht unbedingt. Bei den Provinzwahlen des Jahres 1960 wurde die Union Nationale nach sechzehnjähriger Herrschaft aus dem Sattel gehoben und durch die Liberalen unter Jean Lesage abgelöst. Während Duplessis' selbstherrlicher Regentschaft war Quebec im allgemeinen Entwicklungsstand mehr als verantwortbar hinter die führenden englisch-kanadischen Provinzen zurückgefallen. Lesages Absicht war es nun, mit einem Reformprogramm, das der nationalistischen („Maître chez nous") wie auch der antiklerikalen Töne nicht entriet, verlorenes Terrain aufzuholen. Seine „stille Revolution" brachte Modernisierungsmaßnahmen im Erziehungswesen ebenso wie die Verstaatlichung der Elektrizitätsversorgung und zielte recht deutlich auf eine Verstärkung des staatlichen Einflusses im Leben der Provinz. Das Verhältnis zu Ottawa blieb nicht zuletzt deswegen auch weiterhin betont kühl. Ein Beispiel von vielen dafür war die Auseinandersetzung über die Pensionsregelung. Als die Bundesregierung die neue Altersversorgung auf Dominionebene einführte, sah sie sich angesichts der Stimmung am St. Lorenz veranlaßt, den Provinzen das Recht zur Einrichtung eines eigenen Programms zuzugestehen; allein Quebec machte schließlich davon Gebrauch, während alle anderen Provinzen die Regie des Bundes vorzogen.

Überhaupt steigerte sich der frankokanadische Nationalismus während der sechziger Jahre merklich. Es war, als ob die hoffnungsfreudigen Anstrengungen Lesages schlummernde Kräfte weckten und latente Energien freilegten. Lesage wurde 1962 wiedergewählt. Aber schon gab es Gruppen, denen seine verhältnismäßig maßvollen Absichten nicht mehr weit genug gingen. Manche Radikale wollten die Provinzgewalt in ganz Kanada so gestärkt sehen, daß die Föderation praktisch nur noch einen losen Bund semiautonomer Staaten dargestellt hätte. René Lévesque, ein Minister Lesages, machte sich sogar innerhalb des Kabinetts für solche Pläne stark. Noch Radikalere verlangten die vollständige Abtrennung der Provinz vom übrigen Kanada und die Bildung eines souveränen Staates Quebec. Die größte dieser Separatistengruppen, die Sammlungsbewegung für Nationale Unabhängigkeit (Rassemblement pour l'indépendance nationale) unter dem jungen Pierre Bourgault, zeigte sich 1966 stark genug, bei den Provinzwahlen eine gewisse Rolle zu spielen. Bereits 1963 wurden Bomben geworfen. 1964 kam es beim Besuch der Königin zu wilden Ausschreitungen, und zumindest seither befand sich die Provinz in einem Zustand der Unruhe, die bis Anfang der siebziger Jahre nicht spürbar nachließ.

Die Bundesregierung in Ottawa verschloß sich allmählich nicht mehr der Einsicht, daß die Erregung in Quebec ihre tieferen Ursachen haben müsse. Premier Pearson ernannte Mitte 1963 eine Untersuchungskommission, welche die Ursachen der Krise aufzeigen und Wege zur Lösung vorschlagen sollte. Nach einem Zwischenbericht im Jahre 1965 begann dann diese Kommission für Zweisprachigkeit und zwei Kulturen (Bilingualism and Biculturalism) 1967 die Ergebnisse ihrer Untersuchungen vorzulegen. Es war im Grunde eine überwältigende Rechtfertigung der Frankokanadier. Ihnen wurde bescheinigt, daß sie Schwierigkeiten vorfanden, falls sie materiell vorankommen und dabei französische Sprache und Kultur bewahren wollten. Daß solches Bewahren aber die feste Absicht der übergroßen Mehrheit der französischsprachigen Bevölkerung sei, stellte die Kommission ausdrücklich fest. Sie empfahl, diesem Wunsch mehr als bisher entgegenzukommen. Französisch und Englisch sollten in ganz Kanada im Verkehr mit den Bundesbehörden als offizielle Landessprachen anerkannt werden. Die Bundesregierung sollte Vorsorge treffen, daß offizielle Veröffentlichungen zweisprachig erfolgten und bei der Stellenbesetzung auf die ethnischen Verhältnisse Rücksicht genommen würde. In Quebec sowie in Ontario und Neubraunschweig, wo die Mehrheit beziehungsweise eine substantielle Minderheit französischsprachig waren, sollte die Zweisprachigkeit auch auf Provinzebene durchgeführt werden. Die Provinzen wurden in dem Bericht angehalten, entsprechende Erziehungseinrichtungen zu schaffen, sobald eine Minderheit von zehn Prozent innerhalb eines Bezirks danach verlangte. Im großen und ganzen bekannte sich der Bericht zu einem Kanada der zwei Nationen, in dem Anglokanadier und Frankokanadier im Prinzip gleichberechtigt sein würden und wo auf die Dauer den Angehörigen beider Volksgruppen überall die gleichen Entfaltungsmöglichkeiten zu gewähren seien.

Die Reaktion hierauf war recht unterschiedlich und besonders im englisch sprechenden Teil des Landes nicht immer voll zustimmend. Aber die Bundesregierung zeigte sich gesonnen, den Tenor des Reports zur Richtlinie für künftige Entscheidungen zu nehmen und war bis Anfang der siebziger Jahre mit einigen Gesetzen bereits ein Stück Weges in dieser Richtung gegangen.

In der Zwischenzeit hatte Lesage den Sessel des Premiers wieder räumen müssen. Zur Überraschung der meisten Beobachter und zur Besorgnis des englischsprachigen Bevölkerungsteils in Quebec, der Lesage als gemäßigt empfand, war die Union Nationale durch die Wahlen des Jahres 1966 wieder an die Macht gekommen. Deren Führer Daniel Johnson, trotz seines englischen Namens ein frankophoner Nationalist, ließ als Premier wenig Zweifel an seinen autonomistischen Ideen. Er vermied es jedoch peinlich, seine konstitutionellen Absichten konkret kundzutun, und begnügte sich mit einer Politik der Nadelstiche gegen Ottawa. Deren tiefstgehender war vielleicht die Einrichtung eines Ministeriums für zwischenstaatliche Angelegenheiten in Quebec, das Beziehungen zu auswärtigen Mächten pflegen sollte in Dingen, die unter provinzielle Jurisdiktion fielen. Am spektakulärsten freilich wurde die Bundesregierung getroffen durch de Gaulles Intervention zugunsten der frankokanadischen Autonomiebestrebungen. Bei seinem Staatsbesuch aus Anlaß der Weltausstellung 1967 rief der französische Staatspräsident sein „Es lebe das freie Quebec" in eine bestürzte und sich empörende kanadische Öffentlichkeit. Während de Gaulle seinen Besuch vorzeitig abbrach, suchte Johnson die Wirkung des Vivats etwas abzumildern. Seine Bemühungen, das Band mit Frankreich enger zu knüpfen, setzte er jedoch auch weiterhin fort.

Johnson starb 1968 im Amt. Der neue Führer der Union Nationale, Jean-Jacques Bertrand, besaß vorerst noch nicht das Mandat der Wähler und verhielt sich vorsichtig. Er war offensichtlich bemüht, weder Föderalisten noch Separatisten zu vergrämen. Diese Zweideutigkeit zahlte sich nicht aus. Eine Welle von Terrorattentaten erschreckte von neuem die Provinz. Die Separatisten fanden in Lévesque, der mit den Liberalen gebrochen und den Parti Québecois gegründet hatte, einen Sammelpunkt und Führer. Die Liberalen ihrerseits setzten nun ganz auf die föderalistische Karte. Als Bertrand durch die Provinzwahlen im Mai 1970 Bestätigung im Amt zu erhalten suchte, erlitt er eine vernichtende Niederlage. Die Liberalen unter ihrem jugendlichen Führer Robert Bourassa – Lesage war von der Leitung der Partei zurückgetreten – gewannen 72 von 108 Sitzen im Provinzparlament. Sogar Lévesques neue Partei, die sich begeisterter Unterstützung bei der Jugend erfreute, überflügelte mit fast einem Viertel der Stimmen noch die hart getroffene Union Nationale.

Wie erwähnt, verlangsamte sich am Anfang und am Ende der 1960er Jahre das Wirtschaftswachstum spürbar. Dennoch konnten sich die Kanadier, aufs Ganze gesehen, eines steten Anstiegs des Bruttosozialprodukts erfreuen. Die Bevölkerung zählte Ende der sechziger Jahre dank anhaltenden Geburtenüberschusses und einer nach kurzem Niedergang wieder steigenden Einwanderungsrate bereits 21 Millionen. Die meisten der Zuwanderer zogen weiterhin in die Städte. Kanada zeigte sich neuerdings besorgt, nur noch ausgebildete Fachkräfte ins Land zu bringen, und die Neuankömmlinge verstärkten infolgedessen in aller Regel das Industriearbeiterpotential. Sie wurden trotzdem nicht immer ohne Schwierigkeiten absorbiert. Die gegen Ende der fünfziger Jahre einsetzende Wirtschaftsflaute brachte 1961 eine Arbeitslosenrate von 11,5 Prozent, die freilich bis 1965 wieder auf 3,5 Prozent sank. Aber Anfang 1971 war sie im Gefolge der amerikanischen Wirtschaftsschwierigkeiten schon wieder auf 6,5 Prozent geklettert, und es war noch unklar, ob den Anstrengungen der Regierung Trudeau, Inflation und Arbeitslosigkeit gleichzeitig zu bekämpfen, mehr als kurzfristiger Erfolg beschieden sein würde.

Die wirtschaftliche Erholung in den Mittsechzigern brachte für die Arbeitnehmer die Möglichkeit, einen größeren Anteil am Sozialprodukt zu fordern. Streiks im Postdienst und im Erziehungswesen, besonders aber auch in den Transportdiensten, stellten die Geduld der Öffentlichkeit auf harte Proben. Als 1966 die Verladung des Weizens nach China und der Sowjetunion durch Hafenarbeiterstreiks in Frage gestellt wurde und die Nation um die Erhaltung der Handelsverträge fürchten mußte, war ein Höhepunkt der Arbeitskämpfe erreicht. Die Öffentlichkeit sträubte sich jetzt nicht, als einzelne Provinzen und auch der Bund daran gingen, streikhemmende Gesetze zu beschließen, und sich bemühten, den Arbeitsfrieden wiederherzustellen beziehungsweise zu bewahren.

Ein Zeichen für die dennoch kontinuierlich, wenn auch nicht gleichmäßig wachsende Produktivität war der Anstieg der Exporte, die sich zwischen 1957 und 1966 im Wert verdoppelten. Hier wurde allerdings auch das Ausmaß der kanadischen Abhängigkeit von den Vereinigten Staaten deutlich, waren diese doch Partner für rund zwei Drittel des kanadischen Außenhandels in dieser Periode. Und die Bindung verstärkte sich noch, als die beiden Länder daran gingen, die Handelsschranken für einige Erzeugnisse im gegenseitigen Verkehr zu senken. Die wichtigste dieser Abmachungen wurde 1965 mit dem „Autopact" (Canada-United States Automobil Products Trade Agreement) getroffen, der den Automobilimport und -export mit dem Nachbarn im Süden regelte. In der Folge stieg der Exportanteil der in Kanada produzierten Fahrzeuge von etwa 10 Prozent 1965 auf über 80 Prozent in den 1980er Jahren.

In Kanada fühlte man sich auch jetzt noch nicht so recht wohl in dieser Abhängigkeitsstellung. Die Amerikaner hatten ja nicht nur als Käufer, sondern auch als Kapitalgeber einen unverändert starken Einfluß auf das kanadische Wirtschaftsleben und damit auch auf mancherlei politische Entscheidungen. Es mag nicht zuletzt diesem Abhängigkeitsgefühl zuzuschreiben gewesen sein, daß Kanada, wann immer es meinte, dazu in der Lage zu sein, nach Möglichkeit eine eigenständige Außenpolitik zu führen versuchte. Man weigerte sich, der Handelsblockade gegen Kuba beizutreten und verkaufte Weizen an die Rotchinesen. Im Herbst 1970 entschloß sich Trudeau sogar, die Regierung in Peking diplomatisch anzuerkennen. Und man machte schon sehr bald kein Hehl mehr aus der ehrlichen Abneigung gegen die amerikanische Kriegführung in Vietnam. Der Tadel in der Öffentlichkeit wurde zeitweilig begleitet von recht intensiven diplomatischen Bemühungen der Regierung Pearson um eine Einstellung der Feindseligkeiten. Mochte beides, Protest und Vermittlungsversuche, auch ohne sichtbaren Einfluß auf die Politik des riesigen Nachbarn bleiben, so war es doch Ausdruck des kanadischen Verlangens, Abstand zu halten, und besaß so bis zu einem gewissen Grad seinen Wert in sich selbst. In den direkten Beziehungen zwischen den beiden Ländern ereignete sich wenig Spektakuläres. Im Jahre 1961 wurde ein Abkommen über die Nutzung des Columbia-Stromes getroffen, das 1964 nochmals abgeändert wurde. Die Vereinigten Staaten verpflichteten sich, für kanadische Staudammbauten Kapitalhilfe zu leisten, und erhielten dafür ein dreißigjähriges Anrecht auf einen Teil des zu gewinnenden Stromes. Es war dies ein Pionierabkommen, das Vorbild für weitere Verträge ähnlicher Art werden konnte.

Ein anderer Problemkreis war die Frage der nuklearen Bewaffnung Kanadas. Unter Diefenbakers Regierung wurden die kanadischen Streitkräfte in nicht geringem Umfang mit Raketen ausgerüstet, für die Atomsprengköpfe teilweise eine mögliche und teilweise eine notwendige Ergänzung waren. Aber diese Sprengköpfe mußten in den Vereinigten Staaten gekauft werden und nach dortigem Gesetz in amerikanischem Gewahrsam bleiben. In der kanadischen Öffentlichkeit war man über die ganze Affäre nicht sehr glücklich. Wenn Amerikaner die Sprengköpfe für kanadische Raketen hüteten, so hieß es, so bedeutete dies eine Beeinträchtigung der kanadischen Souveränität. Und überhaupt schien es vielen zweifelhaft, ob Atomwaffen für Kanada wünschenswert seien. Die Friedenspolitik, die man zu führen gedachte, mochte darunter leiden. Diefenbaker wich bis zum Ende seiner Regierung einer Entscheidung aus. Erst Pearson entschloß sich, dem A ein B folgen zu lassen, und brachte die Sprengköpfe zu amerikanischen Bedingungen ins Land. Ein Teil der damit ausgerüsteten Streitkräfte stand jedoch unter NATO-Kommando in Europa, und mit der Sprengkopffrage war somit das ganze Problem der kanadischen Verteidigungskonzeption zur Diskussion gekommen. Obwohl vorerst keine wichtigen Änderungen getroffen wurden, schlief die Debatte darüber nicht mehr ein. Trudeaus spätere Bemühung, die Verpflichtungen Kanadas der NATO gegenüber nach Möglichkeit einzuschränken, war somit auf dem Hintergrund einer schon länger im Gang befindlichen Überlegung zu verstehen. Diese Denkrichtung am Ende des Jahrzehnts war nicht unbedingt mit Isolationismus gleichzusetzen, sondern sie strebte vielmehr eine Handlungsfreiheit an, welche den Kanadiern die Optionen offenhalten sollte.

Es konnte angesichts der Enttäuschungen der sechziger Jahre kaum erstaunen, daß man in Kanada die Möglichkeiten und Grenzen der selbstgewählten Friedensstifterrolle neu überdachte. Pearsons Vietnam-Mißerfolg war ja nicht die einzige bittere Erfahrung. Kanada hatte früher nie gezögert, bei den großen UN-Aktionen seinen Teil zu leisten. Am Suezkanal, auf Zypern und im Kongo waren Kanadier eingeschritten. Als die Finanzschwäche der Vereinten Nationen dann künftige Aktionen unwahrscheinlich machte, übernahm Kanada die Führung in einem Versuch, eine ständige Verfügungstruppe zu schaffen. Nur wenige Mitglieder der Weltorganisation zeigten sich jedoch geneigt, Truppen bereitzustellen, und in der Vollversammlung 1966 drang ein entsprechender Vorschlag nicht durch. Noch entmutigender war das Vorgehen Ägyptens im Jahre 1967. Nasser verlangte kurz vor Ausbruch des Sinaikrieges, daß die 1956 eingesetzte UN-Truppe sich zurückziehe, und forderte insbesondere den sofortigen Abzug der Kanadier, auf deren Initiative hin die Truppe ins Land gekommen war. Es konnte für den Friedensstifter Pearson kein Trost sein, daß die Ägypter dann kurz darauf eine blamable Niederlage durch die Israelis einstecken mußten und die Vereinten Nationen erneut am Suezkanal erschienen.

Auch innerhalb des Commonwealth schien die gute alte Zeit neuen und unübersichtlichen Entwicklungen zu weichen. Die Aufnahme der nun selbständig werdenden ehemaligen britischen Kolonien ließ den Völkerverband mehr und mehr die frühere Einheitlichkeit verlieren. Durch Ereignisse wie die Staatsstreiche ab 1966 in Ghana oder den Bürgerkrieg 1967–70 in Nigeria und die Kontroverse über die Rassenpolitik Rhodesiens wurde der Gedanke der Gleichartigkeit der Institutionen innerhalb des Commonwealth recht illusorisch. In Kanada verfolgte man den Fortgang dieses Prozesses mit aufrichtigem Bedauern. Auf der Konferenz der Premierminister im Jahre 1961 war es Diefenbakers Stand, der den Ausschlag gab für die feste Haltung gegenüber der südafrikanischen Rassenpolitik, welche schließlich zum Austritt Südafrikas aus dem Commonwealth führte. Pearson seinerseits handelte entsprechend, wenn auch weniger aktiv, als es um die Durchführung der Sanktionen gegen Rhodesien ging.

Es kann keinem Zweifel unterliegen, daß die kanadische Öffentlichkeit aus ehrlicher Überzeugung die Haltung ihrer Regierung in diesen Rassenfragen billigte. Aber es gab noch einen anderen handfesten Grund, der Kanadas Interesse am Zusammenhalt des Commonwealth wach hielt. Die Besorgnis über das amerikanische Übergewicht im Außenhandel des Dominions gab Anlaß zur Suche nach anderen Geschäftsmöglichkeiten. Großbritannien und in geringerem Maß die anderen Commonwealthländer erschienen als natürliche Ausweichpartner. Wenn Diefenbakers Bemühungen in dieser Richtung auch wenige substantielle Erfolge verzeichneten, so machten sie doch deutlich, daß man in Ottawa der Bindung an das Commonwealth weiterhin erheblichen Wert beilegte. Dies wurde vollends offenbar, als Großbritannien wiederholt Zutritt zum gemeinsamen europäischen Markt suchte. Die Sorge um das Handelsvolumen mit dem Mutterland wurde Anlaß zu einer eifrigen diplomatischen Kampagne der Commonwealthländer gegen einen solchen Schritt. Kanada erwies sich hierbei als einer der hartnäckigsten Verfechter des Status quo. Wenn es schließlich auch nicht diese Querschüsse aus dem Commonwealth waren, die den britischen Beitritt verzögerten, sondern der Widerstand de Gaulles, so hatte doch der Commonwealthgedanke sich als noch immer lebendige Kraft gezeigt.

Das Dominion beging im Jahre 1967 das Jubiläum seines hundertjährigen Bestehens. Die Feiern im ganzen Land mit dem unbestrittenen Höhepunkt der Weltausstellung in Montreal zeigten den Stolz der Bevölkerung auf das Geschaffene und ihren Willen, mutig das nächste Jahrhundert der nationalen Existenz zu beginnen. Daß die Einigkeit freilich auch ihre Risse hatte, wurde symptomatisch deutlich an der jubelnden Begeisterung, die nach de Gaulles Freiheitsvivat vom Rathausplatz zum Balkon in Montreal emporbrandete. Trotzdem erwies es sich spätestens mit den Provinzwahlen des Jahres 1970 und in der Reaktion auf die Krisenmaßnahmen der Regierung Trudeau im Herbst dieses Jahres, daß auch die Mehrheit der frankokanadischen Bevölkerung sich zum größeren Vaterland bekennen würde, falls ihr durch konstitutionelle Änderungen die Zugehörigkeit zu Kanada annehmbar gemacht werden konnte. Dies mußte die große innenpolitische Aufgabe der kommenden Jahre sein.

Trudeau und die Verfassung

Als Trudeau sich um das Amt des Premierministers bewarb, stellte er sich als neuen Mann mit neuen Ideen (new guy with new ideas) vor. Entsprechend wartete das Land gespannt auf die Bewährung in der rauhen politischen Wirklichkeit. Wie sich herausstellte, wurden unter seiner Regierungsführung durchaus einige Weichen neu gestellt. Die Gesamtwirkung blieb jedoch relativ mager, da sich im wichtigsten Bereich, der Verfassungsfrage, die Widrigkeit des Gegebenen beziehungsweise der jeweiligen Erwartungen als stärker erwies als das Bemühen der Regierung.

Zu Beginn der ersten Trudeauschen Amtsperiode mangelte es nicht an spektakulären Aktionen. 1969 wurde der stufenweise Abbau des kanadischen NATO-Beitrags bis auf die Hälfte der bisherigen Höhe bekanntgegeben mit dem erklärten Ziel, Mittel für interne Strukturänderungen freizusetzen. Erhöhte Zahlungen der Arbeitslosenversicherung, die Ankündigung einer radikalen Revision der Indianerpolitik und ab 1972 die Schaffung überprovinzieller, das heißt nationaler Marketing-Agenturen auf Bundesebene für landwirtschaftliche Erzeugnisse (Farm Products Marketing Agencies Act, 1972) waren weitere Initiativen im innenpolitischen Bereich.

Die Hauptanstrengung hatte freilich dem regional/ethnischen Problem zu gelten. Auch hier zeigte Trudeau Tatwillen. 1969 wurde ein Department of Regional Economic Expansion (DREE) eingerichtet mit der Aufgabe, im Zusammenwirken mit den Provinzen durch Zuschüsse an Einzelunternehmen und lokale Verwaltungen die Entwicklung wirtschaftlich schwacher Gebiete zu fördern. Dem Separatismus Quebecs sollte vor allem ein Sprachengesetz (Official Languages Act, 1969) den Wind aus den Segeln nehmen. Es brachte der Bundesbeamtenschaft ein umfangreiches Lehr- und Lernprogramm hinsichtlich der beiden offiziellen Landessprachen; Planstellen wurden entsprechend umkategorisiert; den Provinzen wurden Gelder für gleichartige Anstrengungen angeboten.

Aber Trudeau gelang es nicht, für seine breitgefächerte Bemühung die entsprechende Anerkennung zu gewinnen. Dies hatte sowohl mit seinem persönlichen Gebaren wie auch mit seinen Amtshandlungen zu tun, mehr aber doch noch mit den Gegebenheiten jener Jahre, die das Regieren in der Tat schwierig werden ließen. Des Premierministers unkonventionelles Auftreten erhielt gewiß viel Zustimmung in jenen Teilen der Bevölkerung, die sich in der damals herrschenden Atmosphäre des sozialen und intellektuellen Aufbruchs wohlfühlten. Sein zusehends länger werdendes Haupthaar, die stets frische Nelke am Revers, schließlich die Eheschließung des 52jährigen Junggesellen mit einer Zweiundzwanzigjährigen konnten als Indizien für Aufgeschlossenheit und Neuerungswillen gelten. Andererseits sahen nicht wenige Kanadier in solchem Verhalten eher eine unschickliche Arroganz, vor allem auch deshalb, weil sie in mancherlei Maßnahmen der ersten Trudeauregierung eine ähnliche Mißachtung des breiten Volkswillens zu erblicken meinten.

Unzufriedenheit konnte sich an Verschiedenem entzünden. Trudeau schuf sich den bei weitem umfangreichsten persönlichen Mitarbeiterstab, über den bis dahin ein kanadischer Regierungschef verfügt hatte. Außerdem wuchs die Bundesbürokratie dreimal schneller als die Bevölkerung. Im Parlament, und hinter der Hand sogar in der eigenen Fraktion, beklagte man sich über eine offensichtliche Mißachtung der gewählten Vertreter des Volkes. Das Sprachengesetz, zur Beruhigung des frankophonen Landesteils verabschiedet, gab anderwärts zu lauten Protesten Anlaß; eine Gallup-Befragung zeigte, daß in den Westprovinzen 70 Prozent der Bewohner nicht nur das Gesetz nicht wollten, sondern überhaupt die Idee zweier offizieller Landessprachen ablehnten. Auch die verschiedenen Hilfsprogramme für unterentwickelte Regionen und Fördermaßnahmen des Bundes etwa im Erziehungswesen oder zur Städtesanierung, also auf Gebieten, die eigentlich in die Zuständigkeit der Provinzen fielen, wurden in der Presse vielfach als selbstherrliches Vorgehen Ottawas interpretiert.

Die umstrittenste Maßnahme seiner ersten Amtszeit traf Trudeau im Zusammenhang mit der Oktoberkrise 1970. Lévesques Wahlerfolg hatte den Quebecker Nationalisten enormen Auftrieb gegeben, und radikale Elemente wurden ungeduldig. Angesichts der wachsenden Stärke der Bewegung empfanden sie den parlamentarischen Weg zur von ihnen angestrebten Unabhängigkeit als zu mühselig und langsam. Der lose organisierte Front de libération du Québec (FLQ) nahm es daher in die Hand, eine raschere Lösung zu suchen. Während er in früheren Jahren lediglich hatte Bomben in Briefkästen explodieren lassen, vergriff sich der FLQ nun an menschlichem Leben. Am 5. Oktober wurde der britische Handelsbevollmächtigte, James Cross, gekidnapt und ein Katalog von Forderungen verkündet, darunter die Freigabe von dreiundzwanzig „politischen Gefangenen", die Aushändigung von $ 500000 in Gold und freies Geleit ins Ausland. Als die Regierung sich auf die Erfüllung dieser Bedingungen nicht einließ, nahm eine andere FLQ-Zelle den Quebecker Arbeitsminister Pierre Laporte gefangen. Um der Polizei breite Vollmachten zu verschaffen, setzte Trudeau daraufhin am 16. Oktober den War Measures Act in Kraft. Zwei Tage später fand man Laporte erdrosselt in einem Autokofferraum. Anfang Dezember entdeckte die Polizei das Versteck des unversehrten Cross; seine Wächter konnten für seine Freigabe ihre ungehinderte Abreise nach Kuba einhandeln.

Unter die Zustimmung, welche der Bundesregierung in der Öffentlichkeit für ihr festes Auftreten zuteil wurde, mischte sich von Anfang an eine gehörige Portion Kritik. Dieselbe entzündete sich an der Frage der Verhältnismäßigkeit der getroffenen Notstandsmaßnahmen. Befürworter betonten vor allem, daß weiterer Aufruhr unterblieben war. Gegnerische Stimmen kritisierten, daß über fünfhundert meist völlig unbeteiligte Personen, großenteils Sympathisanten des Parti Québécois, zumindest kurzfristig festgenommen worden waren. Der Verdacht wurde laut, daß unter dem Deckmantel der Terrorbekämpfung die politische Einschüchterung Mißliebiger ein weiteres Ziel gewesen war. Schon vor der Krise hatte die Royal Canadian Mounted Police (RCMP), die 1919 aus der Nordwestpolizei hervorgegangen war und auch den Verfassungsschutz des Dominions übernommen hatte, eine Liste von potentiell gewalttätigen Gruppen aufgestellt und dabei den Parti Québécois an erster Stelle aufgeführt. Die RCMP hatte sich dann nicht nur vor und während der Oktoberkrise gelegentlich als wenig zimperlich bezüglich der Bürgerrechte einzelner gezeigt, sondern setzte diese Praxis auch später noch fort.

So büßte Trudeau während seiner ersten Amtszeit viel seiner ursprünglichen Popularität ein. Es kam daher für einsichtige Beobachter nicht überraschend, daß seine Partei in den Unterhauswahlen des Jahres 1972 ihrer Mehrheit verlustig ging. Sie gewann lediglich 38 Prozent der Stimmen, und mit 109 Sitzen errang sie nur zwei mehr als die Konservativen. Da Trudeau weiterregieren wollte, war er künftig auf die Duldung der NDP mit ihren 31 Abgeordneten angewiesen. Der Führer der letzteren, David Lewis, der Douglas 1971 abgelöst hatte, war hierzu auch grundsätzlich bereit, da er hoffte, die Regierung in sozialdemokratischem Sinn beeinflussen zu können.

Wie sich bald zeigte, gelang ihm das in bemerkenswerter Weise. Eine beträchtliche Anzahl progressiver Regierungsinitiativen erweckte weithin sogar den Eindruck, daß Trudeau sich hier nicht nur dem Zwang der Umstände beugte, sondern vielmehr die Gelegenheit nutzte, von ihm persönlich angestrebte linke Ziele zu verfolgen. Um dem Fremdeinfluß auf die kanadische Wirtschaft zu steuern, wurde 1974 eine Foreign Investment Review Agency (FIRA) gegründet mit dem Auftrag, den Erwerb einheimischer Unternehmen durch Nichtkanadier zu überwachen. Gegen die Verfilzung von Politik und Wirtschaft richtete sich eine Änderung des Wahlgesetzes, welches die Offenlegung größerer Wahlkampfspenden vorschrieb. Das breite Volk profitierte von der Koppelung der Einkommensteuersätze an die Inflationsrate und von Verbesserungen in der Altersversorgung und den Kinderbeihilfen. Eine Anzahl von Konferenzen und Befragungen demonstrierten amtliche Volksnähe. So kamen 1973 auf der

Western Economic Opportunities Conference die Wirtschaftsprobleme der Prärieprovinzen zur Sprache; eine von Thomas R.

Berger, einem Richter am Obersten Gericht von Britisch-Kolumbien, geleitete Royal Commission untersuchte (und verurteilte 1977) die Auswirkungen des Baus einer Erdölleitung im Mackenzietal und stellte damit die ökologische Aufgeschlossenheit der Regierung unter Beweis. Die wohl wichtigsten Maßnahmen dieser Amtszeit wurden jedoch im Zusammenhang mit der 1973 hereinbrechenden Ölkrise getroffen. Als es der Organization of Petroleum Exporting Countries (OPEC) nach dem Jom-Kippur-Krieg gelang, die Rohölpreise drastisch anzuheben, hatte dies auch Folgen für den kanadischen Markt. Im Hinblick auf den bevorstehenden Winter verkündete Trudeau im Dezember ein komplexes Energieprogramm. Auf die Öl- und Erdgasausfuhren der Westprovinzen wurde eine Exportsteuer erhoben, mit deren Ertrag der Ölpreis in den auf Einfuhren angewiesenen fünf Ostprovinzen gestützt wurde; der Bau von innerkanadischen Pipelines wurde forciert; beträchtliche Subventionsmittel wurden für die Suche nach unbekannten und die Ausbeutung von noch nicht erschlossenen Vorkommen bereitgestellt; schließlich wurde die Gründung einer neuen, rein kanadischen Ölgesellschaft (Petro Canada) in Aussicht gestellt, welche die Abhängigkeit des Landes von den multinationalen Firmen mindern sollte. Dank der Durchführung dieses Programmes blieb die Bevölkerung des Dominions weitgehend von der anderwärts eintretenden wilden Eskalierung der Energiepreise verschont.

Dies bedeutete freilich nicht, daß die schon seit Ende der 1960er Jahre anhaltende Inflation nachließ, aber Trudeau war in der Lage, politischen Gewinn aus diesem Umstand zu ziehen. Während die Teuerung 1970 3,4 Prozent betrug, stieg sie 1973 auf 7,6 und 1974 sogar auf 10,9 Prozent. Die Konservativen forderten Lohn- und Preiskontrollen ähnlich denen, die schon seit 1971 in den Vereinigten Staaten praktiziert wurden. Trudeau jedoch spürte, daß die Mehrheit der Bevölkerung anders dachte und nutzte die Gelegenheit. Sein Budgetvorschlag des Jahres 1974 enthielt Steuerkonzessionen für Großunternehmen, die den Zorn der NDP hervorrufen mußten. Sie tat ihm den Gefallen und stimmte gegen das Gesetz, was den Sturz der Regierung nach sich zog. Im Wahlkampf unterstützte Trudeaus junge Gattin, den Erstgeborenen auf dem Arm, medienwirksam die Sache ihres Mannes. Im Juli gewannen die Liberalen 141 Unterhaussitze, eine klare Mehrheit gegenüber den 95 Sitzen der Konservativen und den 16 der NDP.

Hiermit ließ sich leichter regieren. Als der Preisauftrieb nicht nachließ und die „Stagflation", das heißt das Stagnieren der Wirtschaft bei hoher Inflationsrate, zu ausgedehnten Streiks führte, entließ Trudeau kurzerhand seinen sich sträubenden Finanzminister John Turner und verkündete im Oktober 1975, daß das kanadische Volk „starke Arznei" zu schlucken hätte. Die zuvor verschmähten Kontrollen wurden nun doch eingeführt. Drei Jahre lang durften Löhne und Gehälter im öffentlichen Dienst und in Privatbetrieben mit über 500 Angestellten einen bestimmten, jährlich variierenden Prozentsatz nicht überschreiten. Preise durften nur angehoben werden, wenn eine Kostenerhöhung bewiesen werden konnte. Diese Medizin erwies sich insofern als wirksam, als die Inflation nicht weiterstieg. Als 1978 die Kontrollen aufgehoben wurden, betrug sie 8,9 Prozent.

In wirtschaftlicher Hinsicht war Trudeaus Regierung somit einigermaßen erfolgreich. Aber das größere Problem, welches letztlich sogar die Existenz des Landes schlechthin in Frage stellte, war dasjenige des wachsenden Regionalismus. Obwohl auch in den Atlantikprovinzen bemerkbar, trat es am stärksten im Westen und in Quebec in Erscheinung. Schon in den Wahlen des Jahres 1965 hatte sich die antizentralistische Stimmung in den Prärieprovinzen gezeigt, als die regierende liberale Partei dort lediglich einen von 48 verfügbaren Abgeordnetensitzen erringen konnte. Die Ursachen der herrschenden Unzufriedenheit waren nicht klar auszumachen, aber sicher spielte der in den letzten Jahrzehnten sich beschleunigende soziale Wandel eine wichtige Rolle. Im Haupterwerbszweig, der Landwirtschaft, war die Transformation vielleicht am deutlichsten sichtbar. Die Einführung moderner Landbearbeitungs-, Dünge- und Erntetechniken hatte die alte Familienfarm in einen hochtechnisierten Produktionsbetrieb verwandelt. Eine der Folgen war anhaltende Landflucht; innerhalb einer Generation war der Anteil der ländlichen Bevölkerung von 60 auf 30 Prozent der Präriebewohner gefallen. Die vertraute Infrastruktur, in welcher Dorfgemeinschaft, Zugpferd, Eisenbahn und Getreidesilos die wichtigsten Determinanten gewesen waren, wurde abgelöst durch anonymere, geringeren Halt gewährende Bezüge. Dazu kam der Rohstoffboom der 1960er und 1970er Jahre. Albertas Ölproduktion allein hätte für die Bedürfnisse des kanadischen Markts genügt, wäre es nicht wirtschaftlicher gewesen, in die Vereinigten Staaten zu exportieren. Die Bevölkerung Calgarys wuchs zwischen 1951 und 1971 von 142 000 auf 403 000, diejenige Edmontons von 194 000 auf 496 000 Einwohner. In Saskatchewan stieg die Förderung in den reichsten Pottaschevorkommen der Welt. Der Bedarf an Pipelineröhren ließ in Regina Stahlindustrie entstehen. Wachsende Nickelproduktion sorgte für Diversifikation in der Wirtschaft Manitobas. Von der Rohstoffkonjunktur profitierte auch die Pazifikküste, wo Vancouver zur Millionenstadt anwuchs.

Der Wandel der Bevölkerungsstruktur sowie Fragen der wirtschaftlichen Entwicklung und in steigendem Maße, damit zusammenhängend, auch der Umwelt waren die wichtigsten Politikfaktoren in den westlichen Provinzen. Sie brachten 1969 die NDP in Manitoba ans Ruder und ließen sie 1977 dasselbe wieder verlieren. Dieselbe Partei gewann 1971 die Provinzwahlen in Saskatchewan mit dem Versprechen, die Pottasche-Industrie dem Allgemeinwohl nutzbar zu machen. Im gleichen Jahr vertrieben die Konservativen die seit Jahrzehnten regierenden Sozialkreditisten aus der Regierung Albertas, indem sie die Sorge um die Zukunft der Provinz nach der voraussehbaren Erschöpfung der Ölvorkommen publikumswirksam artikulierten. Auf den ersten Blick hatten natürlich die businessorientierten Tories wenig mit den Sozialisten in den Nachbarprovinzen gemein. Was jedoch die meisten Bewohner des Westens miteinander verband, war der Wunsch, den Einfluß der Bundesregierung zurückzudämmen, um die vorhandenen Ressourcen nach Möglichkeit selbst kontrollieren und den eigenen Vorteil sichern zu können.

Es gab auch konkretere Gründe für den wachsenden Unmut. Trudeaus Maßnahmen während der Ölkrise von 1973 mochten im Osten des Landes sinnvoll erscheinen, vor allem auch, weil sie Quebec die Vorteile der Dominionzugehörigkeit demonstrierten. Im Westen machten sie böses Blut. Noch nie, so ging das Argument, hatte Ottawa den Westen vor hohen Preisen für Industrieprodukte geschützt. Im Gegenteil, Autos, Maschinen und vieles andere aus zentralkanadischer Produktion wurden traditionell noch durch hohe Schutzzölle verteuert. Nun aber hielt die Bundesregierung, wiederum zum Vorteil des östlichen Kanada, den Ölpreis künstlich nieder und beraubte die ölproduzierenden Provinzen der Möglichkeit, sich ein finanzielles Polster für spätere, schwerere Zeiten zu schaffen. Ärger gab es auch hinsichtlich des Getreidetransports. Im Crow's-Nest-Pass-Abkommen von 1897 waren die Frachtpreise festgeschrieben worden. Die Eisenbahnen weigerten sich nun unter Hinweis auf die mangelnde Kostendeckung, das Streckennetz leistungsfähiger zu machen; die Farmlobby ihrerseits wehrte sich mit Verve gegen eine Erhöhung der Tarife und beschuldigte die Bundesregierung der Absicht des Vertragsbruchs.

Die Vernachlässigung der Interessen der peripheren Provinzen zeigte sich in der Sicht der letzteren schließlich und vor allem in der Entwicklung der Verfassungsfrage. Der Vorschlag der Bundesregierung auf der Victoria-Konferenz 1971, nur Ontario und Quebec ein Veto bei künftigen Verfassungsänderungen zuzugestehen, konnte schon für sich allein genommen als symptomatisch für die in Ottawa geltenden Prioritäten angesehen werden. Aber das Übel hatte ja tiefere Wurzeln. Wie schon die Doppelsprachenpolitik deutlich genug zeigte, war Ottawa offensichtlich gesonnen, den Sonderwünschen der Frankokanadier über jedes vernünftige

Maß hinaus entgegenzukommen. Gab es nicht auch im Westen eine ganze Anzahl substantieller ethnischer Minderheiten? Was den Frankokanadiern recht war, sollte es Kanadiern ukrainischer, japanischer oder deutscher Abkunft nicht billig sein? Verbale Deklarationen und diverse als Politik des Multikulturalismus dargebotene Beruhigungsprogramme konnten nach Meinung vieler die Ungleichheit der diesbezüglichen Bemühungen der Regierung Trudeau nur ungenügend verbergen.

Während man im Westen, aber auch vielfach in den Atlantikprovinzen und in Ontario die Haltung Ottawas den frankokanadischen Forderungen gegenüber als zu nachgiebig kritisierte, fühlte man sich andererseits in Quebec im Gegenteil zu wenig verstanden. Die Unruhe hinsichtlich drohender Überfremdung nahm dort angesichts moderner Entwicklungen eine neue Dimension an. In früheren Jahrzehnten hatte vor allem der Einfluß nichtfrankokanadischen Kapitals und die politische Majorisierung durch die Anglokanadier Unmut erregt; nun bereitete immer mehr die Angst um das schiere ethnische Überleben Sorge. Nicht nur konnte man sich angesichts gesunkener Geburtsraten nicht mehr ohne weiteres auf die selbstverständliche Erhaltung der eigenen Volkssubstanz verlassen. Unmittelbarer drohte offenbar der kulturelle Identitätsverlust durch den übermächtigen Druck der englischen Sprache. Fernsehen, Radio, geschäftliche Kommunikation, materieller Opportunismus und oftmals auch schlechthin persönliche Neigung der einzelnen drängten den Gebrauch des Französischen zurück und ließen den Zeitpunkt erahnen, wo es seine führende Stellung in der frankokanadischen Gesellschaft eingebüßt haben würde.

Diese vor allem in gebildeten Kreisen geäußerten Befürchtungen bildeten leicht mit dem auch im sonstigen frankokanadischen Milieu anzutreffenden Unwillen über vermutete wirtschaftliche Ausbeutung durch die Anglokanadier die Grundlage für ein politisches Programm. Der Parti Québécois forderte entsprechend schon bei seiner Gründungsversammlung im Oktober 1968 neben dem Fernziel der Unabhängigkeit Quebecs Sofortmaßnahmen zur Etablierung des Französischen als einziger offizieller Sprache und zur Einschränkung des Abführens von wirtschaftlichen Gewinnen aus der Provinz. Nach dem Teilerfolg in den Provinzwahlen 1970 verstärkte Parteiführer Lévesque die sozialreformerische Rhetorik, um auch Wählerkreise sozialdemokratischer Gesinnung anzusprechen. 1973 blieb ein durchschlagender Wahlerfolg noch aus, da sich trotz erhöhten Stimmenanteils die Zahl der Abgeordneten im Provinzparlament sogar verringerte. Aber die regierenden Liberalen machten nun Fehler. Sie zeigten wenig Verständnis für die gewerkschaftliche Militanz jener Jahre und konnten außerdem der Geldverschwendung bei der Errichtung eines großen Staudammes an der James Bay und den Bauten für die Montrealer Olympiade 1976 geziehen werden. Lévesque spielte daraufhin im Wahlkampf des Herbstes jenes Jahres klug seine separatistischen Absichten herunter, um auch bei gemäßigten Quebeckern Anklang zu finden. Dieses Vorgehen zahlte sich aus. Seine Partei errang 41 Prozent der Stimmen und besetzte drei Viertel der Abgeordnetensitze.

Als Ministerpräsident taktierte Lévesque nicht ungeschickt. Er wußte, daß sein Regierungsauftrag nicht mit einem Mandat zur unmittelbaren Verselbständigung der Provinz gleichzusetzen war und vor allem auch, daß der gute Wille des momentan perplexen restlichen Kanada gewonnen werden mußte, sollte die von ihm angestrebte „souveraineté-association" aushandelbar sein. So beschränkte er sich vorerst auf die schon von den Liberalen begonnene Reform der Sprachenregelung. Bourassas 1974 in Kraft gesetzte Bill 22, welche den Zugang zu englischsprachigen Schulen eingeengt hatte, wurde 1977 durch die viel schärfere Bill 101 abgelöst. Ausschließlich solche Kinder erhielten künftig englischsprachigen Unterricht, deren Eltern schon selbst in Quebec so erzogen worden waren; die Beschilderung der Provinz, vor allem auch in Einzelhandelsgeschäften, durfte nur noch Französisch gehalten sein; Regierungs- und Amtssprache, auch im Provinzparlament, war Französisch.

Während sich die fast eine Million Englischsprachiger in Quebec empörte und sich einige Unternehmen auf den Auszug aus der Provinz vorbereiteten, wandte man sich im übrigen Kanada bald wieder anderen Fragen zu. Sorgen bereitete vor allem die anhaltend hohe Inflation und das durch Sozialleistungen, Entwicklungsprogramme und Regionalausgleichszahlungen belastete Budget des Bundes. Die Konservativen hatten 1976 den glücklosen Stanfield abgesetzt und den noch nicht vierzigjährigen, eine Verlegenheitswahl darstellenden Joe Clark aus Alberta zum Führer bestellt. Trudeau, der gerade mit anerkennenswerter Zurückhaltung den in der Öffentlichkeit ausgetragenen Zusammenbruch seiner Ehe durchstanden hatte, konnte hoffen, daß die Wählermassen angesichts der zu bewältigenden Probleme ihm eher als dem unerfahrenen Clark vertrauen würden und schrieb 1979 die fälligen Wahlen aus. Zu seiner Enttäuschung erfuhr er jedoch, daß man im Land vorerst seiner Leitung entraten zu können glaubte. Zwar erhielten die Liberalen vier Prozent mehr Stimmen als die Tories; aber da die liberale Stärke ganz überwiegend im östlichen Teil des Dominions, besonders in Quebec, konzentriert war, gewannen letztere mehr Sitze im Unterhaus und waren erstmals seit sechzehn Jahren wieder in der Lage, die Regierung zu bilden.

Die Premierschaft des jungen Clark erwies sich jedoch als nicht von langer Dauer. Da seine Partei nicht die absolute Abgeordnetenmehrheit stellte, war sein Kabinett auf Duldung, vor allem durch die sozialdemokratische NDP, angewiesen. Dies war wackliger Grund, und Clark mußte versuchen, durch populäre Maßnahmen seine Basis möglichst schnell zu erweitern. Er hatte versprochen, Quebec gegenüber flexibel zu sein. Wie um seine Generosität unter Beweis zu stellen, begann seine Regierung mit Konzessionen. Neufundland erhielt die Verfügung über Ölvorkommen vor seiner Küste. Zwecks Neuverteilung der Zuständigkeiten für die Naturschätze im Westen willigte Ottawa in Gespräche ein. Angewidert erklärte Trudeau seinen Rücktritt als Führer der Liberalen und seinen Abschied von der Politik überhaupt. Daraufhin gedachte Clark, die Gunst der Stunde zu nutzen. Sein im Dezember eingebrachter Haushalt verhieß, in den Worten von Finanzminister John Crosbie, „short term pains for long term gains". Den größten Schmerz verursachten hierbei im Empfinden vieler eine drastische Erhöhung der Benzinsteuer und die als Präsent für die ölproduzierenden Provinzen gedachte Zusage, den Ölpreis rasch bis auf 85 Prozent des Weltpreises ansteigen zu lassen. Diese Maßnahmen mochten fiskalische Berechtigung haben, doch ihre unmittelbare politische Wirkung war nicht gut durchdacht. Die führerlosen Liberalen stimmten wider Erwarten mit der übrigen Opposition gegen den Budgetentwurf und brachten damit Clarks Regierung bereits sechs Monate nach Amtsantritt zu Fall.

So waren im Februar 1980 erneut Wahlen abzuhalten. Die Liberale Partei konnte sich von einem unbekannten neuen Führer keine großen Erfolge erhoffen. Trudeau ließ sich deshalb nach kurzem Zögern überreden, nochmals anzutreten. Er war relativ populär in Quebec und obendrein willens, sich mit dem Westen anzulegen, wie die im Wahlkampf gegebene Zusage zeigte, den Benzinpreis erträglich zu halten. Das liberale Kalkül zahlte sich aus. Westlich von Ontario gewann die Partei zwar wieder nur zwei Sitze, doch die Stimmen im Zentrum des Dominions und in den Atlantikprovinzen reichten zu einer abermaligen liberalen Parlamentsmehrheit.

Trudeau hatte im Wahlkampf angekündigt, daß die kommende Legislaturperiode unwiderruflich seine letzte sein würde. Dieser Verzicht auf fernere politische Ziele gab ihm die Freiheit, als Regierungschef nun das ihm am Herzen liegende, zuvor durch die Alltagsfragen ständig auf ärgerliche Weise von der Tagesordnung verdrängte konstitutionelle Problem einer erstrebenswerten Lösung zuzuführen. Die Unzufriedenheit im Westen und besonders die plötzlich brennend akute Quebecfrage ließen in der Tat ohnehin eine ernsthafte Initiative in dieser Richtung geraten erscheinen.

Nach langem Zögern hatte sich Lévesque endlich entschlossen, das seit

1973 in Aussicht gestellte Plebiszit abzuhalten. Die im März 1980 bekannt-
gegebene Referendumsfrage forderte in bewußt gewunden-obskur gehal-
tener Form ein Mandat zu Verhandlungen „mit dem übrigen Kanada" in
Richtung auf eine politische Verselbständigung Quebecs unter Beibehal-
tung enger wirtschaftlicher Bindungen.

In der sich anschließenden Öffent-
lichkeitsdebatte machten rasch nicht nur alle anderen Provinzen, sondern
auch Trudeau klar, daß sie sich auf solche Verhandlungen nicht einlassen
würden. Der letztere beauftragte seinen in Quebec beheimateten Justizminister Jean Chrétien, einen überzeugten Sezessionsgegner, mit der Leitung
der Gegenkampagne. Er fand Unterstützung auch in Quebec, wo besonders Claude Ryan, Herausgeber der einflußreichen Tageszeitung „Le De-
voir", die Lévesqueschen Absichten scharfsinnig und publikumswirksam
attackierte. Das Hauptargument der Lévesquegegner war, daß zu radikalen Schritten kein Anlaß bestünde, da einerseits Quebec materiellen Schaden erleiden würde und das restliche Kanada sich andererseits schon seit
geraumer Zeit den Quebecker Beschwerden gegenüber aufgeschlossen
gezeigt habe. So dachte offenbar auch die Mehrheit. In der Abstimmung
am 20. Mai votierten 60 Prozent der Wähler gegen Lévesques Vorschlag.

Trudeau hatte vor dem Referendum die „feierliche Erklärung" abgegeben, daß ein negativer Ausgang von seiner Regierung nicht als Wunsch der
Frankokanadier gedeutet würde, den Status quo zu erhalten. So war die
nahezu vernichtende Niederlage der Separatisten zugleich ein Auftrag für
ihn, auf konstitutionellem Gebiet aktiv zu werden. Das Problem hatte im
Grund genommen zwei Aspekte. Zum einen verlangte die mindestens seit
der Verfassungskrise von 1926 anhängige Frage der Änderungskompetenz
nach Antwort. Zum anderen ging es um einen Ausweg aus den ab den
1960er Jahren auftretenden, dem wachsenden Regionalismus zuzuschrei-
benden Schwierigkeiten. Beiden Komplexen gemeinsam war die Frage
nach der Rolle der Provinzen.

In Kanada herrschte schon seit Jahrzehnten Einigkeit darüber, daß die
Verfassungshoheit rechtens dem Dominion zustehe. Da aber das Grün-
dungsgesetz ein Werk des britischen Parlaments war, hatte bislang das
letztere bei Änderungswünschen angerufen werden müssen. Die Briten
hatten sich diesbezüglich schon bei der Abfassung des Westminsterstatuts
kaum gesperrt und hätten ihr Privileg von da an wohl jederzeit ohne
nennenswerten Widerstand ganz aufgegeben und den Kanadiern die
„Heimführung" (patriation) der Verfassung gestattet. Die Frage jedoch
war, wer oder was die Änderungsfunktion übernehmen würde. Traditionell hatte sich ein nicht völlig klar definierter und unbeständiger Modus
der Kooperation zwischen Bundesregierung und Provinzen herausgebildet, aber da jeder weitere Klärungsversuch unumgänglich die strittigen

modernen Probleme der Zuständigkeit für die Sozialgesetzgebung oder der Verfügungsgewalt über die Naturschätze berühren mußte, war man bisher über Ansätze zu einer ernsthaften Regelung nicht hinausgekommen. Der auf der schon erwähnten Victoria-Konferenz 1971 erarbeitete Vorschlag beispielsweise hatte sich gegen resoluten Widerstand in Quebec und anderwärts nicht durchsetzen können. Trudeau ging nun daran, Nägel mit Köpfen zu machen. Obendrein beabsichtigte er, sozusagen weil es in einem Aufwaschen gehen konnte, auch die Grundrechte des einzelnen, die ja bisher lediglich in Diefenbakers Rechtegesetz festgeschrieben waren, verfassungsmäßig abzusichern. So lud er die Provinzregierungen im September 1980 nach Ottawa ein. Als dort ein Konsens nicht zu erreichen war, entschloß er sich zum Alleingang. Anfang Oktober gab die Bundesregierung bekannt, daß sie selbständig die Verfassung nach Kanada bringen und dabei auch einen Grundrechtekatalog etablieren werde. Der Vorschlag wurde im Parlament einem gemeinsam von Unterhaus und Senat gebildeten Ausschuß anvertraut, der auch Eingaben aus der Öffentlichkeit entgegennahm. Als größte Hürde erwies sich freilich der Widerstand einiger Provinzen. Während Ontario und Neubraunschweig Trudeaus Absicht befürworteten, reichten die Regierungen von Manitoba, Quebec und Neufundland bei ihren Gerichten Verfassungsklage ein. Die beiden ersteren kamen nicht weiter, aber das Oberste Gericht Neufundlands befand im März 1981 einstimmig, daß das einseitige Vorgehen der Bundesregierung verfassungswidrig sei. Die Angelegenheit kam damit vor das Oberste Gericht in Ottawa. Dieses entschied im September, daß Trudeau formal rechtens, aber gegen die etablierte Konvention handele, da eine „substantielle" Zahl von Provinzen zuzustimmen hätten.

Hieraufhin lud Trudeau alle Ministerpräsidenten der Provinzen zu einem letzten Versuch im November nach Ottawa ein. Neun von ihnen – Lévesque verweigerte sich – und die Bundesregierung einigten sich dort auf eine Korrekturformel. Die Verfassung konnte künftig geändert werden, wenn mindestens sieben Provinzen mit insgesamt mindestens 50 Prozent der Bevölkerung Kanadas zustimmten. Ablehnende Provinzen waren nicht gebunden, konnten aber später die Änderung übernehmen. Die Grundrechte wurden in einer Charter of Rights festgelegt, jedoch konnte eine Provinz solche Rechte, mit Ausnahme klar definierter Sonderfälle wie etwa der Gleichheit der Geschlechter, für ihr Gebiet außer Kraft setzen („notwithstanding"-Klausel). Dieses Ergebnis ließ viele Kanadier unzufrieden. Insbesondere militante Frauengruppen und Indianervertreter beklagten einen Mangel an Garantien. Die Regierung Quebecs vermißte das beanspruchte Vetorecht. Trudeau selbst mißfiel die Abschwächung der

Verbindlichkeit mancher Bestimmungen, doch sah er ein, daß unter den gegebenen Umständen mehr nicht zu erreichen war. Das Parlament verabschiedete daraufhin im März 1982 den die „Heimführung" gewährenden Canada Act, und am kalten, regnerischen 17. April unterzeichnete Königin Elisabeth II. vor über 30 000 Zuschauern auf dem Parlamentshügel in Ottawa den Constitution Act, 1982.

Nach außen hin war die Übernahme der Verfassungshoheit durch das Dominion ein Schritt von säkularer Bedeutung, stellte sie doch nichts weniger dar als den Abschluß der 1867 begonnenen Verselbständigung. Aber andererseits konnte auch gerade die Tatsache, daß er möglich geworden war, als Indiz dafür dienen, daß es sich hier mehr oder weniger um eine Formalität handelte. Die schon weiter oben angedeuteten, tieferliegenden Probleme harrten auch im folgenden Jahrzehnt noch der Lösung. Soziale und wirtschaftliche Schwierigkeiten, das Verhältnis zum südlichen Nachbarn und besonders die Quebecfrage waren auch fernerhin die wichtigsten Punkte der politischen Tagesordnung.

Trudeau freilich betrachtete die Vollendung seines Verfassungswerks als die Krönung seiner Regierungstätigkeit und konnte sich zu weiteren seriösen Initiativen nicht mehr entschließen. Dies wurde im Land weithin mit Mißfallen vermerkt, zumal die Wirtschaftsdepression der frühen 1980er Jahre eine starke Hand am Steuer wünschenswert erscheinen ließ. Im konservativen Lager jedenfalls witterte man bald Morgenluft. Auf einem zur Klärung der Führungsfrage zusammengerufenen Parteitag im Juni 1983 wurde der als zu harmlos empfundene Clark durch den gleichaltrigen Brian Mulroney, einen aus Quebec stammenden Geschäftsmann, abgelöst. Im Unterhaus erwies sich dieser rasch als fähiger Debattierer. Trudeau seinerseits erfüllte sein gut vier Jahre zuvor gegebenes Versprechen, indem er sich im Februar 1984 amtsmüde erklärte. Die Liberalen wählten daraufhin Turner, der Mitte der 1970er Jahre im Ärger mit Trudeau aus der Politik ausgeschieden war, zu seinem Nachfolger. In der Meinung, genügend Wohlwollen in der Öffentlichkeit wahrzunehmen, schrieb der neue Premierminister sofort Bundeswahlen aus. Es war seine erste und letzte substantielle Aktion. Im September erlitten die Liberalen die schwerste Niederlage ihrer Geschichte. Mochte deren Ursache das Gefühl der Wähler sein, daß zwei Jahrzehnte liberaler Regierung lange genug waren, oder vor allem ihre Unzufriedenheit mit dem konzeptlosen Lavieren der letzten Jahre, oder vielleicht auch lediglich das taktische Ungeschick Turners im Wahlkampf, wo er sich als von Hintermännern abhängig dargestellt hatte, – von nun an hatten die Konservativen das Sagen. Mit 211 Abgeordnetensitzen waren sie im Unterhaus dreimal so stark vertreten wie beide Oppositionsparteien zusammen.

Problematische Gegenwart

Es ist nicht leicht, den Trend der kanadischen Geschichte in der jüngsten Vergangenheit zu definieren. Unter den mannigfachen sozialen Problemen dieser Jahre zogen insbesondere die Frauenfrage und die Lebensbedingungen der indianischen Bevölkerung Aufmerksamkeit auf sich. Dies bedeutete jedoch gewiß nicht, daß das Verfassungsproblem in den Hintergrund gedrängt worden wäre. Es besetzte im Gegenteil eine Zeitlang den prominentesten Platz auf der politischen Tagesordnung und trug jedenfalls sehr dazu bei, in nicht wenigen Kanadiern eine gewisse Malaise angesichts der gegebenen politischen Zustände hervorzurufen. Mulroneys Regierung zeigte sich trotz nicht zu bestreitender Anstrengungen kaum in der Lage, die allgemeine Stimmung zu heben. Dabei florierte die Wirtschaft bis zum Ende der 1980er Jahre, und die generelle Weltlage bot sich spätestens von da an infolge des Zerfalls der kommunistischen Macht für die westliche Welt ansprechend genug dar. Aber in Kanada blieb man sich vor allem der ungelösten Fragen bewußt. Offensichtlich war das Kernproblem weiterhin die Kommunikation innerhalb des weiten Landes, wo die großen Distanzen es dem einzelnen erschwerten, in genügendem Maß Verständnis für die Anliegen der entfernt lebenden Mitkanadier aufzubringen.

Bei der Frauenfrage ging es im Grund natürlich um die zu erreichende Gleichstellung von Mann und Frau. Zweifellos waren in dieser Hinsicht in den vergangenen Jahrzehnten Fortschritte erzielt worden. Schon 1875 erhielt die erste kanadische Frau ein Universitätsdiplom, fünf Jahre später erwarb eine andere den Doktorgrad der Medizin. Nach der Einführung des Frauenwahlrechts im Weltkrieg besetzte 1921 zum ersten Mal eine Frau einen Sitz im Unterhaus, 1930 im Senat. Der zweite Weltkrieg verstärkte die Gegenwart der Frauen in der Arbeitswelt und in der Öffentlichkeit überhaupt. 1957 wurde die erste Bundesministerin ernannt, im nächsten Jahr die erste Botschafterin. Aber viele Erwartungen blieben noch unerfüllt, vor allem hinsichtlich Bezahlung und Fortkommen im Berufsleben oder auch des Abtreibungsrechts. Pearson ernannte daher 1967 eine Royal Commission on the Status of Women, welche unter der Leitung von Florence Bird, der ersten Frau, die ein solches Amt bekleidete, Empfehlungen zur Verbesserung der Lage der Frauen ausarbeitete. Zur Durchsetzung dieser Vorschläge in der politischen Arena formierte sich 1972 ein National Action Committee on the Status of Women (NAC). Seine Arbeit und diejenige anderer in gleicher Richtung tätiger Organisationen brachte Früchte, wenn auch lange nicht so viele und so rasch wie erhofft. Mehr zur Verdeutlichung des Trends konnte dienen, daß die katholische

Kirche 1982 die erste Kanadierin heiligsprach. Aber die Bestellung von Jeanne-M. Sauvé 1984 zum ersten weiblichen Governor General, die Ernennung des ersten weiblichen Generals der kanadischen Streitkräfte 1987, und der Entschluß der NDP im Dezember 1989, mit Audrey McLaughlin zum ersten Mal in der kanadischen Geschichte eine Frau an die Spitze einer bedeutenden Partei zu berufen, waren gewiß schwellenüberschreitende Ereignisse von Bedeutung.

Die Beschleunigung der Emanzipation in den 1980er Jahren war wohl zumindest teilweise eine Folge der Grundrechtedebatte, die zu Beginn des Jahrzehnts die Diskussion neu angefacht hatte. Die letztere konzentrierte sich dann eine Zeitlang speziell auf die Abtreibungsfrage. Ein Urteil des Obersten Gerichts im Februar 1988, das die bisherige restriktive Regelung als verfassungswidrig aufhob, brachte hierin freilich keine Klärung, sondern führte eher zu einer Verhärtung der Fronten. Im übrigen galten die Anstrengungen der Frauenlobby vor allem zwei Problemkomplexen. Zum einen arbeitete man hin auf die Beseitigung jeder Diskriminierung der einzelnen Frau, sowohl im Beruf und in der Öffentlichkeit allgemein als auch in der Familie. Zum anderen wurde das Ziel eines Avancements des gesamten Frauentums verfolgt; durch Quotenregelungen und ähnliche Mittel des social engineering sollte erreicht werden, daß in möglichst vielen oder gar allen Bereichen des Lebens Frauen und Männer in gleicher Weise präsent und handlungsfähig wären. Da beides, wie sich schon seit einiger Zeit erwies, nur zum Teil eine Aufgabe für den Gesetzgeber sein konnte, sondern vielmehr hingebende und offenbar langwierige Öffentlichkeitserziehung voraussetzte, gab es auch zum Beginn der 1990er Jahre in diesem Bereich noch viele Desiderata.

Ein anderer unzufriedener Bevölkerungsteil waren die eingeborenen Volksgruppen. Die schon im vorigen Jahrhundert mit der Absicht der allmählichen Assimilation konzipierte Reservatspolitik hatte sich nicht als erfolgreich erwiesen. Mitte der 1980er Jahre lebten in Kanada über siebenhunderttausend Indianer, Mestizen und Inuit, davon ein sehr beträchtlicher Teil auf insgesamt 2300 Reservaten. Nur ein geringer Prozentsatz ernährte sich noch auf die überkommene Weise durch Jagen und Fischen. Die große Mehrheit fristete ihr Dasein im Stammesverband, durch Regierungszahlungen vor dem Verhungern bewahrt, aber meistens bar aller Aussicht auf ein besseres Fortkommen und infolge des durch die Umstände bedingten Müßiggangs demoralisiert und oft dem Alkohol ergeben. In den Jahrzehnten nach dem zweiten Weltkrieg wurden diese Zustände allmählich als öffentlicher Skandal empfunden. Die Gewährung des Wahlrechts 1960 war ein Zeichen guten Willens, konnte aber keine wesentliche Besserung bedeuten. Die Regierung Trudeau gab daher 1969 die Absicht kund, den Indian Act von 1876 außer Kraft zu setzen und nach Auflösung des Department of Indian Affairs dessen Zuständigkeiten den Provinzen zu übergeben. Auf indianischer Seite widersetzte man sich jedoch der implizierten Demontage des 1876 geschaffenen speziellen Indianerstatus aus Furcht, daß nun die Assimilation beschleunigt vorangetrieben werden sollte, und so blieb vorerst alles beim alten.

Durch die Initiative Trudeaus, aber wohl mehr noch durch die allgemeine Unruhe jener Zeit, war nun freilich die Militanz der Indianer erwacht. Sie äußerte sich in den folgenden zwei Jahrzehnten in ihrer wachsenden Geneigtheit, vermutetes, aus alten Verträgen stammendes Recht mittels Petitionen, Anrufung der Gerichte oder auch Gewaltanwendung durchzusetzen. In der Hauptsache ging es um Statusfragen, Besitzansprüche oder Probleme des Umweltschutzes. Weiten Widerhall in der Öffentlichkeit fanden hierbei etwa die schließlich zum Vertragsschluß führenden Verhandlungen im Zusammenhang mit dem Bau des Jamesbai-Dammes, die Proteste hinsichtlich der Charter of Rights, die Blockierung des noch zu besprechenden Meech-Lake-Abkommens und vor allem die sich von Juli bis September 1990 hinziehende bewaffnete Konfrontation zwischen Mohawk-Indianern und Bundestruppen bei Oka nahe Montreal. Zweifellos machte die indianische Sache in dieser Zeit beträchtliche Fortschritte. Diese manifestierten sich nicht nur in der erhöhten und im ganzen sympathisierenden Aufmerksamkeit des nichtindianischen Kanada, sondern auch in legislativem Entgegenkommen, zum Beispiel in dem 1988 in Kraft gesetzten Kamloops-Zusatz zum Indian Act, der den Stammesräten volle Jurisdiktion über ihre Reservatsländereien zugestand. Aber viele Wünsche blieben vorerst noch unerfüllt, und die Indianer konnten nur hoffen, daß die von der Regierung Mulroney 1991 beabsichtigte umfassende Revision des Indian Act sie ihren Zielen noch näher bringen würde.

Auch für das Quebecproblem hatte sich bis Anfang der 1990er Jahre noch keine gute Lösung gefunden. Trudeaus mit der Annahme des Constitution Act belohnter Parforceritt hatte im Gegenteil in der französischen Provinz viel Unwillen erregt, und Lévesque hatte sich geweigert, die neue Regelung als verbindlich anzuerkennen. Diese Ablehnung mochte keine rechtliche Grundlage haben, aber sie war symptomatisch für die Enttäuschung der Mehrheit in Kanadas zweitgrößter Provinz. Lévesques politische Karriere überlebte zwar nicht lange diejenige Trudeaus; im Juni 1985 zog er sich aus dem öffentlichen Leben zurück, und im Dezember verlor seine Partei die Herrschaft an die Liberalen unter Bourassa. Aber auch der letztere mußte der Stimmung in Quebec Rechnung tragen. Er wagte nicht, die Lévesquesche Sprachengesetzgebung abzuschwächen, sondern versuchte im Gegenteil, sie sozusagen durch das restliche Kanada sanktionieren zu lassen. Mit diesem Ziel offerierte er Anfang 1986 die formelle Anerkennung der Verfassungsregelungen von 1982, falls die Bundesregierung und die übrigen Provinzen einigen Modifikationen zustimmen würden. Mulroney, der einen politischen Erfolg witterte, lud alle Ministerpräsidenten zu einer Tagung am Meech Lake bei Ottawa ein. Dort wurden eine Reihe von Punkten beschlossen, deren ominösester die Anerkennung der Bevölkerung Quebecs als „Gesellschaft eigener Art" (société distincte) war, die aber vor allem eine Minderung der Bundesgewalt beabsichtigten, zum Beispiel durch Verleihung des Vetos in Verfassungsfragen an alle Provinzen und die potentielle Aufsplitterung der bundeseinheitlichen Sozialprogramme. Alle zehn Provinzen und das Bundesparlament hatten dem Vertragswerk binnen drei Jahren zuzustimmen. Die Abmachung entfesselte sofort in weiten Kreisen des Dominions einen Sturm der Entrüstung. Er richtete sich vor allem gegen den Ausverkauf der Bundeskompetenzen, dann aber auch gegen den Anspruch Quebecs auf einen kaum definierten, konstitutionell wenig Gutes verheißenden Sonderstatus. Die meisten Provinzregierungen, erfreut über den Machtzuwachs, ratifizierten dann trotz aller Bedenken. Letzten Endes kam das Abkommen jedoch zu Fall, als sich Manitoba und Neufundland nicht zum Beitritt entschließen mochten. Im Provinzparlament in Winnipeg hielt der einzige indianische Abgeordnete, der für seine ethnische Gruppe einen Status ähnlich dem Quebecs beanspruchte, die Debatte mit prozeduralen Mitteln bis zum Verstreichen der geltenden Frist auf, so daß nicht zur Abstimmung geschritten werden konnte. Das Endergebnis der gesamten Meech-Lake-Affäre war damit zum einen ein Gesichtsverlust Mulroneys, dann aber vor allem auch erhöhter Unwillen im Land. Die enttäuschten Erwartungen gaben in Quebec der Separatismusrhetorik gehörigen Auftrieb. Der an sich gemäßigte Bourassa sah sich dementsprechend veranlaßt, 1988 sogar ein Urteil des Obersten Gerichts in Ottawa unter Berufung auf die „nonwithstanding"-Klausel zu ignorieren und das Verbot englischsprachiger Beschilderung aufrechtzuerhalten. Im übrigen Kanada verdroß die offenbare Anmaßung der Frankokanadier, und man zeigte sich geneigt, den eigenen Willen zum Entgegenkommen zu überprüfen.

Die konservative Regierung hatte auch im wirtschaftlichen Bereich auf die Dauer keine glückliche Hand. Ihr wichtigster Schritt hier war der Abschluß eines Freihandelsabkommens mit den Vereinigten Staaten. Nach dem Auslaufen des ersten solchen Vertrags 1866 hatten Regierungen beider Länder wiederholt vergebliche Anläufe zu einer neuen Vereinbarung gemacht, so 1911 und 1948. Mulroneys Vorstoß nun wurde veranlaßt durch den infolge des dortigen Handelsdefizits wachsenden amerikani-

schen Protektionismus der 1980er Jahre. Der Umstand, daß nunmehr drei
Viertel der kanadischen Ausfuhren zum südlichen Nachbarn gingen, ließ
es ratsam erscheinen, den Zugang zu ihm offenzuhalten. In Washington
zeigte man sich angesichts des wachsenden Zusammenschlusses der Europäischen Wirtschaftsgemeinschaft und der Abschottung des japanischen
Marktes aufgeschlossen. Im April 1986 beginnende Verhandlungen führten Anfang 1988 zu einem fertigen Vertrag. Im Dominion meldeten allerdings beide Oppositionsparteien energisch Bedenken an, wobei besonders
die NDP die Gefahr eines verstärkten amerikanischen Einflusses und des
Verlustes sozialstaatlicher Errungenschaften in Kanada hervorhob. Mulroney erklärte sich daraufhin gewillt, das Volk entscheiden zu lassen, und
schrieb Wahlen aus. Er erfreute sich im Wahlkampf der massiven Unterstützung durch die Geschäftswelt, die sich Vorteile von dem Arrangement
versprach. Beim Urnengang im November erhielten die Konservativen
43 Prozent der Stimmen und 169 Abgeordnetensitze, was zu einer klaren
Mehrheit im Unterhaus reichte. Anfang der 1990er Jahre war freilich noch
nicht auszumachen, welche Wirkung das rasch in beiden Hauptstädten
ratifizierte Abkommen, das die schrittweise Abschaffung der Zölle über
eine Periode von zehn Jahren hin vorsah, auf die kanadische Wirtschaft
letztlich haben würde. Mulroneys Popularität kam der in diplomatischer
Hinsicht zweifellos bemerkenswerte Erfolg jedenfalls kaum zugute, da es
der Opposition ein leichtes war, viele durch die bald einsetzende Wirt-
schaftsrezession verursachten sozialen Härten dem Vertrag anzulasten.

Besonders aber litt Mulroneys Image durch den während seiner zweiten
Amtsperiode unternommenen Versuch zur Sanierung der Bundesfinan-
zen. Um das seit Jahren anschwellende Haushaltsdefizit in den Griff zu
bekommen, beschloß seine Regierung die Einführung einer siebenprozen-
tigen Mehrwertsteuer auf die meisten Waren und Dienstleistungen. Sie
trat Anfang 1991 in Kraft. Zwar schrieben Finanzexperten der neuen Regelung mancherlei fiskalische Tugenden zu, aber in der Bevölkerung überwog bei weitem die Ablehnung, und es blieb abzuwarten, ob das konservative Kabinett bis zur nächsten Wahl sein von Meech Lake und Teuerung
ramponiertes Ansehen zurückgewinnen würde.

Mulroney bot sich kaum die Möglichkeit, seine Popularität durch Ab-
lenkung der öffentlichen Aufmerksamkeit auf jenes Gebiet zu stärken, auf
dem traditionell amerikanische oder europäische Regierungen oftmals
Schwierigkeiten zu Hause überwanden, nämlich auf die Außenpolitik.
Kanadas geographische Lage und der Niedergang der britischen Macht
ließen die Bedeutung der Vereinigten Staaten für das Dominion seit vielen
Jahren beständig wachsen. Nicht nur die wirtschaftliche Verflechtung,
sondern auch der Medieneinfluß, militärisch-strategische Gesichtspunkte

und die Ähnlichkeiten der alltäglichen Lebensweise bedingten Gemeinsamkeiten und vielfach Abhängigkeiten, gegen deren Zwänge es wenig Rekurs gab. Dies hatte schon Trudeau erfahren müssen, der 1972 durch seinen Außenminister Mitchell Sharp die sogenannte Dritte Option (Third Option) als außenpolitisches Ziel propagieren ließ. Statt gleichbleibender oder verstärkter Bindung an die Vereinigten Staaten sollte vielmehr ein gewisses Abkoppeln dort und die Annäherung an andere Länder – gemeint war vor allem die Europäische Gemeinschaft – angestrebt werden. Wenig Substantielles geschah diesbezüglich in der Folge, und Mulroney machte, wie gezeigt, mit dem Freihandelsabkommen sogar eine Art Kehrtwendung. Kanadas internationales Profil profitierte somit vor allem durch unspektakuläre Aktivitäten, etwa die fortgesetzte Teilnahme an den verschiedenen Friedensoperationen der Vereinten Nationen. Kanadier unter dem Blauhelm dienten im Mittleren Osten und in Mittelamerika, beobachteten den russischen Rückzug aus Afghanistan und den südafrikanischen aus Namibia. Kanadische Marine-, Luftwaffen- und Bodeneinheiten waren Teil des internationalen Aufgebots gegen den Irak im Golfkrieg 1991.

Aufs ganze gesehen war Kanada im letzten Jahrzehnt unseres Jahrhunderts zweifelsohne ein prosperierendes und in vieler Hinsicht beneidenswertes Land. Die Bevölkerung erfreute sich nicht nur eines Lebensstandards, der zu den höchsten der Welt zählte, sondern auch unbezweifelter Rechtssicherheit und guter Zukunftsaussichten. Andererseits warteten eine große Anzahl ungelöster Fragen auf Antwort. Das Verfassungsproblem zeigte sich vorerst noch als intraktabel. Nicht ohne Zusammenhang damit drängten Punkte wie der Regionalausgleich und Reformen in der Sozialfürsorge und im Erziehungswesen auf die politische Tagesordnung. Viele dieser Schwierigkeiten waren natürlich nicht speziell kanadischer Natur, sondern erwuchsen aus der Dynamik der Moderne, die, ähnlich wie in anderen Industriestaaten auch, fortgesetzt ein Überdenken und fallweise ein Umstrukturieren der gegebenen Realitäten erforderte. Es mußte die Hoffnung der Kanadier sein, daß der im Laufe der Jahrhunderte in Kanada gewachsene soziale und konstitutionelle Rahmen sich den Anforderungen gewachsen zeigen würde. Er war das Ergebnis einer Entwicklung sui generis und hatte sich bislang als flexibel und zugleich tragfähig genug erwiesen, um sogar großen Belastungen standzuhalten. Die Mehrheit der Kanadier vertraute im Grunde darauf, daß dies auch weiterhin der Fall sein würde.

Anhang

Zeittafel

1783	Friede zu Versailles. Unabhängigkeit der USA durch Großbritannien anerkannt.
1784	Abtrennung Neubraunschweigs von Neuschottland.
1791	Constitutional Act löst Quebec Act ab. Teilung Kanadas in Lower Canada und Upper Canada.
1793	A. Mackenzie überquert die Rocky Mountains und erreicht den Pazifik.
1809	Erste Dampfbootfahrt von Montreal nach Quebec.
1811	Selkirk gründet die Red-River-Siedlung (Winnipeg).
1812–14	Krieg zwischen USA und Großbritannien. Invasion Kanadas durch die Amerikaner.
1817	Rush-Bagot-Abkommen. Entmilitarisierung der Großen Seen.
1821	Hudsonbaigesellschaft übernimmt die Nordwestgesellschaft. Pelzhandel des Westens in einer Hand.
1836	Erste kanadische Eisenbahn, von La Prairie nach St. Jean, Que.
1837	Rebellion in Lower Canada (Papineau) und Upper Canada (W. L. Mackenzie).
1839	Lord Durham berichtet dem britischen Parlament über die kanadischen Verhältnisse und unterbreitet Besserungsvorschläge.
1841	Act of Union tritt in Kraft. Lower Canada und Upper Canada vereinigt.
1842	Webster-Ashburton-Vertrag. Regelung von Grenzfragen im Nordosten der USA.
1854	Gegenseitigkeitsvertrag. Weitgehende Liberalisierung des Handels zwischen den USA und Kanada.
1858	Britisch-Kolumbien wird britische Kolonie.
1864	Föderationskonferenzen in Charlottetown und Quebec.
1865	Ottawa wird offiziell Hauptstadt Kanadas.
1867	1. Juli. British North America Act tritt in Kraft. Vereinigung Kanadas, Neuschottlands und Neubraunschweigs zum Dominion Kanada.
1869	Erster Mestizenaufstand unter Riel am Red River.
1870	Provinz Manitoba gebildet. Das Dominion übernimmt die Nordwestterritorien.
1871	Britisch-Kolumbien tritt dem Dominion bei.
1873	Berittene Nordwestpolizei (später RCMP, „Mounties") gegründet. Prinz-Eduard-Insel tritt dem Dominion bei.

1879	Beginn der „nationalen" Schutzzollpolitik.
1885	Zweiter Aufstand unter Riel (Nordwestrebellion).
1886	Eröffnung der transkontinentalen Kanadischen Pazifikbahn (CPR).
1887	Erste Kolonialkonferenz in London.
1899–1902	Einsatz kanadischer Truppen im Burenkrieg.
1905	Provinzen Saskatchewan und Alberta gebildet.
1914–1918	Kanada kämpft zusammen mit Großbritannien im ersten Weltkrieg.
1917	Frauenwahlrecht auf Bundesebene.
1919	Zusammenschluß mehrerer Bahnlinien zur Kanadischen Nationalbahn (CN).
1926	Erster ständiger Vertreter Kanadas in den USA.
1928	Erster ständiger britischer Botschafter (Hochkommissar) in Kanada.
1931	Westminsterstatut tritt in Kraft. Weitgehende Unabhängigkeit Kanadas.
1939	10. Sept. Kanada erklärt dem Deutschen Reich den Krieg. Luftausbildungsprogramm des Commonwealth beginnt. Schwerpunkt in Kanada.
1940	Ogdensburg-Abkommen mit den USA über gemeinsame Verteidigung des nordamerikanischen Kontinents.
1941	7. Dez. Kanada erklärt Rumänien, Ungarn, Finnland und Japan den Krieg.
1945	Kanada Gründungsmitglied der Vereinten Nationen.
1949	Neufundland tritt dem Dominion bei. Kanada erhält vollkommene Rechtshoheit. Kanada erhält das nur wenig beschränkte Recht, seine Verfassung abzuändern. Kanada wird Gründungsmitglied der NATO.
1950–53	Kanadische Truppen kämpfen unter UN-Kommando in Korea.
1956–57	Suezkrise. Kanada führend an ihrer Beilegung beteiligt. (Außenminister Pearson erhält Friedensnobelpreis 1957.)
1957	Kanada in NORAD. Luftverteidigungsabkommen mit den USA.
1959	St. Lorenz-Seenweg eröffnet.
1960	Lesage verkündet in Quebec sein „Maître chez nous"-Programm. Beginn der „stillen Revolution".
1962	Grundrechte der kanadischen Bürger (Canadian Bill of Rights) verkündet.

1964	Abkommen mit den USA zur Ausnutzung der Columbia-Wasserkräfte.
1967	Hundertjahrfeier des Dominions. Expo in Montreal.
1969	Official Languages Act. Englisch und Französisch gleichrangig offizielle Landessprachen.
1970	Oktober-Krise in Quebec. Kriegsrecht über Kanada verhängt.
1974	Foreign Investment Review Agency (FIRA) beginnt Tätigkeit.
1975	Lohn- und Preiskontrolle zur Bekämpfung der Inflation (bis 1978).
1976	Olympische Spiele in Montreal. Der separatistische Parti Québécois gewinnt die Provinzwahlen in Quebec.
1980	Referendum in Quebec resultiert in klarer Niederlage der Separatisten.
1982	Erste Richterin am Supreme Court of Canada. Constitution Act, 1982 gibt Kanada volle Verfassungshoheit. Charter of Rights (Grundrechtekatalog) Teil der Verfassung. Schlimmste Wirtschaftsdepression seit den 1930er Jahren.
1983	Erster weiblicher Generalgouverneur (Jeanne-M. Sauvé).
1987	Meech-Lake-Vereinbarung zwischen Bund und Provinzen zur Verfassungsreform.
1988	Olympische Winterspiele in Calgary.
1989	Freihandelsabkommen mit den USA tritt in Kraft. Audrey McLaughlin (NDP) wird als erste Frau Parteivorsitzende.
1990	Meech-Lake-Vereinbarung nicht ratifiziert und damit hinfällig. Bewaffnete Konfrontation zwischen Mohawk-Indianern und Ordnungskräften bei Oka (Quebec).
1991	7prozentige Mehrwertsteuer auf Waren und Dienstleistungen eingeführt.

Verfassungsdokumente im Auszug

Vertrag von Paris · 10. Februar 1763

...

IV. Seine Allerchristlichste Majestät verzichtet auf alle Ansprüche, die sie bisher auf Neuschottland oder Akadien oder dessen Teile geltend gemacht hat oder hätte geltend machen können, und garantiert dieses Gebiet in seiner Gesamtheit und mit allen Nebengebieten dem König von Großbritannien: Darüber hinaus überläßt und garantiert seine Allerchristlichste Majestät Seiner Britannischen Majestät den vollen Besitz von Kanada mit allen Nebengebieten sowie der Kap-Breton-Insel und aller anderen Inseln und Küsten des St. Lorenzgolfes und -stromes... derart, daß der Allerchristlichste König dem König und der Krone von Großbritannien das Ganze auf so umfassende Weise wie möglich und ohne Einschränkung und ohne irgendwelchen Vorbehalt... überläßt und übergibt. Seine Britannische Majestät seinerseits gewährt den Bewohnern Kanadas die Freiheit, die katholische Religion zu bewahren...

V. Die Untertanen Frankreichs behalten Fischerei- und Trockenrechte auf einem Teil der Küsten der Insel Neufundland...

VI. Der König von Großbritannien überläßt die Inseln St. Pierre und Miquelon Seiner Allerchristlichsten Majestät zum vollen Besitz als Unterkunft für die französischen Fischer...

Königliche Proklamation · 7. Oktober 1763

... haben wir für gut befunden, durch diese neue Proklamation kundzutun und zu bestimmen, daß Wir... unseren Gouverneuren unserer erwähnten Kolonien ausdrückliche Befugnis und Anweisung gegeben haben, sobald es die Umstände in diesen Kolonien erlauben, mit Rat und Zustimmung der Mitglieder unseres Kronrats Volksvertretungen innerhalb der einzelnen Kolonialbezirke zu berufen, die in Form und Art denen in jenen Kolonien und Provinzen Amerikas entsprechen, welche uns unmittelbar unterstehen; auch haben wir den Gouverneuren Vollmacht erteilt, mit Zustimmung der erwähnten Räte und der zu versammelnden Volksvertreter Gesetze, Verordnungen und Erlasse im Hinblick auf öffentliche Ordnung, Wohlfahrt und gute Verwaltung dieser unserer Kolonien und deren Bevölkerung und Einwohnerschaft zu beschließen, und dies in möglichst enger Anlehnung an das englische Recht und gemäß den Bestimmungen und Einschränkungen, die in anderen Kolonien üblich sind...

Quebec Act · 1774/75

...

IV. Und da die in der erwähnten Proklamation[1] erlassenen Bestimmungen hinsichtlich der Zivilverwaltung der Provinz Quebec und die in der Folge dem Gouverneur und anderen Amtsträgern dieser Provinz verliehenen oder übertragenen Befugnisse und Vollmachten in der Praxis als nicht anwendbar auf die in dieser Provinz obwaltenden Umstände befunden wurden – die Bevölkerung belief sich bei der Eroberung auf fünfundsechzigtausend Personen, die sich zur Religion der römischen Kirche bekannten und sich einer festliegenden Verfassungsform und eines Rechtssystems erfreuten, kraft deren Person und Eigentum schon seit vielen Jahren, nämlich seit Gründung der Provinz Kanada, geschützt, überwacht und geordnet waren –, wird verfügt..., daß die erwähnte Proklamation... (und die Befugnisse und Vollmachten)... hiermit aufgehoben, ungültig und nichtig sind, und zwar vom ersten Tag im Mai des Jahres Eintausendsiebenhundertundfünfundsiebzig an.

V. Und zur größeren Sicherheit und Unbefangenheit der Bevölkerung der erwähnten Provinz wird hiermit bestimmt, daß Seiner Majestät aus dieser Provinz stammende und in ihr lebende Untertanen, die sich zur Religion der römischen Kirche bekennen, die freie Ausübung der Religion der römischen Kirche unter der Oberhoheit des Königs gewährt erhalten und sich ihrer auf die Dauer erfreuen mögen...; und daß dem Klerus dieser Kirche die gewohnten Abgaben und Rechte weiterhin zustehen und er sich ihrer erfreuen möge, wenn auch nur von und gegenüber solchen Personen, die sich zu der genannten Religion bekennen.

...

VIII. Und es wird weiterhin verfügt..., daß in allen streitigen Angelegenheiten im Bereich von Eigentums- und Zivilrechten *kanadisches*[2] Recht als Grundlage für die Entscheidung derselben zu dienen hat...

...

XI. Und da die Klarheit und Milde des englischen Strafrechts und die aus seiner Anwendung sich ergebenden wohltuenden Vorteile der Bevölkerung in mehr als neunjähriger Erfahrung, während welcher Zeit es

---

[1] Königliche Proklamation vom 7. 10. 1763
[2] D. h. französisches

einheitlich angewendet wurde, deutlich spürbar wurden, wird weiterhin verfügt..., daß es auch in Zukunft in der Provinz Quebec anzuwenden und als Recht zu betrachten ist...

XII. ... Und da es gegenwärtig nicht zweckmäßig ist, eine Volksvertretung einzuberufen, wird verfügt..., daß Seine Majestät sowie ihre Erben und Nachfolger das Recht haben..., einen Rat für die Angelegenheiten der Provinz Quebec einzusetzen und zu ernennen, der aus höchstens dreiundzwanzig, mindestens aber siebzehn daselbst ansässigen Personen bestehen soll...; der solcherart ernannte und berufene Rat oder seine Majorität haben Befugnis und Vollmacht, mit Zustimmung des Gouverneurs Seiner Majestät oder, in dessen Abwesenheit, des Vizegouverneurs. ... Verordnungen mit dem Ziel der öffentlichen Ruhe, Wohlfahrt und guten Verwaltung der genannten Provinz zu erlassen.
...

Constitutional Act · 1791

... wird durch Seine Königliche Majestät verfügt..., daß die Teile des erwähnten Gesetzes[1], die irgendwelchen Bezug haben auf die Ernennung eines Rats für die Angelegenheiten der Provinz [Quebec] oder auf die durch dieses Gesetz jenem Rat oder seiner Majorität übertragene Befugnis, mit Zustimmung des Gouverneurs Seiner Majestät [oder] des Vizegouverneurs... Verordnungen mit dem Ziel der öffentlichen Ruhe, Wohlfahrt und guten Verwaltung der Provinz zu erlassen, aufgehoben werden und hiermit aufgehoben sind.

II. Und da es Seiner Majestät gefiel, in ihrer Botschaft an beide Häuser des Parlaments ihre königliche Absicht kundzutun, ihre Provinz Quebec in zwei voneinander getrennte Provinzen, Upper Canada und Lower Canada, aufzuteilen, wird verfügt, daß jede der beiden genannten Provinzen einen gesetzgebenden Rat und eine Volksvertretung erhält, die jeweils für sich in der nachfolgend beschriebenen Weise zu berufen sind und zusammentreten; und daß in jeder der genannten Provinzen Seine Majestät sowie deren Erben und Nachfolger während der Geltungsdauer des vorliegenden Gesetzes die Vollmacht haben, mit Rat und Zustimmung des gesetzgebenden Rats und der Volksvertretung der jeweiligen Provinz Gesetze mit dem Ziel der öffentlichen Ordnung, Wohlfahrt und guten Verwaltung er erlassen...

III. Und es wird weiterhin verfügt..., daß Seine Majestät, ihre Erben oder Nachfolger das Recht haben, zum Zweck der Berufung eines solchen

---

[1] Quebec Act 1774/75; vgl. oben

gesetzgebenden Rates den jeweiligen Gouverneur oder Vizegouverneur
vermittels einer eigenhändig unterzeichneten Urkunde zu ermächtigen
und anzuweisen..., in den erwähnten gesetzgebenden Rat, der in jeder
der genannten Provinzen zu bilden ist, eine ausreichende Zahl besonnener
und geeigneter Personen zu berufen, und zwar mindestens sieben für den
gesetzgebenden Rat der Provinz Upper Canada und mindestens fünfzehn
für den gesetzgebenden Rat der Provinz Lower Canada...

...

V. Und es wird weiterhin verfügt..., daß jedes Mitglied der beiden
gesetzgebenden Räte auf Lebenszeit ernannt wird...

...

XIV. Und es wird weiterhin verfügt..., daß zum Zweck der Wahl der
Mitglieder der beiden Volksvertretungen Seine Majestät, ihre Erben und
Nachfolger das Recht haben, vermittels einer eigenhändig unterzeichneten
Urkunde den Gouverneur oder Vizegouverneur jeder der beiden Provinzen... zu ermächtigen, innerhalb des nachfolgend bestimmten Zeitraums
in einer Proklamation die Aufteilung jeder Provinz in Bezirke... vorzu-
nehmen und die Zahl der von jedem Bezirk zu wählenden Abgeordneten
festzulegen...

...

XVII. ... und es wird verfügt..., daß die Gesamtzahl der in der Provinz Upper Canada gewählten Abgeordneten mindestens sechzehn und
die Gesamtzahl der in Lower Canada gewählten Abgeordneten mindestens fünfzig betragen muß.

...

XX. Und es wird weiterhin verfügt..., daß die Abgeordneten der
einzelnen Bezirke... jeweils durch die Mehrheit jener Personen gewählt
werden, die innerhalb des jeweiligen Bezirks persönlich und zum eigenen
Nutzen und Vorteil Grundeigentum besitzen oder gepachtet haben...

...

XXVIII. Und es wird weiterhin verfügt..., daß alle in den erwähnten
gesetzgebenden Räten oder Volksvertretungen sich ergebenden Fragen
durch die Stimmenmehrheit der anwesenden Mitglieder zu entscheiden
sind...

...

XXX. Und es wird weiterhin verfügt..., daß der Gouverneur oder
Vizegouverneur..., sobald ihm eine vom gesetzgebenden Rat und der
Volksvertretung in einer der beiden Provinzen angenommene Gesetzes-
vorlage zwecks Erlangung der Zustimmung Seiner Majestät unterbreitet
wird, erklären muß..., daß er der bewußten Vorlage in Seiner Majestät
Namen zustimmt, oder daß er der Vorlage Seiner Majestät Zustimmung

vorenthält, oder daß er die Vorlage aufhält, um Seiner Majestät Ansicht über sie einzuholen.

...

XXXV. Und da in dem obengenannten Gesetz[1] ... bestimmt wurde, daß der Klerus der römischen Kirche in der Provinz Quebec sich der gewohnten Abgaben und Rechte erfreuen dürfe..., wird verfügt..., daß diese in dem genannten Gesetz enthaltene Bestimmung... in den genannten zwei Provinzen Upper Canada und Lower Canada weiterhin besteht und in Kraft bleibt..

Act of Union · 1840

Da es notwendig ist, für eine gute Verwaltung der Provinzen Upper Canada und Lower Canada zu sorgen, und zwar derart, daß daselbst die Rechte und Freiheiten von Ihrer Majestät Untertanen aller Klassen sichergestellt und deren Interessen gefördert werden; und da es in dieser Hinsicht zweckmäßig ist, die beiden genannten Provinzen in bezug auf ausführende Regierung und Gesetzgebung zu einer einzigen Provinz zu vereinigen, wird nunmehr durch Ihre königliche Majestät festgelegt..., daß Ihre Majestät das Recht hat, auf den Vorschlag ihres Kronrats hin durch Proklamation zu verfügen oder den Generalgouverneur der beiden Provinzen Upper Canada und Lower Canada zu der Verfügung der Proklamation zu ermächtigen... daß diese Provinzen eine einzige Provinz mit dem Namen Kanada bilden...

...

III. Und es wird verfügt, daß vom Zeitpunkt des Zusammenschlusses der beiden Provinzen an die Provinz Kanada einen gesetzgebenden Rat und eine Volksvertretung haben wird...

...

XII. Und es wird verfügt..., daß in der gesetzgebenden Volksvertretung der Provinz Kanada... die Teile der Provinz, die jetzt die Provinzen Upper Canada beziehungsweise Lower Canada bilden, jeweils... von einer gleichen Anzahl von Abgeordneten vertreten werden...

...

XLI. Und es wird verfügt, daß vom Zeitpunkt des Zusammenschlusses der beiden Provinzen an alle Erlasse, Proklamationen... und alle Protokollbücher, Eintragungen und geschriebenen oder gedruckten Sitzungsberichte jeglicher Art des gesetzgebenden Rats und der gesetzgebenden

---

[1] Quebec Act 1774/75; vgl. S. 250

Volksvertretung und alle geschriebenen oder gedruckten Sitzungsberichte und Protokolle von Ausschüssen des gesetzgebenden Rats und der gesetzgebenden Volksvertretung ausschließlich auf englisch abzufassen sind...

British North America Act · 1867
(neuer Name seit 1982: Constitution Act, 1867)

Gesetz über den Zusammenschluß und die Regierung Kanadas, Neuschottlands und Neubraunschweigs und zur Regelung damit zusammenhängender Fragen.

Da die Provinzen Kanada, Neuschottland und Neubraunschweig den Wunsch geäußert haben, föderativ unter der Krone des Vereinigten Königreiches von Großbritannien und Irland mit einer Verfassung, die im Prinzip derjenigen des Vereinigten Köngreiches entspricht, in einem Dominion zusammengeschlossen zu werden;

Und da ein solcher Zusammenschluß das Wohlergehen der Provinzen fördern und den Interessen des Britischen Empires dienen würde;

Und da es angebracht erscheint, anläßlich des vom Parlament beschlossenen Zusammenschlusses nicht nur die Verfassung der gesetzgebenden Gewalt im Dominion zu bedenken, sondern auch die Form seiner ausführenden Regierung festzulegen;

Und da es angebracht erscheint, Vorsorge für den möglichen Beitritt anderer Teile Britisch-Nordamerikas zu dieser Union zu treffen,

Erklärt und verfügt Ihre königliche Majestät auf Rat und Zustimmung des hier im Parlament versammelten Ober- und Unterhauses hin und im Auftrag derselben das Folgende:

...

II. Zusammenschluß

3. Die Königin hat das Recht, auf den Rat des Geheimen Kronrats (Privy Council) Ihrer Majestät hin durch Verkündigung zu erklären, daß von einem im Kronrat festzulegenden Tag an, jedoch nicht später als sechs Monate nach der Zustimmung des Parlaments zu dem vorliegenden Gesetz, ... die Provinzen Kanada, Neuschottland und Neubraunschweig ein Dominion mit dem Namen Kanada bilden werden...

...

5. Kanada wird aus vier Provinzen bestehen, nämlich Ontario, Quebec, Neuschottland und Neubraunschweig.

6. Die Teile der Provinz Kanada (wie sie zum Zeitpunkt der Verabschiedung des vorliegenden Gesetzes besteht), die vormals die Provinzen

Upper Canada und Lower Canada bildeten, sind dann als voneinander getrennt zu erachten und bilden zwei besondere Provinzen.

Der Teil, der vormals die Provinz Upper Canada bildete, bildet dann die Provinz Ontario, und der Teil, der vormals die Provinz Lower Canada bildete, bildet dann die Provinz Quebec.

7. Die Provinzen Neuschottland und Neubraunschweig werden ihre gegenwärtigen Grenzen beibehalten.

...

III. Ausführende Gewalt

9. Hiermit wird erklärt, daß die ausführende Regierungsgewalt in bezug auf Kanada weiterhin bei der Königin liegt.

...

11. Es ist ein Gremium zu berufen, das im Hinblick auf die Regierung Kanadas Hilfe und Rat gewähren und die Bezeichnung Geheimer Kronrat der Königin für Kanada tragen soll...

12. Alle Befugnisse, Vollmachten und Funktionen, die auf Grund eines Gesetzes des Parlaments von Großbritannien oder des Parlaments des Vereinigten Königreichs von Großbritannien und Irland oder der gesetzgebenden Körperschaften von Upper Canada, Lower Canada, Kanada, Neuschottland oder Neubraunschweig bei einem der Gouverneure oder Vizegouverneure dieser Provinzen liegen oder von ihm ausgeübt werden, ... werden dann, soweit sie nach dem Zusammenschluß noch Bestand haben und im Hinblick auf die Regierung Kanadas ausgeübt werden können, beim Generalgouverneur liegen oder von ihm ausgeübt werden, wobei von ihm dann der Rat oder der Rat und die Zustimmung des Geheimen Kronrats der Königin für Kanada oder einzelner Mitglieder desselben zu suchen, oder in Verbindung mit demselben oder einzelner Mitglieder desselben, oder aber selbständig zu handeln ist, ganz wie es der Fall erfordert, vorbehaltlich allerdings der Aufhebung oder Abänderung dieser Befugnisse, Vollmachten und Funktionen (mit Ausnahme der vom Parlament Großbritanniens oder dem Parlament des Vereinigten Königreichs von Großbritannien und Irland beschlossenen) durch das kanadische Parlament.

...

15. Hiermit wird erklärt, daß die Befehlsgewalt über die Land- und Marinemiliz und über alle kanadischen oder in Kanada stationierten See- und Landstreitkräfte weiterhin bei der Königin liegt.

16. Bis die Königin anders beschließt, wird Ottawa der Sitz der kanadischen Regierung sein.

IV. Gesetzgebende Gewalt

17. Kanada erhält ein Parlament, das aus der Königin, einem Oberhaus,
Senat genannt, und einem Unterhaus besteht.

...

21. Der Senat besteht... aus zweiundsiebzig Mitgliedern, den Senatoren.

22. Hinsichtlich der Senatszusammensetzung wird Kanada in drei Gebiete aufgeteilt, 1. Ontario, 2. Quebec, 3. die Atlantikprovinzen Neuschottland und Neubraunschweig; diese drei Gebiete haben im Senat
gleich starke Vertretung, und zwar wie folgt: Ontario entsendet vierundzwanzig Senatoren; Quebec entsendet vierundzwanzig Senatoren; und die
Atlantikprovinzen entsenden vierundzwanzig Senatoren, zwölf für Neuschottland und zwölf für Neubraunschweig...

...

24. Der Generalgouverneur beruft von Zeit zu Zeit im Namen der
Königin vermittels einer das Großsiegel Kanadas tragenden Urkunde ge-
eignete Persönlichkeiten in den Senat...

...

28. Die Zahl der Senatoren darf zu keinem Zeitpunkt achtundsiebzig
übersteigen.

29. Ein Senator wird... auf Lebenszeit ernannt.

...

37. Das Unterhaus besteht... aus einhunderteinundachtzig Mitgliedern, von denen zweiundachtzig für Ontario gewählt werden, fünfundsechzig für Quebec, neunzehn für Neuschottland und fünfzehn für Neubraunschweig.

...

39. Ein Senator kann weder für das Unterhaus gewählt werden, noch
darin Sitz- und Stimmrecht ausüben.

40. Bis zu einem anderslautenden Beschluß des kanadischen Parlaments
sind Ontario, Quebec, Neuschottland und Neubraunschweig zum Zweck
der Wahl von Unterhausmitgliedern wie folgt in Wahlbezirke einzutei-
len...

[Es folgen Einzelregelungen, darunter die Bestimmung, daß jeder
Bezirk einen Abgeordneten stellt.]

...

50. Jede Sitzungsperiode des Unterhauses dauert fünf Jahre, vom Tag
des Wiedereintreffens der Wahlausschreibungen an gerechnet (wofern das
Haus nicht schon vorher vom Generalgouverneur aufgelöst wird), und
nicht länger.

51. Nach Abschluß der Volkszählung des Jahres 1871 und dann nach jeder der alle zehn Jahre abzuhaltenden Volkszählungen ist die Vertretung der vier Provinzen neu zu regeln, wobei Vollmacht, Ausführungsweise und Zeitpunkt des Inkrafttretens jeweils vom kanadischen Parlament bestimmt werden; das letztere ist hierbei an folgende Regelungen gebunden: 1. Die Zahl der Abgeordneten aus Quebec beträgt stets fünfundsechzig. 2. Für jede der anderen Provinzen ist eine Mitgliederzahl festzulegen, die im gleichen Verhältnis zur Bevölkerungszahl der Provinz ... steht wie die Zahl Fünfundsechzig zur Bevölkerungszahl Quebecs ...

53. Die Gesetzesinitiative für die Bewilligung von öffentlichen Mitteln oder für die Erhebung von Steuern oder Abgaben gehört dem Unterhaus.

...

V. Provinzverfassungen

58. Für jede Provinz wird ein Amtsträger mit dem Titel Vizegouverneur durch den im Kronrat sitzenden Generalgouverneur vermittels einer das Großsiegel Kanadas tragenden Urkunde ernannt.

59. Die Amtsdauer eines Vizegouverneurs steht im Ermessen des Generalgouverneurs; aber ein nach Beginn der ersten Sitzungsperiode des kanadischen Parlaments ernannter Vizegouverneur kann während der ersten fünf Amtsjahre nicht abberufen werden, es sei denn unter Angabe von Gründen ...

...

69. Ontario erhält eine gesetzgebende Körperschaft, bestehend aus dem Vizegouverneur und einem Haus ...

...

71. Quebec erhält eine gesetzgebende Körperschaft, bestehend aus dem Vizegouverneur und zwei Häusern ...

...

88. Die Zusammensetzung der gesetzgebenden Körperschaften der beiden Provinzen Neuschottland und Neubraunschweig bleibt die gleiche ... wie zum Zeitpunkt des Zusammenschlusses (Kanadas), bis sie durch einen Beschluß entsprechend den Bestimmungen des vorliegenden Gesetzes geändert wird ...

...

VI. Aufteilung der gesetzgebenden Gewalt
Zuständigkeit des Parlaments

91. Die Königin hat das Recht, mit Rat und Zustimmung von Senat und Unterhaus Gesetze für die friedliche Ordnung und gute Verwaltung Kanadas zu erlassen in allen Bereichen, die nicht unter die Zuständigkeiten

fallen, welche durch das vorliegende Gesetz ausschließlich den gesetzgebenden Körperschaften der Provinzen zugesprochen werden; der größeren Sicherheit wegen und nicht, um den allgemeinen Gehalt dieser Bestimmung zu beschränken, wird hiermit erklärt, daß sich ... die ausschließliche gesetzgebende Gewalt des kanadischen Parlaments auf alle
nachfolgend genannten Zuständigkeiten erstreckt, nämlich:
1. Schuld und Besitz der öffentlichen Hand; 2. Steuerung von Handel
und Gewerbe; 3. Geldbeschaffung durch Steuererhebung jeglicher Art;
4. Geldaufnahme der öffentlichen Hand; 5. Postwesen; 6. Volkszählung
und Statistik; 7. Miliz, Militär- und Marinewesen und Verteidigung;
8. Festlegung und Beschaffung der Gehälter und Zuwendungen für Beamte und andere Amtsträger der kanadischen Regierung ... 10. Seefahrt und
Schiffswesen ... 12. Küsten- und Binnenfischerei ... 14. Währungs- und
Münzwesen; 15. Bankwesen, Registereintragung von Banken und Aus-
gabe von Papiergeld; 16. Sparkassen; 17. Gewichte und Maße; 18. Wechsel
und Terminpapiere; 19. Zins; 20. Gesetzliche Zahlungsmittel; 21. Bankrott und Zahlungsunfähigkeit; 22. Erfindungs- und Entdeckungspatente;
23. Urheberrechte; 24. Indianer und Indianerreservate; 25. Einbürge-
rungswesen und Ausländer; 26. Heirat und Scheidung; 27. Strafrecht, mit
Ausnahme der Zusammensetzung der Strafgerichtshöfe, aber einschließlich der Strafprozeßordnung; 28. Einrichtung, Unterhalt und Verwaltung
von Strafanstalten; 29. Zuständigkeiten, die ausdrücklich ausgenommen
sind bei der Aufzählung der durch das vorliegende Gesetz ausschließlich
den gesetzgebenden Körperschaften der Provinzen zugesprochenen Zuständigkeiten ...

Ausschließliche Zuständigkeit der gesetzgebenden Körperschaften
der Provinzen

92. Den gesetzgebenden Körperschaften in den einzelnen Provinzen
steht das ausschließliche Recht zu, Gesetze für die nachfolgend aufgeführten Zuständigkeitsbereiche zu erlassen, nämlich:
1. Änderung der Provinzverfassung – jedoch nicht des Vizegouver-
neuramtes – zu gegebener Zeit, ohne Rücksicht auf die Bestimmungen
des vorliegenden Gesetzes; 2. Direktsteuern innerhalb der Provinz zur
Beschaffung von Mitteln für Zwecke der Provinz; 3. Geldaufnahme auf
Provinzkredit; 4. Einrichtung und Unterhalt von Provinzämtern sowie
Ernennung und Besoldung von Provinzbeamten; 5. Verwaltung und Verkauf des Landbesitzes der Provinz sowie des darauf wachsenden Nutzhol-
zes; 6. Einrichtung, Unterhalt und Verwaltung von Straf- und Besse-
rungsanstalten der Provinz; 7. Einrichtung, Unterhalt und Verwaltung
von Krankenhäusern, Heilanstalten, Wohlfahrts- und Fürsorgeinstitutio-

nen der Provinz, mit Ausnahme von Marinehospitälern; 8. Gemeindliche Einrichtungen in der Provinz; 9. Verkaufs-, Schank-, Auktions- und andere Genehmigungen zur Beschaffung von Mitteln für provinzielle, lokale oder gemeindliche Zwecke; 10. Lokale Betriebe und Anlagen außer solchen, die unter folgende Kategorien fallen: (a) Dampf- und andere Schiffahrtslinien, Eisenbahnen, Kanäle, Telegraphen und andere Betriebe und Anlagen, welche die Provinz mit anderen Provinzen verbinden oder die über die Provinzgrenzen hinausreichen. (b) Dampfschiffahrtslinien zwischen der Provinz und anderem britischen Gebiet oder dem Ausland. (c) Betriebe, die zwar vollständig innerhalb der Provinz liegen, von denen das kanadische Parlament jedoch vor oder nach ihrer Errichtung erklärt, daß sie dem allgemeinen Interesse Kanadas oder dem Interesse von zwei oder mehr Provinzen dienen; 11. Die Registereintragung von Gesellschaften mit provinziellem Geschäftsgegenstand; 12. Trauungen in der Provinz; 13. Eigentum und bürgerliche Rechte in der Provinz; 14. Rechtsprechung in der Provinz, einschließlich Zusammensetzung, Unterhalt und Organisation von provinziellen Zivil- und Strafgerichtshöfen, und einschließlich der Zivilprozeßordnung in diesen Gerichtshöfen; 15. Geld- oder Gefängnisstrafen, um den Provinzgesetzen Geltung zu verschaffen, die hinsichtlich Angelegenheiten erlassen werden, die unter die hier aufgeführten Zuständigkeiten fallen; 16. Allgemein alle Angelegenheiten von lediglich lokalem oder privatem Charakter in der Provinz.

93. Der gesetzgebenden Körperschaft jeder Provinz steht das ausschließliche Recht zu, Gesetze hinsichtlich des Erziehungswesens innerhalb der Provinz zu erlassen...

...

VIII. Öffentliche Einnahmen; Schulden; Guthaben; Steuerwesen

102. Alle Abgaben und sonstigen Finanzaufkommen, über welche die gesetzgebenden Körperschaften von Kanada, Neuschottland und Neubraunschweig vor und zu dem Zeitpunkt des Zusammenschlusses Bewilligungsgewalt hatten oder haben, mit Ausnahme jener, die in dem vorliegenden Gesetz den jeweiligen gesetzgebenden Körperschaften der Provinzen vorbehalten werden, oder die von ihnen gemäß den ihnen in dem vorliegenden Gesetz zugesprochenen Rechten erhoben werden, bilden einen gemeinschaftlichen Staatsschatz (Consolidated Revenue Fund), der für die öffentlichen Aufgaben Kanadas entsprechend den Vorschriften und Auflagen des vorliegenden Gesetzes zu verwenden ist.

...

109. Alle Liegenschaften, Bergwerke und Bodenschätze sowie Abgaben daraus, die den Provinzen Kanada, Neuschottland und Neubraun-

schweig zum Zeitpunkt des Zusammenschlusses gehören, und alle Zahlungen, die für diese Liegenschaften, Bergwerke, Bodenschätze oder Abgaben zu diesem Zeitpunkt fällig sind, gehören dann den einzelnen Provinzen Ontario, Quebec, Neuschottland und Neubraunschweig entsprechend der jeweiligen Lage des Objekts...
...

129. Wofern in dem vorliegenden Gesetz nicht anders bestimmt wird, gelten alle Gesetze, die zum Zeitpunkt des Zusammenschlusses in Kanada, Neuschottland oder Neubraunschweig in Kraft sind, ... auch weiterhin entsprechend in Ontario, Quebec, Neuschottland und Neubraunschweig, so als ob der Zusammenschluß nicht stattgefunden hätte...
...

132. Parlament und Regierung Kanadas haben alle Vollmachten, die notwendig oder zweckmäßig sind, um den Verpflichtungen Kanadas oder seiner Provinzen als Teil des Britischen Empires gegenüber dem Ausland nachzukommen, soweit diese Verpflichtungen aus Verträgen zwischen dem Empire und jenem Ausland herrühren.

133. Sowohl die englische als auch die französische Sprache kann von jedermann in den Debatten der Häuser des kanadischen Parlaments und der Häuser der gesetzgebenden Körperschaft von Quebec benutzt werden...

[Der British North America Act enthielt keine Bestimmung hinsichtlich einer Änderung einzelner Teile oder des ganzen Dokuments. Da er ein britisches Gesetz darstellte, bedurfte im Prinzip jede Neufassung und jeder Zusatzartikel der Zustimmung des britischen Parlaments. Es hatte sich der Brauch herausgebildet, daß die beiden Häuser des kanadischen Parlaments eine Eingabe beschlossen, in der das britische Parlament um entsprechende Beschlußfassung gebeten wurde; dieses entsprach dann für gewöhnlich einer solchen Bitte. 1949 erhielt das kanadische Parlament auf diese Weise das Recht, selbst den Act zu ändern, allerdings mit einigen Ausnahmen; unter die letzteren fielen die gesetzgebende Gewalt der Provinzen, Rechte und Privilegien der gesetzgebenden Körperschaften und Regierungen der Provinzen sowie Schul- und Sprachenfragen. Andere wichtige Verfassungsänderungen betrafen die sukzessive Vergrößerung des Senats um Mitglieder aus den Prärieprovinzen, Britisch-Kolumbien und schließlich Neufundland auf insgesamt höchstens 104 Senatoren, und die Änderung der Berechnungsbasis für die Sitzverteilung im Unterhaus. War früher bei der letzteren von der feststehenden Zahl von 65 Abgeordneten für Quebec ausgegangen worden, so nimmt man seit 1946 eine festgelegte Gesamtzahl zur Ausgangsbasis. Die Abgeordnetenzahl der einzelnen Provinzen berechnet sich dann entsprechend dem jeweiligen Bevölkerungsanteil. Das 1988 gewählte Unterhaus zählte somit 295 Abgeordnete; Ontario stellte davon 99, Quebec 75, Britisch-Kolumbien 32, Alberta 26, Manitoba und Saskatchewan je 14, Neuschottland 11, Neubraunschweig 10, Neufundland 7, die Prinz-Eduard-Insel 4, die Nordwest-Territorien 2 und das Yukon-Territorium 1. – Die „Heimführung" der Verfassung durch den Constitution Act, 1982 übertrug das Recht zur Verfassungsänderung endgültig auf das Dominion; die geltende Formel verlangt, daß eine Änderung der Zustimmung von mindestens sieben Provinzen mit zusammen mindestens 50 Prozent der Bevölkerung bedarf.]

Westminsterstatut · 1931

. . .

2. (1) Der Kolonialgesetzgültigkeitsbeschluß (Colonial Laws Validity Act) von 1865 ist auf kein Gesetz anzuwenden, das nach Inkrafttreten des vorliegenden Statuts vom Parlament eines Dominions erlassen wird.

(2) Kein Gesetz und keine gesetzliche Bestimmung, die nach Inkrafttreten des vorliegenden Statuts vom Parlament eines Dominions erlassen werden, sind ungültig oder außer Kraft, weil sie englischem Recht oder den Bestimmungen eines bereits gültigen oder künftig zu erlassenden Gesetzes des Parlaments des Vereinigten Königreichs oder einer gemäß solchem Gesetz erlassenen Verordnung, Verfügung oder Bestimmung widersprechen; und die Vollmacht, solch ein Gesetz beziehungsweise solch eine Verordnung, Verfügung oder Bestimmung aufzuheben oder abzuändern, fällt unter die Zuständigkeit des Parlaments eines Dominions, sofern dieses Gesetz beziehungsweise diese Verordnung, Verfügung oder Bestimmung Teil des im Dominion gültigen Rechts sind.

3. Hiermit erhält das Parlament eines Dominions das Recht, Gesetze mit exterritorialem Geltungsbereich zu erlassen.

4. Kein vom Parlament des Vereinigten Königreichs nach Inkrafttreten des vorliegenden Statuts erlassenes Gesetz soll in einem Dominion Gültigkeit haben oder für gültig erachtet werden als Teil des Rechts jenes Dominions, wofern nicht in diesem Gesetz ausdrücklich erklärt wird, daß jenes Dominion hierum gebeten und hierzu seine Zustimmung gegeben hat.

. . .

7. (1) Keine Bestimmung des vorliegenden Statuts ist zu verstehen als anwendbar auf die Aufhebung, Erweiterung oder Änderung der 1867–1930 erlassenen British North America Acts oder auf im Anschluß an sie erlassene Verordnungen, Verfügungen oder Bestimmungen.

(2) Die Bestimmungen des Abschnitts Zwei des vorliegenden Statuts erstrecken sich auch auf Gesetze, die von den Provinzen Kanadas erlassen werden, und auf die Rechte der gesetzgebenden Körperschaften dieser Provinzen.

(3) Die durch das vorliegende Statut auf das kanadische Parlament oder die gesetzgebenden Körperschaften der Provinzen übertragenen Rechte beschränken sich auf die Inkraftsetzung von Gesetzen über Gegenstände, die in den Zuständigkeitsbereich des kanadischen Parlaments oder einer der gesetzgebenden Körperschaften der Provinzen fallen.
. . .

Constitution Act, 1982

Teil I: Grundrechte (Canadian Charter of Rights and Freedoms)
[Diese Charta enthält in 34 Artikeln die Grundrechte der Kanadier.
Sie ist folgendermaßen unterteilt:
Garantie der Rechte und Freiheiten (1)
Grundrechte (2)
Demokratische Rechte (3–5)
Recht auf Freizügigkeit (6)
Gesetzliche Rechte (Freiheit der Person, 7–14)
Gleichheitsrechte (15)
Kanadas offizielle Sprachen (16–22)
Minderheitenrechte auf Spracherziehung (23)
Durchführung (24–31)
Ausmaß der Geltung (32–33)
Zitierung (34)]
Teil II: Rechte der Ureinwohner Kanadas (35)
Teil III: Regionalausgleich (36)
Teil IV: Verfassungskonferenz (37)
[Dieser Teil schreibt die Abhaltung einer Konferenz zur weiteren Klärung der Rechte der Ureinwohner vor.]
Teil V: Verfassungsänderung (38–49)
Teil VI: Zusatz zum Constitution Act, 1867 (50–51)
[Dieser Teil ergänzt den vormaligen British North America Act um eine Bestimmung hinsichtlich der Naturschätze.]
Teil VII: Allgemeine Bestimmungen (52–60)
[Die wichtigste Bestimmung ist der Verweis auf eine angehängte Liste (Schedule) derjenigen kanadischen Gesetze (vor allem vormaliger British North America Act und spätere Zusätze), die zusammen mit dem Constitution Act, 1982 die kanadische Verfassung bilden.]

Tabellen

Sitzverteilung im Unterhaus seit 1867

Wahl-jahr	Konser-vative	Liberale	Fort-schritts-partei	CCF/NDP[1]	Sozial-kredi-tisten[2]	Sonstige	Ge-samt
1867	101	80	–	–	–	–	181
1872	103	97	–	–	–	–	200
1874	73	133	–	–	–	–	206
1878	137	69	–	–	–	–	206
1882	139	71	–	–	–	–	210
1887	123	92	–	–	–	–	215
1891	123	92	–	–	–	–	215
1896	89	117	–	–	–	7	213
1900	78	128	–	–	–	8	214
1904	75	139	–	–	–	–	214
1908	85	133	–	–	–	3	221
1911	133	86	–	–	–	2	221
1917	153[3]	82	–	–	–	–	235
1921	50	118	65	–	–	2	235
1925	116	101	24	–	–	4	245
1926	91	116	22	–	–	16	245
1930	137	88	5	–	–	15	245
1935	39	171	–	7	17	11	245
1940	39	178	–	8	10	10	245
1945	67	125	–	28	13	12	245
1949	41	190	–	13	10	8	262
1953	51	170	–	23	15	6	265
1957	112	105	–	25	19	4	265
1958	208	48	–	8	–	1	265
1962	116	99	–	19	30	1	265
1963	95	129	–	17	24	–	265
1965	97	131	–	21	14	2	265
1968	72	155	–	22	14	1	264
1972	107	109	–	31	15	2	264
1974	95	141	–	16	11	1	264
1979	136	114	–	26	6	–	282
1980	103	147	–	32	–	–	282
1984	211	40	–	30	–	1	282
1988	169	83	–	43	–	–	295

Fußnoten s. S. 264

Stimmenanteil bei Unterhauswahlen seit 1867 (in Tsd.)

Datum	Konser-vative	Libe-rale	Fort-schritts-partei	CCF/NDP[1]	Sozial-Kredi-tisten[2]	Son-stige	Gesamt
7. 8. 1867	134	131	–	–	–	3	268
20. 7. 1872	159	156	–	–	–	3	318
22. 1. 1874	146	173	–	–	–	3	323
17. 9. 1878	280	247	–	–	–	7	534
20. 6. 1882	261	241	–	–	–	13	516
22. 2. 1887	363	352	–	–	–	8	723
5. 3. 1891	389	367	–	–	–	14	779
23. 6. 1896	417	406	–	–	–	77	899
7. 11. 1900	451	494	–	–	–	6	951
3. 11. 1904	483	541	–	–	–	7	1 031
16. 10. 1908	552	594	–	–	–	28	1 175
21. 9. 1911	670	625	–	–	–	13	1 308
17. 12. 1917	1058[3]	763	–	–	–	–	1 821
6. 12. 1921	972	1297	769	–	–	84	3 122
29. 10. 1925	1468	1267	283	–	–	141	3 158
14. 9. 1926	1505	1422	201	–	–	146	3 334
28. 7. 1930	1910	1715	89	–	–	184	3 899
14. 10. 1935	1311	1956	–	391	183	612	4 463
26. 3. 1940	1416	2537	–	393	–	275	4 621
11. 6. 1945	1455	2171	112	823	215	471	5 246
27. 6. 1949	1742	2929	33	782	140	222	5 848
10. 8. 1953	1751	2820	60	636	306	68	5 641
10. 6. 1957	2578	2796	8	708	437	79	6 606
31. 3. 1958	3911	2460	10	692	189	26	7 287
18. 6. 1962	2866	2862	–	1037	897	29	7 690
8. 11. 1965	2450	3100	–	1382	642	90	7 713
25. 6. 1968	2555	3697	–	1378	424	72	8 130
30. 10. 1972	3384	3718	–	1714	738	114	9 668
8. 7. 1974	3369	4103	–	1468	481	85	9 506
22. 5. 1979	4112	4594	–	2049	528	173	11 456
18. 2. 1980	3553	4854	–	2165	185	191	10 948
4. 9. 1984	6279	3516	–	2360	23	328	12 507
21. 11. 1988	5668	4205	–	2685	–	618	10 490

[1] Cooperative Commonwealth Federation; ab 1962 New Democratic Party
[2] Ab 1965 zusammen mit Le Ralliement des Créditistes, das 1968 sämtliche 14 Abgeordnete stellte
[3] Konservativ-liberale Union

Premierminister seit 1867

Sir John Alexander Macdonald	1. 7. 1867 –	5. 11. 1873	K
Alexander Mackenzie	7. 1. 1873 –	16. 10. 1878	L
Sir John Alexander Macdonald	17. 10. 1878 –	6. 6. 1891	K
Sir John Joseph Caldwell Abbott	16. 6. 1891 –	24. 11. 1892	K
Sir John S. D. Thompson	5. 12. 1892 –	12. 12. 1891	K
Sir Mackenzie Bowell	21. 12. 1894 –	27. 4. 1896	K
Sir Charles Tupper	1. 5. 1896 –	8. 7. 1896	K
Sir Wilfrid Laurier	11. 7. 1896 –	6. 10. 1911	L
Sir Robert Laird Borden	10. 10. 1911 –	10. 7. 1920	K
Arthur Meighen	10. 7. 1920 –	29. 12. 1921	K
William Lyon Mackenzie King	29. 12. 1921 –	28. 6. 1926	L
Arthur Meighen	29. 6. 1926 –	25. 9. 1926	K
William Lyon Mackenzie King	25. 9. 1926 –	6. 8. 1930	L
Richard Bedford Bennett	7. 8. 1930 –	23. 10. 1935	K
William Lyon Mackenzie King	23. 10. 1935 –	15. 11. 1948	L
Louis St. Laurent	15. 11. 1948 –	21. 6. 1957	L
John George Diefenbaker	21. 6. 1957 –	22. 7. 1963	K
Lester Bowles Pearson	22. 4. 1963 –	19. 4. 1968	L
Pierre Elliot Trudeau	20. 4. 1968 –	4. 6. 1979	L
Joe (Charles Joseph) Clark	4. 6. 1979 –	3. 3. 1980	K
Pierre Elliot Trudeau	3. 3. 1980 –	30. 6. 1984	L
John Napier Turner	30. 6. 1984 –	17. 9. 1984	L
Martin Brian Mulroney	17. 9. 1984 –		K

K = Konservativ
L = Liberal

Generalgouverneure

	Amtsantritt
Viscount Monck of Ballytrammon	1. 7. 1867
Baron Lisgar of Lisgar and Bailieborough	29. 12. 1868
Earl of Dufferin	22. 5. 1872
Marquis of Lorne	5. 10. 1878
Marquis of Landsdowne	18. 8. 1883
Baron Stanley of Preston	1. 5. 1888
Earl of Aberdeen	22. 5. 1893
Earl of Minto	30. 7. 1898
Earl Grey	26. 9. 1904
Duke of Connaught	21. 3. 1911
Duke of Devonshire	19. 8. 1916
Baron Byng of Vimy	2. 8. 1921

Viscount Willington of Ratton	5. 8. 1926
Earl of Bessborough	9. 2. 1931
Baron Tweesmuir of Elsfield	10. 8. 1935
Earl of Athlone	3. 4. 1940
Viscount Alexander of Tunis	1. 8. 1945
C. Vincent Massey	24. 1. 1952
Georges-P. Vanier	1. 8. 1959
D. Roland Michener	25. 3. 1967
Jules Léger	5. 10. 1973
Edward R. Schreyer	7. 12. 1978
Jeanne-M. Sauvé	23. 12. 1983
Ramon J. Hnatyshyn	6. 10. 1989

Bevölkerungsentwicklung (in Tsd.)

Jahr	Neufrankreich	Akadien
1666	3,2	
1671		0,4
1692	12,5	
1701		1,2
1713	18,5	
1765	70	13

	PEI	NS	NB	Lower Canada	Upper Canada
1806	10	65	35	250	71
1824/25/27		124	75	480	151
1838		203			400
1841	47				456
1844				698	
1851		277	194	891	952
1861	81	331	252	1112	1396

Alta	=	Alberta	NWT	=	Nordwest-Territorien
BK	=	Britisch-Kolumbien	PEI	=	Prinz-Eduard-Insel
NB	=	Neubraunschweig	Sask	=	Saskatchewan
Nfld	=	Neufundland	YT	=	Yukon-Territorium
NS	=	Neuschottland			

	Nfld	PEI	NS	NB	Quebec	Ontario	Manitoba
1867	?	88	364	271	1123	1525	15
1871	?	94	388	286	1191	1621	25
1881	?	109	441	321	1360	1927	62
1891	?	109	450	321	1489	2114	153
1901	?	103	460	331	1649	2183	255
1911	?	94	492	352	2006	2527	461
1921	?	89	524	388	2361	2934	610
1931	?	88	513	408	2875	3432	700
1941	?	95	578	457	3332	3788	730
1951	361	98	643	516	4056	4598	777
1961	458	105	737	598	5259	6236	922
1971	522	112	789	635	6028	7703	988
1981	568	123	847	696	6438	8625	1026
1991	575	133	895	726	6778	9815	1086

	Sask	Alta	BK	YT	NWT	Kanada
1867	–	–	32	–	45	3 463
1871	–	–	36	–	48	3 689
1881	–	–	49	–	56	4 325
1891	–	–	98	–	99	4 833
1901	91	73	179	27	20	5 371
1911	492	374	393	9	7	7 207
1921	756	589	525	4	8	8 788
1931	922	732	694	4	9	10 377
1941	896	796	818	5	12	11 507
1951	832	940	1165	9	16	14 009
1961	925	1332	1629	15	23	18 238
1971	926	1628	2185	18	35	21 568
1981	968	2238	2744	23	46	24 343
1991	998	2493	3178	26	55	26 758

Einwanderer

Jahre	Gesamt	Groß-britannien	Deutsch-land	Frank-reich	Italien	USA
1900–1904	513 444	186 594	9 663	7 317	19 827	174 517
1905–1909	900 952	366 460	8 949	13 898	35 631	283 447
1910–1914	1 506 229	597 574	20 159	10 779	63 500	470 288
1915–1919	325 876	90 641	50	2 299	2 549	207 864
1920–1924	545 110	273 887	4 515	2 170	17 095	109 575
1925–1929	705 268	260 648	59 015	3 326	10 225	126 097
1930–1934	159 796	42 207	9 671	682	660	65 473
1935–1939	72 104	14 224	2 706	654	1 599	27 288
1940–1944	52 152	21 925	143	756	131	27 646
1945–1949	389 290	172 139	10 694	4 899	11 094	42 864
1950–1954	769 649	184 766	134 491	17 736	108 256	45 126
1955–1959	784 746	240 280	99 523	15 138	134 882	53 361
1960–1964	476 143	103 633	35 267	14 695	83 303	58 707
1965–1969	909 882	235 433	44 815	36 952	94 902	94 902
1970–1974	794 284	125 574	14 676	17 936	29 625	123 191
1975–1979	650 633	99 177	11 189	13 548	17 991	69 920
1980–1984	570 338	64 690	12 501	9 413	6 954	44 148
1985–1989	689 208	36 126	8 605	10 772	4 290	35 366

Außenhandel seit 1867 (ausgewählte Jahre, in Mill. $)

Jahr	Ausfuhr nach				Einfuhr aus			
	Groß brit.	U.S.	Sonstige	Gesamt	Groß-brit.	U.S.	Sonstige	Gesamt
1886	37	34	7	78	39	43	14	96
1891	43	38	8	89	42	52	17	112
1896	63	38	9	110	33	54	19	105
1901	93	68	17	177	43	107	28	178
1906	127	84	25	235	69	169	46	284
1911	132	104	38	274	110	276	67	453
1916	452	201	89	742	77	371	60	508
1921	313	542	334	1 189	214	856	170	1 240
1926	459	452	344	1 254	163	663	174	1 001
1931	170	237	176	583	109	386	124	619

Jahr	Groß brit.	Ausfuhr nach U.S.	Sonstige	Gesamt	Groß- brit.	Einfuhr aus U.S.	Sonstige	Gesamt
1936	395	333	207	935	122	364	142	628
1941	623	599	348	1 570	138	912	224	1 274
1946	594	884	793	2 272	137	1 387	317	1 841
1951	630	2 296	588	3 514	415	2 752	838	4 005
1956	811	2 803	775	4 389	476	4 031	1 039	5 546
1961	909	3 107	1 253	5 269	618	3 864	1 287	5 769
1966	1 123	6 046	2 135	9 304	672	7 204	2 195	10 071
1971	1 380	11 683	3 089	16 152	837	10 951	3 830	15 618
1976	1 878	25 135	10 316	37 329	1 150	25 737	10 582	37 469
1981	3 360	55 487	24 964	83 811	2 386	54 538	22 558	79 482
1986	2 718	93 182	14 598	110 498	3 721	77 337	39 573	120 631
1989	3 533	100 795	32 956	137 284	4 566	87 914	42 424	134 904
1990	3 536	111 424	33 704	148 664	4 841	87 894	43 489	136 224

Literatur in Auswahl

Bibliographische Bemerkung

Hinweise auf die neuere historische Literatur sind zu finden in Udo Sautter, „Kanadische Geschichte. Überblick über die Literatur, 1973–1983", in *Zeitschrift der Gesellschaft für Kanada-Studien* 5:1 (1985), 117–132, und ebd., 5:2 (1985), 101–14; auf die frühere in ders., „Kanadische Geschichte. Ein bibliographischer Essay", in *Jahrbuch für Amerikastudien* 18 (1973), 227–68. Ausführlicher D. A. Muise, Hg., *A Reader's Guide to Canadian History*. Bd. 1: *Beginnings to Confederation* und J. L. Granatstein und Paul Stevens, Hgg., *A Reader's Guide to Canadian History*. Bd. 2: *Confederation to the Present* (beide Toronto, 1982). Neuerscheinungen werden vierteljährlich nahezu vollständig erfaßt, einschließlich der Zeitschriftenliteratur, im bibliographischen Teil der *Canadian Historical Review* und in der bei ABC-Clio (Santa Barbara, California) erscheinenden Bibliographie *America: History and Life*.

Einführungen, Nachschlagewerke, Quellen, Zeitschriften

Berger, Carl, Hg., *Contemporary Approaches to Canadian History* (Toronto, 1987).

Bennett, Paul W. und Cornelius J. Jaenen, *Emerging Identities: Selected Problems and Interpretations in Canadian History* (Scarborough, 1986).

Canadian Encyclopedia. 4 Bde. (Edmonton, 1985; ²1988).

Dictionary of Canadian Biography. 12 Bde. (Toronto/Quebec, 1966–90).

Harris, R. Cole, Hg., *Historical Atlas of Canada*. Bd. I: *From the Beginning to 1800*; Bd. III: *Addressing the Twentieth Century 1891–1961* (Toronto, 1987–).

Kerr, Donald und Deryck H. Holdsworth, Hgg., *Historical Atlas of Canada* (Don Mills, Ont., 1961; ²1966).

Leacy, F. H., Hg. (erste Aufl. M. C. Urquhart und K. A. H. Buckley, Hgg.), *Historical Statistics of Canada* (Ottawa, 1965; ²1983).

MacKirdy, K. A., J. S. Moir und Y. Γ. Zoltvany, *Changing Perspectives in Canadian History* (Don Mills, 1967; ²1971).

Reid, J. H. Stewart, Kenneth McNaught und Harry S. Crowe, Hgg., *A Source-Book of Canadian History. Selected Documents and Personal Papers* (Toronto, 1959; ²1964).

Schulz, John, Hg., *Writing about Canada. A Handbook for Modern Canadian History* (Scarborough, 1990).

Canadian Historical Review
Deutschkanadisches Jahrbuch/German-Canadian Yearbook
Journal of Canadian Studies
Revue d'histoire de l'Amérique française
Zeitschrift der Gesellschaft für Kanadastudien

Überblicke

Übergreifende Darstellungen

Bothwell, Robert, Ian Drummond und John English, *Canada 1900–1945* (Toronto, 1987).
– *Canada since 1945. Power, Politics, and Provincialism* (Toronto, 1981; ²1989).
Francis, R. Douglas, Richard Jones und Donald B. Smith, *Origins. Canadian History to Confederation* (Toronto, 1988).
– *Destinies. Canadian History since Confederation* (Toronto, 1988).
Harris, R. Cole und John Warkentin, *Canada before Confederation. A Study in Historical Geography* (Toronto, 1974).
McInnis, Edgar, *Canada. A Political and Social History* (Toronto, 1947; ⁴1982).
McNaught, Kenneth, *The Pelican History of Canada* (Harmondsworth, 1969; ³1982).
Morton, W. L., *The Kingdom of Canada. A General History from the Earliest Times* (Toronto, 1963; ²1969).
Sprague, D. N., *Post-Confederation Canada: The Structure of Canadian History since 1867* (Scarborough, 1990).

Allgemeine und politische Geschichte

a) Bis 1867

Brown, Wallace und Hereward Senior, *Victorious in Defeat. The Loyalists in Canada* (Toronto, 1984).
Buckner, Phillip A., *The Transition to Responsible Government. British Policy in British North America, 1815–1850* (Westport, Conn., 1985).
Careless, J. M. S., *Brown of the Globe.* Bd. I. *The Voice of Upper Canada 1818–1859;* Bd. II. *Statesman of Confederation, 1860–1880* (Toronto, 1963).
– *The Union of the Canadas. The Growth of Canadian Institutions, 1841–1857* (Toronto, 1967).
Craig, Gerald M., *Upper Canada. The Formative Years, 1784–1841* (Toronto, 1963).
Creighton, Donald, *John A. Macdonald.* Bd. I. *The Young Politician* (Toronto, 1952).
– *The Road to Confederation. The Emergence of Canada, 1863–1867* (Toronto, 1964).
Morton, W. L. *The Critical Years. The Union of British North America, 1857–1873* (Toronto, 1964).
Quinn, David B., *North America from Earliest Discovery to First Settlements. The Norse Voyages to 1612* (New York, 1977).
Waite, P. B., *Macdonald. His Life and World* (Toronto, 1975).
Young, Walter D., *The Anatomy of a Party. The National CCF, 1932–1961* (Toronto, 1969).

b) Ab 1867

Banting, Keith G., *The Welfare State and Canadian Federalism* (Kingston, 1982; ²1987).

Bélanger, Réal, *Wilfrid Laurier. Quand la politique devient passion* (Quebec, 1986).

Betcherman, Lita Rose, *The Swastika and the Maple Leaf. Fascist Movements in Canada in the Thirties* (Toronto, 1975).

Bothwell, Robert, *Pearson. His Life and World* (Toronto, 1978).

Brown, Robert Craig, *Robert Laird Borden. A Biography.* Bd. I. *1854–1914*; Bd. II. *1914–1937* (Toronto, 1975–80).

– und Ramsay Cook, *Canada 1896–1921. A Nation Transformed* (Toronto, 1974).

Creighton, Donald, *The Forked Road. Canada, 1939–1957* (Toronto, 1976).

– *John A. Macdonald.* Bd. II. *The Old Chieftain* (Toronto, 1955).

Dawson, R. MacGregor, *William Lyon Mackenzie King. A Political Biography.* Bd. I. *1874–1923* (Toronto, 1958). (Bde. II und III siehe unten Neatby).

English, John, *The Decline of Politics. The Conservatives and the Party System 1901–20* (Toronto, 1977).

Granatstein, J. L., *Canada 1957–1967. The Years of Uncertainty and Innovation* (Toronto, 1986).

– *Canada's War: The Politics of the Mackenzie King Government, 1939–1945* (Toronto, 1975).

– und J. M. Hitsman, *Broken Promises. A History of Conscription in Canada* (Toronto, 1977).

McNaught, Kenneth und David J. Bercuson, *The Winnipeg Strike, 1919* (Toronto, 1974).

McWhinney, Edward, *Canada and the Constitution 1979–1982. Patriation and the Charter of Rights* (Toronto, 1982).

Neatby, H. Blair, *William Lyon Mackenzie King. A Political Biography.* Bd. II. *The Lonely Heights. 1924–1932*; Bd. III. *The Prism of Unity. 1932–1939* (Toronto, 1963–76). (Bd. I siehe oben Dawson).

Penner, Norman, *The Canadian Left. A Critical Analysis* (Toronto, 1977).

Smiley, Donald V., *The Federal Condition in Canada* (Toronto, 1987).

Socknat, Thomas P., *Witness against War. Pacifism in Canada, 1900–1945* (Toronto, 1987).

Stewart, Gordon T., *The Origins of Canadian Politics. A Comparative Approach* (Vancouver, 1986).

Thompson, John Herd und Allen Seager, *Canada, 1922–1939. Decades of Discord* (Toronto, 1985).

Wagner, Jonathan F., *Brothers beyond the Sea. National Socialism in Canada* (Waterloo, 1982).

Waite, Peter B., *Canada, 1874–1896. Arduous Destiny* (Toronto, 1971).

Wearing, Joseph, *The L-Shaped Party. The Liberal Party of Canada, 1958–1980* (Toronto, 1981).

Young, Brian, *George-Etienne Cartier. Montreal Bourgeois* (Montreal, 1981)

Wirtschaft

Bliss, Michael, *Northern Enterprise: Five Centuries of Canadian Business* (Toronto, 1987).

Forster, Ben (Jakob J. B.), *A Conjunction of Interests: Business, Politics, and Tariffs, 1825–1879* (Toronto, 1986).

Lower, Arthur R. M., *Great Britain's Woodyard. British America and the Timber Trade, 1763–1867* (Montreal, 1973).
Marr, William L. und Donald G. Patterson. *Canada. An Economic History* (Toronto, 1980).
McCallum, John, *Unequal Beginnings. Agriculture and Economic Development in Quebec and Ontario until 1870* (Toronto, 1980).
Neufeld, E. P., *The Financial System of Canada. Its Growth and Development* (Toronto, 1972).
Pomfret, Richard, *The Economic Development of Canada* (Agincourt, 1981).
Rich, E. E., *The Fur Trade and the Northwest to 1857* (Toronto, 1967).

Sozialgeschichte

Allen, Richard, *The Social Passion. Religion and Social Reform in Canada, 1914–28* (Toronto, 1971).
Avery, Donald, *'Dangerous Foreigners'. European Immigrant Workers and Labour Radicalism in Canada, 1896–1932* (Toronto, 1979).
Cross, Michael S., Hg., *The Workingman in the Nineteenth Century* (Toronto, 1974).
Forsey, Eugene A., *Trade Unions in Canada 1812–1902* (Toronto, 1982).
Guest, Dennis, *The Emergence of Social Security in Canada* (Vancouver, 1980; ²1985).
Harney, Robert F. und Harold Troper, *Immigrants. A Portrait of the Urban Experience, 1890–1930* (Toronto, 1975).
Kealey, Gregory S. und Peter Warrian, Hgg., *Essays in Canadian Working Class History* (Toronto, 1976).
Lipton, Charles, *The Trade Union Movement of Canada, 1827–1959* (Toronto, 1967; ⁴1978).
Metcalfe, Alan, *Canada Learns to Play. The Emergence of Organized Sport, 1807–1914* (Toronto, 1987).
Palmer, Bryan D., *Working-Class Experience. The Rise and Reconstitution of Canadian Labour, 1800–1980* (Toronto, 1983).
Platt, D. C. M., Hg., *Social Welfare 1850–1950. Australia, Argentina and Canada Compared* (London, 1989).
Stelter, Gilbert A. und Alan F. J. Artibise, Hgg., *The Canadian City. Essays in Urban and Social History* (Toronto, 1977; ²1984).
Struthers, James, *No Fault of Their Own: Unemployment and the Canadian Welfare State, 1914–1941* (Toronto, 1983).
Williams, Jack, *The Story of Unions in Canada* (Toronto, 1975).

Frauen

Bashevkin, Sylvia B., *Toeing the Lines. Women and Party Politics in English Canada* (Toronto, 1985).
Kealey, Linda, Hg., *A Not Unreasonable Claim. Women and Reform in Canada, 1880s–1920s* (Toronto, 1979).
Prentice, Alison u. a., *Canadian Women. A History* (Toronto, 1988).
Strong-Boag, Veronica und Anita Clair Fellman, Hgg., *Rethinking Canada. The Promise of Women's History* (Toronto, 1986).

Trofimenkoff, Susan Mann und Alison Prentice, Hgg., *The Neglected Majority.*
Essays in Canadian Women's History. 2 Bde. (Toronto, 1977–85).

Minderheiten

Getty, Ian A. L. und Antoine S. Lussier, Hgg., *As Long as the Sun Shines and Water*
Flows. A Reader in Canadian Native Studies (Vancouver, 1983).
Helling, Rudolf A., *A Socio-Economic History of German-Canadians. They, Too,*
Founded Canada (Wiesbaden, 1984).
Lehmann, Heinz, *Zur Geschichte des Deutschtums in Kanada.* Bd. I. *Das Deutschtum in*
Ostkanada (Stuttgart, 1931); Bd. II. *Das Deutschtum in Westkanada* (Berlin, 1939).
Beide Bde. zusammen engl. Gerhard Bassler, Hg., *The German Canadians*
1750–1937. Immigration, Settlement and Culture (St. John's, 1986).
McLaughlin, K. M., *The Germans in Canada* (Ottawa, 1985).
Morrison R. Bruce, und C. Roderick Wilson, Hgg., *The Native Peoples: The*
Canadian Experience (Toronto, 1986).
Miller, J. R., *Skyscrapers Hide the Heavens. A History of Indian-White Relations in*
Canada (Toronto, 1989).
Peterson, Jacqueline und Jennifer S. H. Brown, Hgg., *The New Peoples. Being and*
Becoming Métis in North America (Winnipeg, 1985).
Sealey, D. Bruce und Antoine S. Lussier, *The Métis. Canada's Forgotten People*
(Winnipeg, 1975).
Winks, Robin W., *The Blacks in Canada. A History* (Montreal, 1971).

Geistesgeschichte

Berger, Carl, *The Sense of Power. Studies in the Ideas of Canadian Imperialism*
1867–1914 (Toronto, 1970).
– *The Writing of Canadian History. Aspects of English-Canadian Historical Writing since*
1900 (Toronto, 1976; ²1986).
Harris, Robin S., *A History of Higher Education in Canada, 1663–1960* (Toronto,
1976).
Klinck, Carl F., Hg., *Literary History of Canada. Canadian Literature in English.*
3 Bde. (Toronto, 1965; ²1976).
Owram, Doug, *Promise of Eden. The Canadian Expansionist Movement and the Idea of*
the West, 1856–1900 (Toronto, 1980).
– *The Government Generation. Canadian Intellectuals and the State, 1900–1945*
(Toronto, 1986).
Wilson, J. Donald, Robert M. Stamp und Louis-Philippe Audet, *Canadian Educa-*
tion. A History (Scarborough, 1970).
Zeller, Suzanne, *Inventing Canada. Early Victorian Science and the Idea of a Transcon-*
tinental Nation (Toronto, 1987).

Einzelne Regionen

a) *Atlantikprovinzen*

Acheson, T. W., David Frank und James Frost, *Industrialization and Underdevelopment in the Maritimes, 1880–1930* (Toronto, 1985).

Bolger, Francis W. P., Hg., *Canada's Smallest Province. A History of P.E.I.* (o. O., 1973).

Daigle, Jean, Hg., *Les Acadiens des maritimes. Etudes thématiques* (Moncton, 1980); engl. *The Acadians of the Maritimes. Thematic Studies* (Moncton, 1982).

Forbes, Ernest R., *Aspects of Maritime Regionalism, 1867–1927* (Ottawa, 1983).

MacNutt, W. S., *The Atlantic Provinces. The Emergence of Colonial Society, 1712–1857* (Toronto, 1965).

Pryke, Kenneth G., *Nova Scotia and Confederation, 1864–74* (Toronto, 1979).

Rawlyk. G. A., Hg., *The Atlantic Provinces and the Problems of Confederation* (St. John's, 1979).

Rowe, Frederick W., *A History of Newfoundland and Labrador* (Toronto, 1980).

Upton, L. F. S., *Micmacs and Colonists. Indian-White Relations in the Maritimes, 1713–1867* (Vancouver, 1979).

b) *Neufrankreich und Quebec*

Armstrong, Robert, *Structure and Change. An Economic History of Quebec* (Toronto, 1984).

Behiels, Michael D., Hg., *Quebec since 1945. Selected Readings* (Toronto, 1987).

Burt, Alfred Leroy, *The Old Province of Quebec* (Toronto, 1933; Nachdr. Toronto, 1968).

Coleman, William D., *The Independence Movement in Quebec 1945–1980* (Toronto, 1984).

Dickason, Olive Patricia, *The Myth of the Savage and the Beginnings of French Colonialism in the Americas* (Edmonton, 1984).

Dumont, Micheline u. a., *L'histoire des femmes au Québec depuis quatre siècles*; engl. *Quebec Women. A History* (Toronto, 1987).

Eccles, W. J., *The Canadian Frontier, 1534–1760* (New York, 1969).

– *France in America* (New York, 1972).

Frégault, Guy, *La guerre de la conquête* (Montreal, 1955; ²1966); engl. *Canada and the War of Conquest* (Toronto, 1969).

Gagnon, Serge, *Le Québec et ses historiens de 1840 à 1920. La Nouvelle-France de Garneau à Groulx* (Québec, 1978); engl. *Quebec and Its Historians.* Bd. I *1840–1920;* Bd. II. *The Twentieth Century* (Montreal, 1982–1985).

Griffiths, Naomi, *The Acadians. Creation of a People* (Toronto, 1973).

Hamelin, Jean und Yves Roby, *Histoire économique du Québec, 1851–1896* (Montréal, 1971).

Jaenen, Cornelius J., *Friend and Foe: Aspects of French-Amerindian Cultural Contact in the Sixteenth and Seventeenth Centuries* (Toronto, 1976).

– *The Role of the Church in New France* (Toronto, 1976).

Linteau, Paul-André, René Durocher und Jean-Claude Robert, *Histoire du Québec contemporain*. Bd. I. *De la confédération à la crise 1867–1929* (Montréal, 1979); engl. *Quebec. A History, 1867–1929* (Toronto, 1983).

Linteau, Paul-André, René Durocher und François Ricard, *Histoire du Québec contemporain*. Bd. II. *Québec depuis 1930* (Montréal, 1986).

McWhinney, Edward, *Quebec and the Constitution 1960–1978* (Toronto, 1979).

Miquelon, Dale, *New France, 1701–1744*. *A Supplement to Europe* (Toronto, 1987).

Monière, Denis, *Le développement des idéologies au Québec. Des origines à nos jours* (Montréal, 1977); engl. *Ideologies in Quebec. The Historical Development* (Toronto, 1981).

Neatby, Hilda, *Quebec. The Revolutionary Age, 1760–1791* (Toronto, 1966).

Ouellet, Fernand, *Le Bas-Canada, 1791–1840. Changements structuraux et crise* (Ottawa, 1976); engl. *Lower Canada, 1791–1840. Social Change and Nationalism* (Toronto, 1980).

– *Histoire économique et sociale du Québec, 1760–1850. Structures et conjonctures* (Montréal, 1966); engl. *Economic and Social History of Quebec, 1760–1850. Structures and Conjunctures* (Toronto, 1980).

Rudin, Ronald, *The Forgotten Quebecers: A History of English-Speaking Quebec, 1759–1980* (Quebec, 1985).

Schull, Joseph, *Rebellion. The Rising in French Canada, 1837* (Toronto, 1971).

Silver, A. I., *The French-Canadian Idea of Confederation 1864–1900* (Toronto, 1982).

Trofimenkoff, Susan Mann, *The Dream of Nation. A Social and Intellectual History of Quebec* (Toronto, 1982).

Trudel, Marcel, *The Beginnings of New France, 1524–1663* (Toronto, 1973).

c) Ontario

Armstrong, Christopher, *The Politics of Federalism. Ontario's Relations with the Federal Gouvernment, 1867–1942* (Toronto, 1981).

Drummond, Ian M., *Progress without Planning: The Economic History of Ontario from Confederation to the Second World War* (Toronto, 1987).

Nelles, H. V., *The Politics of Development. Forest, Mines, and Hydro-Electric Power in Ontario, 1849–1941* (Toronto, 1974).

Schull, Joseph, *Ontario since 1867* (Toronto, 1978).

d) Westen und Norden

Archer, John H., *Saskatchewan. A History* (Saskatoon, 1980).

Eagle, John A., *The Canadian Pacific Railway and the Development of Western Canada* (Montreal, 1989).

Flanagan, Thomas, *Louis 'David' Riel. Prophet of the New World* (Toronto, 1979).

Friesen, Gerald, *The Canadian Prairies. A History* (Toronto, 1984).

Lower, J. Arthur, *Western Canada. An Outline History* (Vancouver, 1983).

Beal, Bob und Rod Macleod, *Prairie Fire. The 1885 North-West Rebellion* (Edmonton, 1984).

Morton, W. L., *Manitoba. A History* (Toronto, 1957; ²1967).

Ormsby, Margaret A., *British Columbia. A History* (Toronto, 1958).

Palmer, Howard und Donald Smith, Hgg., *The New Provinces. Alberta and Saskatchewan, 1905–1980* (Vancouver, 1980).

Troper, Harold M., *Only Farmers Need Apply. Official Canadian Government Encouragement of Immigration from the United States, 1896–1911* (Toronto, 1972).

Zaslow, Morris, *The Opening of the Canadian North, 1870–1914* (Toronto, 1971).

Außenpolitik und Militärgeschichte

Eayrs, James, *In Defence of Canada*. Bd. I. *From the Great War to the Great Depression*; Bd. II. *Appeasement and Rearmament*; Bd. III. *Peacemaking and Deterrence*; Bd. IV. *Growing up Allied*; Bd. V. *Indochina. Roots of Complicity* (Toronto, 1964–83).

Cuff, R. D. und J. L. Granatstein, *Canadian-American Relations in Wartime from the Great War to the Cold War* (Toronto, 1975).

Douglas, W. A. B., Hg., *The RCN in Transition, 1910–1985* (Vancouver, 1988). (Kriegsmarine)

Harris, Stephen J., *Canadian Brass. The Making of a Professional Army, 1860–1939* (Toronto, 1988).

Holmes, John, *The Shaping of Peace. Canada and the Search for World Order 1943–1957*. 2 Bde. (Toronto, 1979–82).

Levant, Victor, *Quiet Complicity. Canadian Involvement in the Vietnam War* (Toronto, 1986).

Mahant, Edelgard E. und Graeme S. Mount, *An Introduction to Canadian-American Relations* (Toronto, 1984).

Morton, Desmond, *A Military History of Canada* (Edmonton, 1985).

Stacey, C. P. *Canada and the Age of Conflict. A History of Canadian External Relations*. Bd. I. *1867–1921*; Bd. II. *1921–1948* (Toronto, 1977–81).

Stanley , George F. G., *The War of 1812. Land Operations* (Toronto, 1983).

Register

Karten

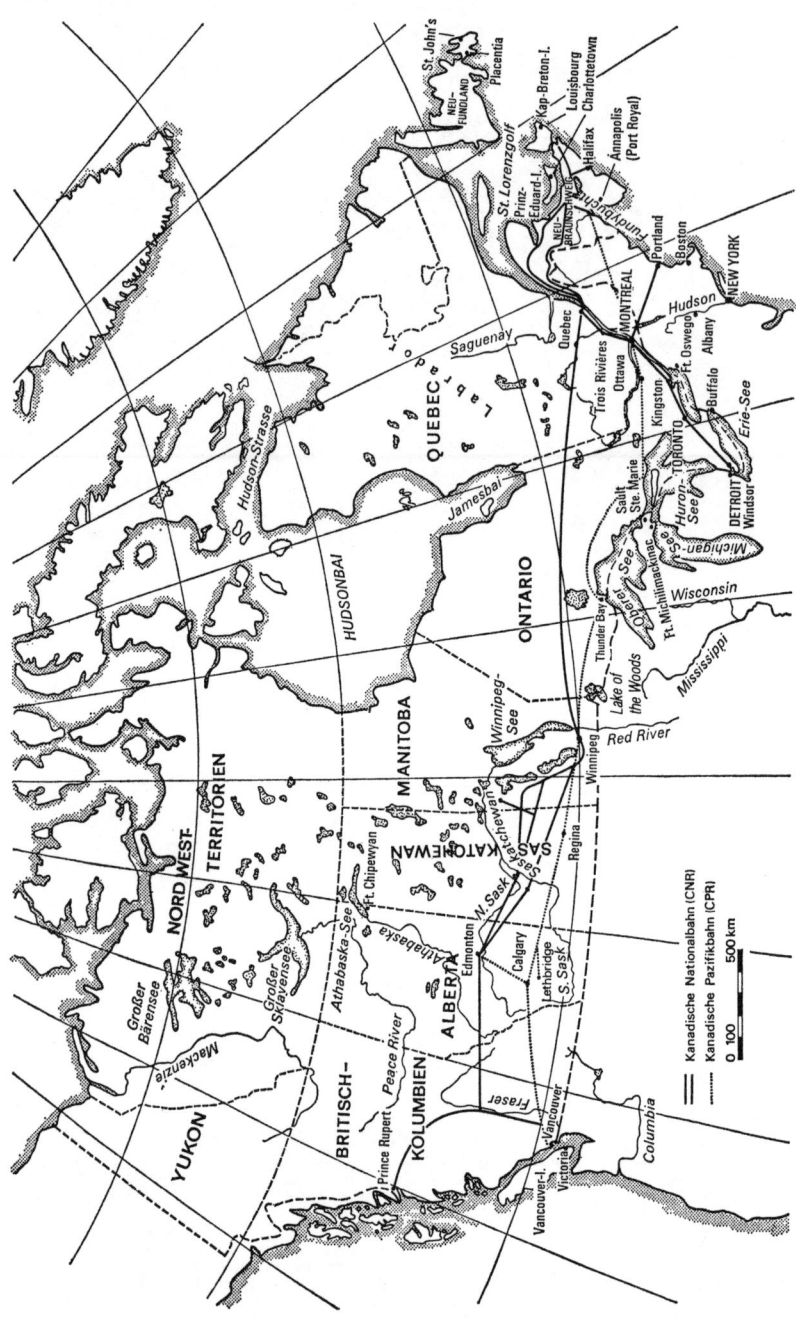

Kanada im 20. Jahrhundert

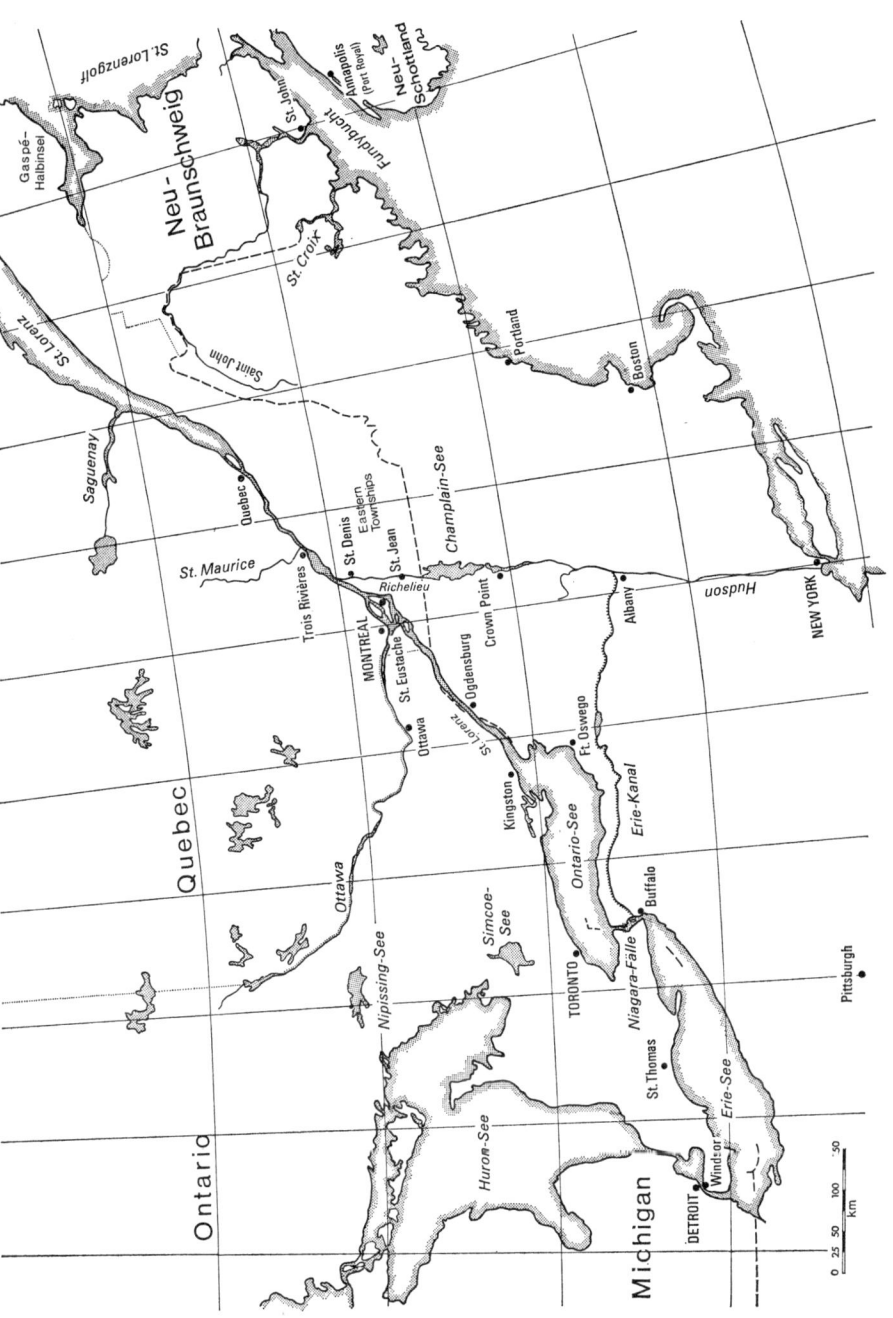

St. Lorenzregion und südliches Ontario

Zur Geschichte Amerikas

Urs Bitterli

Die Entdeckung Amerikas

Von Kolumbus bis Alexander von Humboldt
3. Auflage 1992. 544 Seiten mit 48 Karten. Leinen

Brian M. Fagan

Die ersten Indianer

Das Abenteuer der Besiedlung Amerikas
Aus dem Englischen übersetzt von Christine Goetz
1990. 232 Seiten mit 47 Abbildungen im Text und 78 Tafelabbildungen. Gebunden

Eberhard Schmitt (Hrsg.)

Dokumente zur Geschichte der europäischen Expansion

Band 1: Die mittelalterlichen Ursprünge der europäischen Expansion

Herausgegeben von Ch. Verlinden und E. Schmitt
1986. XVII, 450 Seiten mit 19 Abbildungen und 15 Karten. Leinen

Band 2: Die großen Entdeckungen

Herausgegeben von M. Meyn, M. Mimler, A. Partenheimer-Bein und E. Schmitt
1984. XX, 659 Seiten mit 21 Karten. Leinen

Band 3: Aufbau der Kolonialreiche

Herausgegeben von M. Meyn, M. Mimler, A. Partenheimer-Bein,
S. Petersen-Gotthardt, H. Pietschmann, T. Schleich und E. Schmitt
1987. XIX, 632 Seiten mit 32 Abbildungen und 13 Karten. Leinen

Band 4: Wirtschaft und Handel der Kolonialreiche

Herausgegeben von P. C. Emmer, M. Mimler, A. Partenheimer-Bein,
S. Petersen-Gotthardt, T. Schleich, E. Schmitt und J. Schneider
1988. 750 Seiten mit 50 Abbildungen und 10 Karten. Leinen

In Vorbereitung:

Band 5: Das Leben in den Kolonien
Band 6: Kolonialbesitzungen und internationale Politik
Band 7: Das Ende des alten Kolonialsystems

Verlag C.H. Beck München